TERCEIRIZAÇÃO NA ADMINISTRAÇÃO PÚBLICA

ROGÉRIO AUGUSTO BOGER FEITOSA

Carolina Zancaner Zockun
Prefácio

TERCEIRIZAÇÃO NA ADMINISTRAÇÃO PÚBLICA

Belo Horizonte

FÓRUM
CONHECIMENTO JURÍDICO

2024

© 2024 Editora Fórum Ltda.

É proibida a reprodução total ou parcial desta obra, por qualquer meio eletrônico, inclusive por processos xerográficos, sem autorização expressa do Editor.

Conselho Editorial

Adilson Abreu Dallari	Floriano de Azevedo Marques Neto
Alécia Paolucci Nogueira Bicalho	Gustavo Justino de Oliveira
Alexandre Coutinho Pagliarini	Inês Virgínia Prado Soares
André Ramos Tavares	Jorge Ulisses Jacoby Fernandes
Carlos Ayres Britto	Juarez Freitas
Carlos Mário da Silva Velloso	Luciano Ferraz
Cármen Lúcia Antunes Rocha	Lúcio Delfino
Cesar Augusto Guimarães Pereira	Marcia Carla Pereira Ribeiro
Clovis Beznos	Márcio Cammarosano
Cristiana Fortini	Marcos Ehrhardt Jr.
Dinorá Adelaide Musetti Grotti	Maria Sylvia Zanella Di Pietro
Diogo de Figueiredo Moreira Neto (*in memoriam*)	Ney José de Freitas
Egon Bockmann Moreira	Oswaldo Othon de Pontes Saraiva Filho
Emerson Gabardo	Paulo Modesto
Fabrício Motta	Romeu Felipe Bacellar Filho
Fernando Rossi	Sérgio Guerra
Flávio Henrique Unes Pereira	Walber de Moura Agra

CONHECIMENTO JURÍDICO

Luís Cláudio Rodrigues Ferreira
Presidente e Editor

Coordenação editorial: Leonardo Eustáquio Siqueira Araújo / Aline Sobreira de Oliveira
Revisão: Patrícia Falcão
Capa e projeto gráfico: Walter Santos
Diagramação: Derval Braga

Rua Paulo Ribeiro Bastos, 211 – Jardim Atlântico – CEP 31710-430
Belo Horizonte – Minas Gerais – Tel.: (31) 99412.0131
www.editoraforum.com.br – editoraforum@editoraforum.com.br

Técnica. Empenho. Zelo. Esses foram alguns dos cuidados aplicados na edição desta obra. No entanto, podem ocorrer erros de impressão, digitação ou mesmo restar alguma dúvida conceitual. Caso se constate algo assim, solicitamos a gentileza de nos comunicar através do *e-mail* editorial@editoraforum.com.br para que possamos esclarecer, no que couber. A sua contribuição é muito importante para mantermos a excelência editorial. A Editora Fórum agradece a sua contribuição.

Dados Internacionais de Catalogação na Publicação (CIP) de acordo com ISBD

F311t	Feitosa, Rogério Augusto Boger
	Terceirização na Administração Pública / Rogério Augusto Boger Feitosa. Belo Horizonte: Fórum, 2024.
	324p. 14,5x21,5cm
	ISBN impresso 978-65-5518-789-2
	ISBN digital 978-65-5518-788-5
	1. Terceirização. 2. Administração Pública. 3. Concurso público. 4. Eficácia jurídica. I. Título.
	CDD 350
	CDU 35

Ficha catalográfica elaborada por Lissandra Ruas Lima – CRB/6 – 2851

Informação bibliográfica deste livro, conforme a NBR 6023:2018 da Associação Brasileira de Normas Técnicas (ABNT):

FEITOSA, Rogério Augusto Boger. *Terceirização na Administração Pública*. Belo Horizonte: Fórum, 2024. 324p. ISBN 978-65-5518-789-2.

À minha mãe e ao meu pai, fundamentais em cada passo.

AGRADECIMENTOS

Quem acompanhou a construção desta obra sabe a dedicação e as renúncias que foram necessárias para concluí-la. Hoje, porém, o esforço despendido dá lugar a um sentimento de gratidão dirigido àqueles que tornaram possível a realização de um sonho.

Primeiramente, agradeço ao meu orientador, professor Clovis Beznos, pelas trocas de ideias nos anos que precederam a publicação deste livro. Foi um privilégio ter podido absorver um pouco do conhecimento transmitido durante as aulas do mestrado e nas nossas conversas.

Dirijo o meu agradecimento também à professora Carolina Zancaner Zockun e à professora Maria Sylvia Zanella Di Pietro, que compuseram a minha banca de defesa, ao lado do meu orientador. As contribuições apresentadas foram de grande valia para o resultado final desta obra.

Aos demais professores da PUC-SP que participaram dessa jornada, também lhes estendo o meu agradecimento. Este trabalho contém lições aprendidas em cada uma das disciplinas cursadas. Vocês foram importantes na edificação de novos conceitos e de uma nova forma de pensar.

Os anos de mestrado não trouxeram, contudo, apenas conhecimento, experiências e novos horizontes. Volto os olhos ao passado e me sinto particularmente feliz pelos amigos descobertos. A vocês, Carolina Zancaner, Fernanda Fritoli e Fábio Santana, obrigado por terem tornado esse tempo especial e por terem feito parte dele.

Aos amigos de alguns anos a mais, Taynara Soares, Cláudio Henrique, Paulla Barçante, Lucas Pessoa, Daniele Chamma, Heloísa Helena, Pedro Orduña, Jansen Pinto, Ana Maria e Leonardo D'Ercole, agradeço por existirem. Embora as renúncias lhes tenham alcançado, vocês nunca deixaram de estar presentes. Sinto hoje, com ainda maior intensidade, o quão importantes vocês foram e são. Sempre foi mais fácil com vocês.

Por fim e especialmente, é preciso dizer muito obrigado à minha família. Aos meus tios Silvia e Aluísio Melo, por terem estado ao meu lado em uma fase singular da minha vida. À minha irmã, Sibele, por ter sido inspiração e por ter mostrado que o caminho poderia ser percorrido. À minha mãe, Silene, pelo amor desmedido e próximo todo o tempo. Ao meu pai, Raul, que foi sempre fundamental, incentivando e acreditando em mim mesmo quando eu não acreditei. E à Akira, por ser companheira em todas as horas.

Mudança é a lei da vida. E aqueles que olham apenas para o passado ou para o presente certamente perderão o futuro.
John Kennedy

LISTA DE ABREVIATURAS E SIGLAS

ADC – Ação Direta de Constitucionalidade
ADCT – Ato das Disposições Constitucionais Transitórias
ADI – Ação Direta de Inconstitucionalidade
ADPF – Ação de Descumprimento de Preceito Fundamental
AgInt – Agravo Interno
AgR – Agravo Regimental
AI – Agravo de Instrumento
ANAMATRA – Associação Nacional dos Magistrados da Justiça do Trabalho
ARE – Agravo em Recurso Extraordinário
AREsp – Agravo em Recurso Especial
CF – Constituição Federal
CLT – Consolidação das Leis Trabalhistas
CPC – Código de Processo Civil
CRFB – Constituição da República Federativa do Brasil
CTPS – Carteira de Trabalho e Previdência Social
CVRD – Companhia Vale do Rio Doce
DF – Distrito Federal
EC – Emenda Constitucional
ECT – Empresa Brasileira de Correios e Telégrafos
FGTS – Fundo de Garantia do Tempo de Serviço
FHC – Fernando Henrique Cardoso
FURP – Fundação Para o Remédio Popular
IBGE – Instituto Brasileiro de Geografia e Estatística
ICMS – Imposto Sobre Circulação de Mercadorias e Serviços
INSS – Instituto Nacional de Seguro Social
ISS – Imposto Sobre Serviços
LINDB – Lei de Introdução às Normas do Direito Brasileiro
LRF – Lei de Responsabilidade Fiscal
MARE – Ministério da Administração Federal e Reforma do Estado
MC – Medida Cautelar
MS – Mandado de Segurança
OAB – Ordem dos Advogados do Brasil

ONU – Organização das Nações Unidas
PDRAE – Plano Diretor da Reforma do Aparelho do Estado
PL – Projeto de Lei
PMSC – *Private Military Security Companies*
Rcl – Reclamação
RE – Recurso Extraordinário
REsp – Recurso Especial
RMS – Recurso Ordinário em Mandado de Segurança
SDI-1 – Subseção I Especializada em Dissídios Individuais
SL – Suspensão de Liminar
SS – Suspensão de Segurança
STF – Supremo Tribunal Federal
STJ – Superior Tribunal de Justiça
STP – Sistema Toyota de Produção
TC – Tomada de Contas
TCE/MG – Tribunal de Contas do Estado de Minas Gerais
TCE/SP – Tribunal de Contas do Estado de São Paulo
TCM/SP – Tribunal de Contas do Município de São Paulo
TCU – Tribunal de Contas da União
TRE/SC – Tribunal Regional Eleitoral de Santa Catarina
TRT – Tribunal Regional do Trabalho
TST – Tribunal Superior do Trabalho

SUMÁRIO

LISTA DE ABREVIATURAS E SIGLAS 11

SUMÁRIO 13

PREFÁCIO
Carolina Zancaner Zockun 15

INTRODUÇÃO 17

CAPÍTULO 1
CONTEXTUALIZAÇÃO HISTÓRICA 21
1.1   Terceirização no mundo empresarial 22
1.1.1 Taylorismo 24
1.1.2 Fordismo 25
1.1.3 Toyotismo 27
1.1.4 Terceirização como prática consolidada de gestão empresarial 30
1.2   Terceirização no Estado 32
1.2.1 Estado Liberal 35
1.2.2 Estado Social 37
1.2.3 Estado Pós-Social 41
1.2.4 Terceirização no Estado brasileiro 45

CAPÍTULO 2
ASPECTOS PRELIMINARES 51
2.1   Conceito de terceirização 52
2.2   Classificações 63
2.3   Natureza jurídica 68
2.4   Abrangência no campo público 77
2.5   Evolução normativo-jurisprudencial 87

CAPÍTULO 3
TERCEIRIZAÇÃO NA ADMINISTRAÇÃO PÚBLICA, REFORMA
TRABALHISTA E AS ATIVIDADES-FIM 97
3.1   Limites de licitude e a Súmula nº 331 do TST 99
3.2   Reforma Trabalhista e a virada jurisprudencial 104

3.3　Terceirização de atividades-fim na Administração Pública 111
3.4　Terceirização de atividades materiais e a Lei Federal
　　　nº 14.133/2021 123

CAPÍTULO 4
TERCEIRIZAÇÃO NA ADMINISTRAÇÃO PÚBLICA E O
CONCURSO PÚBLICO 133
4.1　Cargo, emprego e função 134
4.1.1　Espécies de cargos e empregos 141
4.1.2　Criação, transformação e extinção de cargos, empregos e funções ... 150
4.1.3　Formas de extinção de cargos, empregos e funções 156
4.2　Exigência constitucional do concurso público 164
4.2.1　Alcance da incidência normativa 171
4.2.2　Contratação de servidores temporários 181
4.3　Violações à exigência do concurso público 188
4.3.1　Violação reflexa e o debate jurídico 195
4.3.2　Elementos da licitude das terceirizações no âmbito estatal 218
4.3.3　Decreto Federal nº 9.507/2018 e a Constituição Federal 228

CAPÍTULO 5
TERCEIRIZAÇÃO NA ADMINISTRAÇÃO PÚBLICA E A SUA
EFICÁCIA JURÍDICA 237
5.1　Eficácia jurídica sob a perspectiva laboral 238
5.1.1　Efeitos justrabalhistas e as terceirizações em geral 240
5.1.2　Particularidades da Administração Pública 249
5.1.3　Responsabilidade estatal e o crivo da licitude 264
5.2　Eficácia jurídica sob perspectivas diversas 274
5.2.1　Efeitos comerciais, fiscais e previdenciários 274
5.2.2　Responsabilidade civil extracontratual 277
5.2.3　Efeitos sobre os limites das despesas com pessoal 281
5.2.4　Direitos de candidatos aprovados em concurso público 288

CONCLUSÃO 293

REFERÊNCIAS 303

PREFÁCIO

É com grande satisfação e alegria que recebi o convite do Dr. Rogério Augusto Boger Feitosa para prefaciar essa monumental obra sobre Terceirização na Administração Pública.

O trabalho defendido com louvor junto ao programa de mestrado em Direito Administrativo pela PUC-SP consiste na mais profunda e completa obra sobre a temática já produzida no país.

Em verdade, uma dissertação de mestrado não exige inovações ou apresentações de teses, bastando um trabalho de pesquisa aprofundado.

No entanto, com relação a esta obra que me foi dada a inenarrável honra de prefaciar, não há apenas uma pesquisa minuciosa, há uma verdadeira tese que, na verdade, desdobra-se, ainda, em várias "subteses", todas muito bem concatenadas sob argumentação sólida e rigor científico.

Dos capítulos iniciais já se constata que o autor contextualiza historicamente a terceirização e demonstra a sua consolidação como prática empresarial.

Rogério Augusto transita com grande facilidade por temas espinhosos como os graus de terceirização administrativa e a terceirização como alternativa à desestatização, trazendo não somente um panorama abrangente do tema, mas soluções para questões polêmicas como os limites e efeitos das terceirizações sob diversos aspectos: financeiro-contábeis, trabalhistas, fiscais, comerciais e civis.

Embora com uma visão contrária à que defendi em meu *Da terceirização na Administração Pública*,[1] o autor dialoga com as teses opostas e traz argumentos sólidos para embasar teoricamente seu pensamento. Com rigor técnico, redação escorreita e linguagem clara e precisa, a leitura deste livro é uma oportunidade única de aprendizado.

---

[1] ZOCKUN, Carolina Zancaner. *Da terceirização na Administração Pública*. São Paulo: Malheiros, 2014.

Engana-se quem pensa que se trata de trabalho puramente teórico. Na realidade, o aspecto prático da obra salta aos olhos: como advogado e Procurador do Município de São Paulo, Rogério Augusto conjuga as raras qualidades de solidez acadêmica com conhecimento prático da matéria, não se furtando a propor soluções para os infindáveis problemas que assolam o dia a dia da terceirização da Administração Pública no Brasil.

Assim, trata com maestria o tema da terceirização e sua eficácia jurídica sob a perspectiva laboral e suas particularidades na Administração Pública, tudo em consonância com a Nova Lei de Licitações e Contratos – Lei nº 14.133/2021, que, segundo o autor, "trouxe discreta, porém relevante, modificação em relação ao regime previsto na Lei Federal nº 8.666/1993".

Concordar ou discordar do ponto de vista do autor é, na verdade, irrelevante, tanto que, apesar de seguir discordando de pontos fundamentais desta obra, não posso deixar de louvá-la e de recomendá-la para todos os profissionais que atuam com Direito Administrativo.

Convido-os, pois, a desfrutarem desta obra espetacular, cuja leitura será, como foi para mim, rica e prazerosa.

Carolina Zancaner Zockun

Procuradora da Fazenda Nacional. Mestre e Doutora em Direito Administrativo pela PUC-SP. Pós-Doutora em Democracia e Direitos Humanos pelo IGC da Universidade de Coimbra. Professora de Direito Administrativo dos cursos de graduação e especialização da PUC-SP.

INTRODUÇÃO

Em termos gerais, a terceirização é tida como prática de gestão destinada a obter a colaboração de terceiros na consecução de tarefas pertinentes a certo desiderato. Objetiva-se com ela tornar possíveis, conjuntamente ou não, a diminuição de custos e a maximização da qualidade de bens ou serviços.[1] Ao mesmo tempo, franqueia-se àquele que terceiriza concentrar seus esforços na realização de outros afazeres que, a seu juízo, entenda que devam ser mantidos sob a sua execução direta.

Inobstante a terceirização não possa ser considerada fenômeno recente na história, é correto afirmar que, a partir da segunda metade do século XX, houve um progressivo incremento de sua relevância em diversas partes do mundo, seja na seara privada ou na esfera pública. No Brasil, o caminho terceirizante passou a figurar como importante alternativa de gestão a partir da década de 1960, tendo sido, pouco a pouco, absorvida por diferentes setores da economia.

Se, para o empresariado e para a Administração Pública, a terceirização era encarada sob uma perspectiva promissora diante de um novo contexto marcado pela globalização e por ideias que propugnavam a redução da máquina estatal, isso não pode ser dito quanto àqueles que voltavam os olhos para a realidade vivenciada pelo trabalhador. À medida que foi sendo percebido que esse instrumento de organização produtiva vinha ocupando maiores espaços, tornavam-se mais claras algumas implicações malquistas sob a ótica laboral, o que culminou na formação de uma postura refratária à prática.

Acompanhando essa visão crítica, a Justiça do Trabalho se posicionou, ainda nos anos 1980, de maneira contrária às terceirizações. Com ajustes promovidos na década de 1990, restou praticamente inalterado,

---

[1] BARROS, 2012, p. 357.

por mais de vinte anos, um entendimento oriundo do Tribunal Superior do Trabalho que, nos termos de sua Súmula nº 331, impunha estreitos limites às soluções terceirizantes. Dentre eles, o principal predizia a sua ilicitude caso tivesse como objeto alguma tarefa agasalhada pela noção de atividades-fim.

Em que pese essa orientação não tenha ecoado unissonamente ao longo do tempo, a sua proveniência do órgão superior daquela jurisdição inibiu que compreensões dissonantes alcançassem um lugar de maior evidência no cenário jurídico, sobretudo na área juslaboral. Afinal, independentemente da robustez dos argumentos porventura colocados, apresentava-se elevada a probabilidade de rejeição da licitude de terceirizações de atividades-fim caso houvesse a judicialização do tema perante aquela justiça especializada.

Na órbita privada, questões relativas à conformidade das terceirizações com o Direito dificilmente extravasavam as fronteiras da Justiça Laboral. Haja vista a diminuta relevância do debate sob o prisma civilista e, por conseguinte, a sua rara submissão ao exame de outras instituições, a palavra final a respeito do assunto adviria, como regra, de um órgão integrante dessa esfera judiciária, com grandes chances de coincidir com a intelecção sumulada.

De maneira diversa, o embate no setor público jamais tendeu a circunscrever-se à avaliação de juízos trabalhistas, eis que o seu âmago não se adstringe a aspectos laborais. Ao lado de preocupações dessa natureza, os riscos jurídicos inerentes a uma terceirização ilícita implementada pela Administração abrangem, destacadamente, a possibilidade de invalidação do próprio ato terceirizante, bem como, sob um ângulo pessoal, de vir o gestor a ser sancionado com fulcro em graves cominações legais.

Em rigor, os diferentes interesses enredados e os limites constitucionais da atuação da Justiça do Trabalho sempre impuseram às terceirizações emanadas do Poder Público uma apreciação compartilhada. Enquanto à referida justiça especializada compete, fundamentalmente, processar e julgar demandas ligadas a relações de natureza trabalhista, questões não afeitas a essa temática sujeitam-se, precipuamente, à análise dos múltiplos Tribunais de Contas e à jurisdição de órgãos estranhos à estrutura da Justiça Laboral, sem prejuízo do controle interno da própria Administração Pública.

Teoricamente, a ausência de vinculação ao Tribunal Superior do Trabalho sugeriria que, em outras instituições, pudessem ser firmados juízos divergentes que impedissem que a dicção consubstanciada na

Súmula nº 331 adquirisse a proeminência verificada no debate. Não foi isso, entretanto, o que os fatos revelaram.

Possivelmente influenciados pelos riscos concretos de condenações trabalhistas, alguns entes federativos produziram normativas que, segundo a interpretação que lhes foi conferida, passaram a veicular, agora em nome próprio, o entendimento cunhado na seara juslaboral.

Seja, assim, com fundamento na Súmula nº 331 ou em normas dirigidas especialmente à Administração, também os Tribunais de Contas e, no âmbito do Poder Judiciário, até mesmo o Superior Tribunal de Justiça aderiram à enunciada compreensão.

É preciso notar que a terceirização consiste em alternativa única à utilização de recursos próprios, inclusive de recursos humanos, para a realização de uma tarefa. Significa que, se houver a necessidade de desempenho de certa atividade e sendo reconhecida a existência de óbices à sua execução por terceiros, resta como opção disponível a sua perpetração direta, o que, no caso do Estado, atrai o labor de seus servidores.

Trocando em miúdos, se, por qualquer razão, a adoção de soluções terceirizantes estiver obstaculizada para a Administração Pública, a presença de postos laborais alocados e providos exsurge, ao menos sob o regime constitucional vigente, como importante aspecto a ser considerado para tornar viável a execução da atividade almejada. Isso, no entanto, não dispensa a observância de normas que, orientadas ao setor estatal, concernem à gestão de pessoal. Dentre elas, salientam-se aquelas relativas ao ingresso nos quadros de pessoal do Estado, notadamente a exigência da prévia aprovação em concurso público, como consignada no artigo 37, inciso II, da Constituição.

Não há dúvidas de que, na seara estatal, existe um condicionamento recíproco entre os limites da terceirização e os liames constitucionais atinentes ao regime de pessoal. Não por outro motivo, a histórica afirmação da ilicitude das terceirizações de atividade-fim reivindicava não só o exercício direto dos correlatos afazeres pela Administração, mas, por consequência, a alocação da força de trabalho de servidores regularmente admitidos na consecução do ansiado desiderato. Nesse contexto, a norma constitucional do concurso público figurava como uma das balizas jurídicas mais recorrentemente impostas ao gestor para decidir entre realizar certa atividade por recursos próprios ou externalizá-la mediante a atuação por terceiros.

Ocorre que, com a denominada "Reforma Trabalhista" de 2017, proveniente da edição das Leis Federais nºs 13.429/2017 e 13.467/2017, algumas modificações foram implementadas no ordenamento, com particular pertinência à sistemática das terceirizações. Uma das mais importantes e polêmicas consistiu, justamente, na legitimação das terceirizações de atividades-fim, ao lado das atividades-meio.

A despeito de posicionamentos contrários, o Supremo Tribunal Federal veio a reconhecer, no bojo do RE nº 958.252 e da ADPF nº 324, a ausência de amparo constitucional ao referido critério de discrímen para aferir a licitude da prática. Em seguida, asseverou a compatibilidade com o Texto Fundamental das alterações promovidas pela Reforma Trabalhista, o que se deu no julgamento conjunto da ADI nº 5.685 e de outras quatro ações diretas propostas sobre o tema. Ainda nessa última oportunidade, declarou serem lícitas as terceirizações de atividades-fim também quando efetivadas pela Administração Pública.

Com essa drástica mudança de rumo jurisprudencial, a doutrina trabalhista passou a se debruçar sobre as novas balizas de licitude a serem proclamadas ao trespasse à luz do novo marco legal. Já na seara administrativa, a afirmação da constitucionalidade das terceirizações de atividades-fim pelo STF deixou indagações, sobretudo, quanto aos novos limites a serem reconhecidos à prática nesse campo e quanto à maneira como as terceirizações se ajustam ao âmbito normativo do preceito veiculado no artigo 37, inciso II, da Constituição Federal.

Diante desse novo cenário, a presente obra dispõe-se a esclarecer, primeiramente, o curso trilhado pelas terceirizações sob as óticas histórica, normativa e jurisprudencial até o momento atual, superveniente aos mencionados pronunciamentos do Supremo Tribunal Federal. Ademais, pretende-se delimitar o fenômeno terceirizante no plano fático e para o Direito, notadamente sob uma visão particularizada do Direito Administrativo. Objetiva-se, outrossim, examinar o tratamento jurídico a ser conferido aos trespasses implementados pela Administração, propondo-se a investigar o modo pelo qual as terceirizações e a reivindicação do concurso público conformam-se reciprocamente. Busca-se, por fim, alcançar parâmetros cognitivos que auxiliem na aferição da licitude da prática quando aventada pelos entes estatais, além da demarcação de seus mais destacados efeitos jurídicos.

Cabe registrar que as críticas porventura enunciadas nesta obra visam, propositalmente, a estimular o debate. Com uma pretensão vocacionada ao contexto acadêmico e ao cotejo de ideias, entende-se que o diálogo entre posicionamentos contrapostos tem o condão de fornecer elementos para a construção, caso não de consensos, de novas soluções jurídicas, ainda que destinadas a problemas antigos.

CAPÍTULO 1

CONTEXTUALIZAÇÃO HISTÓRICA

Com particular relevância para o campo privado, a terceirização desenvolveu-se direcionada a alcançar maior eficiência no processo produtivo e, dessa maneira, maior competitividade no ambiente de mercado. Tendo sido fortemente potencializada pela globalização, esta, enquanto fenômeno responsável pela integração dos mercados domésticos,[2] acirrou a concorrência e ampliou, a um só tempo, as possibilidades e as necessidades de implementação dessa ferramenta de gestão.

Já na órbita estatal, a terceirização firmou-se em um segundo momento, especialmente impulsionada pelas transformações advindas no cenário mundial a partir do final da década de 1970. Nesse período, o setor privado passou a defender a diminuição da máquina e das despesas públicas para, assim, possibilitar a moderação da carga tributária, a redução dos custos de produção e, por efeito, o incremento da capacidade competitiva das empresas em uma conjuntura econômica cada vez mais internacionalizada.

---

[2] Luiz Carlos Bresser-Pereira pontua que "a globalização é, ao mesmo tempo, um processo contínuo de transformação – o processo de integração econômica, social e política acelerada que o mundo vem vivendo desde os anos 1970 – e o nome do estágio atual do sistema econômico capitalista. É o sistema econômico em que todos os mercados nacionais se tornam abertos e todos os Estados-nação começam a se comportar de acordo com a lógica da acumulação e competição capitalistas [...]. Como um estágio do capitalismo, a globalização abrange todas as áreas da atividade humana: econômica, social, política e cultural. Politicamente, a globalização se manifesta nas Nações Unidas e em todos os tratados comerciais e políticos. Socialmente, uma de suas manifestações mais interessantes é o surgimento de uma sociedade civil global. Ela apresenta muitas manifestações culturais. A globalização econômica pode ser vista sob o ângulo da produção, do comércio e das finanças" (BRESSER-PEREIRA, 2018, p. 22; 30-31).

Valendo-se da experiência empresarial, os Estados-nação incorporaram a terceirização como prática de gestão voltada ao desempenho de atividades pertinentes à seara administrativa. Ao lado de outras estratégias dirigidas à desestatização, a terceirização estabeleceu-se como instrumento vocacionado a minorar o tamanho do aparelho estatal e, na linha da iniciativa privada, a tornar mais eficiente o exercício do seu mister.

1.1 Terceirização no mundo empresarial

Não é recente o surgimento da terceirização enquanto alternativa de gestão de negócios, considerados estes em seu sentido mais amplo. A existência de diferentes habilidades pessoais, a ocorrência de eventos externos capazes de interferir positiva ou negativamente na realização de certa atividade e a presença de limitações reais concernentes ao meio e às possibilidades humanas impõem uma busca contínua por maior especialização, seja sob um ângulo individual ou sob uma ótica comunitária.

Embora por vezes não decorra do exercício de prévia reflexão, a instituição da troca como instrumento comezinho da vida em sociedade deriva, em importante medida, da especialização dos seres e agrupamentos humanos. Se dois indivíduos produzirem aquilo em cuja atividade tenham maior maestria e, após, repartirem os seus resultados, provavelmente o saldo final para ambos será superior ao que se alcançaria caso não atuassem dessa maneira.[3]

Em rigor, a lógica inerente à terceirização mostra-se bastante similar. Havendo variadas tarefas a serem desempenhadas para a consecução de um único desiderato, é intuitiva a possibilidade de se obter um resultado melhor se estabelecido um acordo entre diferentes pessoas, com a especialização de ambas em partes distintas do processo, do que se trabalharem de modo separado. É exatamente essa repartição de trabalhos atinentes a certo desígnio produtivo que constitui a essência da terceirização.

Há inúmeros casos na história aptos a demonstrar que o repasse a terceiros da atribuição de realizar atividades ligadas a certo propósito é uma decisão que nada tem de inovadora, revelando, até mesmo, uma obviedade quando comparada à alternativa contrária. Como exemplo, o historiador ático Tucídides (460-400 a.C.), ao relatar a Guerra do

---

[3] HUTCHESON, 1755, p. 288-289.

Peloponeso, faz menção à contratação de terceiros para o fornecimento e para a manutenção das naus destinadas ao transporte de tropas atenienses e espartanas, assim como de seus cavalos e suprimentos.[4] Tal medida significava o despendimento de menores recursos[5] e o incremento da qualidade das embarcações, permitindo o direcionamento de esforços a outras ocupações e, assim, um aumento nas chances de êxito no conflito.

Sob uma perspectiva mais recente, é sabido que, nos primórdios do capitalismo,[6] já se via como prática comum dos mercadores obter a colaboração de artesãos na concretização de parcela de suas atividades. Estes, a seu turno, recebendo daqueles as matérias-primas e, eventualmente, as ferramentas necessárias, produziam os bens demandados, inclusive, por vezes, com auxiliares próprios.[7] Tratava-se do sistema doméstico de produção que preponderou na Europa entre os séculos XVI e XVIII, denominado, na língua inglesa, de *domestic system* ou de *putting out system*.[8]

Na realidade, o capitalismo, desde o seu advento e em suas diferentes fases,[9] sempre conviveu com algum nível de terceirização, na medida em que, relacionado às ideias de especialização do trabalho e de troca, enquanto meios para o acúmulo de capital, "o ato de terceirizar é indissociável do próprio processo de divisão social do trabalho".[10]

Sem embargo, a terceirização com a relevância que lhe é atualmente conferida tem como embrião a implementação de modificações na organização da produção propugnadas pela Segunda Revolução Industrial, a partir do fim do século XIX. Com a descoberta da eletricidade, o surgimento dos motores elétrico e a explosão e a substituição do ferro pelo aço, o mundo vivenciou uma profunda transformação. A capacidade produtiva sofreu expressivo incremento, fazendo nascerem grandes corporações. Bens passaram a ser produzidos em maior escala

---

[4] TUCÍDIDES, 2001, p. 359; 372-373; 380; 509-510.
[5] CASTRO; BARBATO, 2019, p. 13.
[6] Para Luiz Carlos Bresser-Pereira, "o capitalismo é um sistema econômico que se define em termos da acumulação de capital. Capitalismo é o sistema econômico baseado na propriedade privada dos meios de produção e no controle da economia pelos mecanismos de mercado em que uma classe dominante – a classe capitalista – acumula capital com o objetivo deliberado de lucro. Acumulação de capital e lucro organizam-se em um processo circular de auto-reformo (sic), no qual se acumula capital para aumentar o volume de lucros e se reinvestem os lucros para aumentar a acumulação" (BRESSER-PEREIRA, 1970, p. 01).
[7] CONCEIÇÃO; LIMA, 2009, p. 188.
[8] SILVA, Viviane, 2019, p. 10.
[9] Sobre as fases do capitalismo, sugere-se: BRESSER-PEREIRA, 2011a.
[10] CONCEIÇÃO; LIMA, 2009, p. 188.

e, por conseguinte, o largo consumo passou a existir como característica marcante da sociedade.[11]

Por sua vez, esse novo momento do capitalismo esteve intimamente atrelado a novos modelos de produção pensados, sobretudo, nos Estados Unidos, auferindo destaque o fordismo, que veio a reproduzir concepções provenientes do taylorismo. No entanto, após décadas de triunfo, a cartilha norte-americana entrou em crise, abrindo espaço para que, no Japão, se desenvolvesse um novo modelo de produção, o toyotismo, consistente no berço da terceirização enquanto prática estratégica consolidada de gestão produtiva.

1.1.1 Taylorismo

Desenvolvido no final do século XIX pelo engenheiro norte-americano Frederick Winslow Taylor (1856-1915), considerado o pai da administração científica,[12] o chamado "taylorismo" embasava-se na ideia de gerência científica do trabalho. Dizia-se científica, pois a sua formulação teórica recomendava a experimentação de regras e de formas padronizadas de trabalho com a finalidade de descobrir a melhor solução possível sob uma ótica de eficiência.[13]

Segundo suas proposições, as etapas de concepção e de execução do trabalho deveriam estar dissociadas. Caberia à gerência estudar, planejar, experimentar e controlar os processos laborais. Já aos operários bastaria a rigorosa execução de tarefas segmentadas e reiteradas, conforme definidas pela gerência;[14] tudo com o fito de alcançar o mais alto propósito de combate ao desperdício.[15]

Primando pelo enxugamento dos processos nas fábricas e pela redução de movimentos desnecessários realizados pelos operários, a perscrutação da melhor relação entre "tempo" e "movimento" ensejou o estabelecimento de padrões repetitivos e individualizados para cada posto de trabalho, com a utilização do cronômetro como instrumento de mensuração do tempo nas diferentes etapas da produção.[16]

---

[11] Para compreensão do processo de transformação sofrido pela sociedade em razão da Segunda Revolução Industrial, recomenda-se: DATHEIN, 2003.
[12] PINTO, 2013, p. 23.
[13] RIBEIRO, 2015, p. 66.
[14] RIBEIRO, 2015, p. 66-67.
[15] SILVA, Benedicto, 1960, p. 23.
[16] BATISTA, [s.d.].

É de todo evidente que o taylorismo se harmonizava com as predisposições capitalistas vigentes, alinhando a ideia de maior prosperidade à de maior produção. Ao menos em teoria, as formulações de Taylor apresentavam, porém, um condicionamento recíproco entre a prosperidade do trabalhador e a prosperidade da empresa. Além do ganho ao consumidor em razão da forte expansão industrial, projetavam-se, no mínimo, três outros resultados favoráveis a empregados e empregadores: o aumento da produtividade, o incremento dos salários e a redução do esforço e da fadiga.[17]

Não obstante, a resistência de organizações de trabalhadores no seu próprio país de origem impôs ao taylorismo derrotas em seu momento inicial, quando foram editadas leis que visavam a coibir o uso de cronômetros e o controle do tempo despendido pelo trabalhador em cada operação. No entanto, a Primeira Guerra Mundial (1914-1918) e a necessidade, de um lado, do recrutamento militar de operários e, de outro, do incremento da produção em massa criaram as condições para o seu reavivamento nos Estados Unidos e para a sua difusão pela Europa e por outras partes do mundo.[18] A organização do trabalho em cadeia e, em especial, o fordismo derivaram, em importante medida, dos princípios tayloristas.

1.1.2 Fordismo

Com efeito, o "fordismo", concebido pelo empreendedor e engenheiro mecânico Henry Ford (1863-1947), responsável pela fundação da empresa Ford Motor Company em 1903, consistiu em um modelo de organização da produção e do trabalho que teve como ponto de partida diversas proposições de Frederick Taylor.[19]

Nesse sentido, a estratégia desenvolvida por Ford partiu das ideias de dissociação da concepção e da execução laborais e de profunda segmentação de tarefas. Estabeleceu-se na empresa um processo de produção de bens padronizados em larga escala que, mediante a utilização de técnicas repetitivas e sequenciais de trabalho, combatia o desperdício de tempo e de movimentos envolvendo os afazeres dos operários. Inobstante, o sucesso experimentado pela companhia não pode ser atribuído apenas ao acolhimento de formulações tayloristas.

---

[17] SILVA, Benedicto, 1960, p. 23-27.
[18] SILVA, Benedicto, 1960, p. 28-31.
[19] TENÓRIO, 2011, p. 1.153.

Sem dúvida, a introdução da esteira rolante nas fábricas representou um ganho substancial de produtividade.[20] O empregado não mais se deslocava de seu posto de trabalho para a execução de sua tarefa, pois esta vinha ao seu encontro.[21] Ainda, foram incorporados aos dispositivos automáticos das máquinas as normas de produção e o ritmo laboral exigido, definindo, dessa forma, o tempo preciso para a realização de cada atividade por cada operário.[22]

Por sua vez, a utilização da linha de montagem por esteiras combinou-se com a estratégia de integrar verticalmente a produção da companhia,[23] desde a extração da matéria-prima até a colocação do bem no mercado. Além de reduzir os custos de produção, possibilitou a criação de peças-padrão intercambiáveis e facilmente ajustáveis entre si. Isso simplificou o trabalho do operário no chão da fábrica, reclamando um baixo nível de qualificação para o seu desempenho,[24] diversamente do período anterior da indústria automobilística, em que a produção era manual e para a qual eram necessários profissionais com maior especialização.[25]

Em que pese a incessante oposição de entidades representativas de empregados,[26] é inequívoco o êxito do fordismo por sucessivas décadas. Desde a adoção inicial, em 1908, do Ford T (conhecido no Brasil como Ford Bigode) como modelo único de produção padronizada da empresa e da criação, em 1913, de sua primeira linha de montagem por esteiras,[27] houve incremento significativo da produção e da qualidade dos automóveis, enquanto os seus custos sofreram drástica redução.[28]

---

[20] RIBEIRO, 2015, p. 68.
[21] TENÓRIO, 2011, p. 1.154.
[22] LIPIETZ; LEBORGNE, 1988, p. 13.
[23] GOUNET, 1999, p. 19.
[24] TENÓRIO, 2011, p. 1.154-1.155.
[25] WOOD JR., 1992, p. 09.
[26] Como se pode imaginar, a repetição continuada dos mesmos movimentos pelos operários ao longo da jornada de trabalho e de forma necessariamente ajustada ao tempo definido pelas máquinas para cada operação tornava o trabalho bastante fatigante. Os embates com entidades sindicais apresentavam-se frequentes, assim como a resistência pessoal dos empregados, ensejando níveis elevados de absenteísmo e de rotatividade na empresa. Para fazer face a esses problemas, a companhia instituiu "O Dia de Cinco Dólares", prometendo o pagamento de mais do que o dobro dos salários pagos à época e, ainda, corte da jornada para aqueles que se conformassem aos padrões de trabalho da empresa. Essa medida acarretou maior engajamento dos empregados, gerando drástica queda nos índices de absenteísmo e de rotatividade dos trabalhadores, bem como, consequentemente, aumento considerável de produtividade (CLARKE, 1991, p. 138-141).
[27] TENÓRIO, 2011, p. 1.153.
[28] WOOD JR., 1992, p. 09.

Se, antes, apenas os ricos compravam carros,[29] o sistema fordista ampliou consideravelmente o mercado de consumo. Todos esses fatores levaram a Ford à posição de maior empresa automobilística do mundo,[30] o que se estendeu até o período posterior à Segunda Guerra Mundial (1939-1945).

Sem embargo, a partir da década de 1950, a tendência da empresa começou a se inverter, surgindo os primeiros sinais de esgotamento do modelo.[31] Os consumidores passaram a esperar veículos mais adaptados aos seus gostos e às suas necessidades, gerando saturação aos mercados de massas. As novas tecnologias de automação flexível, provenientes da Terceira Revolução Industrial, iniciada na segunda metade do século XX, passaram a demandar trabalhadores também flexíveis e mais qualificados que pudessem operar as novas máquinas e reconfigurá-las quando necessário. Já as reivindicações trabalhistas se intensificaram, além dos movimentos sociais contrários ao modelo, ocasionando aumento nos custos de produção e dos salários e, em conjunto com outros fatores, perda de produtividade e, por efeito, de competitividade e de mercados.[32] Com a consolidação de novos concorrentes com modelos de organização da produção e do trabalho mais conformados à nova realidade, o fordismo entrou em crise no fim dos anos 1960.[33]

1.1.3 Toyotismo

Como principal contraposição ao sistema fordista, o toyotismo (ou "ohnoísmo") foi implantado pelo especialista de produção da Toyota, Taiichi Ohno (1912-1990) como um modelo de organização de produção em larga escala mais ajustado ao cenário japonês, ante a constatação da inaplicabilidade prática do sistema fordista ao país nipônico.[34]

De fato, o Japão encontrava-se em situação singular. Recém-derrotado na Segunda Guerra e sendo uma ilha com poucos recursos naturais, o país necessitou desenvolver uma forma de produção compatível com o seu pequeno mercado interno, com a grande distância para

---

[29] WOOD JR., 1992, p. 09.
[30] WOOD JR., 1992, p. 10.
[31] WOOD JR., 1992, p. 10.
[32] DRUCK, 1999, p. 68-70.
[33] GOUNET, 1999, p. 61.
[34] WOOD JR., 1992, p. 12.

os mercados norte-americano e europeu e com a escassez de capital e de matérias-primas.[35] A solução encontrada pelo Sistema Toyota de Produção – STP consistiu em dirigir os esforços da empresa à instituição de um modelo de automação flexível que permitisse "aumentar a produtividade na produção de pequenas quantidades de numerosos modelos de produtos".[36] Bem recebido por um mercado saturado pela padronização imposta pelo fordismo, a produtividade da empresa tornou-se a mais alta da indústria automobilística, notadamente a partir da segunda metade dos anos 1960.[37]

Inicialmente, mostrou-se necessária a substituição do trabalhador parcelar, responsável pelo desempenho de uma única e destacada tarefa, pelo trabalhador multifuncional, que, conhecedor de todo o processo produtivo, era capaz de realizar várias funções e de operar diferentes máquinas. Com maior especialização, era possível a qualquer operário paralisar o processo de produção caso detectasse algum problema, evitando, assim, o retrabalho e o desperdício.[38] Ao contrário da realidade fordista, "nas fábricas da Toyota, praticamente inexistem áreas de reparo no final da linha".[39]

Ademais, essa nova estruturação da organização produtiva permitiu que a empresa perscrutasse uma "qualidade total" em seus produtos, ao lado de sua diversificação. Se, nos primeiros anos, a produção precisava ser interrompida a todo instante, "com o tempo, os problemas foram sendo corrigidos e não só a quantidade de defeitos caiu, como a qualidade geral dos produtos melhorou significativamente".[40]

O verdadeiro coração do sistema consistia, porém, na sincronização da produção em fluxo com estoques reduzidos, pensando-se a produção do fim para o começo. O sistema que restou implementado – denominado de *just in time* – tinha como significação concreta que "as partes certas necessárias devem chegar na hora certa e somente na quantidade necessária".[41] Contornavam-se, dessa maneira, as exigências de manutenção de grandes estoques para a produção dos diversificados modelos de automóveis vendidos pela companhia.

---

[35] ALBAN, 1999, p. 76.
[36] ALBAN, 1999, p. 76.
[37] FERRO, 1990, p. 58.
[38] WOOD JR., 1992, p. 13.
[39] FERRO, 1990, p. 63.
[40] WOOD JR., 1992, p. 13.
[41] FERRO, 1990, p. 60.

Para tanto, o toyotismo utilizou-se de práticas industriais que, iniciadas nos Estados Unidos em período anterior à Segunda Guerra Mundial,[42] foram aplicadas com sucesso durante o conflito pelas empresas bélicas norte-americanas. Estas, por sua vez, com o fito de "concentrar-se na produção, cada vez melhor, das armas necessárias para a manutenção da superioridade aliada [...], descobriram que algumas atividades de suporte à produção dos armamentos poderiam ser passadas a outros empresários prestadores de serviços".[43]

Essa estratégia foi desenvolvida e alçada a elemento central do novo modelo,[44] estruturando uma rede de fornecedores comandada pela montadora e organizada em grupos funcionais, que, de modo similar, replicavam essa lógica produtiva com seus subfornecedores, formando uma estrutura piramidal. Assim, apesar de consistirem em empresas independentes, estabeleceram-se uma íntima relação de parceria e um envolvimento de todos os fornecedores no processo de produção, garantindo o fluxo dos componentes tão logo fossem necessários.[45]

Em verdade, esse novo modelo de administração consistiu no grande difusor da terceirização enquanto prática estratégica de gestão, que passou a ser aplicada em diferentes partes do mundo. Na realidade, o toyotismo, como um todo, se consolidou como o modelo de organização da produção e do trabalho predominante após a Terceira Revolução Industrial, tendo as suas ideias sido incorporadas, pouco a pouco, a todas as grandes empresas ocidentais de montagem até o começo da década de 1990.[46]

Isso, contudo, não significa que o modelo japonês tenha se mantido à margem de contestações. É comum ser indicada como ponto negativo a flexibilização de leis trabalhistas ocorrida em razão de sua implementação, além da redução do número de empregados pelas fábricas em decorrência, de um lado, da maior automação industrial e, de outro, do incremento da realização de horas extras pelos trabalhadores.[47] Ao mesmo tempo, também sofre críticas o sistema representativo sindical que veio a se instalar, pois, integrada à política de gestão da empresa, a estrutura sindical passou a se confundir com a

---

[42] LEIRIA, 1991, p. 20.
[43] QUEIROZ, 1998, p. 59.
[44] AMORIM, 2009, p. 32.
[45] WOOD JR., 1992, p. 13-14.
[46] ALBAN, 2002, p. 106.
[47] GOUNET, 1999, p. 29-30.

estrutura hierárquica da companhia, inviabilizando oposições a práticas gerenciais eventualmente adotadas.[48]

1.1.4 Terceirização como prática consolidada de gestão empresarial

Se é certo que, ao menos desde o surgimento do capitalismo, a terceirização sempre ocorreu em alguma medida em situações em que houvesse especialização no exercício de atividades produtivas e trocas, é igualmente correto dizer que ela foi elevada a componente essencial do modelo toyotista de produção, que, não se atendo à indústria automobilística, restou acolhida por empresas dos mais variados ramos.

Não há dúvidas de que a globalização teve papel fulcral na construção desse quadro. De um lado, o processo de internacionalização das relações capitalistas e a nova dinâmica concorrencial no cenário contemporâneo impuseram às empresas uma busca incessante por maior competitividade.[49] Por outro lado, qualquer bem ou serviço passou a poder ser encontrado no mercado doméstico ou, então, a ser passível de importação.[50]

De fato, há inúmeras empresas que contratam fornecimento internacional de bens ou serviços para integrar a sua cadeia produtiva ou para satisfazer necessidades acessórias à sua atividade principal. É bastante comum, por exemplo, a importação de peças de fornecedores estrangeiros para serem utilizadas em modelos de automóveis fabricados por montadoras locais.[51] Da mesma forma, há serviços de *call center* que, embora prestados em certos países – tendo a Índia como destacado exemplo –, se destinam a atender clientes espalhados pelo mundo.[52]

Conquanto possam existir diferentes estratégias a serem consideradas para o incremento da capacidade de competição de uma empresa, invariavelmente elas visam a conferir maior valor agregado ao bem ou serviço ou, ao menos, a reduzir os seus custos de produção. É justamente nesse contexto que a terceirização é encarada pelas

---

[48] DRUCK, 1999, p. 93.
[49] Ao abordar o tema da competitividade das empresas, Fábio Luiz Mariotto a define, sucintamente, como "a sua capacidade de ser bem-sucedida em mercados em que existe concorrência" (MARIOTTO, 1991, p. 38).
[50] REZENDE, Wilson, 1997, p. 13.
[51] GORENDER, 1997, p. 336.
[52] GIÃO; OLIVEIRA JÚNIOR, 2009, p. 19.

empresas: cuida-se de prática de gestão potencialmente capaz de alcançar uma ou ambas as finalidades, podendo ser buscados, para esse fim, fornecedores domésticos ou internacionais.[53]

Nesse diapasão, a terceirização constitui um caminho no sentido da desburocratização empresarial, permitindo a diminuição dos níveis hierárquicos, dos processos de trabalho e dos custos decorrentes da gestão de grandes estruturas. Ademais, torna possível extinguir despesas fixas, transformando-as em variáveis, com a sua efetiva assunção apenas no momento do pagamento pelo bem ou serviço contratado. Ainda, cria condições para a empresa se concentrar em segmentos considerados mais rentáveis, podendo obter ganhos pela especialização nas atividades realizadas diretamente e, também, naquelas executadas por terceiros que tenham maior eficiência na respectiva área de atuação.[54]

Isso não implica dizer que corresponda a medida cuja implementação seja cogente para se alcançar a melhor gestão empresarial. Consoante pontua Wilson Rezende, "a terceirização é uma possibilidade infinitamente mais adequada para uma série de situações enfrentadas pelas empresas, mas não pode ser tratada como um dogma".[55] Deve ser considerada, sim, uma estratégia importante cuja adoção reclama, porém, uma análise cuidadosa, especialmente quanto a possíveis aspectos negativos.[56]

Conforme salienta o autor, as características do processo de produção podem não ser adequadas a certa terceirização. Aliás, o repasse a terceiros da atribuição de executar certas atividades pode ensejar uma relação de dependência com o fornecedor, assim como a necessidade de gerenciamento de novos contratos. Outrossim, a terceirização pode acarretar perda na capacidade inovadora da empresa ou a criação de um novo concorrente, como ocorreu com a Honda, que era fornecedora da Toyota. Sem prejuízo, há de se considerar que essa medida pode encontrar resistências internas e externas, de trabalhadores e de sindicatos, gerando riscos inerentes a contendas judiciais.[57]

Por outro lado, alguns estudos expõem não haver homogeneidade nas realidades laborais decorrentes das terceirizações e reconhecem casos em que o trespasse impõe ganhos não apenas à qualidade, à produtividade e à competitividade da empresa, mas, a um só tempo,

---

[53] OLIVEIRA, Susan, 2015, p. 46-47.
[54] REZENDE, Wilson, 1997, p. 12-14.
[55] REZENDE, Wilson, 1997, p. 07.
[56] HITT; IRELAND; HOSKISSON, 2019, p. 75.
[57] REZENDE, Wilson, 1997, p. 14-15.

às condições de trabalho, sobretudo quando envolve tecnologia.[58] Não obstante, costuma-se relacionar as terceirizações, ou parte delas, a certa diluição (do poder) da representação sindical, em razão da fragmentação, heterogeneização e complexificação da classe trabalhadora,[59] além da diminuição de postos de trabalho, do aumento de empregos informais e da redução qualitativa das condições laborais; o que é usualmente acobertado pelo manto da expressão "precarização do trabalho".[60]

1.2 Terceirização no Estado

De fato, a vida em sociedade conduz os seus membros a perquirirem caminhos para uma efetivação mais adequada de seus diferentes objetivos. De maneira similar, às respectivas organizações políticas interessa descobrir alternativas que se revelem potencialmente mais eficientes na realização dos desígnios da coletividade.

A despeito de não ser tarefa das mais fáceis desvendar quando a terceirização passou a ser adotada como prática estratégica consolidada de administração na seara estatal, parece ser razoável admitir que, em algum nível, a transferência a terceiros de atribuições ligadas ao desempenho de atividades do Estado[61] consistiu, desde os seus primórdios,[62]

---

[58] Sem embargo da inclinação dos estudos referidos pela autora no sentido da comum desvalia às condições de trabalho, Maria da Graça Druck salienta "existir uma preocupação, presente em todos os autores que afirmam a existência de duas modalidades de terceirização, de não absolutizar a precarização causada por essa prática. O que é extremamente saudável para que não se transforme numa posição de princípio, ou que assuma um conteúdo exclusivamente ideológico" (DRUCK, 1999, p. 139-153).

[59] ANTUNES, 2006, p. 70.

[60] Considerando essa perspectiva consequencial, Ciro Pereira da Silva proclama a terceirização como realidade necessária no mundo globalizado, mas que deve ser pensada de forma responsável (SILVA, Ciro, 1997, p. 119-122).

[61] Não há lugar, neste trabalho, para tecer aprofundadas reflexões sobre o sentido mais adequado a ser conferido ao termo "Estado". Partindo, porém, das lições de Dalmo de Abreu Dallari, considera-se a ideia, cuja adoção pela maioria dos autores é informada pelo professor, de que o termo designa, de forma geral, "as sociedades políticas que, com autoridade superior, fixaram as regras de convivência de seus membros" (DALLARI, 2001, p. 51-52).

[62] Segundo Dalmo de Abreu Dallari, "com pequenas variações, os autores que trataram deste assunto adotaram uma seqüência cronológica, compreendendo as seguintes fases: Estado Antigo, Estado Grego, Estado Romano, Estado Medieval e Estado Moderno" (DALLARI, Dalmo, 2001, p. 62). Paulo de Tarso Brandão afirma, porém, que o Estado Moderno deu lugar ao Estado Contemporâneo, surgido com a transformação da estrutura das Constituições, que, por sua vez, teve como marco histórico o advento da Constituição Mexicana, de 1917, e da Constituição de Weimar, de 1919 (BRANDÃO, 2000, p. 63).

em uma opção à disposição para ser concretamente considerada, seja para incrementar o resultado almejado, seja para obter redução nos custos inerentes à concretização de seu mister.

Com efeito, a história apresenta situações em que soluções terceirizantes foram tomadas no campo estatal em tempos bastante antigos. No período do Império Romano, constata-se a arrecadação de tributos pelas chamadas *societates publicanorum*.[63] Consistentes em organizações privadas,[64] que, surgidas durante as guerras púnicas (264-146 a.C.),[65] eram formadas por pessoas geralmente provenientes da classe dos cavaleiros,[66] o Estado lhes transferia a atribuição de exercer, dentre outras tarefas, a mais elementar das atividades fiscais. Talvez o mais famoso coletor de tributos da época seja Zaqueu, que foi chefe dos publicanos e cujo encontro com Jesus Cristo é narrado pela Bíblia, no evangelho de Lucas, em seu capítulo 19.

A Idade Moderna igualmente contribui com o exemplo da *Ferme Générale*, de que fez parte Antoine-Laurent de Lavoisier (1743-1794),[67] considerado por muitos o pai da química. Embora tenha sido extinta após a Revolução Francesa, iniciada em 1789, consistia também em organização privada a que se conferia a tarefa de cobrar tributos em nome do Estado, sendo remunerada por parte do produto da arrecadação.[68]

Já nos Estados Unidos, é possível ver que a terceirização sempre existiu enquanto opção estratégica para operações militares. Se, na Revolução Americana de 1776, que ensejou a independência das Treze Colônias, se viam carroceiros realizando o transporte de suprimentos em apoio ao Exército Continental, liderado por George Washington (1732-1799),[69] as guerras de que participaram os Estados Unidos após a sua emancipação do Reino Unido revelaram uma crescente colaboração de empresas privadas.

Nesse toar, ao invés de centralizar as atividades, especialmente, as de logística, inerentes ao conflito bélico, como fizeram Alexandre

---

[63] Consoante Norma Musco Mendes, "no final do século III a.C. diante da inexistência da idéia de funcionalismo público começaram a surgir as sociedades de publicanos que adjudicavam do Estado o direito de realizar serviços públicos ligados à cobrança de impostos, suprimento de víveres e equipamentos para o exército em campanha" (MENDES, 2007, p. 46).
[64] CORRÊA, 1971, p. 101.
[65] CORRÊA, 1970, p. 74.
[66] SIDOU, 2000, p. 141.
[67] STRATHERN, 2002, p. 195-196.
[68] GOMES; GUEDES, 2019, p. 203-204.
[69] LATHAM JR., 2009, p. 31.

Magno, o Grande (356-323 a.C.), na conhecida campanha macedônica pela Ásia,[70] e os próprios Estados Unidos, durante a Primeira Guerra Mundial,[71] foi definida uma estratégia diferente para a Segunda Grande Guerra. Fábricas até então destinadas à produção de bens de consumo passaram a atuar como suporte à atividade militar.[72] Posteriormente, nas Guerras da Coréia (1950-1953), do Vietnã (1955-1975), do Golfo (1990-1991) e, mais recentemente, do Afeganistão (2001-2014) e do Iraque (2003-2011),[73] a efetivação de atividades inerentes às investidas bélicas se deu, progressivamente, com ainda maior cooperação do setor privado.[74]

Não por outro motivo estão estabelecidas, sobretudo no mercado norte-americano, empresas vocacionadas ao desempenho de atividades vinculadas à defesa e à segurança, alcançando o desenvolvimento e a produção de material bélico, a prestação de serviços de apoio logístico, de manutenção e de segurança privada (as chamadas *Private Military Security Companies* – PMSC) e a prestação de outros serviços de apoio aos militares e suas famílias. Quanto às PMSCs, estas exercem funções que abarcam desde atividades de logística, transporte e alimentação, passando por consultorias militares e pelo treinamento privado das forças armadas, até o fornecimento de combatentes.[75]

Em termos bastante amplos, há compreensões que enxergam a terceirização para o Poder Público como fonte de benefícios "claramente detectáveis",[76] como o enxugamento da máquina estatal e a prestação de serviços públicos com maior eficiência. Há outros, contudo, que sustentam que ela funcione, sim, como instrumento apto a permitir uma gestão mais eficiente, mas que, assim como ocorre na órbita privada, exige uma análise cuidadosa das vantagens e das desvantagens concretas, "não se podendo estabelecer, *a priori*, quando se pode terceirizar ou não".[77] Verificam-se, ainda, posicionamentos críticos à prática no campo estatal sob a razão de que, além da precarização de direitos trabalhistas, haveria prejuízo à qualidade do serviço público.[78] Também, costuma-se

---

[70] RODRIGUES, 2007, p. 67-68.
[71] ZAGNI, 2013, p. 92.
[72] LATHAM JR., 2009, p. 31.
[73] OLIVEIRA, Ariana, 2010, p. 70-73.
[74] SCHMITZ, 2018, p. 30-31.
[75] REIS, 2018, p. 79-81.
[76] LEIRIA, 1991, p. 21.
[77] SANTOS, 2014, p. 58.
[78] VALENTE, 2009, p. 105.

questionar se o desempenho de certas tarefas relevantes à coletividade não deveria se manter centrado no próprio Estado.

Reconhece-se, porém, que o quadro atual das terceirizações no âmbito do Poder Público, assim como o estágio em que se encontra o debate na sociedade, sofre grande influxo de ideias cujas raízes remontam à própria concepção do Estado e do seu papel perante os seus cidadãos.

1.2.1 Estado Liberal

Em razão do desenvolvimento de novas tecnologias durante o período feudal da Baixa Idade Média (séculos XII a XV), a Europa vivenciou um significativo incremento na produtividade agrícola, gerando crescimento demográfico e expansão na atividade econômica. Nesse tempo, as cidades sofreram migração da população do campo, o que, aliado ao aumento das relações da Europa com o Oriente, especialmente em razão das Cruzadas, fez nascer uma nova classe social e as primeiras formas de divisão social do trabalho.[79]

Atentos ao surgimento e à ascensão desse novo grupo de indivíduos – os burgueses, assim denominados em referência aos burgos, consistentes em núcleos urbanos feudais em que se dava o comércio à época –, o clero e a nobreza buscaram o fortalecimento da corte real como meio para manterem as suas posições sociais. A burguesia, a seu turno, passou a enxergar no sistema feudal, fragmentado em reduzidos centros de poder,[80] a causa de certas dificuldades impostas ao exercício de suas atividades, haja vista a conveniente existência de "um ambiente mais seguro para o avanço das práticas comerciais".[81]

Diante dessa confluência de interesses, exsurgiu o Estado Moderno em sua primeira versão. Personificado na figura do Rei, o Estado Absolutista tinha como característica fundamental a presença de um poder soberano concentrado nas mãos do monarca e vigente no respectivo território.[82] Sob a ótica econômica, o modo de produção feudal deu lugar ao capitalismo mercantil,[83] em que a acumulação de riquezas, o lucro e o desenvolvimento econômico tornaram-se elementos basilares,

---

[79] GÓES, 2013, p. 27.
[80] BOBBIO, 1987, p. 114.
[81] BATISTA JÚNIOR, 2015, p. 21.
[82] STRECK; MORAIS, 2019, p. 45-46.
[83] STRECK; MORAIS, 2019, p. 25-26.

assim como, sob a ótica social, a congregação da sociedade em novas classes: burguesa e trabalhadora.[84]

Sucede que, com a expansão do modelo capitalista e da relevância econômica da burguesia, os privilégios concedidos ao clero e à nobreza tornaram-se, cada vez mais, alvo de questionamentos, sobretudo a partir do século XVII. Especialmente na França, que correspondia, à época, ao país mais populoso e mais importante da Europa continental, a classe burguesa se via limitada pelas interferências do soberano e carente de efetivo poder de influência no Estado. Ao mesmo tempo, o país vivia grave crise financeira, tendo em vista a sua participação em sucessivas guerras, os altos encargos públicos e os gastos supérfluos da corte real. No entanto, todas essas despesas mantinham-se financiadas exclusivamente pelo Terceiro Estado, composto por aqueles que não pertenciam ao clero – Primeiro Estado – ou à nobreza – Segundo Estado – e que, alcançando a maioria expressiva da população, inclusive a burguesia, não gozavam de semelhantes regalias.[85]

Tendo como marco histórico a tomada da Bastilha, em 14 de julho de 1789, a Revolução Francesa, capitaneada pelo Terceiro Estado, suprimiu privilégios, transformou a França em monarquia constitucional parlamentarista e criou condições para a implantação de um novo modelo de Estado caracterizado por sua mínima intervenção e pelo resguardo do direito de propriedade, das liberdades individuais e da igualdade de todos perante a lei.

Fundado à luz dos interesses burgueses,[86] o Estado Liberal estabeleceu-se principalmente como garantidor da segurança externa e, mediante a organização de um sistema de justiça, da segurança das relações sociais,[87] devendo abster-se de interferir nos domínios econômico e social. As relações privadas passaram a estar regidas sob a égide da liberdade contratual, assegurada a igualdade formal entre

---

[84] BRESSER-PEREIRA, 2020, p. 02.
[85] COGGIOLA, 2013, p. 283-287.
[86] BONAVIDES, 2014, p. 67-68.
[87] Nas palavras de Adam Smith, considerado o pai do liberalismo econômico, a atividade do soberano deveria limitar-se ao cumprimento de apenas três deveres: "o primeiro, o dever de proteger a sociedade da violência e da invasão de outras sociedades independentes; o segundo, o dever de proteger, o máximo possível, cada membro da sociedade da injustiça ou da opressão de todos os demais membros dela, ou a obrigação de estabelecer uma administração exata da justiça; o terceiro, o dever de criar e manter determinadas obras e instituições públicas que jamais seriam de interesse de um indivíduo, ou de um pequeno contingente de indivíduos, criar e manter, pois seu lucro nunca iria compensar os gastos para qualquer indivíduo ou pequeno número deles, embora possa, geralmente, compensar muito mais a despesa de uma grande sociedade" (SMITH, 2020, p. 530).

os indivíduos sob a justificativa de uma aludida garantia do equilíbrio entre os particulares.

De fato, a burguesia alcançou as transformações liberais almejadas na França, tendo sido paulatinamente solidificadas em toda a Europa bases mais favoráveis ao desempenho de suas atividades e à perseguição de seus interesses. Isso, contudo, não se pode dizer quanto ao restante daqueles que compunham o Terceiro Estado. A despeito de sua participação ativa na Revolução Francesa, "os burgueses cuidaram para que seus efeitos se restringissem a satisfazer seus anseios, mas não fossem a ponto de realizar o tipo de justiça social almejado pelo campesinato e pelos *sans-culottes*",[88] que abarcava a grande massa de trabalhadores.

Com a sobrevinda da Primeira Revolução Industrial, no século XVIII, e após a descoberta da máquina de tear e da máquina a vapor movida a carvão, a divisão social do trabalho, marcada pela exploração de mão de obra por aqueles que detinham os meios de produção, se consolidou.[89] O capitalismo superou, enfim, o seu período mercantil e assentou-se, em sua fase industrial, como sistema econômico que, baseado na propriedade privada, se voltava à acumulação de capital, contrapondo, no seio da sociedade, as posições assumidas pelos seus detentores e pelos trabalhadores assalariados.[90]

Sob o espírito próprio do liberalismo econômico, o modelo liberal manteve-se hígido durante quase todo o século XIX, malgrado tenham sido feitas pontuais concessões aos trabalhadores.[91] No entanto, em razão da Segunda Revolução Industrial e, mais intensamente, após a Primeira Guerra Mundial (1914-1918), a intervenção do Estado na economia e no campo social foi gradativamente tornando-se necessária, visando, ao menos no primeiro momento, a garantir a conservação dos interesses burgueses. Paradoxalmente, contribuiu, porém, para a superação do Estado Liberal.

1.2.2 Estado Social

Ocorrida a partir do fim do século XIX, a Segunda Revolução Industrial infligiu importantes transformações à sociedade. A descoberta

---

[88] MORAES, 2014, p. 271.
[89] GÓES, 2013, p. 34.
[90] BATISTA JÚNIOR, 2015, p. 25.
[91] MORAES, Ricardo, 2014, p. 273.

da eletricidade e dos motores elétricos e a explosão e a substituição do ferro pelo aço impuseram um considerável incremento à capacidade de produção e deram azo ao aparecimento de grandes corporações, o que, por sua vez, conduziu à adoção de medidas interventivas pelo Estado. De um lado, foi sendo percebido que o Estado mínimo e a pregada autorregulação do mercado eram insuficientes para assegurar efetiva liberdade econômica. As primeiras legislações antitruste foram editadas ainda no século XIX, com vistas a impedir a prática de acordos destinados à dominação dos mercados.[92] Outras normas jurídicas sobrevieram na sequência, enfrentando falhas de mercado que prejudicavam a livre concorrência entre os diferentes atores econômicos.[93]

Já de outro lado, o nascimento de vultosas empresas ensejou a formação de aglomerados urbanos e o fortalecimento de organizações de trabalhadores, que, de forma mais estruturada, adquiriram melhores condições para reivindicar direitos. Também nesse período, houve ampliação do sufrágio, que, conferindo posição ao proletariado no cenário político, redundou na edição de legislações de cunho trabalhista e de seguridade.[94]

A necessidade de intervenções estatais não se limitou, porém, à superveniência de normas dedicadas a balizar o exercício das liberdades no âmbito das relações econômicas ou trabalhistas, tampouco à criação de um sistema mais abrangente de seguridade social. Durante a Primeira Guerra Mundial (1914-1918), "surgiu a necessidade de o Estado atuar para organizar as necessidades produtivas, direcionando-as para o esforço de guerra, o que abriu caminho para uma experiência intervencionista concreta".[95]

Ocorre que, mesmo após o fim do conflito, viu-se expressiva ampliação da ação do Estado na consecução de atividades que, até então, eram desempenhadas eminentemente pelo setor privado. Um dos principais exemplos se deu nos Estados Unidos, em que, em razão da crise de 1929, com a implementação do *New Deal* pelo governo do presidente Franklin Roosevelt (1882-1945), o Estado assumiu papel nevrálgico na recuperação da economia.

Malgrado as transformações ocorridas nos Estados Unidos tenham relevância ímpar na derrocada do modelo em vigor, os efeitos

---

[92] MORAES, Ricardo, 2014, p. 273-274.
[93] RAMOS, 2001, p. 22.
[94] STRECK; MORAIS, 2019, p. 64-65.
[95] STRECK; MORAIS, 2019, p. 74.

da Segunda Revolução Industrial e da Primeira Guerra Mundial foram sentidos em diversos países do mundo. Pouco a pouco, a absorção pelo Estado de funções destoantes dos postulados liberais ocorreu também na Europa. Os ideais de liberdade e de igualdade formal, inicialmente encampados com destaque pelo Estado Liberal, passaram a conviver com a noção de igualdade em sua dimensão material, concedendo importância a questões sociais. A Constituição Mexicana de 1917 e a Constituição de Weimar de 1919, ao darem ênfase à causa operária, deixavam transparecer a evolução anunciada aos contornos conferidos à atuação do Estado.

Na mesma direção, a Segunda Guerra Mundial (1939-1945) contribuiu sobremaneira para a modificação do modelo absenteísta para um modelo estatal intervencionista. Não apenas durante o conflito, em que o controle da produção e dos recursos se revelou fulcral para atender a emergências da guerra, mas, após o seu término, a intervenção do Estado nos domínios econômico e social tornou-se premente para satisfazer as demandas da população, reconstruir as cidades e restaurar os meios de produção então afetados.[96]

Essas mudanças na conformação do Estado não se deram, todavia, à revelia da classe empresarial. Ao contrário, as ameaças advindas das teorias socialistas e as crescentes tensões sociais requereram, para a subsistência do modelo capitalista, a adoção de medidas aptas a arrefecê-las, em que pese isso significasse uma flexibilização do regime liberal.

De maneira similar, a assunção de certas atividades pelo Estado e, especialmente após a crise de 1929, a sua alocação em uma posição central na economia estavam ajustadas aos interesses do empresariado. Afinal, a criação da infraestrutura necessária ao desenvolvimento de suas atividades passou a ser fortemente impulsionada pela máquina pública e com o uso de dinheiro público.[97] Já no período posterior à Segunda Guerra Mundial, a intensa intervenção estatal manteve-se conveniente aos interesses empresariais, pois, principalmente na Europa, muitas cidades encontravam-se completamente destruídas.

Nesse sentido, as medidas intervencionistas do Estado tiveram como pano de fundo a manutenção do próprio sistema capitalista[98] e os interesses dos detentores dos meios de produção; a satisfação dos

---

[96] DALLARI, Dalmo, 2001, p. 279-280.
[97] STRECK; MORAIS, 2019, p. 77.
[98] GRAU, 2003, p. 28-29.

anseios sociais era o instrumento para se alcançar tal desiderato.[99] No entanto, também é correto dizer que, sob a vigência do modelo taylorista/fordista de produção, "o paradigma do Estado de Bem-Estar Social, intervencionista e regulador da ordem econômica e social [...] efetivamente contribuiu para a melhoria das condições existenciais dos trabalhadores e de toda a sociedade".[100]

Com efeito, o Estado de Bem-Estar Social – chamado de *Welfare State*, Estado Social, Estado Providência, Estado de Desenvolvimento, Estado Pós-Liberal e outros – consolidou-se após a Segunda Grande Guerra como modelo fortemente intervencionista nas áreas econômica e social, que, conquanto por razões diversas, atendia interesses de diferentes classes. O Estado tornou-se, pois, produtor, empresário e investidor.[101] Na Europa, a participação estatal na formação do PIB, que, antes, girava em torno de 7%, cresceu substancialmente, alcançando a marca de 56% na Suécia.[102] Exigiu-se, para tanto, um incremento na arrecadação de tributos para financiar as atividades estatais e os direitos sociais que foram, então, concedidos.

Sucede que, em razão da Terceira Revolução Industrial, iniciada na segunda metade do século XX, os custos sociais derivados das inovações tecnológicas e da reengenharia do processo produtivo, como patrocinada pelo toyotismo, sofreram um importante impacto. A redução dos postos de trabalho na indústria e o decréscimo do número de empregos formais impuseram ao Estado o direcionamento de um volume de recursos cada vez maior para o campo social, criando uma situação de *déficit* fiscal e de insustentabilidade financeira.[103] Com o crescente descompasso entre as receitas e as despesas públicas, a qualidade dos serviços públicos começou a ser afetada, gerando descrença na eficiência da atividade estatal.[104] A seu turno, o incremento na tributação não mais interessava aos propósitos empresariais, ante o acirramento da concorrência internacional decorrente da globalização.

A saída para a crise financeira do Estado deu-se no sentido de reduzir os custos por intermédio de medidas de redimensionamento estatal, que, baseadas inicialmente em ideias neoliberais, acabaram

---

[99] BATISTA JÚNIOR, 2015, p. 161.
[100] GÓES, 2013, p. 39.
[101] DI PIETRO, 2017, p. 13.
[102] BRESSER-PEREIRA, 2011b, p. 15-16.
[103] SILVA, Ricardo, 2011, p. 53.
[104] RAMOS, 2001, p. 26.

por ensejar a revisão do papel do Poder Público e, em certa medida, a rejeição ao modelo de bem-estar social.

1.2.3 Estado Pós-Social

Embora se vejam indícios do processo de superação do modelo de bem-estar social no começo da década de 1970, as eleições de Margaret Thatcher (1925-2013), em 1979, como primeira-ministra da Inglaterra, e de Ronald Reagan (1911-2004), em 1981, para a presidência dos Estados Unidos, consistiram em importantes molas propulsoras para as transformações que adviriam. A partir desse momento, o eixo das discussões deixou de gravitar em torno da ampliação da intervenção do Estado. Agora, as questões que dominavam a agenda política internacional diziam respeito à adoção de medidas destinadas à retração do Poder Público.

Em verdade, o agigantamento estatal revelou as faces mais frágeis do modelo em vigor, que passou a ser alvo de confrontação. O crescente *déficit* nas contas públicas revelava a dificuldade de sustentação de um sistema que se mostrava desequilibrado. A escassez de recursos impedia o Estado de investir de modo suficiente na melhoria dos serviços públicos.[105] Enquanto o clientelismo inchava de modo desordenado os quadros estatais, o corporativismo criava injustificáveis privilégios para certas categorias de servidores. Já o populismo concedia benefícios previdenciários de forma precoce, ao passo que a corrupção se disseminava em todos os níveis da Administração.[106]

Noutro giro, a globalização aproximava os mercados, intensificando a concorrência, mas abrindo possibilidades de negócios. As barreiras alfandegárias geravam embaraços ao comércio internacional. O modelo empresarial japonês trazia diversidade e, ao mesmo tempo, barateamento à produção. Às empresas não mais convinha um Estado grande e interventor municiado por uma tributação em patamares elevados, pois precisavam se ajustar à nova realidade globalizada.[107] A redução de custos se tornou, pois, mote para o empresariado, o que se traduziu em uma visão contrária à manutenção de um modelo estatal que se apresentava inoportunamente custoso e ineficiente.[108]

---

[105] RAMOS, 2001, p. 27.
[106] CASTOR, 1994, p. 156-157.
[107] BRESSER-PEREIRA, 1998a, p. 56.
[108] Com tom abertamente crítico, Luiz Carlos Bresser-Pereira expõe que, "em alguns casos, o Estado cresceu também em razão de mero clientelismo, para criar trabalhos e empregar

As reformas neoliberais realizadas nos Estados Unidos e na Inglaterra tiveram, pois, como ponto de partida a redução de impostos e encargos trabalhistas, a minoração da máquina estatal e o reposicionamento do mercado no centro da economia. À época, houve enfrentamento a movimentos sindicais, flexibilização de direitos sociais e laborais e uma concentração de esforços dirigidos à desregulamentação de certos setores, bem como à diminuição do quadro de pessoal do Estado e à privatização de empresas estatais; esta última, especialmente na Inglaterra, visto que, nos Estados Unidos, a estatização de atividades econômicas jamais consistiu em política efetivamente adotada.[109]

Não há dúvidas de que as modificações implementadas geraram resultados. Na França, por exemplo, onde os encargos trabalhistas giravam em torno de 48% e custeavam amplos benefícios sociais, os índices de desemprego alcançavam o patamar de 12%. Já na Inglaterra, com menores garantias de cunho social, os referidos encargos atingiram o patamar de apenas 10%, ao passo que a taxa de desemprego foi reduzida a menos de 5%.[110]

Em rigor, o pensamento posto em prática na Inglaterra e nos Estados Unidos marcou o começo de uma mudança de modelo, ocorrida em outros países da Europa, da Ásia e da América Latina.[111] Malgrado não se possa afirmar a existência de um lugar em que tenha sido implementado algo passível de ser identificado como neoliberalismo puro,[112] a minoração da atividade interventiva do Estado firmou-se como diretriz das reformas realizadas ao redor do mundo, havendo, nessa medida, aproximação a princípios típicos do liberalismo.

Insta observar, contudo, que os novos contornos efetivamente conferidos aos diferentes Estados-nação não se prenderam, no mais das vezes, aos antigos fundamentos do Estado Liberal, ainda que adaptados à realidade do final do século XX. A atividade regulatória do Estado

---

a burocracia, mas essencialmente o Estado aumentou, em primeiro lugar, para investir em infraestrutura e, em segundo lugar, para ampliar os serviços sociais. Mas a ortodoxia convencional não está interessada em distinguir o crescimento legítimo do Estado do crescimento ilegítimo. É a ideologia do Estado mínimo, dos mercados autorregulados, do Estado guarda-noturno, do Estado que está preocupado unicamente com a segurança interna e externa, deixando a coordenação econômica, os investimentos em infraestrutura e até mesmo os serviços sociais, como assistência à saúde e educação, para os mecanismos de mercado. É a ideologia do individualismo que assume que todos são igualmente capazes de defender seus interesses" (BRESSER-PEREIRA, 2018, p. 96).

[109] AMORIM, 2009, p. 58-59.
[110] SAMPAIO, 1998, p. 45.
[111] BATISTA JÚNIOR, 2015, p. 41-43.
[112] ANDRADE, 2019, p. 230-236.

passou a auferir aceitação, apesar da intenção de dele retirar o seu forte caráter intervencionista.[113] A igualdade não mais restou considerada estritamente sob perspectiva formal, perante a lei, mas, imbuída de uma predisposição democrática, a proteção em sua dimensão material não foi abandonada. O dispendimento de recursos em áreas sociais não mais figurava como tabu, porém se lhe impunha maior racionalidade, devendo o seu público-alvo ser selecionado com maior precisão e responsabilidade fiscal. A redefinição do papel do Estado alcançava posto de destaque, sendo propugnada a transferência para o setor privado da produção de bens e, até mesmo, da prestação de serviços públicos.

Diante desse cenário em construção, Luiz Carlos Bresser-Pereira denuncia um caminhar atual do Estado no sentido de uma conformação estrutural menor, sem a dimensão que lhe foi concedida pelo modelo de bem-estar social – chamado pelo autor de Estado social-democrático –, mas que tampouco se ajusta ao ideário neoliberal propagado a partir da década de 1970 e, sobretudo, da década de 1980. Segundo expõe, o novo Estado que está surgindo, nominado por ele de Estado social-liberal,

> Não é o Estado ultraliberal com que sonhou o novo conservadorismo ou a nova direita. Não é o Estado mínimo que apenas garantiria os direitos de propriedade e os contratos. Não é menor sequer do que o antigo Estado social-democrático, se medirmos o tamanho do Estado pela carga fiscal: ou seja, pelas receitas do Estado com relação ao Produto Interno Bruto (PIB).[114]

A diferença entre esse modelo, ainda em formação, e o modelo de bem-estar social situa-se, portanto, mais na forma de realização de direitos sociais do que na sua realização propriamente dita. Baseado em uma lógica de subsidiariedade,[115] passa-se a recomendar que a intervenção estatal não se dê de maneira direta quando a sociedade for capaz de atender adequadamente os interesses cuja promoção é almejada pela coletividade.[116]

---

[113] RAMOS, 2001, 2001, p. 28.
[114] BRESSER-PEREIRA, 2001, p. 15.
[115] OLIVEIRA, Rafael, 2015, p. 38.
[116] Há relevante doutrina jurídica que se contrapõe à ideia da subsidiariedade estatal, ao menos sob o contexto constitucional em vigor e quando ligada à realização de atividades concretizadoras de direitos sociais. Nesse diapasão, Carolina Zancaner Zockun, após citar outros importantes doutrinadores, assim defende, ao falar do chamado princípio da subsidiariedade: "este princípio deve ser aplicado com ressalvas, já que [...] o Estado, no tocante aos direitos sociais, não poderá deixar de atuar, pois tem o dever inafastável de prestar

Sob essa configuração, resta estimulada a ampliação do espaço reservado à iniciativa privada, que ganha, em relação ao Estado, primazia no exercício de atividades econômicas. Por sua vez, redesenha-se o alcance da atuação estatal, devendo preferencialmente se ater ao campo gerencial. Como traz Luiz Carlos Bresser-Pereira, "a tendência é no sentido de que o Estado contrate externamente os serviços [...] e controle-os",[117] o que não significa, em absoluto, um desinteresse estatal na execução de serviços ligados à promoção de direitos sociais. Consoante Rafael Carvalho Rezende Oliveira explica,

> O Estado Pós-Social ou Subsidiário não significa uma desvalorização da Administração Pública, mas, ao contrário, representa uma redefinição das atividades administrativas que devem ser prestadas diretamente pelo Estado e das demais atividades que podem ser prestadas por particulares, notadamente por não envolverem a necessidade do exercício do poder de autoridade. Valoriza-se, atualmente, a sociedade civil no desempenho de atividades relevantes.[118]

Nesse contexto, a iniciativa privada firma-se como um agente colaborador à disposição da Administração para o desempenho de tarefas cuja manutenção sob o guarda-chuva do Estado se entenda conveniente, permitindo, contudo, a redução da máquina estatal. Ao lado de outras medidas, a terceirização passa a figurar também no campo público como prática estratégica consolidada de gestão destinada a obter uma melhor prestação de atividades estatais e uma diminuição nos custos administrativos.

Na realidade, assim como ocorreu no período em que o fordismo vigeu como modelo empresarial hegemônico, a Administração Pública valeu-se de elementos próprios do modelo toyotista, em que a externalização de atividades inerentes ao processo produtivo foi tida como aspecto fundamental, e os incorporou.[119] Como consequência, o debate político-ideológico enredado na temática das terceirizações encontrou espaço na esfera pública, ganhando, todavia, contornos especialmente mais sensíveis. Afinal, a precarização do trabalho em decorrência da

---

diretamente os serviços públicos que os concretizem. Assim, não nos parece correta a afirmação de que a subsidiariedade 'exige, sem dúvida, um limite à atuação do Poder Público', pois, tratando-se de ordem social, a intervenção estatal é uma imposição constitucional" (ZOCKUN, Carolina, 2009, p. 187).

[117] BRESSER-PEREIRA, 2001, p. 15.
[118] OLIVEIRA, Rafael, 2015, p. 37.
[119] AMORIM, 2009, p. 56.

terceirização não estaria apenas deixando de ser combatida pelo Estado, mas estaria sendo por ele diretamente patrocinada.

1.2.4 Terceirização no Estado brasileiro

Os primeiros sinais da onda de reformas que atingiu o mundo a partir da década de 1980 passaram a ser sentidos pelo Estado brasileiro quase concomitantemente à posse de Margaret Thatcher como primeira-ministra da Inglaterra. Ainda em 1979, foi instituído, nos termos do Decreto Federal nº 83.740/1979, o Programa Nacional de Desburocratização, que indicava a contratação de particulares para o desempenho de atividades pertinentes ao Estado e a transferência do controle de empresas estatais para o setor privado como medidas a serem concretamente consideradas pelo governo à época. Seus objetivos consistiam, dentre outros, na melhoria dos serviços públicos, na contenção do crescimento da máquina pública, no fortalecimento da iniciativa privada e na instauração de um controle administrativo por eficiência.

Cerca de dois anos depois, foi promulgado o Decreto Federal nº 86.215/1981, fixando "normas para a transferência, transformação e desativação de empresas sob o controle do Governo Federal".[120] Sob a sombra de pensamentos alinhados àqueles veiculados na Inglaterra e nos Estados Unidos, foi concebido o primeiro instrumento normativo explicitamente orientado a implementar um programa de privatizações no Brasil, tendo havido, durante o governo do General João Figueiredo (1981-1985), a submissão de vinte empresas sob o controle da União a processo de privatização.[121]

Nos anos vindouros, sobreveio, primeiramente, o Decreto Federal nº 91.991/1985, que, além de estabelecer parâmetros para a privatização de empresas controladas pela União, vedou, na órbita federal, a criação de novas empresas, bem como a aquisição e a absorção de empresas privadas por estatais de caráter não financeiro. Ademais, o caminho traçado pelo Decreto Federal nº 86.215/1981 produziu, então, efeitos. Foram privatizadas dezoito empresas federais durante o governo Sarney (1985-1989).[122] Ainda, foi promulgado o Decreto Federal nº 95.886/1988, que criou o Programa Federal de Desestatização, destinado,

---

[120] BRASIL. Decreto nº 86.215, de 15 de julho de 1981.
[121] SERVA, 2003, p. 356.
[122] SERVA, 2003, p. 356.

com realce, a transferir para a iniciativa privada atividades econômicas exploradas pelo setor estatal e a diminuir o *déficit* público.

Nada obstante as medidas até então adotadas, uma política ampla e efetiva de redimensionamento do Estado brasileiro apenas foi estabelecida posteriormente, nas gestões de Fernando Collor de Mello (1990-1992), de Itamar Franco (1992-1994) e, após, de Fernando Henrique Cardoso (1995-2002).

Durante o governo Collor, merece destaque a edição das Leis Federais nºs 8.018/1990 e 8.031/1990. A primeira criou os Certificados de Privatização, enquanto títulos utilizáveis como forma de pagamento das ações das empresas que fossem objeto de privatização. A segunda instituiu o Plano Nacional de Desestatização, que tinha por finalidade reduzir a dívida pública e a participação estatal na economia, além de concentrar os esforços do Estado em atividades cuja atuação se mostrasse relevante para a consecução das prioridades nacionais.

A despeito da abreviação do mandato de Fernando Collor de Mello em razão de seu processo de *impeachment*, ocorrido no final de 1992, foi lançado um ambicioso programa de privatizações, que levou, durante o seu governo, à alienação de dezessete empresas federais. Dando continuidade ao programa, a gestão de Itamar Franco submeteu outras dezenas de empresas a processo de privatização.[123]

Sob o comando de Fernando Henrique Cardoso, o projeto de delimitação da área de atuação do Estado ganhou maior força. Decorrente da edição da Medida Provisória nº 813/1995, convertida na Lei Federal nº 9.649/1998, foi constituído o Ministério da Administração Federal e Reforma do Estado – MARE, que, titularizado por Luiz Carlos Bresser-Pereira, foi responsável por instituir e implementar o Plano Diretor da Reforma do Aparelho do Estado – PDRAE, apresentado em novembro de 1995.[124]

---

[123] SERVA, 2003, p. 356-357.

[124] É comum encontrar análises históricas que relacionam as reformas ocorridas no Brasil a partir de 1995 a acolhimento pelo governo da época de ideologia marcadamente neoliberal (ZOCKUN, Carolina, 2014, p. 33). Luiz Carlos Bresser-Pereira, porém, manifesta-se em sentido oposto, rejeitando a atribuição de um conteúdo neoliberal às reformas que foram então implementadas. Nesse toar, ao explicar as modificações por ele patrocinadas a partir de 1995, tece críticas contundentes ao neoliberalismo: "Qual é a lógica dessa reforma? Por que ela existe? Uma coisa interessante é que ela foi mal entendida, tanto pela direita quanto pela esquerda. A esquerda entendeu que essa reforma era uma estratégia neoliberal para reduzir o Estado ao mínimo e para prejudicar os servidores de baixo nível dentro do Estado. A direita neoliberal, por sua vez, também entendeu a reforma como um sistema para reduzir o tamanho do Estado e chegar ao Estado mínimo. Não era isso. A reforma visava a legitimar o Estado social, visava, portanto, a legitimar um Estado grande, uma

A partir da publicação do PDRAE, restou assentado o propósito do novo governo de impor ao modelo vigente uma transição de "administração pública burocrática, rígida e ineficiente, voltada para si própria e para o controle interno, para uma administração pública gerencial, flexível e eficiente, voltada para o atendimento da cidadania".[125] Assim, à luz de suas expressas intenções, a eficiência deveria se tornar valor essencial a ser perseguido.[126] Para tanto, o PDRAE indicou, dentre outras medidas, a necessidade de limitar a ação estatal direta a atividades tidas como inexoravelmente próprias ao Estado, reservando à iniciativa privada, como regra geral, as demais atividades.[127]

Alcançados pelo denominado *núcleo estratégico*, sugeriu-se, naturalmente, que os setores responsáveis pela definição das leis e das políticas públicas e pela cobrança de seu cumprimento – ou seja, os Poderes Legislativo e Judiciário, o Ministério Público e, no âmbito do Poder Executivo, o Presidente da República, os seus ministros e os seus auxiliares e assessores diretos – se mantivessem na estrutura estatal. Da mesma maneira, assinalou-se que deveriam ser objeto de execução direta pela máquina pública as *atividades exclusivas do Estado*,[128] atinentes àquelas, segundo o texto do PDRAE, em que há o exercício do poder extroverso estatal (*v. g.*, cobrança e fiscalização de tributos, segurança pública, previdência social, serviço de desemprego, fiscalização do cumprimento de normas sanitárias, serviço de trânsito, compra de serviços de saúde pelo Estado, controle do meio ambiente, subsídio à educação básica e serviço de emissão de passaportes).[129]

Por sua vez, o plano recomendou que fossem prestados preferencialmente pela iniciativa privada os *serviços não exclusivos*, assim considerados os que, a despeito de envolverem a perseguição de um interesse público,[130] não se relacionam com o exercício do poder de

---

carga tributária elevada. O neoliberalismo é um retrocesso político grave que acontece no mundo inteiro a partir dos anos 1980 [...]. A lógica dessa reforma é a de um Estado grande do ponto de vista de carga tributária. O Estado que é necessário, o que precisa da reforma gerencial, é um Estado grande do ponto de vista de carga tributária e pequeno em termos de número de servidores públicos" (BRESSER-PEREIRA, 2011b, p. 16-17).

[125] BRASIL. Plano Diretor da Reforma do Aparelho do Estado, 1995, p. 19.
[126] BRASIL. Plano Diretor da Reforma do Aparelho do Estado, 1995, p. 21.
[127] BRASIL. Plano Diretor da Reforma do Aparelho do Estado, 1995, p. 52-53.
[128] Tendo participado ativamente da elaboração do Plano Diretor da Reforma do Aparelho do Estado, Luiz Carlos Bresser-Pereira ressalta que as atividades inerentes ao chamado "núcleo estratégico" integram, na realidade, o conjunto de atividades exclusivas do Estado (BRESSER-PEREIRA, 1998b, p. 102-103).
[129] BRASIL. Plano Diretor da Reforma do Aparelho do Estado, 1995, p. 52-53.
[130] Para os fins deste trabalho, entende-se apropriada a adoção da compreensão de Celso

império (*v. g.*, serviços de educação, de saúde, de pesquisa e de cultura). Finalmente, a *produção de bens e serviços para o mercado* deveria, a princípio, se concentrar no campo de atuação da iniciativa privada, muito embora tenha sido reconhecida a possibilidade de se impor uma regulação mais rígida, notadamente em casos de monopólios naturais.[131]

Em linha com os objetivos do PDRAE, foram aprovadas, durante o governo do Presidente Fernando Henrique Cardoso, as Leis Federais nºs 8.987/1995 e 9.074/1995, que trataram das concessões, permissões e autorizações de serviços públicos, instituindo um marco legal abrangente até então inexistente no ordenamento jurídico brasileiro. Foram promulgadas, também, as Emendas Constitucionais nºs 05/1995, 06/1995, 07/1995, 08/1995 e 09/1995, que abriram a economia para o capital estrangeiro e atenuaram certos monopólios estatais.[132] Ainda, foi editado o Decreto Federal nº 2.271/1997, dispondo sobre a execução indireta de atividades administrativas na órbita federal por intermédio de terceiros.

Posteriormente, o Plano Nacional de Desestatização existente recebeu novos contornos com a edição da Lei Federal nº 9.491/1997 e do seu ato regulamentar, o Decreto Federal nº 2.594/1998. Acentuou-se o processo de privatização de empresas estatais, sendo as mais expressivas as relativas aos setores de telecomunicações, ferroviário e minerário, com destaque para a privatização da Companhia Vale do Rio Doce – CVRD.

Ademais, adveio a Emenda Constitucional nº 19/1998, que expressamente posicionou a eficiência dentre os valores fundamentais a serem perseguidos pela Administração Pública, recomendando, no toar do que propugnado pelo PDRAE, um controle mais focado em resultados. Em seguida, foram editadas as Leis Federais nºs 9.637/1998 e 9.790/1999, que possibilitaram a celebração de contratos de gestão e de termos de parceria com entidades sem fins lucrativos com o fito de promover atividades de interesse público.

Em verdade, é possível extrair do teor das proposições apresentadas e implementadas pelo governo FHC a intenção de tornar mais enxuta a máquina estatal, de modo a alcançar uma melhor prestação

---

Antônio Bandeira de Mello quanto ao sentido da expressão "interesse público", para quem "o interesse público deve ser conceituado como o interesse resultante do conjunto dos interesses que os indivíduos pessoalmente têm quando considerados em sua qualidade de membros da Sociedade e pelo simples fato de o serem" (MELLO, Celso, 2021, p. 52).

[131] BRASIL. Plano Diretor da Reforma do Aparelho do Estado, 1995, p. 52-53.
[132] OLIVEIRA, Rafael, 2015, p. 37.

dos serviços públicos, no todo e na individualidade. Para tanto, a privatização de empresas estatais e a terceirização para a iniciativa privada de tarefas pertinentes ao desempenho de funções públicas tornaram-se medidas cuja adoção foi recomendada com prevalência apriorística sobre a alternativa de sua realização direta.

Não é certo, porém, afirmar que a terceirização alcançou o Estado brasileiro apenas em razão da chegada das reformas sucedidas no final do século XX. Ao menos desde o Primeiro Reinado, com a edição da Lei de 29 de agosto 1828 por D. Pedro I, já se concebia normativamente a possibilidade de trespasse a particulares de atribuições ligadas a atividades estatais, no caso, à realização de obras públicas.[133]

Mais recentemente, o Decreto-Lei nº 200/1967 predisse, em seu artigo 10, § 7º, que a efetivação de algumas atividades estatais deveria se dar de forma indireta, por intermédio da iniciativa privada, haja vista o "objetivo de impedir o crescimento desmesurado da máquina administrativa".[134] Ainda, com o advento da Lei Federal nº 5.645/1970, essa recomendação foi expressamente direcionada a certas tarefas, explicitando que "as atividades relacionadas com transporte, conservação, custódia, operação de elevadores, limpeza e outras assemelhadas serão, de preferência, objeto de execução indireta, mediante contrato".[135]

Sem embargo, é preciso reconhecer que as transformações implementadas no Estado brasileiro nesse período reposicionaram a terceirização como instrumento estratégico de gestão da coisa pública. Ao lado de outras medidas voltadas a reduzir a máquina administrativa, a terceirização passou a funcionar, assim como na iniciativa privada, como importante instrumento à disposição do Estado para obter maiores especialização e focalização na consecução das atividades exercidas diretamente pelo aparato estatal.[136]

---

[133] Segundo Mario Masagão, em parecer datado de 13 de junho de 1960, a Lei de 29 de agosto de 1828 consiste na primeira legislação brasileira a tratar do tema das concessões de serviços públicos (MASAGÃO, 1962, p. 354).
[134] BRASIL. Decreto-Lei nº 200, de 25 de fevereiro de 1967.
[135] BRASIL. Lei nº 5.645, de 10 de dezembro de 1970.
[136] AMORIM, 2009, p. 70.

CAPÍTULO 2

ASPECTOS PRELIMINARES

Após a paulatina evolução dos modelos de organização da produção no setor privado, a terceirização sedimentou-se como alternativa relevante a ser aventada na busca por maior competitividade diante de um mercado cada vez mais globalizado e concorrido. Se, no Brasil, uma utilização minimamente estruturada da terceirização já se via, pontualmente, no âmbito da atuação de certas multinacionais nos idos dos anos 1950,[137] a década de 1980 revelou uma tendência de disseminação da prática por todo o setor produtivo.

Por sua vez, a experiência observada no campo empresarial foi aproveitada na consecução de atividades pertinentes à seara estatal. Inicialmente, o legislador pátrio inseriu, com a edição do Decreto-Lei nº 200/1967 e da Lei Federal nº 5.645/1970, normativa dirigida à Administração Pública federal preconizando a realização indireta de certas atividades por intermédio de empresas privadas. Em momento posterior, a terceirização restou acolhida de modo definitivo como instrumento de gestão da coisa pública especialmente vocacionado a perseguir maior eficiência na execução de certas tarefas e a reduzir a máquina estatal, em alinhamento às modificações ocorridas ao redor do mundo no mesmo período.

Sem prejuízo da constatação de sua ampla difusão nos âmbitos público e privado, não se enxerga homogeneidade na enunciação do que consistiria, realmente, o cerne do fenômeno terceirizante. Na realidade, veem-se definições e outras ponderações de caráter introdutório que

---

[137] MARTINS, 2018, p. 22.

incluem elementos que, a nosso ver, extrapolam aqueles relativos ao seu núcleo constitutivo essencial.

2.1 Conceito de terceirização

Desde logo, impende perceber que a terceirização se constituiu como realidade que, apenas em um segundo instante, foi reconhecida como merecedora de considerações pelo Direito. Talvez por essa razão não se vislumbrem proposições legislativas que tratem do tema de forma ampla ou sistematizada, tampouco, sob a ótica jurídico-doutrinária, uma almejável uniformidade de compreensões quanto ao seu conceito[138] ou, ao menos, quanto ao seu conteúdo fundamental.[139]

Com efeito, o termo "terceirização" é usualmente empregado em sentido conformado ao da palavra inglesa *"outsourcing"*, que, procedente da aglutinação de partes da expressão *"outside resource*

---

[138] Valendo-se da concepção apresentada por Hermano Roberto Thiry-Cherques, por "noção" tem-se uma "notícia imediata de um conteúdo. Tende a ser elementar e superficial. O processo de formação dos conceitos consiste justamente em tomar uma noção, uma intuição sensível, uma intuição intelectual, ou como quer que chamemos o que nos é apresentado imediatamente, e dar-lhe uma forma definida que torne esse significado inteligível e transmissível". Já o "conceito" consiste em "uma representação mental de uma unidade de significado referido a um objeto. O conceito é, ou deve ser, definível, isto é, deve poder ser expresso mediante um discurso [...]. O conceito se refere a um objeto, mas não é o objeto nem o reproduz. É uma unidade de significado". Finalmente, a "definição" resta tida como um "enunciado que diz o que um objeto é. Definir é explicitar o significado de um signo" (THIRY-CHERQUES, 2012, p. 18-20; 291). Nesse sentido, apresenta-se correto falar que "definir é por em palavras o conceito" (CARVALHO, Aurora, 2019, p. 77). Ademais, a busca pela essência de um objeto é, ao menos desde Aristóteles, uma forma de alcançar um conceito (THIRY-CHERQUES, 2012, p. 26). Não é, contudo, a única. Como expõe Ingetraut Dahlberg, os conceitos – sejam gerais ou individuais – são representados a partir de suas características, correspondentes aos atributos do objeto a ser conceituado. Por sua vez, as características dos conceitos podem ser essenciais (ou necessárias) ou acidentais (ou possíveis). Estas podem ser gerais ou individualizantes; aquelas podem ser constitutivas ou consecutivas. Sejam, porém, essenciais ou acidentais, as características de um conceito atinente a certo objeto devem, necessariamente, corresponder à realidade (DAHLBERG, 1978, p. 102).

[139] Há de se pontuar existirem opiniões de que, com as alterações feitas pelas Leis Federais nºs 13.429/2017 e 13.467/2017, a Lei Federal nº 6.019/1974 teria se estabelecido como "Lei Geral de Terceirização", como faz Juliana Ferreira de Morais (MORAIS, 2020, p. 51). Parece-nos, todavia, que as pretensões da normativa em questão são menos ambiciosas. Veja-se, inicialmente, que parte de suas disposições – aquelas relativas à contratação sob o regime de trabalho temporário – guarda relação com a intermediação de mão de obra, que não se confunde com o fenômeno da terceirização, como será exposto. Já a segunda parte se dirige a abordar parcela específica do fenômeno, qual seja, a terceirização perpetrada mediante a celebração de contrato de prestação de serviços, como explicita o artigo 4º-A. A nosso juízo, a normativa não infirma e, ao contrário, corrobora a compreensão de que não há legislação que trate do fenômeno de forma ampla ou sistematizada, tampouco de que se possa extrair um conceito que tenha sido adotado pelo Direito para o termo "terceirização".

using", tem uma significação contraposta à ideia de aplicação de recursos próprios para o desempenho de certa atividade. Como informa Ravi Foogooa, o vocábulo refere-se ao uso de fornecedor externo de bens ou serviços ao invés de recorrer a recursos internos com vistas a produzi-los.[140]

Ressaltando ótica divergente, Rafael Brasil Ferro Costa aponta que as palavras *"outsourcing"* e "terceirização" conteriam significados diversos. Segundo o autor, esta teria origem em decisões de alcance estritamente operacional, dizendo respeito, pura e simplesmente, a repasses a terceiros de atividades que poderiam, em tese, ser efetivadas internamente. Já o vocábulo *"outsourcing"* expressaria algo além, uma realidade decorrente de uma "opção por uma relação de parceria e cumplicidade com um ou mais fornecedores da cadeia produtiva, decisão tipicamente estratégica, abrangente e de difícil reversão".[141] Refletiria, assim, não apenas uma decisão de caráter operacional, mas que envolveria complexidade e relevância superiores sob a perspectiva da gestão do negócio.[142]

Seja como for, é possível asseverar que a terceirização se posiciona como uma das alternativas no processo de decisão entre "fazer ou comprar" – denominada, no idioma inglês, de *make-or-buy*[143] –, impondo-se, à luz das possibilidades concretamente apresentadas, uma análise ampliada e cuidadosa dos riscos, dos benefícios potenciais e de eventuais condicionantes à sua implementação.

Em muitas ocasiões substituída pelos termos subcontratação, reconcentração, focalização, desverticalização, descentralização e outros,[144] a palavra "terceirização" consiste em neologismo que, possivelmente exclusivo da língua portuguesa,[145] deriva da ideia de contratação de terceiro para o exercício de certa tarefa. Já a sua paternidade é conferida a Aldo Sani, outrora superintendente da empresa de celulose gaúcha Riocell, que, por sua vez, passou, no fim da década de 1980, a obter a colaboração de empresas na realização de atividades que, até então desenvolvidas internamente, concerniam ao seu desígnio produtivo.[146]

---

[140] FOOGOOA, 2008, p. 858-859.
[141] COSTA, 2007, p. 39.
[142] COSTA, 2007, p. 39.
[143] CAMARGO JUNIOR; PIRES, 2017, p. 311.
[144] RAMOS, 2001, p. 47-48.
[145] MARCELINO; CAVALCANTI, 2012, p. 333.
[146] Nesse sentido, expõe Jerônimo Souto Leiria em sua precursora obra sobre o tema, datada de 1991. Aliás, cita também que, em 23 de janeiro de 1991, a Revista Exame divulgou matéria jornalística tratando da transferência a terceiros de atividades passíveis de ser

Cabe salientar, consoante Carolina Zancaner Zockun, que o vocábulo "terceiro", de que se originou o termo sob exame, não se ajusta "ao sentido jurídico de 'terceiro', ou seja, aquele que é estranho a uma relação jurídica. Ao contrário, aqui o 'terceiro' é parte na relação jurídica obrigacional instaurada".[147] Essa dissenção terminológica ressoa, entretanto, sem gerar maiores surpresas, vez que a terceirização não é um instituto jurídico e, portanto, não tem os seus limites conceituais ou semânticos presos ao Direito.

No âmbito da Ciência da Administração, é comum ver estudiosos que a qualificam como técnica moderna de administração, como Lívio Antônio Giosa,[148] que, em seguida, afirma se tratar de "um processo estratégico de gestão pelo qual se repassam algumas atividades para terceiros – com os quais se estabelece uma relação de parceria – podendo ou não ficar a empresa concentrada apenas em tarefas essencialmente ligadas ao negócio em que atua".[149] Dando ênfase à formação de uma relação de parceria, o autor revela a compreensão de que ela se destinaria a viabilizar um foco maior da empresa no desempenho de suas atividades-fim.

Com uma noção similar, Carlos Alberto Ramos Soares de Queiroz argumenta que a terceirização é uma forma de constituição de parcerias inerente a uma visão empresarial moderna e necessária em face das atuais imposições de mercado.[150] Ademais, considera corresponder a "uma técnica administrativa que possibilita o estabelecimento de um processo gerenciado de transferência, a terceiros, das atividades acessórias e de apoio ao escopo das empresas que é a sua atividade-fim, permitindo a estas se concentrarem no seu negócio".[151]

Nesse toar, Frank Stephen Davis enaltece a terceirização como prática empresarial, declarando caracterizar-se como técnica de administração de última geração.[152] Na sequência, expõe que a "terceirização é a passagem de atividades e tarefas a terceiros. A empresa concentra-se em suas atividades-fim, aquela para a qual foi criada e que justifica sua presença no mercado, e passa a terceiros (pessoas físicas

---

mais bem desenvolvidas por estes, explicitando, ainda, que "essa tendência já reúne alguns seguidores no Brasil. Empresas como Riocell, Du Pont, KSB e Mangeis figuram entre as pioneiras. A Riocell até cunhou um nome para ela: 'terceirização'" (LEIRIA, 1991, p. 06; 76).
[147] ZOCKUN, Carolina, 2014, p. 37.
[148] GIOSA, 2017, p. 23.
[149] GIOSA, 2017, p. 26.
[150] QUEIROZ, 1998, p. 53.
[151] QUEIROZ, 1998, p. 53.
[152] DAVIS, 1992, p. 19.

ou jurídicas) atividades-meio".¹⁵³ Propõe, desse modo, a existência de uma íntima correlação entre o fenômeno terceirizante e a realização de atividades não alcançadas pelo negócio principal da empresa.

Já Denise Fontanella, Eveline Tavares e Jerônimo Souto Leiria definem a terceirização como uma "tecnologia de administração que consiste na compra de bens e/ou serviços especializados, de forma sistêmica e intensiva, para serem integrados na condição de atividade-meio à atividade-fim da empresa compradora".¹⁵⁴ Note-se que, além de atrelá-la, igualmente, à execução por terceiros de atividades-meio, deixam transparecer, ao ser realçado o seu caráter sistêmico e intensivo, a possibilidade de se excluírem de sua órbita conceitual aquelas práticas meramente pontuais que, do ponto de vista fenomênico, podem se equivaler.

Munidos de um olhar crítico e centrado na posição mais frágil das relações trabalhistas, Fausto Augusto Junior, Liliane Maria Barbosa da Silva, Max Leno de Almeida e Patrícia Pereira da Silva a apresentam como "estratégia e prática de gestão que se caracteriza, em essência, pelo repasse de um serviço ou produção de um determinado bem para outras empresas ou entidades/instituições externas".¹⁵⁵ Vinculando-a, outrossim, a uma lógica de parceirização, ressaltam que ela se destina, em geral, à criação de variadas relações de parcerias sob a regência das regras negociadas e da legislação pertinente.¹⁵⁶

Na seara jurídica, alguns autores procuram extrair o seu significado da ciência vizinha. Nessa senda, Cristiana Fortini e Virginia Kirchmeyer Vieira lhe conferem o sentido de "processo de gestão empresarial que consiste na transferência para terceiros de serviços que, originalmente, seriam executados dentro da própria empresa".¹⁵⁷ Segundo expõem, a terceirização permite que a empresa se libere da realização de certas atividades, concentrando esforços em tarefas consideradas mais relevantes, sem prejuízo de uma possível redução de custos.¹⁵⁸

Também Dora Maria de Oliveira Ramos, em importante obra sobre o tema, afirma que o "seu conceito, emprestado da ciência da administração, evidencia que se cuida de um método de gestão em que a execução de uma série de atividades é delegada a outrem, que

---

¹⁵³ DAVIS, 1992, p. 11.
¹⁵⁴ FONTANELLA; TAVARES; LEIRIA, 1995, p. 19.
¹⁵⁵ AUGUSTO JUNIOR; SILVA; ALMEIDA; SILVA, 2009, p. 107.
¹⁵⁶ AUGUSTO JUNIOR; SILVA; ALMEIDA; SILVA, 2009, p. 107.
¹⁵⁷ FORTINI; VIEIRA, 2012, p. 33.
¹⁵⁸ FORTINI; VIEIRA, 2012, p. 33.

fornece bens ou serviços a partir de uma relação de parceria".[159] Não obstante, desvela certa aderência à expressão doutrinária de maior evidência no cenário justrabalhista, explicitando que se trata de uma relação trilateral envolvendo aquele que terceiriza, a pessoa a quem se terceiriza e os trabalhadores terceirizados.[160]

Direcionando-a objetivamente à consecução de atividades-meio, Flávio Amaral Garcia pondera que "a terceirização consiste na técnica empresarial conhecida pela contratação de serviços desempenhados por empresas especializadas, permitindo, deste modo, que a tomadora de serviço se concentre na sua principal vocação".[161] Cuida-se, segundo o autor, de canal para auferir ganhos de qualidade e produtividade, redução da estrutura administrativa e do quadro de pessoal, e, ainda, maior competitividade, eficiência e agilidade.[162]

A seu turno, Sergio Pinto Martins pontua que a "terceirização é a possibilidade de contratar empresa prestadora de serviços para a realização de atividades específicas da tomadora".[163] Concedendo destaque à instituição de parcerias, aduz que "é também uma forma de parceria, de objetivo comum, implicando ajuda mútua e complementaridade".[164]

Imbuídos da vocação de desvendar o íntimo de seu conceito, Renata Queiroz Dutra e Vitor Araújo Filgueiras opinam que "a essência da terceirização é colocar alguma entidade entre trabalhadores e o capital, que lucra através do suor deles".[165] Ressaltando que o seu núcleo não versa sobre questões relativas à formação de parcerias, definem a terceirização como "estratégia de contratação de pessoal através de um intermediário, que é uma entidade interposta entre um trabalhador e um gestor efetivo do trabalho e da produção".[166]

Com compreensão similar, Maurício Godinho Delgado compõe o seu conceito por elementos eminentemente laborais, indicando que, por intermédio da terceirização, o trabalhador resta inserido no processo de produção daquele que a promove sem, porém, a extensão dos correlatos laços justrabalhistas. Apresenta, nessa esteira, a ideia de que

---

[159] RAMOS, 2001, p. 53-54.
[160] RAMOS, 2001, p. 54.
[161] GARCIA, Flávio, 2018, p. 489.
[162] GARCIA, Flávio, 2018, p. 489.
[163] MARTINS, 2018, p. 31.
[164] MARTINS, 2018, p. 31-32.
[165] DUTRA; FILGUEIRAS, 2021, p. 10.
[166] DUTRA; FILGUEIRAS, 2021, p. 10.

a "terceirização é o fenômeno pelo qual se dissocia a relação econômica de trabalho da relação justrabalhista que seria correspondente".[167] Perfilhando visão assemelhada, Rogério Neiva refere-se à terceirização como uma relação de cunho triangular envolvendo o trabalhador, o prestador e o tomador da atividade. Sob esse anteparo cognitivo, explica consistir em uma "forma de contratação de força de trabalho sem o estabelecimento de relação jurídico-empregatícia direta com o trabalhador".[168]

Paula Regina Marcelino não diverge desse posicionamento ao trazer, com olhos declaradamente voltados para a relação laboral, que a "terceirização é todo processo de contratação de trabalhadores por empresa interposta. Ou seja, é a relação onde o trabalho é realizado para uma empresa, mas contratado de maneira imediata por outra".[169] A partir dessa concepção, entende que o termo em tela tem significação abrangente, alcançando aquelas situações nas quais o trabalho realizado pela empresa terceirizada (e, assim, pelos seus empregados) se dá dentro da empresa contratante e, outrossim, aqueloutras em que o trabalho é executado longe das dependências da contratante.[170]

Cabe sublinhar a existência de variadas exposições, algumas delas apresentadas em momento pregresso, que impõem às terceirizações limitação quanto ao seu objeto, de modo a apenas dizerem respeito a casos em que se pretenda a realização de atividades periféricas por terceiros. É de se imaginar, porém, que essas compreensões tenham sido conduzidas pela restritiva interpretação que, propagada pela Justiça do Trabalho, vigeu até o advento das transformações normativas derivadas da chamada "Reforma Trabalhista".

Nesse diapasão, Dinorá Adelaide Musetti Grotti defendia que "a terceirização é a contratação, por uma determinada empresa, de serviços de terceiros para o desempenho de atividades-meio da empresa tomadora".[171] Também Alice Monteiro de Barros sustentava que "o fenômeno da terceirização consiste em transferir para outrem atividades consideradas secundárias, ou seja, de suporte, atendo-se a empresa à sua atividade principal".[172] Até mesmo Sergio Pinto Martins, que atualmente proclama apenas que, "geralmente, tem-se entendido

---

[167] DELGADO, 2020, p. 549.
[168] NEIVA, 2012, p. 63.
[169] MARCELINO, 2007, p. 57.
[170] MARCELINO, 2007, p. 57.
[171] GROTTI, 2006, p. 294.
[172] BARROS, 2012, p. 357.

que a terceirização deve ser feita em atividades que não constituem o objeto principal da empresa",[173] manifestava-se, anteriormente, de forma mais assertiva, no sentido de que "consiste a terceirização na possibilidade de contratar terceiro para a realização de atividades que não constituem o objeto principal da empresa".[174]

Com um alcance amplo, embora voltado à prática no âmbito da Administração Pública, Celso Antônio Bandeira de Mello explica que "terceirização significa, pura e simplesmente, passar para particulares tarefas que vinham sendo desempenhadas pelo Estado".[175] Não mascarando a largueza de sua formulação, noticia que, no campo do Direito Administrativo, "este rótulo abriga os mais distintos instrumentos jurídicos, já que se pode repassar a particulares atividades públicas por meio de concessão, permissão, delegação, contrato administrativo de obras, de prestação de serviços etc.".[176]

Em outra via, José dos Santos Carvalho Filho aduz que a terceirização é um método de gestão que pode ser utilizado por qualquer pessoa para atingir metas.[177] Com uma proposta de significação igualmente dilatada, anota que "o termo, genericamente, indica a transferência de certa atribuição a terceiro. No entanto, no âmbito empresarial e do trabalho, significa o fato de a direção de uma empresa transferir a outra algumas atribuições de seu interesse direto".[178]

De fato, tudo sugere ser acertada a constatação de que a terceirização foi desenvolvida e elevada a posto de relevância estratégica na gestão de processos produtivos em virtude do conhecimento emanado da Ciência da Administração. Sendo abordada, por vezes, como processo, tecnologia, técnica, estratégia ou método de gestão, esse ramo científico teve fulcral importância na alocação da terceirização na posição de prática consolidada no universo empresarial e na sua incorporação definitiva pelo campo estatal.[179]

---

[173] MARTINS, 2018, p. 31.
[174] MARTINS, 2003, p. 23.
[175] MELLO, Celso, 2021, p. 190.
[176] MELLO, Celso, 2021, p. 190.
[177] CARVALHO FILHO, 2022, p. 50.
[178] CARVALHO FILHO, 2022, p. 49.
[179] Ao tratar do modelo proposto pelo toyotismo, Helder Santos Amorim explica: "este novo modelo organizacional logo encontra assento científico na 'teoria do foco', da Ciência da Administração, segundo a qual, a empresa enxuta deve concentrar seus esforços e recursos no que constitui a especialidade do seu processo produtivo, transferindo (contratando) a terceiras empresas todas as demais atividades que lhe sejam instrumentais e periféricas, a fim de obter a máxima especialização produtiva, capaz de lhe assegurar melhor qualidade do produto e menor custo de produção [...]. Dessa forma, no epicentro do novo modelo organizacional, encontra-se a terceirização" (AMORIM, 2009, p. 31-32).

Isso, todavia, não autoriza a automática importação para o âmbito jurídico de atributos conceituais emanados dos estudos realizados nessa área da ciência. Na realidade, pressupõe-se que o conhecimento produzido pela Ciência da Administração, assim como ocorre na Ciência Jurídica, seja gerado a partir de um olhar peculiar sobre o seu objeto de pesquisa. Aliás, é razoável imaginar a possibilidade de que os seus estudiosos confiram aos conceitos porventura formulados um sentido que, inclusive de forma proposital, não se adstrinja ao seu núcleo constitutivo elementar ou que seja oriundo de um recorte imposto ao tema.

Como exemplo, viu-se ser recorrente, nesse ramo do conhecimento, a vinculação das terceirizações à criação de parcerias, alocando-se o grau de envolvimento entre as partes como aspecto importante à própria caracterização do fenômeno. Inobstante, ouvem-se vozes, que, partindo de um passo atrás, salientam a pertinência das parcerias enquanto instrumento voltado a obter maior eficiência na produção, mas que reconhecem que esse nível de relacionamento entre as partes não é inerente a toda forma de terceirização.[180]

É preciso atentar que a terceirização tampouco consiste em algo concebido pela Ciência da Administração, o que, a princípio, poderia recomendar certa deferência aos contornos conceituais propostos nesse campo. A sua origem é bastante mais antiga, conforme se expôs. Ainda, cada ramo da Ciência predispõe-se, naturalmente, a ressignificar o fenômeno em estado bruto a partir de certo ângulo que lhe seja particular, o que, contudo, não interfere no núcleo do fenômeno em si, que merece ser preliminarmente identificado.

Observam-se, outrossim, múltiplas concepções que privilegiam uma perspectiva absorta na reestruturação das relações de trabalho em decorrência das terceirizações. Em nossa compreensão, todavia, cuida-se de leitura que não aborda o que há de mais elementar no fenômeno. Tudo indica que as implicações engendradas sobre os trabalhadores dizem respeito apenas a uma parte das possíveis decorrências das

---

[180] Segundo Alfredo Carlos Saad, após definir a terceirização como "a utilização de relações comerciais externas para executar as atividades e processos necessários aos negócios da organização em lugar do uso de recursos internos", informa existirem diferentes modalidades de terceirização, que se distinguem em razão do nível de envolvimento entre a pessoa contratante e o fornecedor (SAAD, 2006, p. 09; 49-56). Cite-se, igualmente, Sergio Pinto Martins, que, ao diferenciar os termos *dumbsourcing* e *smartsourcing*, afirma que "o *dumbsourcing* é o processo inicial de terceirização, em que se procura terceirizar serviços que não são a finalidade da empresa, como limpeza, vigilância etc. O *smartsourcing* seria um estágio avançado da terceirização, no qual há uma parceria entre terceirizante e terceirizado" (MARTINS, 2018, p. 63).

práticas terceirizantes, guardando, assim, relação com as consequências do ato de terceirizar, e não com a sua essência constitutiva.

Além disso, sequer parece ser correto assumir que a formação de uma relação trilateral entre pessoa contratante, organização terceirizada e trabalhador terceirizado seja efeito inexorável das terceirizações; ao contrário, sugerem-se meramente acidentais, malgrado comuns.[181] Não é difícil imaginar, especialmente diante da notável evolução tecnológica atualmente observada, especialmente na área da inteligência artificial, que atividades terceirizadas desempenhadas hoje por trabalhadores possam vir a ser executadas por computadores em um futuro próximo. No entanto, mesmo que não existam empregados na organização a quem se terceiriza e que, portanto, não se conceba uma relação trilateral, tal como referida, ainda assim poderá haver terceirização.[182]

Ademais, não se mostra correto baralhar a essência constitutiva da prática com as suas modalidades mais usuais, com as finalidades usualmente perscrutadas com a sua implementação, tampouco com compreensões jurídicas ou aspectos relativos a um regime normativo que lhe seja aplicável. Buscar em certo recorte jurisprudencial, ainda que consolidado, um conceito para uma realidade que tem a sua gênese no mundo fenomênico e que, portanto, não é, em sua natureza, jurídica aparenta ser inconveniente à descoberta de seu sentido nuclear.[183]

A nosso juízo, a essência constitutiva da terceirização está intrinsecamente ligada à noção de externalização de atividades com vistas à sua efetivação por outra pessoa, independentemente do nível de relacionamento estabelecido. Não é, contudo, qualquer externalização que pode ser considerada uma terceirização.

---

[181] É digna de nota a crítica elaborada pelo Ministro Luís Roberto Barroso, do Supremo Tribunal Federal, no bojo da ADPF nº 324 à nominada "relação trilateral", que seria formada entre a parte contratante, a empresa terceirizada e o empregado vinculado diretamente a esta. Segundo o Ministro, "não há na terceirização uma relação triangular, tal como afirmado. Há, de fato, duas relações bilaterais: i) a primeira, de natureza civil, consubstanciada em um contrato de prestação de serviços, celebrado entre a contratante e a empresa terceirizada, denominada contratada; ii) a segunda, de natureza trabalhista, caracterizada por uma relação de emprego, entre a contratada e o empregado. Assim, há, na última contratação, típica relação trabalhista bilateral, plenamente adequada à incidência do direito do trabalho" (BRASIL. Supremo Tribunal Federal. ADPF nº 324).

[182] Ao referir-se às contratações de cooperativas, Carolina Zancaner Zockun pondera que, ante os contornos jurídicos que lhe são atribuídos pela Lei Federal nº 5.764/1971, "não será uma relação trilateral no caso de a terceirização, quando possível, ser realizada por meio de cooperativas" (ZOCKUN, Carolina, 2014, p. 38).

[183] Como traz Carolina Tupinambá, "a diferenciação entre o que seja atividade principal e atividade acessória não integra o conceito de terceirização. Em termos práticos, isto significa que, *a priori*, tanto se pode repassar a terceiros 'tarefas-meio', quanto 'tarefas-fim'" (TUPINAMBÁ, 2007, p. 49).

Se formos entendê-las sob a lógica "gênero-espécie", a externalização figura como gênero da qual é espécie a terceirização. Esta, segundo vemos, pressupõe a transferência da atribuição de realizar tarefa atrelada a certo processo produtivo, não se confundindo, por exemplo, com situações em que a atividade foi ultimada e o seu produto está disponível para aquisição em mercado,[184] tampouco com aquelas em que a tarefa a ser perpetrada pelo terceiro não tenha pertinência alguma, direta ou indireta, com o processo produtivo.

Note-se que, sob os contornos delineados, a natureza da atividade a ser externalizada e a sua qualificação não têm relevância para desnudar a essência do fenômeno, desde que guarde vínculo com o processo produtivo daquele que vise à execução de certa tarefa por outrem. Pode ser especializada ou não, restar alcançada ou não pelo negócio principal (*core business*) de quem terceiriza ou ser tida como lícita ou ilícita pelo ordenamento jurídico.

Por outro lado, as partes envolvidas podem dizer respeito tanto a indivíduos quanto a organizações; ou seja, alcançam potencialmente quaisquer pessoas físicas ou jurídicas, de direito público ou de direito privado, em qualquer dos polos. Conquanto seja mais comum a sua ocorrência entre organizações privadas, nada impede, sob a ótica conceitual, que a prática seja realizada na órbita do Estado ou que a pessoa a que se terceiriza componha a esfera pública.

Deve-se destacar como elemento marcante das terceirizações também a voluntariedade que lhe é inerente. Por consistir em forma de gestão de processos produtivos, a manifestação positiva de vontade do seu titular é fundamental à sua formação. Isso, contudo, não se exige daquele a quem se terceiriza. Por exemplo, a requisição de bens ou serviços pelo Estado, caso ensejem a transferência de atribuições atinentes a certo propósito produtivo a outrem, figura como parte do fenômeno, a despeito de inexistir voluntariedade do fornecedor.[185]

---

[184] ZOCKUN, Carolina, 2014, p. 182.
[185] José dos Santos Carvalho Filho pontua que "o objeto das requisições é bem amplo: abrange bens móveis, imóveis e serviços particulares. A finalidade é sempre a de preservar a sociedade contra situações de perigo público iminente. Numa situação de iminente calamidade pública, por exemplo, o Poder Público pode requisitar o uso do imóvel, dos equipamentos e dos serviços médicos de determinado hospital privado" (CARVALHO FILHO, 2021, p. 821). Valendo-se do último exemplo, não se vislumbram diferenças relevantes para fins de enquadramento no conceito de "terceirização" entre um contrato de prestação de serviços médicos celebrado pela Administração com particular e uma requisição com o mesmo objeto. Em ambos os casos, trata-se, sob a ótica do Estado, de transferência voluntária a terceiro de atribuições ligadas a atividades inerentes à consecução do desígnio estatal.

Mantendo-se no campo estatal, a terceirização não se confunde, porém, com a ideia de privatização, consoante será posteriormente mais bem tratado. Isso porque privatizar (em seu sentido estrito) não significa transferir a atribuição de desenvolver uma atividade atrelada a certo propósito produtivo próprio, mas, em termos gerais, consiste em mera alienação de direitos mediante a venda de ativos. Por motivos bastante semelhantes, a transferência de certo escopo ou da integralidade de uma empresa não constituem, igualmente, terceirização.

Ademais, cabe ver que a prática tem por finalidade a obtenção do resultado de uma atividade. Não visa, portanto, ao recebimento de mão de obra para ser empregada internamente na consecução das atividades de quem terceiriza. Os objetos são bastante diferentes: enquanto a terceirização destina-se à realização de certa *atividade* por terceiro,[186] a intermediação de mão de obra importa no fornecimento de *pessoal*, e não de uma atividade, que se mantém executada pelo tomador da mão de obra.[187]

Finalmente, é preciso salientar que, quando se está a falar de terceirização, o seu escopo não se ajusta perfeitamente à ideia de repasse de atividades de uma pessoa a outra. Nessa senda, pondera José dos Santos Carvalho Filho que o termo sinaliza a transferência de uma atribuição relativa ao desempenho de certa atividade a um terceiro, o que – vale dizer – não acarreta, necessariamente, o surgimento de responsabilidade sob a lógica do Direito. Cabe, pois, ao ordenamento estatuir o regime jurídico que lhe seja próprio.

À luz dessas considerações, entendemos que a terceirização, a partir de sua essência constitutiva, pode ser definida, simples e abrangentemente, como *a transferência de uma ou mais atribuições direta ou indiretamente vinculadas a certo processo produtivo por ato voluntário de seu titular a outrem sem a perda do interesse direto em sua consecução*.[188]

---

[186] SOUTO, 2001, p. 371.

[187] Vale adiantar, já neste momento, que, ao longo da evolução histórico-jurisprudencial pertinente ao cenário jurídico nacional, a intermediação de mão de obra sempre foi (e ainda é) reconhecida como prática ilícita. Ressalva-se dessa intelecção apenas a sua implementação sob o regime do trabalho temporário previsto na Lei Federal nº 6.019/1974, como indicado desde o advento da Súmula nº 256, posteriormente reafirmado na Súmula nº 331, ambas do TST.

[188] Com o fito de alcançar uma adequada uniformização terminológica nesta obra, serão conferidos à pessoa que é titular do processo produtivo e que promove a terceirização o qualificativo "terceirizante", àquela que recebe uma ou mais atribuições e, portanto, a quem se terceiriza o predicado feminino "terceirizada" e ao trabalhador (ou empregado) vinculado a esta última o vocábulo masculino "terceirizado".

2.2 Classificações

Não são raras as classificações concebidas em função de características assumidas por certas formas de terceirização. Com o fito de aclarar a dimensão do fenômeno, as alternativas existentes a quem se depara com uma decisão entre "fazer ou comprar" ou, até mesmo, certas particularidades a serem consideradas por eventual regime jurídico que venha a ser dirigido a parcela da realidade terceirizante, percebem-se propostas que, destrinchando-a, partem de critérios distintivos bastante variados.

Como bem assenta Genaro Rubén Carrió, as classificações não devem, contudo, ser tidas como verdadeiras ou falsas, mas úteis ou inúteis. Já as suas vantagens ou desvantagens merecem ser analisadas sob o crivo do intento perseguido pela própria formulação, bem como de sua aptidão para expor certo campo do conhecimento de uma maneira que facilite a sua compreensão ou que seja mais rica quanto às suas implicações práticas.[189]

Em rigor, uma primeira classificação relevante tem como parâmetro de diferenciação a utilidade esperada com a concretização da tarefa a ser realizada pelo terceiro. Embora qualquer processo produtivo dependa do desempenho de alguma atividade – ou seja, envolva um "fazer" –, vê-se que a sua efetivação pode visar à entrega e, em contrapartida, ao recebimento de bens ou serviços.[190]

Nesse caminhar, cumpre distinguir a *terceirização de bem* da *terceirização de serviço*, não sendo adequadas perspectivas sobre tema que se adstrinjam à segunda modalidade. Sem dúvida, quando, por exemplo, a indústria automobilística almeja a limpeza de suas fábricas e firma um contrato para que outra pessoa atue com esse desiderato, promove uma terceirização de serviço. Já quando acorda com um fornecedor externo a produção de peças para os seus automóveis, é para uma terceirização de bem que se olha.

Enfocando a posição ocupada pela utilidade almejada com a decisão terceirizante no desenvolvimento da cadeia de produção,

---

[189] CARRIÓ, 1973, p. 72.
[190] Não se desconhece a existência de zona cinzenta entre os limites conceituais de "bens" e "serviços". Na seara tributária, ilustrativamente, o conflito interfederativo proveniente da vocação arrecadatória do ICMS e do ISS frequentemente traz à tona dificuldades concretas de identificação da natureza de certas atividades. Não é, contudo, objeto deste trabalho delimitar as respectivas abrangências conceituais. Pretende-se, aqui, apenas assentar que as terceirizações podem transferir a terceiros a atribuição de realizar tarefas de ambas as naturezas.

Jerônimo Souto Leiria e Newton Dorneles Saratt propõem a existência de quatro espécies de terceirização, com a indicação de exemplos correlatos. Segundo os autores, a *terceirização de primeira etapa* visa ao fornecimento de matéria-prima pronta para ser agregada ao processo produtivo (*v. g.*, a malharia que confecciona as suas malhas com fios já coloridos e texturizados). A *terceirização de etapa intermediária*, por sua vez, se direciona à obtenção de bens ou serviços no curso da produção (*v.g.*, serviços de limpeza, ao menos como regra geral). Já a *terceirização de etapa final* objetiva a disponibilização do resultado da produção ao seu público-alvo por intermédio de outrem (*v.g.*, mediante contrato de *franchising*). A *terceirização mista*, finalmente, consiste naquela em que a pretendida atuação do terceiro agasalha mais de uma etapa da cadeia produtiva, podendo alcançar uma situação de terceirização total, quando abarca todas as etapas anteriores (*v.g.*, as cadeias de *fast food*).[191]

Noutro giro, as terceirizações podem ser separadas à luz do vínculo que a atividade a ser terceirizada tem com o propósito produtivo daquele que deixa de desenvolvê-la com recursos próprios. Nesse sentido, a *terceirização de atividade-fim* destina-se a transferir a outrem a atribuição de executar atividade diretamente vinculada ao núcleo de certo desígnio produtivo. Já a *terceirização de atividade-meio* objetiva, diferentemente, a externalização de atividade que detenha vínculo indireto com o escopo finalístico perseguido; ou seja, adquire caráter acessório, periférico, de apoio ou de suporte ao desempenho das atividades-fim.[192]

---

[191] Os referidos exemplos consistem em alguns do que são trazidos em sua obra. No que toca, porém, à quarta modalidade, saliente-se que os autores se limitam a explicá-la como "formas mistas de terceirização compostas pela união de duas ou mais etapas descritas anteriormente, chegando à sua expressão máxima que é a terceirização total" (LEIRIA; SARATT, 1995, p. 18). Assim, a denominação "terceirização mista", aqui concebida, tem por intento somente expor as ideias dos autores com uma expressão sintética e de fácil compreensão.

[192] De acordo com Maurício Godinho Delgado, "atividades-fim podem ser conceituadas como as funções e tarefas empresariais e laborais que se ajustam ao núcleo da dinâmica empresarial do tomador dos serviços, compondo a essência dessa dinâmica e contribuindo inclusive para a definição de seu posicionamento e classificação no contexto empresarial e econômico. São, portanto, atividades nucleares e definitórias da essência da dinâmica empresarial do tomador dos serviços. Por outro lado, atividades-meio são aquelas funções e tarefas empresariais e laborais que não se ajustam ao núcleo da dinâmica empresarial do tomador dos serviços, nem compõem a essência dessa dinâmica ou contribuem para a definição de seu posicionamento no contexto empresarial e econômico mais amplo. São, portanto, atividades periféricas à essência da dinâmica empresarial do tomador dos serviços" (DELGADO, 2020, p. 573). De forma similar, Sergio Pinto Martins leciona que "atividade-fim é a que diz respeito aos objetivos da empresa, incluindo a produção de bens ou serviços, a comercialização etc. É a atividade central da empresa, direta, de seu objeto social". A seu turno, aponta que "a atividade-meio pode ser entendida como a atividade

Cuida-se, portanto, de uma relação de autoexclusão recíproca. Pressupondo a presença de algum vínculo – *direto ou indireto* – com a consecução de certo intento produtivo, caso a atividade não seja caracterizada como atividade-fim, é de uma atividade-meio que se trata, e vice-versa. A título de ilustração, o repasse a terceiros da atribuição de manter a limpeza ou a vigilância de certo imóvel configura, em geral, uma terceirização de atividade-meio. Caso, no entanto, uma empresa tenha por escopo realizar esses serviços a terceiros e venha a transferir a outrem, no todo ou em parte, a correlata atribuição prestacional, há de se reconhecer a ocorrência de uma terceirização de atividade-fim.

Deve-se, contudo, esclarecer a significação a ser concedida à polissêmica palavra "fim", contida pela locução "atividades-fim", de maneira a evitar equívocos de entendimento. Em verdade, o vocábulo liga-se às ideias de finalidade, propósito, desígnio, objetivo ou escopo da atividade produtiva e não ao momento, etapa ou atividade final da produção, tampouco àquela que venha a ser considerada a mais relevante do processo. Da mesma forma, o termo "meio", constante da expressão "atividades-meio", não pretende remeter-se a uma etapa produtiva que seja considerada intermediária ou menos fulcral; diversamente, detém conotação de acessoriedade, um sentido de atividade puramente periférica, que apenas confere apoio ou suporte à produção.[193]

Exemplificativamente, a tarefa material de colheita de dados necessários à realização de estudos estatísticos ou censitários está alcançada pela noção de atividades-fim no que toca a institutos de pesquisa, pois compõe o respectivo processo produtivo, a despeito de não ser a sua atividade derradeira ou a principal. Igualmente, a fabricação de peças a serem integradas aos automóveis pelas montadoras não se ajusta à etapa final da produção da indústria automobilística, mas está albergada pelo conceito de atividades-fim.[194]

---

desempenhada pela empresa que não coincide com seus fins principais. É a atividade não essencial da empresa, secundária, que não é o seu objeto central" (MARTINS, 2018, p. 165).

[193] É preciso atentar para o uso adequado das expressões "atividades de apoio" e "atividades de suporte" como sinônimos de atividades-meio. Caso se chamem como tais aquelas que concedam apoio ou suporte às atividades-fim consideradas globalmente, inexiste qualquer óbice à sua utilização, pois se mantém a referida relação de autoexclusão recíproca. Por outro lado, deve-se evitar a sua aplicação de modo a interpretá-las, com ares de relatividade, como atividade de apoio ou suporte a tarefas específicas alcançadas pela noção de atividades-fim. É preciso atentar que certa atividade de apoio ou de suporte a certa tarefa específica alcançada pela noção de atividades-fim também pode deter essa natureza, pois, embora instrumental, pode estar diretamente vinculada ao núcleo de certo desígnio produtivo, compondo etapa da produção.

[194] MARTINS, 2018, p. 165.

Outra importante classificação a encontrar eco na doutrina de Sergio Pinto Martins qualifica as terceirizações como internas ou externas. A primeira – a *terceirização interna* – consiste naquela em que o exercício das atividades cuja atribuição é repassada a um terceiro se dá nas dependências de quem terceiriza. Na segunda – na *terceirização externa* –, as tarefas a serem efetivadas o são necessariamente em local diverso,[195] que pode consistir ou não nas dependências do fornecedor.[196]

Valendo-se de exemplos históricos apresentados anteriormente, as terceirizações ocorridas no âmbito do sistema doméstico de produção que vigeu na Europa entre os séculos XVI e XVIII, bem como aquelas realizadas às *societates publicanorum*, durante o Império Romano, e à *Ferme Générale*, na França pré-revolucionária, correspondiam a terceirizações externas. Já a contratação de serviços de limpeza pode ser destacada, pela própria natureza da atividade, como típica terceirização interna.

Ademais, convém diferenciar as terceirizações em razão dos países nos quais se encontram as partes do fenômeno, como expõem Denise Fontanella, Eveline Tavares e Jerônimo Souto Leiria.[197] Nesse toar, há uma *terceirização nacional* quando os envolvidos estão sediados em um único país. Se, porém, se localizarem em territórios de países diferentes, pode-se afirmar a ocorrência de uma *terceirização internacional*.[198]

Por fim, traz-se, como última proposta de classificação, a de Alfredo Carlos Saad, que indica como elemento de diferenciação o nível de relacionamento pretendido. Segundo o autor, a *terceirização*

---

[195] MARTINS, 2018, p. 34.

[196] Segundo Paula Regina Marcelino, "na França, por exemplo, dá-se o nome de terceirização (*sous-traitance*) a um processo bem específico: é chamada terceirização apenas a situação em que há uma empresa subcontratada trabalhando dentro da empresa principal; se o trabalho for realizado fora, passa-se a chamar o processo de externalização (*externalizacion*)". Salienta, porém, que "essa distinção não é feita no Brasil, normalmente, para distinguir dois processos diferentes, mas apenas para marcar duas formas distintas de terceirização" (MARCELINO, 2007, p. 57).

[197] FONTANELLA; TAVARES; LEIRIA, 1995, p. 19.

[198] Guilherme Mastrichi Basso classifica a terceirização em duas modalidades: "a) o chamado *outsourcing* – que dá a idéia de uma 'fonte externa' – é a terceirização de serviços ou a produção de componentes repassada a outra empresa para executá-los dentro ou fora dos muros da tomadora, mas dentro do território nacional; normalmente, por questão de logística, em prédio contíguo ou próximo da contratante, exceção feita aos serviços de informática que independem de distância. Exemplos típicos são os casos Fiat em Betim/MG, e da GM no ABC Paulista, em que os parceiros diretos estão localizados dentro da planta; b) o segundo grande gênero é o denominado *offshoring*, ou seja, aquela terceirização feita 'fora da praia' do tomador dos serviços, normalmente no exterior. São expressivos os números, hoje em dia, desse tipo de terceirização, tendo como destinos a Índia e a China, principalmente nas áreas de informática e metalurgia, respectivamente" (BASSO, 2008, p. 92).

operacional consiste naquela que, com baixo grau de envolvimento entre as partes, enseja uma típica relação entre cliente e fornecedor, de curto ou médio prazo e com escopo bem definido. Com caráter marcadamente estático, os contornos da atividade a ser desenvolvida pelo fornecedor não gozam de flexibilidade, impondo a alteração das condições antes ajustadas caso a sua modificação se mostre conveniente. Outrossim, ela se destina a saciar necessidades pontuais e tem como parâmetro para aferir a satisfação das partes os precisos termos das obrigações contratuais e legais aplicáveis.

A seu turno, a *terceirização estratégica* é identificada como uma relação de parceria, de médio ou longo prazo e que gera interdependência às partes. Caracterizada por maior dinamismo, detém uma conveniente maleabilidade para atender a necessidades que exijam rápida adaptação. Nessas situações, são frequentes a cessão da gestão das funções terceirizadas e o incremento da responsabilidade do fornecedor, que se torna integrante da estratégia produtiva de quem terceiriza, e não apenas um agente que realiza tarefas pontuais. A efetividade da parceria é avaliada contínua e conjuntamente a partir do comprometimento das partes e dos frutos procedentes da relação, que é estabelecida de forma mais estreita.

Como última modalidade elencada, o autor apresenta a *terceirização revolucionária*. Esta tem o sentido de uma parceria com elevado nível de relacionamento entre as partes, engendrando dependência ativa e permanente de ambas na execução do objetivo central do titular do processo produtivo. Nesses casos, o modelo de relacionamento cria uma responsabilidade gerencial compartilhada pelo desenvolvimento da atividade. Ainda, torna-se comum a explicitação da parceria ao público-alvo como maneira de agregar valor ao produto final, bem como o compartilhamento de riscos, inclusive com mecanismos de recompensa.[199]

Por certo, essas classificações não esgotam a integralidade daquelas proclamadas pela doutrina, tampouco são as únicas que possam ser tidas como relevantes sob algum ângulo de visão.[200] Afinal, a utilidade de qualquer pretensão classificatória deve ser enxergada mais sob a

---

[199] SAAD, 2006, p. 49-56.
[200] Sergio Pinto Martins indica, ainda, outras classificações, como, por exemplo, (a) a terceirização na atividade pública e a terceirização na atividade privada, em razão da natureza da atividade, (b) a terceirização lícita e a terceirização ilícita, sob a ótica dos seus efeitos ou da sua regularidade, e (c) a terceirização típica e a terceirização atípica, a depender da existência de regulamentação legal que lhe diga respeito (MARTINS, 2018, p. 34).

perspectiva dos objetivos aventados pela própria proposição do que sob um crivo externo ou abstratamente conjecturado. Não obstante, as propostas apresentadas sugerem-se, em conjunto, aptas a revelar a dimensão do fenômeno sob estudo, bem como os principais aspectos que costumam ser selecionados para definir os contornos legais e contratuais que se lhe entendam pertinentes.

2.3 Natureza jurídica

Há de se reconhecer que a doutrina jurídica que trata do tema é pródiga na busca por um conceito adequado para o fenômeno e para enunciar algumas formas que podem ser assumidas pelas terceirizações. Diferentemente, porém, são raros os autores que se predispõem a descobrir a natureza a lhe ser reconhecida sob a ótica do Direito.

De acordo com Maria Helena Diniz, tratar de natureza jurídica implica falar da "afinidade que um instituto tem, em diversos pontos, com uma grande categoria jurídica, podendo nela ser incluído a título de classificação".[201] Sob esse olhar, a sua perquirição exige que seja previamente conhecida a sua substância, que, a seu turno, somente pode ser desvendada à luz de seus atributos fundamentais.[202]

Consoante expusemos, a terceirização significa, essencialmente, a transferência de uma ou mais atribuições direta ou indiretamente vinculadas a certo processo produtivo por ato voluntário de seu titular a outrem sem a perda do interesse direto em sua consecução. Dessa enunciação, no entanto, não se pode extrair, desde logo, em que consiste a sua natureza jurídica, devendo, para isso, ser tecidas considerações sobre os diferentes planos do fenômeno jurídico: os planos da existência, da validade e da eficácia.[203]

Primeiramente, é possível afirmar se referir o plano da existência àquele campo do fenômeno jurídico alcançado por aqueles fatos considerados *jurídicos*, ou seja, por aqueles acontecimentos tidos como relevantes para o Direito[204] e que, por essa razão, existem juridicamente,

---

[201] DINIZ, 1998, p. 337.
[202] SILVA, De Plácido e, 2012, p. 944.
[203] Algumas das considerações seguintes foram objeto de explanação em trabalho anterior de nossa autoria: FEITOSA, 2021, p. 261-263.
[204] Aurora Tomazini de Carvalho pondera, contudo, que a expressão "fato jurídico" é utilizada "para designar, pelo menos, três realidades distintas: (i) a descrição hipotética presente nos textos jurídicos; (ii) a verificação concreta do acontecimento a que se refere tal hipótese; e (iii) o relato em linguagem jurídica de tal ocorrência" (CARVALHO, Aurora, 2019, p. 544). O presente trabalho, pois, emprega a segunda acepção enunciada.

podendo ensejar a criação, a modificação ou a extinção de relações jurídicas.[205] Acolhendo como referencial teórico as lições de Marcos Bernardes de Mello, os fatos jurídicos podem ser classificados a partir do suporte fático abstratamente descrito pela norma jurídica, sendo identificáveis dois elementos nucleares para o discrímen: a conformidade do fato jurídico com o Direito e a presença de ato volitivo no suporte fático considerado.[206]

À luz do primeiro critério distintivo, o autor separa os fatos jurídicos *lato sensu* em dois grandes conjuntos: os fatos jurídicos *lato sensu* lícitos, consistentes naqueles conformes ao Direito, e os fatos jurídicos *lato sensu* ilícitos, que se revelam contrários à ordem jurídica e que sejam imputáveis a alguém com capacidade delitual.[207]

Sob o crivo do segundo parâmetro, os fatos jurídicos *lato sensu* – sejam eles lícitos ou ilícitos – são agrupáveis em três categorias: os fatos jurídicos *stricto sensu*, que correspondem àqueles decorrentes da natureza e que, portanto, prescindem de um ato volitivo para existirem; os atos-fatos jurídicos, que, embora derivem necessariamente de condutas omissivas ou comissivas de certo agente, não demandam, para adquirirem relevância jurídica, que a vontade emanada se dirija especialmente à sua materialização; e os atos jurídicos *lato sensu*, cuja formação depende de uma manifestação volitiva que lhe seja diretamente vocacionada.[208] Dito em outros termos, caracterizam-se, respectivamente, pela inexistência, pela irrelevância e, por fim, pela relevância de uma emanação de vontade no cerne do suporte fático descrito abstratamente pela norma.[209]

---

[205] PEREIRA, 2020, p. 388.
[206] MELLO, Marcos, 2019b, p. 179-180.
[207] MELLO, Marcos, 2019b, p. 181; 304.
[208] MELLO, Marcos, 2019b, p. 185-187.
[209] Independentemente de serem concretamente considerados em conformidade com o Direito, o autor afirma que, "exceto os de natureza normativa, como as leis e os decretos, por exemplo, que constituem uma categoria especial de atos jurídicos, os atos praticados no plano do direito público são classificáveis na categoria ato jurídico *lato sensu*. Não diferem, em essência, dos demais atos jurídicos (de direito privado) e, portanto, são atos jurídicos *stricto sensu*, ou são negócios jurídicos, ou atos mistos" (MELLO, Marcos, 2019b, p. 222). No trecho transcrito, o autor pontua que, ao lado dos atos jurídicos *lato sensu*, existe uma categoria especial de atos jurídicos, em que se incluem os atos normativos. No entanto, ao tratar do plano da validade em outro momento, informa entender por bem "empregar a expressão ato jurídico sempre com generalidade, em sentido lato, apenas usando as denominações específicas (= negócio jurídico, ato jurídico *stricto sensu*, ato normativo, e. g.) quando necessária a particularização" (MELLO, Marcos, 2019a, p. 42).

No âmbito dos atos jurídicos *lato sensu*, o autor traz ser possível identificar duas subcategorias.[210] Nesse campo, alocam-se os atos jurídicos *stricto sensu*, concernentes àqueles comportamentos humanos voluntariamente dirigidos à produção de certos efeitos jurídicos que, inalteráveis pela vontade do agente, estão estabelecidos pelo ordenamento, e os negócios jurídicos, correspondentes aos atos jurídicos voluntários cujos efeitos jurídicos provêm, em parte, da vontade inafastável da lei e, em outra, da vontade manifestada pelo agente.[211]

Quanto aos negócios jurídicos, consoante acima definidos, podem eles assumir uma de três modalidades. Os negócios jurídicos unilaterais constituem-se de uma singular manifestação de vontade. Já os negócios jurídicos bilaterais se originam de duas manifestações de vontade diferentes – mas recíprocas, concordantes e coincidentes – sobre dado objeto. Por sua vez, os negócios jurídicos plurilaterais demandam manifestações de vontade oriundas de mais de duas posições (ou lados) diferentes, desde que também convirjam sobre um único objeto.[212]

No que diz respeito aos atos jurídicos *lato sensu* não conformes ao Direito (portanto, ilícitos),[213] são eles classificados, inicialmente, quanto à sua imputabilidade, em ilícitos civis e ilícitos criminais, alcançando estes os crimes e as contravenções penais.[214] Sob o critério da natureza do dever descumprido, o autor os reparte em ilícitos absolutos e ilícitos relativos. Finalmente, a partir dos efeitos que possam surtir, diferenciam-se os ilícitos em indenizativos, caducificantes e invalidantes.[215]

---

[210] Da proposta de classificação apresentada pelo autor é possível ser depreendido, inicialmente, que essas subcategorias diriam respeito apenas aos atos jurídicos *lato sensu* conformes ao Direito (portanto, lícitos). No entanto, o próprio autor deixa transparente, em outro momento, que os atos jurídicos *stricto sensu* e os negócios jurídicos não perdem essas qualidades pelo fato de virem a ser considerados ilícitos. Nesse sentido, ao tratar dos atos ilícitos invalidantes, assevera que "nessa categoria entram os negócios jurídicos e os atos jurídicos *stricto sensu* quando nulos. Assim, o negócio jurídico ilícito, ou seja, o negócio jurídico cujo objeto seja ilícito, constitui um ato ilícito invalidante, donde ficar claro que não existe como classe própria de ilicitude o negócio ilícito" (MELLO, Marcos, 2019b, p. 333).

[211] MELLO, Marcos, 2019b, p. 218-220.

[212] MELLO, Marcos, 2019b, p. 267.

[213] Embora intencionalmente se busque, neste trabalho, pôr luz sobre os atos jurídicos *lato sensu* ilícitos, Marcos Bernardes de Mello pondera que as classificações indicadas entre ilícitos civis e criminais, entre ilícitos absolutos e relativos e entre ilícitos geradores de efeitos indenizatórios, caducificantes ou invalidantes dizem respeito a todos os fatos jurídicos *lato sensu* ilícitos, dos quais fazem parte os atos jurídicos *lato sensu* ilícitos (MELLO, Marcos, 2019b, p. 291-333).

[214] MELLO, Marcos, 2019b, p. 320.

[215] Exponha-se, nesse contexto, que Felipe Braga Peixoto Netto acresce aos mencionados ilícitos indenizativos, caducificantes e invalidantes os chamados ilícitos autorizantes, que

Em apertada síntese, os ilícitos relativos correspondem àqueles resultantes da quebra de deveres jurídicos originários do conteúdo da relação formada em decorrência de prévia perpetração de atos jurídicos *stricto sensu* ou de negócios jurídicos pelas próprias partes. Por sua vez, os ilícitos absolutos dizem respeito àqueles provenientes da violação de deveres jurídicos cuja existência independa do conteúdo de uma relação jurídica preestabelecida.[216]

No que toca à classificação apresentada quanto à sua eficácia jurídica e sem prejuízo de que as diferentes facetas eficaciais se liguem a um mesmo ato, os ilícitos indenizativos concernem àqueles que criam um dever de indenizar. Já os ilícitos caducificantes acarretam a perda de um direito. Por fim, os ilícitos invalidantes consistem naqueles cuja afronta ao Direito tenha como consequência possível a sua invalidação.[217] Cabe, pois, perceber que é justamente sob a ótica dos chamados ilícitos invalidantes que se abre espaço para o exame do ingresso dos atos jurídicos no plano da validade.

Em rigor, o acesso a esse segundo plano do fenômeno jurídico somente é franqueado a certos fatos jurídicos, mais precisamente, aos atos jurídicos *lato sensu*, que, como dito, têm como elemento nuclear do suporte fático a emanação de vontade e podem consistir em atos jurídicos *stricto sensu* e em negócios jurídicos.[218] Para tanto, reclama-se que o ato jurídico não contenha, em seus elementos nucleares, nenhuma deficiência invalidante (seja quanto à sua manifestação de vontade ou quanto ao seu objeto), tampouco careça de algum elemento complementar que lhe seja demandado (por exemplo, certa forma prescrita em lei).[219]

Observe-se, pois, que a validade dos atos jurídicos pressupõe o anterior reconhecimento de sua pertinência para o Direito; ou seja, depende da sua admissão preliminar pelo plano da existência. Como aponta Fredie Didier Jr., "o ato jurídico inválido existe. Ato inexistente não tem defeito".[220] No entanto, impõe-se, ainda, a sua conformação às

---

dizem respeito àqueles cuja ilicitude faculta ao ofendido a prática de um ato, como ocorre, por exemplo, na autorização para que o doador revogue a doação nos casos indicados em lei de ingratidão, nos termos dos artigos 555 e seguintes do Código Civil (PEIXOTO NETTO, 2014, p. 125-132).

[216] MELLO, Marcos, 2019b, p. 308.
[217] MELLO, Marcos, 2019b, p. 320-333.
[218] Segundo Marcos Bernardes de Mello, "os fatos jurídicos lícitos em que a vontade não aparece como dado do suporte fático (fatos jurídicos *stricto sensu* e ato-fato jurídico), como os fatos ilícitos *lato sensu* (inclusive o ato ilícito), não estão sujeitos a transitar pelo plano da validade, uma vez que não podem ser nulos ou anuláveis" (MELLO, Marcos, 2019b, p. 164).
[219] MELLO, Marcos, 2019a, p. 43.
[220] DIDIER JUNIOR, 2016, p. 405.

exigências jurídicas que lhe sejam aplicáveis,[221] cuja fixação advém, em última instância, do próprio Direito.[222] É importante ressaltar a distinção existente entre defeito e invalidade, ou seja, entre vício e sanção jurídica. Malgrado todo ato inválido seja defeituoso, é certo que a detecção de um vício em certo ato jurídico não implica necessariamente a sua invalidação. Há variados exemplos a corroborar essa afirmação nos mais diferentes ramos do Direito, cabendo a este definir as balizas a serem consideradas para a eventual manifestação no sentido da invalidade de atos jurídicos porventura inquinados.[223]

Por fim, o plano da eficácia,[224] consistente no último campo do fenômeno jurídico, diz respeito àquele em que os fatos jurídicos produzem os seus efeitos, criando, modificando ou extinguindo relações

---

[221] MELLO, Celso, 2021, p. 316.

[222] Marcos Bernardes de Mello pondera: "a definição das regras sobre a validade dos atos jurídicos e, por decorrência, sobre as invalidades, embora resulte de uma atividade axiológica, valorativa, tem cunho, predominantemente, dogmático, o que faz com que variem de legislação a legislação, no tempo e no espaço. Parece-nos, no entanto, indiscutível que, do ponto de vista axiológico, como ocorre com qualquer instituição jurídica, embora caiba ao legislador, livremente, dispor sobre o problema da validade (e, evidentemente, sobre as invalidades), definindo a sua natureza, as suas causas, espécies, características e prescrevendo as sanções respectivas, há questões limites (sic) que relativizam a sua liberdade: a ilicitude em sentido lato, que inclui a moralidade e a impossibilidade natural do objeto" (MELLO, Marcos, 2019a, p. 46).

[223] FEITOSA, 2021, p. 263.

[224] Para Aurora Tomazini de Carvalho, "a palavra eficácia, no âmbito jurídico, está relacionada à produção de efeitos normativos, isto é, à efetiva irradiação das consequências próprias à norma. Muitos juristas a utilizam como sinônimo de vigência, denotando a qualidade da norma de produzir efeitos, mas, vigência e eficácia não se confundem. Uma coisa é a norma estar apta a produzir as consequências que lhe são próprias, outra coisa é a produção destas consequências. Existem regras jurídicas que gozam de tal aptidão, mas efetivamente não produzem qualquer efeito na ordem do direito, nem na ordem social, porque não incidem, ou porque não são cumpridas por seus destinatários" (CARVALHO, Aurora, 2019, p. 767-768). Sobre o tema, Paulo de Barros Carvalho aponta que o próprio termo "eficácia" pode ser tratado em diferentes sentidos: a eficácia técnica, a eficácia jurídica e a eficácia social (CARVALHO, Paulo, 2012, p. 100-104). Valendo-se, novamente, das palavras de Aurora Tomazini de Carvalho, é possível sintetizar os referidos sentidos eficaciais da seguinte forma: "a primeira, a eficácia técnica, é a qualidade que a norma ostenta, no sentido de descrever fatos que, uma vez ocorridos, tenham aptidão de irradiar efeitos, já removidos os obstáculos materiais ou as impropriedades sintáticas. Tal ângulo proporciona a análise dos fatos relacionados à norma jurídica. A segunda, a eficácia jurídica, é predicado dos fatos jurídicos de desencadearem as consequências que o ordenamento prevê, permite o estudo dos efeitos relacionados ao fato jurídico. A terceira, a eficácia social, é a produção concreta de resultados na ordem dos fatos sociais, permite-nos especulações sobre os efeitos das normas no plano social. Os dois primeiros enfoques são jurídicos, interessam à Dogmática, ao passo que o último é direcional ao plano das condutas intersubjetivas, interessa à Sociologia Jurídica, fugindo do campo de delimitação da Ciência do Direito *stricto sensu*" (CARVALHO, Aurora, 2019, p. 768). Neste trabalho, empregamos o termo "eficácia" estritamente em seu sentido jurídico.

jurídicas. Para ser alcançado, requer-se, igualmente, que se ultrapasse a barreira atinente ao plano de existência. Isso, entretanto, não se pode afirmar quanto ao plano da validade, pois inexiste relação de dependência entre este e o plano da eficácia.[225]

Nesse sentido, Marcos Bernardes de Mello anota que os fatos jurídicos *stricto sensu* lícitos, os atos-fatos jurídicos lícitos e todos os fatos jurídicos *lato sensu* ilícitos ingressam no plano da eficácia e podem irradiar efeitos em razão do simples fato de que existem juridicamente; ou seja, malgrado não tenham, sequer em tese, acesso ao plano da validade. Além disso, observa-se que, quanto aos atos jurídicos *lato sensu* lícitos (atos jurídicos *stricto sensu* lícitos e negócios jurídicos lícitos), há aqueles que, conquanto válidos, não surtem efeitos, assim como outros que, apesar de inválidos, produzem consequências jurídicas.[226]

Novamente valendo-se das lições de Fredie Didier Jr., "o ato inválido existe – portanto pode produzir efeitos. Não é correto dizer que toda hipótese de nulidade implica a impossibilidade de o ato produzir efeito".[227] No entanto, a imputação de efeitos pelo Direito a ato jurídico inválido deve ser reconhecida em caráter apenas excepcional, o que merece se dar nos casos e sob limites estabelecidos pela legislação.[228]

Provavelmente o exemplo mais frequentemente noticiado pela doutrina com aptidão para confirmar essa intelecção se refira à norma preconizada pelo artigo 27, da Lei Federal nº 9.868/1999, que autoriza à Corte Suprema, "ao declarar a inconstitucionalidade de lei ou ato normativo [...], restringir os efeitos daquela declaração ou decidir que ela só tenha eficácia a partir de seu trânsito em julgado ou de outro momento que venha a ser fixado".[229] No mesmo diapasão, a Lei Federal nº 14.133/2021, que consubstancia a nova Lei de Licitações e Contratos Administrativos, estipula, em seu artigo 148, regramento que permite a manutenção da produção de efeitos jurídicos provenientes de ajustes administrativos inválidos, bem como a postergação do termo final de sua eficácia, a despeito de serem desconformes ao Direito.

Com efeito, a compreensão dessas noções preliminares apresenta-se fundamental à identificação da natureza jurídica da terceirização e, à luz de seus elementos essenciais, da adequada categoria de que faz parte sob a perspectiva do Direito. Deve-se notar, ademais, que aspectos

---

[225] FEITOSA, 2021, p. 263.
[226] MELLO, Marcos, 2019b, p. 165-167.
[227] DIDIER JUNIOR, 2016, p. 405.
[228] MELLO, Marcos, 2019a, p. 287.
[229] BRASIL. Lei nº 9.868, de 10 de novembro de 1999.

concernentes à validade de sua implementação concreta ou aos efeitos jurídicos porventura surtidos não auferem relevância na atividade de perscrutação de sua natureza jurídica, haja vista que, distanciados da essência constitutiva do fenômeno, guardam relação apenas com um regime jurídico que venha a ser concebido pelo ordenamento.[230] Sergio Pinto Martins apresenta-se como um dos poucos autores que se imiscuem na tentativa de esclarecer essa questão:

> Difícil é dizer qual a natureza jurídica de terceirização, pois, como visto anteriormente, existem várias concepções a serem analisadas. Dependendo da hipótese em que a terceirização for utilizada, haverá elementos de vários contratos, sejam eles nominados ou inominados. Assim, poderá haver a combinação de elementos de vários contratos distintos: o fornecimento de bens ou serviços; de empreitada, em que o que interessa é o resultado; de franquia; de locação de serviços, em que o que importa é a atividade e não o resultado; de concessão; de consórcio; de tecnologia, *know-how*, com transferência da propriedade industrial, como inventos, fórmulas etc. A natureza jurídica será a do contrato utilizado ou a da combinação de vários deles.
> A natureza da terceirização geralmente é a de contrato de prestação de serviços. A terceirização não tem natureza trabalhista, mas é uma forma de gestão da mão de obra, em decorrência muitas vezes da reestruturação da empresa.[231]

Consoante vemos, mostra-se acertada a percepção quanto à dificuldade de ser desvendada a natureza jurídica da terceirização se o objetivo dessa tarefa se dirigir à definição de qual ou de quais as espécies contratuais são aptas a consubstanciá-la. Ao que tudo indica, uma tentativa nessa direção revela-se infecunda, pois são inúmeros os desenhos contratuais, típicos e atípicos, que podem dar-lhe ensejo.

Além disso, não nos parece adequado vincular aprioristicamente as soluções terceirizantes a espécies contratuais específicas, pois estas, no mais das vezes, encontram distinção quanto ao seu objeto, que, em geral, apenas casuisticamente pode constituir uma terceirização. Ao mesmo tempo, sequer soa correto atrelá-las diretamente aos contratos,

---

[230] Marcos Bernardes de Mello consigna que "a extensão da eficácia de um fato jurídico é fixada pelo sistema jurídico. Se um fato jurídico irá produzir toda a gama de efeitos previstos pelo sistema ou somente alguns deles é à escolha da comunidade jurídica. Os efeitos jurídicos dependem, assim, do que prescrevem as normas jurídicas incidentes. Por isso, para saber qual a amplitude de sua eficácia, é necessária uma análise do que o sistema jurídico atribui como seus efeitos" (MELLO, Marcos, 2019b, p. 241).
[231] MARTINS, 2018, p. 33.

se considerados em sentido estrito,[232] pois uma transferência voluntária de atribuições ligadas a certo processo produtivo a terceiros pode ser veiculada por meio de variadas figuras jurídicas, como, por exemplo, convênios, termos de parceria e outros instrumentos congêneres.

Preferindo partir de alguns passos atrás, José dos Santos Carvalho Filho apresenta valiosas lições sobre o tema. Deixando transparecer uma compreensão que, aparentemente, se vale dos elementos acima enunciados, avalia:

> A *terceirização* caracteriza-se como *fato jurídico* e, portanto, idôneo a produzir a criação, alteração e extinção de relações jurídicas. Enquadra-se dentre os fatos jurídicos *voluntários*, visto que oriundos da manifestação volitiva dos interessados, formalizada normalmente por meio de contrato.[233]

Em concordância com o autor, entendemos que a terceirização, em suas diferentes modalidades, corresponde, sim, a um acontecimento relevante juridicamente, que, portanto, existe para o Direito, devendo ser considerado fato jurídico *lato sensu*. Mais do que isso, sugere-se compor a categoria dos fatos jurídicos voluntários, pois a existência de uma manifestação de vontade desempenha papel de relevância no seu ingresso no mundo jurídico.

Trocando em miúdos, a terceirização pode ser qualificada, inicialmente, como ato jurídico *lato sensu*, pois depende de exteriorização consciente de vontade especificamente vocacionada à prática do próprio ato. No entanto, nada inibe dar-se um passo adicional e, embora não até o ponto a que chega Sergio Pinto Martins, afirmar consistir, em nosso ordenamento, em negócio jurídico, haja vista nele não se visualizar a prévia concepção diretamente pela lei de todos os efeitos jurídicos oriundos de alguma prática terceirizante, independentemente de sua plena aderência ao Direito.[234]

É imperioso atentar que o caráter lícito ou ilícito da terceirização resta excluído, propositalmente, de qualquer consideração nesse campo de análise. Isso porque a ilicitude do negócio jurídico em razão de uma

---

[232] Como será apresentado a seguir, a doutrina administrativista costuma distinguir os contratos dos convênios, ambos considerados enquanto gêneros abrangentes de inúmeras figuras específicas.

[233] CARVALHO FILHO, 2022, p. 48.

[234] Sem embargo, é possível, em tese, que certa ordem jurídica estabeleça em lei a integralidade dos efeitos jurídicos surtidos por certo ato terceirizante, o que ensejaria a sua qualificação como ato jurídico *stricto sensu*.

possível constatação de sua não conformidade com a ordem jurídica depende, como é intuitivo, das nuances estipuladas pelo próprio Direito.

Nessa toada, a caracterização da terceirização porventura ilícita como ato ilícito civil ou criminal, absoluto ou relativo ou, ainda, indenizativo, caducificante ou invalidante exige a prévia investigação do conteúdo das normas jurídicas aplicáveis ao ato terceirizante e, portanto, do regime jurídico que lhe seja definido pelo ordenamento.

Ilustrativamente, é possível que a terceirização seja considerada pela legislação um ilícito relativo com efeitos indenizativos quando, derivada de contrato administrativo, houver uma ata de registro de preços vigente com objeto idêntico ao da nova pactuação. O detentor da ata de registros de preços, nessa hipótese, a depender, naturalmente, do conteúdo da normativa existente, pode vir a fazer jus ao recebimento de indenização.[235]

Também, pode ser tida como um ilícito absoluto de caráter caducificante a terceirização efetivada na órbita do Poder Público que vise a transferir atribuições que se conformem àquelas conferidas por lei a ocupantes de cargos públicos. Nesse caso, estando em vigor um concurso público destinado ao provimento desses cargos e havendo candidatos classificados no certame, a Administração pode vir a perder o direito de decidir o momento mais oportuno para a nomeação daqueles que foram aprovados dentro do número de vagas previsto no edital, bem como de avaliar a existência da necessidade de prover outros cargos vagos, impondo-se a nomeação de candidatos aprovados fora do número de vagas.

Ainda como exemplo, a terceirização pode configurar um ilícito absoluto de cunho invalidante, obstando que o negócio jurídico ganhe acolhimento pelo segundo plano do fenômeno jurídico. Mantendo-se no campo público, a inobservância de forma prescrita em lei para a celebração de certo contrato, a deficiência na manifestação emanada de vontade ou a inserção de um objeto impossível ou ilícito – *v. g.*, a

---

[235] A Lei Federal nº 8.666/1993 assim estipula, em seu artigo 15, § 4º: "a existência de preços registrados não obriga a Administração a firmar as contratações que deles poderão advir, ficando-lhe facultada a utilização de outros meios, respeitada a legislação relativa às licitações, sendo assegurado ao beneficiário do registro preferência em igualdade de condições" (BRASIL. Lei nº 8.666, de 21 de junho de 1993). A seu turno, a nova Lei de Licitações e Contratos Administrativos, a Lei Federal nº 14.133/2021, modificou parcialmente a sistemática legal, consoante se verifica de seu artigo 83: "a existência de preços registrados implicará compromisso de fornecimento nas condições estabelecidas, mas não obrigará a Administração a contratar, facultada a realização de licitação específica para a aquisição pretendida, desde que devidamente motivada" (BRASIL. Lei nº 14.133, de 1º de abril de 2021).

prestação por particulares de atividade exclusiva do Estado – pode inquinar o concerto, impedindo-o de adquirir validade.

Cabe, em verdade, ao Direito qualificar como obrigatórias, permitidas ou proibidas[236] as variadas soluções terceirizantes passíveis de serem implementadas concretamente, bem como estabelecer os efeitos jurídicos procedentes de sua prática, esteja ela em conformidade ou em desconformidade com a ordem jurídica.[237]

2.4 Abrangência no campo público

Consoante se defendeu, tudo indica ser inadequado estudar o negócio jurídico em tela a partir de tipos contratuais antevistos pelo ordenamento, o que se aplica *in totum* às terceirizações promovidas no âmbito do Estado. Além de incorrer no risco de equivocadamente assumir que certas espécies de contratos necessariamente dão azo a uma prática dessa natureza, pode-se perder de vista que o fenômeno terceirizante não se prende a figuras jurídicas predeterminadas, tampouco àquelas de caráter contratual.

Nessa linha, perceba-se que o campo público se revela profícuo para demonstrar que a terceirização não se adstringe aos contratos, em sua acepção mais precisa. Aliás, eles contêm importantes diferenças em relação aos convênios,[238] malgrado ambos sejam negócios passíveis de celebração pelo Poder Público e, a depender de seu objeto e de suas cláusulas, de veiculação de um desiderato terceirizante.

Ressalte-se que a existência de um escopo com essa feição sequer se apresenta como essencial aos contratos ou aos convênios, tampouco se limita a essas modalidades de negócios jurídicos. A identificação de uma terceirização, enquanto transferência de uma ou mais atribuições direta ou indiretamente vinculadas a certo processo produtivo por ato

---

[236] ZOCKUN, Maurício, 2018, p. 23.

[237] Celso Antônio Bandeira de Mello bem observa: "falar em terceirização não transmite ao interlocutor a mínima ideia sobre aquilo que está de direito a ocorrer. Isto é, não se lhe faculta noção alguma sobre a única coisa que interessa a quem trata com o Direito: a identificação de um regime jurídico incidente sobre a espécie cogitada" (MELLO, Celso, 2021, p. 190).

[238] Nessa toada, Maria Sylvia Zanella Di Pietro anota: "o convênio tem em comum com o contrato o fato de ser um acordo de vontades. Mas é um acordo de vontades com características próprias". Segundo a autora, "o principal elemento que se costuma apontar para distinguir o contrato e o convênio é o concernente aos interesses que, no contrato, são opostos e contraditórios, enquanto no convênio são recíprocos", muito embora elenque variadas outras importantes diferenças (DI PIETRO, 2017, p. 292-294).

voluntário de seu titular a outrem sem a perda do interesse direto em sua consecução, merece ser feita caso a caso, seja na esfera particular ou órbita estatal.

Com efeito, Celso Antônio Bandeira de Mello, ao tratar das terceirizações na seara pública, sustenta – repise-se – que "este rótulo abriga os mais distintos instrumentos jurídicos, já que se pode repassar a particulares atividades públicas por meio de concessão, permissão, delegação, contrato administrativo de obras, de prestação de serviços etc.".[239]

Por sua vez, Sergio Pinto Martins aduz, sob o olhar da antiga Lei de Licitações e Contratos Administrativos, que "a terceirização na Administração Pública é feita na forma de execução indireta de obras e serviços".[240] Já ao abordar, em seguida, a Lei Federal nº 8.987/1995, traz que ela "pode ser feita mediante concessão e permissão",[241] a que acresce a autorização de serviços públicos, ao examinar o artigo 21, inciso XII, da Constituição.[242]

A seu turno, Carolina Zancaner Zockun faz referência a variadas formas de terceirização pelo Poder Público. Em trechos de sua obra, pondera que a prática pode se dar mediante concessão, permissão e autorização de serviços públicos,[243] assim como por intermédio de convênio.[244] Ademais, particulariza a sua ocorrência no campo estatal expondo que "a atividade notarial e registral é atividade cuja terceirização (no sentido amplo que adotamos) é imprescindível, nos termos constitucionalmente assegurados".[245]

Em sentido parcialmente dissonante, Marcos Juruena Villela Souto circunscreve a terceirização na Administração a situações em que "transfere-se apenas a execução de atos materiais mas não a gestão do serviço, tal como ocorre na concessão".[246] Como passo natural seguinte a essa delimitação, indica ser a terceirização uma forma de desestatização, ao lado da privatização, da concessão e da permissão de serviços públicos e de outras formas de gestão associada.[247] São incluídos, nesta

---

[239] MELLO, Celso, 2021, p. 190.
[240] MARTINS, 2018, p. 207.
[241] MARTINS, 2018, p. 207.
[242] MARTINS, 2018, p. 210.
[243] ZOCKUN, Carolina, 2014, p. 182.
[244] ZOCKUN, Carolina, 2014, p. 54.
[245] ZOCKUN, Carolina, 2014, p. 59.
[246] SOUTO, 2001, p. 392.
[247] SOUTO, 2001, p. 30.

última categoria, as autorizações de serviços públicos, os contratos de gestão, os termos de parceria, os convênios e outros instrumentos.[248] Acolhendo orientação similar, Dora Maria de Oliveira Ramos reconhece que, tidas de forma ampla, as terceirizações abrangem concessões de serviços públicos e repasses de atividades públicas a organizações do Terceiro Setor. Todavia, entende por bem adotar uma "acepção restrita do termo, que alberga apenas a vinculação de terceiros à execução material da prestação de serviço".[249] Assim, a terceirização, tida nesse sentido mais reduzido, consistiria naquelas práticas em que não haveria a transferência da gestão do serviço.[250]

Importa mencionar que, à luz de doutrina francesa, a autora reparte a gestão dos serviços públicos em três diferentes níveis: a gestão estratégica, a gestão operacional e a execução material do serviço. A primeira diz respeito à concepção superior de sua prestação e à definição de seus objetivos – ou seja, ao poder de decisão inerente a questões maiores relacionadas à prestação do serviço público –, que se alocaria, invariavelmente, nas mãos do Poder Público como consectário inarredável da impossibilidade de repasse da titularidade do serviço público a particulares. Já a gestão operacional abrange atividades ordinárias de regulação e de otimização da prestação do serviço, de modo a assegurar a sua continuidade, a logística de sua operação e a busca pela sua realização sob uma melhor relação custo-benefício, dentre outros aspectos. Finalmente, a execução material do serviço concerne ao plano fático atinente à realização concreta da atividade, não abarcando as decisões de caráter operacional ou estratégico. É justamente neste último nível – o da execução material – que se situaria a terceirização,

---

[248] SOUTO, 2001, p. 517-541.

[249] Dora Maria de Oliveira Ramos assim leciona: "em sua acepção genérica, seria possível afirmar que todas as formas que delineiam a introdução de um terceiro, seja particular, ente público ou mesmo o que modernamente tem sido denominado de 'ente público não estatal', no desenvolvimento de uma atividade do Estado, constituem tipos de terceirização. Nessa acepção ampla, as concessões de serviço público precedidas ou não de obras públicas e as transferências a organizações sociais de atividades típicas de serviço público, hipóteses em que o Estado delega a gestão da atividade, poderiam genericamente ser denominadas de terceirização. Este trabalho, no entanto, circunscreve-se à acepção restrita do termo, que alberga apenas a vinculação de terceiros à execução material da prestação de serviço público. A terceirização na acepção restrita aqui adotada não implica a transferência da gestão do serviço público, mas apenas a sua execução material. A acepção ampla, que foge aos estreitos limites desta obra, traz ínsita a transferência da gestão operacional do serviço" (RAMOS, 2001, p. 55).

[250] Embora aborde o assunto com os olhos voltados para outra temática, Maurício Zockun apresenta compreensão no sentido de que a terceirização consistiria no singelo desempenho de atividades materiais por terceiros (ZOCKUN, Maurício, 2018, p. 53-54). Nesse toar, vê-se também: DI PIETRO, 2017, p. 47.

se considerada nessa reduzida dimensão. Nas concessões e nas permissões de serviços públicos, por exemplo, haveria, em conjunto com a sua execução material, a transferência de sua gestão operacional.[251] Ao sintetizar os dois sentidos comumente conferidos ao termo "terceirização" no âmbito da Administração Pública, José Roberto Pimenta Oliveira expõe:

> Em um *sentido amplo*, poderíamos equiparar *qualquer forma de parceria* à *terceirização*, no singelo mas vasto significado de que a atividade pública está sendo transferida para terceiros, particulares, que passam a exercê-la. Podem ser incluídos: os *convênios* com entes privados sem fins lucrativos (Lei 8.666/1993), a *concessão comum de serviços públicos* e a *permissão de serviços públicos* (Lei 8.987/1995), o *contrato de gestão* celebrado com organizações sociais (Lei 9.637/1998), o *termo de parceria* firmado com organizações da sociedade civil de interesse público (Lei 9.790/1999), a *parceria público-privada* (Lei 11.079/2004), a *franquia* postal (Lei 11.668/2008) etc.
>
> Assim, em seu *sentido amplo*, terceirização abrange toda e qualquer forma institucionalizada de transferência de atividades finalísticas e instrumentais do Poder Público para desempenho pelo setor privado (com ou sem finalidade lucrativa).
>
> [...]
>
> Ao mesmo tempo, como consequência natural da expansão do fenômeno pelo qual o Poder Público recorre ao setor privado, um *significado restrito da terceirização* na Administração Pública também ganhou força. Mas não eliminou a funcionalidade do primeiro. Restou para o segundo servir de conceito expressivo do uso do modelo contratual geral do contrato de prestação de serviços no âmbito da Administração Pública.
>
> Sob o *aspecto restrito*, a expressão alcança tão somente a transferência de execução de atividades de órgãos e entes da Administração Pública para terceiros (sujeitos privados), sob a forma de *contrato de prestação de serviços*, tal como está previsto no art. 37, XXI, da Constituição Federal.[252]

Ao que nos parece, os mencionados níveis de gestão deixam transparecer que a colaboração de terceiros na realização de desideratos

---

[251] Nesse caminhar, direciona-se sua multicitada obra: RAMOS, 2001, p. 118-121. Não destoa dessa orientação Maria Sylvia Zanella Di Pietro, malgrado denomine os três níveis de gestão de forma pontualmente diversa (gestão estratégica, gestão operacional e gestão material). Cabe registrar, ainda, que a última autora considera haver transferência da gestão operacional do serviço quando há a celebração de contratos de gestão com organizações sociais, pois, à semelhança das concessões, se direcionam à delegação de serviços públicos. DI PIETRO, 2017, p. 283-285; 322-323.

[252] OLIVEIRA, José, 2014, p. 412-415.

produtivos perseguidos pelo Poder Público pode assumir diferentes contornos. Havendo, inclusive, aparente afinidade com a classificação proposta por Alfredo Carlos Saad, nada impede que as terceirizações sejam diferenciadas entre si em função da extensão da autonomia gerencial concedida a quem se terceiriza, mesmo que venha a se considerar ilícita a sua perpetração no setor público quando o trespasse alcançar a gestão operacional ou estratégica da atividade.

Nessa senda, não há óbice apriorístico para se eleger uma parcela do fenômeno para fins que se entendam pertinentes a certo objeto ou a certo ângulo de estudo. Como exposto, a utilidade de certa classificação deve ser vista a partir dos objetivos perseguidos pela própria proposição. Ainda assim, sugere-se preciosa a ponderação de que um recorte eventualmente imposto ao tema não implica a redução de seu mais dilatado alcance conceitual.

Conforme vemos, traduz-se em terceirização na órbita estatal toda e qualquer transferência voluntariamente promovida pelo Estado a um terceiro de uma ou mais atribuições ligadas direta ou indiretamente ao desempenho de alguma função estatal,[253] desde que, com isso, não

---

[253] É conhecido o dissenso acerca do abarcamento das atividades que compõem o exercício das funções estatais. Aliás, até mesmo a sua abrangência, consideradas de forma una e, ainda, de cada uma delas, é objeto de importante controvérsia. Sem embargo, Celso Antônio Bandeira de Mello informa que "prevalece esmagadoramente na doutrina a afirmação de que há uma trilogia de funções no Estado: a legislativa, a administrativa (ou executiva) e a jurisdicional. Isto é certo, embora possam ser invocadas algumas raras, conquanto muito respeitáveis, vozes discrepantes e se possa também observar que determinados atos estatais parecem não se acomodar bem neste modelo" (MELLO, Celso, 2021, p. 27-28). Ademais, após discorrer sobre os critérios orgânico (ou subjetivo), material e formal, concebidos pela doutrina para identificar o cerne de cada uma das referidas funções, e depois de defender o critério formal e, finalmente, de apresentar a sua definição para as funções legislativa, administrativa e jurisdicional, acrescenta a elas a chamada função política ou de governo, compreendendo, dentre outros exemplos, a iniciativa de lei pelo Chefe do Poder Executivo, a sanção, o veto, a destituição de autoridades mediante *impeachment*, a declaração de estado de sítio e de defesa, a decretação de calamidade pública e a declaração de guerra (MELLO, Celso, 2021, p. 29-33). Quanto às atividades administrativas, o emérito professor explicita, em um segundo momento, as suas principais espécies, à luz de sua concepção: a prestação de serviços públicos, a que acrescenta, desde logo, a realização de obras públicas, a intervenção do Estado no domínio econômico e social, o cumprimento das normas legais que estabelecem as limitações administrativas à liberdade e à propriedade, servindo-lhe do *nomen iuris* "poder de polícia", a imposição das sanções decorrentes do cometimento de infrações administrativas, o sacrifício de direitos e a gestão de bens públicos (MELLO, Celso, 2021, p. 653-655). Com proposta classificatória diferente, Marcos Juruena Villela Souto sugere, em concordância à proposição de Diogo de Figueiredo Moreira Neto, a classificação das atividades administrativas em cinco grupos, assim sintetizados: "Poder de Polícia – limitação de atividades individuais em prol do interesse coletivo. Serviços Públicos – atendimento concreto de necessidades sociais (ex.: transportes, água, luz). Ordenamento Econômico – disciplina (e até substituição) das necessidades de produção circulação e consumo das riquezas. Ordenamento social – disciplina do desenvolvimento

haja a perda da correspondente competência pelo ente governamental que detenha a sua titularidade.[254]

Conquanto consistam em hipóteses extremas e flagrantemente inconstitucionais, é possível expor, ilustrativamente, que existe terceirização caso um Município transfira a atribuição de editar uma lei municipal a certa empresa, se um Tribunal de Justiça local repassar parte de suas atribuições jurisdicionais a uma entidade particular ou se a Administração seguir um caminho semelhante quanto a atividades que somente possam ser prestadas pelo Estado.

Para além desses improváveis exemplos, há algumas figuras jurídicas que, tipicamente, funcionam como canais comuns de terceirizações na seara estatal. O trespasse de atribuições ligadas a atividades materiais sob o regime da Lei de Licitações e Contratos Administrativos consiste em frequente maneira de terceirizar. Malgrado abarque a transferência da chamada gestão operacional do próprio serviço, também a concessão, a permissão e a autorização de serviços públicos constituem instrumentos munidos de finalidade terceirizante. Igualmente, os convênios administrativos e as diversas formas de parceria com o Terceiro Setor[255] são meios conhecidos de sua implementação,[256] ainda que venha a se pregar a sua ilicitude.[257]

---

social com sentido de amparo ao homem (ex.: fundações de amparo a menores e idosos). Fomento Público – colocação de instrumentos para o desenvolvimento econômico e progresso sociocultural (ex.: incentivos fiscais, subsídios, financiamentos)" (SOUTO, 2001, p. 03-04). Como é intuitivo, a depender da amplitude que se conceda às funções estatais, especialmente se consideradas de forma ampla, a terceirização na seara do Estado pode adquirir alcance de maior ou menor largueza. Sem prejuízo, não entendemos adequado sustentar que a terceirização no âmbito do Poder Público se limite, sob a ótica conceitual, a qualquer das funções estatais.

[254] Valemo-nos, mais uma vez, das preciosas lições de Celso Antônio Bandeira de Mello, "a competência pode ser conceituada como o círculo compreensivo de um plexo de deveres públicos a serem satisfeitos mediante o exercício de correlatos e demarcados poderes instrumentais, legalmente conferidos para a satisfação de interesses públicos" (MELLO, Celso, 2021, p. 127).

[255] José dos Santos Carvalho Filho traz que os instrumentos de parceria com o Terceiro Setor previstos nas Leis Federais nºs 9.637/1998, 9.790/1999 e 13.019/2014 – a saber, os contratos de gestão, os termos de parcerias, os termos de colaboração, os termos de fomento e os acordos de cooperação –, assumem natureza de convênio administrativo, pois não há contraposição de interesses entre as partes acordantes (CARVALHO FILHO, 2021, p. 334-335; 339; 343).

[256] Ressalte-se que, ao proferir o seu voto no julgamento da ADI nº 5.685 e defender a legitimidade das terceirizações de atividades-fim também no âmbito da Administração, o Ministro Gilmar Ferreira Mendes fez expressa menção ao precedente formado no julgamento da ADI nº 1.923, em que se declararam juridicamente viáveis as fórmulas terceirizantes previstas pela Lei Federal nº 9.637/1998, enquanto instrumentos de fomento.

[257] Traga-se, como exemplo, a posição de Carolina Zancaner Zockun, que entende serem ilícitos os trespasses dirigidos a entidades do Terceiro Setor de atividades públicas ligadas

Voltando-se à classificação proposta por Marcos Bernardes de Mello, os exemplos indicados, ressalvadas pontuais exceções,[258] são típicos negócios jurídicos bilaterais, na medida em que derivados de duas manifestações de vontade que, embora diferentes, apresentam-se recíprocas, concordantes e coincidentes quanto ao objeto aventado. O negócio jurídico terceirizante pode, porém, configurar-se plurilateral, como em certos convênios de que façam parte mais de dois entes públicos. Da mesma maneira, há terceirizações passíveis de identificação como negócios jurídicos unilaterais, porquanto oriundos de uma única manifestação de vontade.

Nesse diapasão, ressoa como típico negócio jurídico unilateral o fato terceirizante realizado mediante alteração unilateral de contrato administrativo que imponha à contratada o exercício de atribuição não inserida originalmente no escopo do concerto. Igualmente, a requisição de serviços pelo Estado consiste em ato idôneo a engendrar um negócio terceirizante de caráter unilateral, independentemente – reitere-se – de vir a ser considerado desconforme ao Direito por alguma razão.

Apesar de não ser tarefa possível desvendar todas as soluções terceirizantes permitidas ao Poder Público à luz do ordenamento posto, existem ao menos três figuras que, desde logo, merecem ser apartadas do fenômeno, pois, em que pese guardem alguma relação, com ele não se baralham. Trata-se da desconcentração, da descentralização e da privatização.

De acordo com Sílvio Luís Ferreira da Rocha, "a desconcentração é uma distribuição interna de competências; uma distribuição de competências dentro da mesma pessoa jurídica com o objetivo de descongestionar, tirar do centro um grande volume de atribuições".[259] Nesse toar, esclarece que os órgãos públicos representam, justamente,

---

à concretização dos direitos sociais previstos no artigo 6º, da Constituição mediante os instrumentos legais existentes de fomento (ZOCKUN, Carolina, 2014, p. 56).

[258] Cármen Lúcia Antunes Rocha informa que, no passado, controvertia-se sobre a natureza jurídica da concessão e, quanto à permissão de serviços públicos, prevalecia o entendimento de que dizia respeito a ato administrativo unilateral de caráter precário. No entanto, com o advento da Constituição de 1988, em razão do que consignado no seu artigo 175, parágrafo único, inciso I, e da Lei Federal nº 8.987/1995, pondera não mais ser possível negar a contratualidade das concessões e das permissões de serviços públicos. Já no que se refere à autorização de serviços públicos, a autora assevera tratar-se de ato unilateral (ROCHA, Cármen, 1996, p. 34-39; 147-151; 176). Em alinhamento, veem-se as lições de Maria Sylvia Di Pietro (2017, p. 167-174). Em sentido parcialmente diverso, Marcos Juruena Villela Souto defende o caráter contratual das concessões, mas atribui às permissões de serviços públicos a natureza de ato administrativo unilateral, qualidade esta também declarada às autorizações de serviços públicos (SOUTO, 2001, p. 150-155).

[259] ROCHA, Sílvio, 2006, p. 55.

essa distribuição interna de competências em unidades pelas quais o Estado atua diretamente.[260] Restam, portanto, inconfundíveis a terceirização e a desconcentração, haja vista que, nesta última hipótese, sequer há a externalização de uma atividade; é o próprio ente público que executa a tarefa por uma de suas divisões internas. Como explicita Alécia Paolucci Nogueira Bicalho, o processo de distribuição de atribuições administrativas, neste caso, "ocorre necessariamente nos limites da própria pessoa jurídica, do ente que efetiva a desconcentração de atribuições no âmbito de sua própria estrutura interna".[261]

O mesmo deve ser reconhecido em relação à descentralização. Nas palavras de Celso Antônio Bandeira de Mello, "a descentralização pressupõe pessoas jurídicas diversas: aquela que originalmente tem ou teria titulação sobre certa atividade e aqueloutra ou aqueloutras às quais foi atribuído o desempenho das atividades em causa".[262] Nesse caso, verifica-se a realocação do mister estatal em pessoa distinta do ente federativo, ou seja, em um organismo que lhe seja externo.[263]

A descentralização difere, portanto, da terceirização, na medida em que "ao conjunto de pessoas jurídicas que não integram a Administração direta [...] a lei atribui titularidade e o exercício de funções administrativas".[264] Embora haja uma transferência de atribuições ligadas a certo escopo produtivo de seu antigo titular, este perde a sua titularidade e, por conseguinte, a competência para a sua consecução, restando desacolhido pelos perímetros conceituais da terceirização.[265]

---

[260] ROCHA, Sílvio, 2006, p. 55.
[261] BICALHO, 2019, p. 25.
[262] MELLO, Celso, 2021, p. 133.
[263] BICALHO, 2019, p. 25.
[264] ROCHA, Sílvio, 2006, p. 58.
[265] Devem ser ressaltadas, porém, as ponderações de Maria Sylvia Zanella Di Pietro, que prediz, sob a classificação por ela proposta, a existência inicial de duas faces quanto ao fenômeno da descentralização: a descentralização política e a descentralização administrativa. Segundo a autora, a primeira refere-se à organização do Estado, contrapondo as formas unitária e federal de Estado; apenas neste caso, há descentralização política. Já a descentralização administrativa, que pode ocorrer nos Estados unitário ou federal, guarda relação com o modo de exercício das atividades pertinentes à Administração Pública, podendo se dar de maneira direta, por meio de seus órgãos, ou indireta, mediante a transferência de atribuições a outras pessoas. Neste campo, sustenta que a descentralização se manifesta sob três possíveis modalidades. A descentralização territorial ou geográfica "é a que se verifica quando uma entidade local, geograficamente delimitada, é dotada de personalidade jurídica própria, de direito público, com capacidade administrativa genérica" e encontra previsão no ordenamento jurídico brasileiro na figura dos territórios federais, aos quais se atribui personalidade jurídica, mas não se confere autonomia. Já a descentralização por serviços, técnica ou funcional "é a que se verifica quando o poder público (União, Estados

Finalmente, vê-se que a terceirização não coincide com a noção de privatização, seja em seu sentido amplo ou naquele mais restrito. Segundo Dora Maria de Oliveira Ramos, em uma acepção ampla atribuída ao termo, a privatização engloba todo o conjunto de medidas destinadas a reduzir a influência do Estado na economia. Alcança, pois, a venda de ativos do Estado, a desregulamentação, a minoração da intervenção do Estado no domínio econômico (inclusive, com a flexibilização das relações trabalhistas e com a extinção de monopólios), a concessão, a permissão e a autorização de serviços públicos e, ainda, a terceirização.[266]

Nessa esteira, não se pode misturar a ideia de terceirização com a noção de privatização nessa intelecção mais ampliada. Na linha do que esclarece Maria Sylvia Zanella Di Pietro, "a terceirização constitui uma das formas de privatização (em sentido amplo) de que vem se socorrendo a Administração Pública".[267] Desse modo, ajusta-se, nessa acepção, apenas a uma fração das soluções privatizantes à disposição do Estado.

---

ou Municípios) cria uma pessoa jurídica de direito público ou privado e a ela atribui a titularidade e a execução de determinado serviço público. No Brasil, essa criação somente pode dar-se por meio de lei e corresponde, basicamente, à figura da autarquia, mas abrange também as fundações governamentais, sociedades de economia mista e empresas públicas, que exerçam serviços públicos". Finalmente, a descentralização por colaboração "é a que se verifica quando, por meio de acordo de vontades ou ato administrativo unilateral, se transfere a execução de determinado serviço público a pessoa jurídica de direito privado previamente existente, conservando o poder público a titularidade do serviço". Vale pontuar que, entre a descentralização por serviços, técnica ou funcional e a descentralização por colaboração, registra-se uma importante diferença: na primeira, "o ente descentralizado passa a deter a titularidade e a execução do serviço; em consequência, ele desempenha o serviço com independência em relação à pessoa que lhe deu vida"; na segunda, "se atribui a uma pessoa de direito privado a execução de serviço público, conservando o poder concedente a sua titularidade" (DI PIETRO, 2017, p. 53-62). A descentralização a que o presente trabalho faz referência diz respeito à segunda das três modalidades de terceirização administrativa indicadas, qual seja, a descentralização por serviços, técnica ou funcional.

[266] Ainda de acordo com Dora Maria de Oliveira Ramos, a privatização em sentido amplo teria uma conotação formal e outra material: "a primeira envolve a utilização por parte dos poderes públicos dos mecanismos do sistema jurídico de caráter privado para o desenvolvimento de sua atividade, sem que ocorra uma troca da sua titularidade. É a adoção pelo Poder Público de mecanismos empresariais privados, configurando o que tem sido chamado, na Espanha, de 'fuga do direito administrativo pela Administração'. Essa fuga opera-se mediante a atuação do Poder Público por meio de formas organizativas de direito privado: empresas públicas e sociedades de economia mista e sob regulação do ordenamento jurídico privado, o que acontece no direito brasileiro nos termos do artigo 173, § 1º, II, da Constituição Federal, quando o Estado exerce atividade econômica. Na privatização material, há a transferência de uma atividade pública para o setor privado envolvendo situações em que a atividade, sem perder seu caráter de serviço público, passa a ser operada pelo particular, como nas concessões e na transferência do controle acionário de empresas estatais" (RAMOS, 2001, p. 40-41).

[267] DI PIETRO, 2017, p. 265.

Já sob a sua concepção restrita, que, conforme noticia Dora Maria de Oliveira Ramos, foi adotada pelo direito positivo brasileiro,[268] a "privatização pode ser entendida exclusivamente como a venda de ativos do Estado".[269] Consiste, pois, ao lado da terceirização, em uma forma de desestatização,[270] considerada esta como o "conjunto das variadas formas adotadas para transferir à iniciativa privada atividades antes exercidas pelo Estado".[271]

Em alinhamento a essa compreensão, Marcos Juruena Villela Souto corrobora corresponder a desestatização à "retirada da presença do Estado de atividades reservadas constitucionalmente à iniciativa privada [...] ou de setores em que ela possa atuar com maior eficiência".[272] Ademais, posiciona a privatização e a terceirização como diferentes instrumentos de desestatização.[273]

Realmente, há de se perceber cuidar-se de noções diversas, ainda que se confira ao vocábulo "privatização" essa significação abreviada. Embora tenham como ponto em comum serem formas de desestatização, a terceirização enseja uma transferência de atribuições relativas a certo processo produtivo cuja competência se mantém sob o guarda-chuva de seu titular, enquanto na privatização, em seu sentido estrito, há a alienação de direitos por meio da venda de ativos, de modo a tornar privado algo que, anteriormente, não o era.[274]

---

[268] BRASIL. Lei nº 8.031/1990, artigo 2º, § 1º: "Considera-se privatização a alienação, pela União, de direitos que lhe assegurem, diretamente ou através de outras controladas, preponderância nas deliberações sociais e o poder de eleger a maioria dos administradores da sociedade".

[269] RAMOS, 2001, p. 41.

[270] Carlos Pinto Coelho Motta argumenta ser possível "definir a ação de privatização como a transferência ou alienação para a iniciativa privada, não apenas da execução de um serviço ou obra pública, mas da própria empresa estatal que o executa, ou de seu controle acionário. O controle mais estrito de privatização tem a ver com a propriedade da empresa ou de seu controle deliberativo [...]. Observe-se que, na concepção oficial expressa pela referida lei, a desestatização é gênero, do qual seria espécie a figura extra-oficial da privatização" (MOTTA, 2011, p. 26-28).

[271] RAMOS, 2001, p. 42.

[272] SOUTO, 2001, p. 30.

[273] Cabe salientar que o autor exclui da abrangência relativa à terceirização, além de outras figuras jurídicas, as concessões, as permissões e as autorizações de serviços públicos e as diversas formas de parceria firmadas com entidades do Terceiro Setor, colocando-os lado a lado como formas de desestatização.

[274] De forma didática, José dos Santos Carvalho Filho pontua a diferença existente entre desestatização e privatização. Segundo ele, "'desestatizar' significa retirar o Estado de certo setor de atividades, ao passo que 'privatizar' indica tornar algo privado, converter algo em privado". Ressalta, entretanto, que "a privatização, assim, não seria da atividade ou serviço, mas sim do executor da atividade ou serviços" (CARVALHO FILHO, 2021, p. 327).

2.5 Evolução normativo-jurisprudencial

Tendo em vista a sua dimensão conceitual, não se afigura tarefa simples indicar qual foi a primeira lei brasileira que tratou, em alguma medida, do tema das terceirizações. A realidade é que, no Código Civil de 1916, se encontravam regramentos bastante detalhados a respeito de certas figuras contratuais – como os contratos de empreitada e de prestação de serviços – que consistem, em razão de seu objeto, em comuns veículos de soluções terceirizantes. Vê-se, também, que a Consolidação das Leis do Trabalho – CLT, promulgada em 1943, trazia, em sua redação original, dispositivos que dispunham especificamente sobre responsabilidade trabalhista aplicada a terceirizações implementadas mediante subempreitada.[275]

No que toca à legislação pertinente ao setor público, após a independência do Brasil, logo adveio a Lei de 29 de agosto 1828, assinada por D. Pedro I, que autorizou o Estado a contratar particulares para erigir obras públicas. Editados na primeira metade do século passado, percebem-se o Decreto Federal nº 24.643/1934, correspondente ao Código de Águas atualmente em vigor, e a própria Constituição de 1934, que abordaram aspectos relativos à concessão de serviços públicos.

Não obstante a existência desses e de outros diplomas jurídicos antes presentes no ordenamento, é correto afirmar que foi a partir dos anos 1960 que a terceirização passou a ganhar maior destaque no cenário normativo nacional,[276] muito embora as leis que eclodiram desde então tenham, em geral, concernido, igualmente, apenas a parcelas do fenômeno.

Nesse contexto, sobressai-se, primeiramente, a Lei Federal nº 4.594/1964, que dispôs ser obrigatória a venda de seguros por corretores autorizados, que, ao mesmo tempo, tornaram-se impedidos de ser sócios, administradores, procuradores, despachantes ou empregados de empresas de seguros (v. artigos 1º e 17). Na sequência, sobreveio a Lei Federal nº 4.886/1965, que, regulamentando a profissão de representante comercial autônomo, deixou transparente a possibilidade de que empresas terceirizassem a atividade de negociação comercial a

---

[275] Artigo 455 da CLT: "Nos contratos de subempreitada responderá o subempreiteiro pelas obrigações derivadas do contrato de trabalho que celebrar, cabendo, todavia, aos empregados, o direito de reclamação contra o empreiteiro principal pelo inadimplemento daquelas obrigações por parte do primeiro. Parágrafo único. Ao empreiteiro principal fica ressalvada, nos termos da lei civil, ação regressiva contra o subempreiteiro e a retenção de importâncias a este devidas, para a garantia das obrigações previstas neste artigo" (BRASIL. Decreto-Lei nº 5.452, de 1º de maio de 1943).
[276] DELGADO, p. 551.

outras pessoas jurídicas, bem como a pessoas físicas não alcançadas pelos seus quadros de pessoal (v. artigo 1º). No segmento bancário, por sua vez, o Decreto-Lei nº 1.034/1969 consignou a licitude da contratação de empresas especializadas para a prestação de serviços de vigilância (v. artigo 4º), o que foi, em um segundo momento, renovado pela Lei Federal nº 7.102/1983, e, após a vinda da Lei Federal nº 8.863/1994, estendido a outros setores da economia (v. artigos 3º e 10). Ademais, foi sancionada a Lei Federal nº 5.764/1971, que tratou das cooperativas, inclusive de trabalho, e, assim, de aspectos relacionados a terceirizações envolvendo essas sociedades.

Foi, no entanto, ao campo estatal que se dirigiu a normativa editada nesse período que é tida como a mais importante para a evolução jurisprudencial da matéria. Espelhando-se na realidade empresarial e ante a necessidade de conter o crescimento da máquina pública,[277] o Decreto-Lei nº 200/1967, em seu artigo 10, § 7º, estabeleceu como diretriz a ser seguida pela Administração Pública federal a contratação da iniciativa privada para a efetivação de certas tarefas. Com a chegada da Lei Federal nº 5.645/1970, essa predileção restou especificamente direcionada a "atividades relacionadas com transporte, conservação, custódia, operação de elevadores, limpeza e outras assemelhadas".[278]

Há, também, especial relevância no teor do Decreto Federal nº 74.448/1974, que encontrou vigência até o início da década de 1990, quando foi revogado pelo Decreto de 10 de maio de 1991. Segundo aquele, restou determinado, em seu artigo 15, incisos I e II, que, com exceção das referidas atividades mencionadas pela Lei Federal nº 5.645/1970, estava proibida a contratação de serviços externos para desempenhar atividades inerentes às categorias constantes dos quadros funcionais no âmbito federal. Foi com base nele que, em 1978, o Tribunal de Contas da União editou a sua Súmula nº 97, pela qual assentou que, como regra, "não se admite [...] a utilização de serviços de pessoal, mediante convênios, contratos ou outros instrumentos [...] para o desempenho de atividades inerentes às categorias funcionais abrangidas pelo referido Plano".[279]

---

[277] Até a Constituição de 1988, a exigência do concurso público adstringia-se ao provimento de cargos públicos, não alcançando, assim, os empregos públicos e aqueles pertinentes às empresas estatais. Essa realidade jurídica, por sua vez, acabou por possibilitar um crescimento desordenado da máquina administrativa, o que foi, então, objeto de enfrentamento com a edição do Decreto-Lei nº 200/1967 e, após, da Lei Federal nº 5.645/1970.

[278] BRASIL. Lei nº 5.645, de 10 de dezembro de 1970.

[279] BRASIL. Tribunal de Contas da União. Súmula nº 97.

Cabe ressaltar, malgrado não guarde vínculo com o fenômeno da terceirização – mas, sim, com o da intermediação de mão de obra –, a promulgação do Decreto Federal nº 62.756/1968, que tratou das atividades das chamadas "agências de colocação". Houve, ainda, a edição da Lei Federal nº 6.019/1974, que, em sua gênese, cuidava apenas da disponibilização de mão de obra sob o regime de trabalho temporário.

Interpretando, pois, o ordenamento existente, o Tribunal Superior do Trabalho sedimentou, em 1986, um primeiro posicionamento a respeito das terceirizações. Com incontida largueza, o TST fez constar de sua Súmula nº 256 os limites à terceirização que, naquele momento, considerava ajustados à ordem jurídica:

> CONTRATO DE PRESTAÇÃO DE SERVIÇOS. LEGALIDADE. Salvo os casos de trabalho temporário e de serviço de vigilância, previstos nas Leis nºs 6.019, de 03.01.1974, e 7.102, de 20.06.1983, é ilegal a contratação de trabalhadores por empresa interposta, formando-se o vínculo empregatício diretamente com o tomador dos serviços.[280]

Meses após a sua publicação, foi editado o Decreto-Lei nº 2.300/1986, que, revogando diferentes leis, ocupou a posição de diploma principal no tema de licitações e contratos administrativos. Por conseguinte, passou a reger parte relevante do fenômeno terceirizante oriundo do Poder Público, o que se estendeu até 1993, quando foi promulgada a Lei Federal nº 8.666/1993. Esta, a seu turno, foi sucedida pela Lei Federal nº 14.133/2021, destinada a ser a atual Lei de Licitações e Contratos Administrativos.

Assinale-se que, contrapondo-se aos anunciados efeitos provenientes da Súmula nº 256 sobre as contratações feitas no âmbito do Estado, entendeu-se por bem à época, por intermédio do Decreto-Lei nº 2.348/1987, inserir um parágrafo adicional ao artigo 61 do Decreto-Lei nº 2.300/1986. À luz do novo comando legal, buscou-se assegurar que, inclusive quanto aos encargos trabalhistas, "a inadimplência do contratado [...] não transfere à Administração Pública a responsabilidade de seu pagamento".[281]

Diga-se, desde logo, que essa prescrição restou acolhida pelo artigo 71, § 1º, da Lei Federal nº 8.666/1993, declarado constitucional pelo Supremo Tribunal Federal em 2010, em razão do julgamento da ADC nº 16, ratificada quando do exame do RE nº 760.931. Posteriormente,

---

[280] BRASIL. Tribunal Superior do Trabalho. Súmula nº 256.
[281] BRASIL. Decreto-Lei nº 2.300, de 21 de novembro de 1986.

foi reproduzida, com singelas modificações de conteúdo, no artigo 42, inciso XX, da Lei Federal nº 13.019/2014, no artigo 77, § 1º, da Lei Federal nº 13.303/2016 e, mais recentemente, no artigo 121, §§ 1º e 2º, da Lei Federal nº 14.133/2021.

Ocorre que, com o passar do tempo, foi sendo consolidada a percepção de que o teor da Súmula nº 256 inconvenientemente não comportava exceções além daquelas expressa e, a partir de sua literalidade, taxativamente previstas. Sequer as hipóteses de terceirização lastreadas no Decreto-Lei nº 200/1967 e na Lei Federal nº 5.645/1970 encontravam espaço na letra fria do seu enunciado, "o que comprometia a sua absorção pela comunidade jurídica".[282] Ademais, a Constituição de 1988, ao instituir a necessidade de prévia aprovação em concurso público para a investidura em cargo ou emprego público, tornou inapropriada a aplicação do trecho final da súmula à esfera estatal. Ainda, era oportuno integrar ao verbete a jurisprudência formada quanto aos efeitos decorrentes da terceirização sob a ótica trabalhista.

Por essas razões, a Súmula nº 256 foi, então, cancelada pelo TST, dando lugar à multicitada Súmula nº 331, mais minuciosa e condizente com a realidade jurídica existente, cuja redação original assim dispôs:

CONTRATO DE PRESTAÇÃO DE SERVIÇOS. LEGALIDADE.

I – A contratação de trabalhadores por empresa interposta é ilegal, formando-se o vínculo diretamente com o tomador dos serviços, salvo no caso de trabalho temporário (Lei nº 6.019, de 03.01.1974).

II – A contratação irregular de trabalhador, através de empresa interposta, não gera vínculo de emprego com os órgãos da Administração Pública Direta, Indireta ou Fundacional (art. 37, II, da Constituição da República).

III – Não forma vínculo de emprego com o tomador a contratação de serviços de vigilância (Lei nº 7.102, de 20.06.1983), de conservação e limpeza, bem como a de serviços especializados ligados à atividade-meio do tomador, desde que inexistentes a pessoalidade e a subordinação direta.

IV – O inadimplemento das obrigações trabalhistas, por parte do empregador, implica na responsabilidade subsidiária do tomador dos serviços, quanto àquelas obrigações, desde que hajam participado da relação processual e constem também do título executivo judicial.[283]

---

[282] DELGADO, 2020, p. 569.
[283] BRASIL. Tribunal Superior do Trabalho. Súmula nº 331.

Sob a lupa da controvérsia instaurada em razão da oposição de sentidos entre o disposto na Súmula nº 331 e o teor do artigo 71, § 1º, da Lei Federal nº 8.666/1993, o Tribunal Superior do Trabalho decidiu, no ano 2000, alterar o texto do inciso IV da Súmula nº 331 para nele registrar a plena aplicabilidade do seu conteúdo, tal como anteriormente concebido, aos entes integrantes da Administração Pública:

CONTRATO DE PRESTAÇÃO DE SERVIÇOS. LEGALIDADE.

[...]

IV – O inadimplemento das obrigações trabalhistas, por parte do empregador, implica a responsabilidade subsidiária do tomador dos serviços, quanto àquelas obrigações, inclusive quanto aos órgãos da administração direta, das autarquias, das fundações públicas, das empresas públicas e das sociedades de economia mista, desde que hajam participado da relação processual e constem também do título executivo judicial (art. 71 da Lei nº 8.666, de 21.06.1993).[284]

Já após o Supremo Tribunal Federal apreciar a ADC nº 16 – em que se declarou a constitucionalidade do mencionado dispositivo legal –, restou novamente modificada e, então, constituída a escrita que, desde 2011, permanece até os dias atuais. Com uma singela alteração posterior feita no inciso II e com um acréscimo de substância, proposto em seu novo inciso VI, a Súmula nº 331 passou a concentrar os seguintes entendimentos:

CONTRATO DE PRESTAÇÃO DE SERVIÇOS. LEGALIDADE.

I – A contratação de trabalhadores por empresa interposta é ilegal, formando-se o vínculo diretamente com o tomador dos serviços, salvo no caso de trabalho temporário (Lei nº 6.019, de 03.01.1974).

II – A contratação irregular de trabalhador, mediante empresa interposta, não gera vínculo de emprego com os órgãos da Administração Pública direta, indireta ou fundacional (art. 37, II, da CF/1988).

III – Não forma vínculo de emprego com o tomador a contratação de serviços de vigilância (Lei nº 7.102, de 20.06.1983) e de conservação e limpeza, bem como a de serviços especializados ligados à atividade-meio do tomador, desde que inexistente a pessoalidade e a subordinação direta.

IV – O inadimplemento das obrigações trabalhistas, por parte do empregador, implica a responsabilidade subsidiária do tomador dos serviços quanto àquelas obrigações, desde que haja participado da relação processual e conste também do título executivo judicial.

---

[284] BRASIL. Tribunal Superior do Trabalho. Súmula nº 331.

V – Os entes integrantes da Administração Pública direta e indireta respondem subsidiariamente, nas mesmas condições do item IV, caso evidenciada a sua conduta culposa no cumprimento das obrigações da Lei nº 8.666, de 21.06.1993, especialmente na fiscalização do cumprimento das obrigações contratuais e legais da prestadora de serviço como empregadora. A aludida responsabilidade não decorre de mero inadimplemento das obrigações trabalhistas assumidas pela empresa regularmente contratada.

VI – A responsabilidade subsidiária do tomador de serviços abrange todas as verbas decorrentes da condenação referentes ao período da prestação laboral.[285]

Em paralelo às discussões que permearam as alterações da Súmula nº 331, do TST, a legislação nacional persistiu sofrendo pontuais modificações que tangenciaram, cada uma a seu modo, o debate concernente aos limites, aos efeitos e a outros aspectos relacionados ao fenômeno terceirizante.

Nessa esteira, a normativa atinente às cooperativas recebeu importante aditamento com a Lei Federal nº 8.949/1994. Com a inclusão de um parágrafo único ao artigo 442 da CLT, definiu-se que "qualquer que seja o ramo de atividade da sociedade cooperativa, não existe vínculo empregatício entre ela e seus associados, nem entre estes e os tomadores de serviços daquela".[286][287] Posteriormente, novas disposições sobre a matéria foram trazidas pela Lei Federal nº 12.690/2012.

Com frequência correlacionados ao tema, também os contratos de franquia (ou *franchising*[288]) foram objeto de atenção pelo legislador: primeiramente, com a publicação da Lei Federal nº 8.955/1995, que, posteriormente, foi substituída pela Lei Federal nº 13.966/2019, consistente no principal diploma legal que hoje aborda o assunto. Assinale-se, ainda, a sobrevinda da autorização constante da Lei Federal nº 11.668/2008 para a celebração de contratos de franquia postal pela Empresa Brasileira de Correios e Telégrafos – ECT.

---

[285] BRASIL. Tribunal Superior do Trabalho. Súmula nº 331.
[286] BRASIL. Decreto-Lei nº 5.452, de 1º de maio de 1943.
[287] Pontue-se que, até a edição da Lei Federal nº 8.949/1994, dispunha sobre o tema o artigo 90 da Lei Federal nº 5.764/1971, nos seguintes termos: "Qualquer que seja o tipo de cooperativa, não existe vínculo empregatício entre ela e seus associados" (BRASIL. Lei nº 5.764, de 16 de dezembro de 1971). Consoante expõe Dora Maria de Oliveira Ramos ao referir-se à introdução legislativa trazida pela Lei Federal nº 8.949/1994, "a novidade circunscreve-se, pois, a garantir ao tomador do serviço a não-formação do vínculo" (RAMOS, 2001, p. 84).
[288] Sergio Pinto Martins registra: "o *franchising* é uma forma de terceirizar serviços, ou procurar distribuir a comercialização ou serviços do franqueador por intermédio de uma terceira pessoa" (MARTINS, 2018, p. 100).

Cabe menção, igualmente, à Lei Federal nº 11.196/2005, que legitimou a prestação de serviços de caráter intelectual, inclusive os de natureza científica, artística ou cultural, por pessoas jurídicas, com a sujeição do vínculo contatual formado apenas à legislação pertinente às pessoas jurídicas (v. artigo 129). A seu turno, a Lei Federal nº 11.442/2007 autorizou a contratação de pessoa física ou jurídica para prestar serviços de transporte rodoviário de carga, sem, contudo, distinguir as terceirizações de atividades-meio daquelas alcançadas pela noção de atividades-fim. Além disso, consignou, em seu artigo 5º, que as relações derivadas da celebração dos referidos contratos "são sempre de natureza comercial, não ensejando, em nenhuma hipótese, a caracterização de vínculo de emprego".[289] Ambas as normativas foram tidas por constitucionais pelo STF quando do exame, no que toca à primeira, da ADC nº 66 e, quanto à segunda, da ADI nº 3.961 e da ADC nº 48.

Ademais, o ordenamento pátrio concedeu abrigo às Leis Federais nºs 8.987/1995 e 9.074/1995, que, dentre outros aspectos, estabeleceram conformação básica ao regime jurídico das concessões e permissões de serviços públicos. Pouco tempo depois, sobreveio o Decreto Federal nº 2.271/1997, que, dispondo-se a regulamentar o artigo 10, § 7º, do Decreto-Lei nº 200/1967, estipulou normas para a contratação de terceiros para o desempenho de certas atividades materiais na órbita da Administração Pública federal. Em 2004, foi editada a Lei Federal nº 11.079/2004, que fixou contornos jurídicos específicos para as chamadas concessões especiais de serviços públicos, as parcerias público-privadas.[290]

No que se refere ao regime das concessões de serviços públicos, merece ser sublinhado o disposto no artigo 25, § 1º, da Lei Federal nº 8.987/1995, que permitiu a terceirização de atividades inerentes às concessões pelas empresas concessionárias e que foi, posteriormente, declarado constitucional pelo STF, quando da análise das ADCs nºs 26 e 57. Saliente-se, outrossim, que foi incluída autorização com conteúdo similar no artigo 94, inciso II, da Lei Federal nº 9.472/1997, ao tratar especificamente das concessões de serviços de telecomunicações.

Já na década de 1990, foram publicadas as Leis Federais nºs 9.637/1998 e 9.790/1999, criando bases para que, mediante fomento,

---

[289] BRASIL. Lei nº 11.442, de 5 de janeiro de 2007.
[290] Sobre o tema das delegações de serviços públicos, outras legislações advieram no período, como, por exemplo, a Lei Federal nº 8.630/1993, relativa ao setor portuário (substituída pela Lei Federal nº 12.815/2013), a Lei Federal nº 9.427/1996, referente ao setor elétrico, a Lei Federal nº 9.472/1997, concernente ao setor de telecomunicações, e a Lei Federal nº 10.233/2001, atinente ao setor de transportes aquaviários e terrestres.

a Administração terceirizasse atividades valendo-se de contratos de gestão e de termos de parceria com entidades particulares sem fins lucrativos. Mais tarde, esse sistema normativo de parcerias foi, então, complementado pela Lei Federal nº 13.019/2014, que tornou possíveis a celebração de outras modalidades de parcerias com a iniciativa privada e, como efeito, a adoção de novos caminhos terceirizantes na seara estatal. Ressalta-se, nesse contexto, a apreciação da ADI nº 1.923, em que o STF considerou "constitucional a prestação de serviços públicos não exclusivos por organizações sociais em parceria com o poder previstas na Lei n. 9.637/1998, o que na prática permite a terceirização de serviço público de saúde, educação, cultura, ciência e tecnologia e meio ambiente".[291]

Compõem, ainda, o quadro das normas mais relevantes que, em algum ponto, abordaram o tema a Lei Complementar Federal nº 101/2000 e a Lei Federal nº 11.107/2005. A primeira, correspondente à Lei de Responsabilidade Fiscal, previu, em seu artigo 18, § 1º, que "os valores dos contratos de terceirização de mão-de-obra que se referem à substituição de servidores e empregados públicos serão contabilizados como 'Outras Despesas de Pessoal'",[292] para os fins indicados no próprio diploma legal. Na segunda, assegurou-se aos consórcios públicos a possibilidade de "firmar convênios, contratos, acordos de qualquer natureza" e de "ser contratado(s) pela administração direta ou indireta dos entes da Federação consorciados".[293]

Com inequívoco destaque para a matéria, advieram as Leis Federais nºs 13.429/2017 e 13.467/2017, impondo alterações à Lei Federal nº 6.019/1974. Na contramão das disposições constantes da Súmula nº 331, a "Reforma Trabalhista" abraçou a viabilidade das terceirizações de atividades-fim, o que foi declarado constitucional pelo STF no julgamento da ADI nº 5.685 (e de outras quatro ADIs), na linha das decisões proferidas em razão da aferição do RE nº 958.252 e da ADPF nº 324. No que toca ao fenômeno da intermediação de mão de obra, ocorreram importantes alterações no próprio regime de trabalho temporário, antes tratado pela Lei Federal nº 6.019/1974 em caráter exclusivo.

Finalmente, têm importância para o debate as inovações trazidas pelo Decreto Federal nº 9.507/2018, que, em substituição ao antigo Decreto Federal nº 2.271/1997, passou a regulamentar o artigo 10, § 7º,

---

[291] MACHADO, 2018, p. 118-119.
[292] BRASIL. Lei Complementar nº 101, de 4 de maio de 2000.
[293] BRASIL. Lei nº 11.107, de 6 de abril de 2005.

do Decreto-Lei nº 200/1967 e, de acordo com o seu preâmbulo, a Lei Federal nº 8.666/1993. Também guarda relevância central a nova Lei de Licitações e Contratos Administrativos – a Lei Federal nº 14.133/2021 –, devendo-se realçar a inclusão, em seu artigo 48, de regramento constante do revogado Decreto Federal nº 2.271/1997, no sentido de ser possível terceirizar "atividades materiais acessórias, instrumentais ou complementares aos assuntos que constituam área de competência legal do órgão ou da entidade".[294] Outrossim, foi explicitamente autorizada, em seu artigo 122, a terceirização do objeto do ajuste pela contratada, que "poderá subcontratar partes da obra, do serviço ou do fornecimento até o limite autorizado, em cada caso, pela Administração".[295]

---

[294] BRASIL. Lei nº 14.133, de 1º de abril de 2021.
[295] BRASIL. Lei nº 14.133, de 1º de abril de 2021.

CAPÍTULO 3

TERCEIRIZAÇÃO NA ADMINISTRAÇÃO PÚBLICA, REFORMA TRABALHISTA E AS ATIVIDADES-FIM

Em rigor, a opção terceirizante à disposição do titular de certo processo de produção aloca-se como alternativa única ao uso de recursos próprios para a realização de atividade que entenda ser necessária ou conveniente à perseguição do desiderato produtivo. Seja sob um olhar jurídico ou sob um ponto de vista fático, a identificação da impossibilidade ou, então, da obrigatoriedade de adoção de uma das duas medidas tem o condão de interferir decisivamente na avaliação quanto à implementação da solução contrária. Isso, naturalmente, caso não se resolva pela não efetivação da atividade aventada.

Sabe-se, por outro lado, que o posicionamento majoritário da doutrina trabalhista e a jurisprudência emanada da Justiça Laboral assentaram, historicamente, uma intelecção de cunho restritivo quanto à licitude das terceirizações. Sob a pressuposição de que a precarização das condições de trabalho é imanente à realidade terceirizante, restou certificado que certa parcela do fenômeno – precisamente, as terceirizações de atividades-fim – se situava à margem do Direito.

Essa visão proibitiva externada na esfera trabalhista atuou por longo período como fio condutor do entendimento dominante sobre a matéria e foi perfilhada por estudiosos e aplicadores do Direito em seus mais diversos campos, inclusive no Direito Administrativo. Como consequência lógica, foi assumido como compreensão prevalecente que o Poder Público deveria empregar o labor de seus servidores para o desempenho dessas atividades, pois a alternativa oposta não lhe estaria franqueada.

Impende atentar que a mácula da ilicitude coimada por essa concepção originária da seara juslaboral sempre teve como foco principal, coerentemente,[296] o enfrentamento das consequências suscitadas sob a ótica do trabalhador. Aliás, quando deduzidas em juízo, a maior parte das pretensões voltadas à caracterização de terceirizações como práticas ilícitas sempre visou ao recebimento de indenizações por alegados prejuízos suportados por trabalhadores, ainda que em dimensão coletiva;[297] ou seja, tinha, em geral, o objetivo de imputar ao negócio terceirizante a qualidade de ilícito com efeitos indenizativos e de forma especificamente pertinente a vínculos laborais. Já uma reflexão centrada em sua eventual eficácia invalidante e no potencial desfazimento do negócio jurídico que estaria, por igual razão, desajustado ao Direito restou relegada a uma posição secundária, de diminuta importância concreta, ao menos no que toca às terceirizações havidas no campo particular.[298]

O efeito prático dessa constatação para a iniciativa privada não foi outro senão o surgimento de um risco adicional, de caráter principalmente jurídico-financeiro, a ser medido no momento da deliberação entre as alternativas "fazer ou comprar". Em outros termos, tornou-se recomendável ao titular do processo de produção, previamente à celebração do negócio terceirizante, considerar a eventualidade de vir a suportar um ônus pecuniário que, não avençado originalmente, provenha de decisão da Justiça do Trabalho.

Na esfera estatal, os riscos inerentes a uma terceirização passível de caracterização como ilícita em virtude da aplicação dessa compreensão restritiva não se adstringiam a aspectos de natureza financeira. À luz das normas que regem a Administração Pública, da identificação dos interesses por ela perseguidos como públicos e, portanto, indisponíveis e da existência de um controle mais intenso sobre os atos praticados nessa seara, adquiriu lugar de destaque a possibilidade, em tese, de que fosse retirado do campo da validade o negócio terceirizante, se

---

[296] As próprias competências atribuídas à Justiça do Trabalho pela Constituição, em seu artigo 114, ligam-se a controvérsias envolvendo relações de trabalho.

[297] Como exemplo, vê-se a decisão tomada pelo Plenário do Tribunal Superior do Trabalho no âmbito do E-ED-RR-117400-47.2005.5.14.0001, em que se condenou certa empresa estatal ao pagamento de danos morais coletivos em razão da declarada ilicitude de terceirização alcançada pela sua área finalística. BRASIL. Tribunal Superior do Trabalho. E-ED-RR-117400-47.2005.5.14.0001.

[298] Certamente, é mais comum deparar-se, no âmbito da Justiça de Trabalho, com pleitos de feição coletiva do que individual que visem a condenar empresas no cumprimento de obrigação de não fazer consistente na abstenção da implementação de terceirizações de atividades-fim. O próprio acórdão proferido pelo TST no bojo do referido E-ED-RR-117400-47.2005.5.14.0001 menciona condenação dessa natureza pela Corte de origem.

declarado não conforme ao Direito. Note-se que até mesmo os seus efeitos típicos, já produzidos ou não, poderiam ser atingidos.

Sob uma perspectiva paralela, os riscos atrelados ao agente competente para a prática do ato decisório apresentavam-se também superiores quando adotada a solução terceirizante pelo Poder Público. Além de existir uma gama de órgãos de controle, que, atentos ao cometimento de ilícitos, nem sempre se dispõem concordantes a respeito de certa realidade, as sanções comináveis aos gestores públicos são, sabidamente, mais graves. Afinal, a legislação exibe distinto rigor quanto a ilícitos praticados no exercício de atividades estatais, podendo ser qualificados, por exemplo, como atos de improbidade.

De fato, a leitura proibitiva cunhada na esfera trabalhista, que subsistiu soberanamente por bastante tempo em diferentes ramos jurídicos, aliada aos riscos subjacentes à adoção de práticas terceirizantes destoantes dessa linha de intelecção, funcionou, em múltiplas ocasiões, como fator determinante em decisões entre as alternativas "fazer ou comprar" no âmbito do Estado. Significa dizer que, se a opção terceirizante se mostrasse, a partir dessa visão, juridicamente inviável, a solução subsistente para a materialização de uma atividade considerada relevante à Administração Pública resumia-se à sua prestação direta, ou seja, ao emprego de recursos próprios, o que impõe, no mais das vezes, o labor de seus servidores.

Essas questões, entretanto, ganharam novos rumos com a Reforma Trabalhista de 2017 e, sobretudo, em virtude de decisões contemporâneas proferidas pelo Supremo Tribunal Federal. A ilicitude amplamente imposta às terceirizações de atividades-fim passou a ser rejeitada, bem como, por consequência, os efeitos reconhecidos a essa parcela do fenômeno. Isso, sem dúvida, ensejou uma redução importante do risco inerente à sua implementação, notadamente sob a ótica da iniciativa privada. Já no setor estatal, a matéria é objeto de particularidades e de inquietações, que alcançam, em especial, as implicações dessa mudança de orientação sobre as terceirizações promovidas pelo Poder Público.

3.1 Limites de licitude e a Súmula nº 331 do TST

Com a sua consolidação como prática de gestão de processos de produção e com a sua expansão por diversos setores da economia, firmou-se no âmbito justrabalhista uma compreensão refratária à terceirização. Valendo-se das palavras de Gabriela Neves Delgado e

Helder Santos Amorim, é comum ouvir que "a terceirização decodifica, por assim dizer, importantes códigos de segurança do clássico sistema normativo de proteção ao trabalhado (sic), impondo ao regime de emprego repercussões deletérias, imanentes ao fenômeno".[299]

Sob essa *ratio* fundamental, a Súmula nº 256 do TST, editada em 1986, incorporou a ideia de que o combate a essa prática consistiria em imperativo constitucional decorrente dos princípios da dignidade da pessoa humana, da isonomia, da valorização do trabalho e da busca pelo pleno emprego. Assim, equiparou a terceirização à indevida intermediação de mão de obra, endossando a visão de que ambas engendrariam fraude à relação empregatícia, ressalvadas as contratações de serviços de vigilância, nos termos da Lei Federal nº 7.102/1983, e, quanto à intermediação de mão de obra propriamente dita, aquelas feitas sob o regime de trabalho temporário previsto na Lei Federal nº 6.019/1974.

Ocorre que, tão logo sumulado, esse entendimento coexistia com as realidades prática e normativa atinentes ao contexto estatal, em que vigia, de acordo com o Decreto-Lei nº 200/1967 e a Lei Federal nº 5.645/1970, a recomendação para que a Administração Pública federal contratasse terceiros para o desenvolvimento de certas tarefas alcançadas pela noção de atividades-meio. Não por outro motivo, o Ministério Público do Trabalho, em outubro de 1993, requereu ao TST a revisão da Súmula nº 256 para que fossem nela acrescentadas outras exceções que, admitidas por decisões do Tribunal, não estavam contempladas em seu texto.[300]

Atendendo ao pleito ministerial e em deferência a essas realidades, o TST revogou a Súmula nº 256 ainda em 1993 e, sob o manto da Súmula nº 331, passou a tolerar as terceirizações de atividades-meio pelo Poder Público. De forma eufônica, estendeu essa flexibilização à iniciativa privada,[301] desde que inexistissem pessoalidade e subordinação entre a pessoa terceirizante e o trabalhador terceirizado.

---

[299] DELGADO; AMORIM, 2014, p. 45.
[300] DELGADO; AMORIM, 2014, p. 46.
[301] Gabriela Neves Delgado e Helder Santos Amorim pontuam que "foi determinante a influência da legislação sobre a terceirização na Administração Pública, e a prática dessa terceirização no ambiente dos entes públicos, para a formação do pensamento jurisprudencial da Súmula n. 331 do TST, que legitimou a terceirização nas atividades-meio das empresas privadas". Em seguida, apresentam que "adaptaram-se à iniciativa privada os argumentos que serviram de justificativa para a terceirização de atividade-meio nos entes públicos, o que demonstra que o critério jurisprudencial definidor do limite da terceirização lícita na iniciativa privada foi diretamente extraído da disciplina legal do fenômeno na Administração" (DELGADO; AMORIM, 2014, p. 49-53).

É preciso notar que essa mudança de orientação sumular não decorreu de uma modificação de percepção quanto aos prejuízos provocados pelas práticas terceirizantes a direitos laborais. O seu caráter indistintamente nefasto, assim como a necessidade de seu enfrentamento, permaneceu sendo proclamado sob um embasamento eminentemente centrado em normas constitucionais.[302] No entanto, sob a razão de ordem prática de que a legislação dirigida à Administração Pública federal expressamente considerava legítima a terceirização de certas atividades-meio e sob a razão de ordem teórica de que, nesse campo periférico, a sua perpetração "se justifica para permitir à empresa tomadora a concentração de esforços em seu *core business*, seu objetivo principal, a fim de otimizar o bom funcionamento de sua esfera central de atribuições",[303] admitiu-se, em caráter de excepcionalidade,[304] a licitude dessa parcela do fenômeno, inclusive na esfera privada.

Com efeito, restou intocada ao longo de mais de duas décadas a orientação proveniente do TST de que, ao lado da intermediação de mão de obra não reverente ao regime legal de trabalho temporário, deveriam ser consideradas ilícitas as terceirizações que não dissessem respeito a serviços de vigilância, de conservação e limpeza ou outros especializados ligados à atividade-meio do titular do processo produtivo. Já se o seu objeto fosse passível de enquadramento nessas descrições, poderiam ser tidas como lícitas.

Observe-se que, apesar da específica indicação de certas atividades-meio cuja terceirização não encontraria empecilho apriorístico na letra da Súmula nº 331, a oração genérica constante do inciso III – "bem como a de serviços especializados ligados à atividade-meio do tomador"[305] – revelava uma cláusula aberta destinada a servir de base para aferir a licitude dos trespasses a partir do discrímen entre atividades-fim e atividades-meio.

Sem embargo, esse critério de diferenciação, que vigorou e foi amplamente utilizado pela jurisprudência laboral por bastante tempo, não se manteve à margem de críticas. Conquanto com diminuta importância efetiva no cenário jurídico, esparsas manifestações na órbita trabalhista e em outros ramos do Direito já apontavam para a sua vulnerabilidade.

---

[302] Ellen Mara Ferraz Hazan critica, justamente por essa razão, a edição da Súmula nº 331. Segundo a autora, "a porta que impedia a transformação do trabalho humano em mercadoria foi arrombada pelo próprio Estado" (HAZAN, 2014, p. 59).

[303] DELGADO; AMORIM, 2014, p. 65.

[304] DELGADO; AMORIM, 2014, p. 59.

[305] BRASIL. Tribunal Superior do Trabalho. Súmula nº 331.

Zéu Palmeira Sobrinho, por exemplo, anunciava a relevância de ambas as espécies de atividades para a produção em si, colocando em xeque a razoabilidade do parâmetro. Ainda, registrava a dificuldade de alocação concreta de certas tarefas em um ou em outro grupo e, assim, da própria aplicação do critério proposto com vistas a definir, em especial, os seus efeitos trabalhistas.[306]

De modo mais assertivo, Sergio Pinto Martins acusava a impertinência da dicotomia para os fins pretendidos e a sua incompatibilidade com o artigo 170 da Constituição. Ao mesmo tempo, ressaltava que as terceirizações no setor automobilístico, na construção civil e no ramo de confecção de produtos têxteis consistiam em situações típicas e frequentes de trespasses versando sobre atividades-fim, embora não ecoassem vozes pugnando pela sua ilicitude.[307]

Em linha similar, Dora Maria de Oliveira Ramos já propugnava explicitamente desde 2001, "a inconsistência do critério atividade-meio/atividade-fim para diferenciar a terceirização lícita da ilícita".[308] Como dizia, "se a terceirização abrange o fornecimento de bens, mais nítida fica a sua licitude, ainda que envolva atividade-fim da contratante".[309]

Em obra singular sobre a matéria, Carolina Zancaner Zockun igualmente protestava pela ausência de supedâneo constitucional para embasar o proclamado critério de diferenciação, porquanto, "analisando a Constituição de 1988, vê-se que em momento algum é possível encontrar respaldo para a distinção entre atividade-fim e atividade-meio, especialmente com o propósito de realizar a terceirização".[310]

Nesse caminhar, Carolina Tupinambá expunha que o óbice às terceirizações de atividades-fim provinha da própria Súmula nº 311, sem que houvesse lei nessa direção. Com uma crítica contundente, manifestava-se no sentido de que a Justiça Trabalhista "não se curou completamente da 'síndrome normativa' que se abateu sobre a Instituição desde que adquiriu *status* de órgão jurisdicional. Continua a querer legislar, ainda que em contrariedade com o disposto na Lei. É o que ocorre, por exemplo, com a própria Súmula nº 331".[311]

Para além dessas reflexões, entendemos particularmente impróprio que se arbitre, notadamente por intermédio de construção

---

[306] SOBRINHO, 2008, p. 90.
[307] MARTINS, 2003, p. 133-134.
[308] RAMOS, 2001, p. 71.
[309] RAMOS, 2001, p. 70-71.
[310] ZOCKUN, Carolina, 2014, p. 130.
[311] TUPINAMBÁ, 2007, p. 47-48.

jurisprudencial, uma decisão salomônica que imponha um corte ao fenômeno a partir de uma linha imprecisa e aleatória sob o crivo constitucional – na medida em que inspirada em um juízo questionável e extraído da legislação infraconstitucional – para, então, lançar uma de suas metades para o espaço da ilicitude, afirmando-se a sua incompatibilidade com o Texto Fundamental.

Vale ressaltar não ser admissível conferir sentido à Constituição à luz do disposto nas normas que lhe são inferiores. Por coerência, se o combate à terceirização se fundamenta na enunciação de que a inteireza das práticas terceirizantes profanam direitos fundamentais de cunho laboral,[312] não é aceitável a sua divisão em duas partes de modo a considerar que uma delas é constitucional e que, por conseguinte, somente a outra seria desconforme ao Direito. Como se não bastasse, não se localiza no Decreto-Lei nº 200/1967 ou na Lei Federal nº 5.645/1970, que serviram de substrato material para a instituição do parâmetro, qualquer indício de cominação de ilicitude a qualquer solução terceirizante.[313] Existe, tão só, uma predileção pela execução de certas tarefas por intermédio de terceiros.

Não se desconhece a existência de posicionamentos que afirmem que a intelecção adotada pelo TST seria justificável enquanto fruto de uma ponderação de interesses, em especial, envolvendo o valor social do trabalho, de um lado, e, de outro, o princípio da livre iniciativa, o que levaria à conclusão de que "a prática da terceirização, determinada por razões de organização econômica, deve limitar-se a um patamar mínimo indispensável à realização ponderada destes princípios".[314] Inobstante, nada parece sugerir que a divisão entre atividades-fim e

---

[312] Jorge Luiz Souto Maior, em obra publicada após a Reforma Trabalhista, se manifesta sobre o tema. Segundo o autor, "a ampla discussão que se tem travado publicamente sobre a terceirização, que conduziu ao ponto de se pretender autorizar a terceirização da atividade-fim, no seu sentido próprio de intermediação de mão de obra, paradoxalmente, acabou permitindo que se percebesse que não havia mesmo qualquer sentido em autorizar a terceirização da atividade-meio, que não difere, pois, da terceirização da atividade-fim, até porque essa, como reconhecido, é uma construção artificial. Uma e outra forma de terceirização não passam de mera intermediação de mão de obra" (SOUTO MAIOR, 2019, p. 34).

[313] Como expõe Flávio Amaral Garcia ao falar do Decreto-Lei nº 200/1967, "ali, contudo, não se mencionou como limite à contratação de serviços a natureza da atividade. Também a Lei n.º 8.666, de 1993 [...] ao fixar o conceito de serviço, não limitou a execução indireta por terceiros apenas às atividades-meio. Aliás, o referido diploma legal, em nenhum dos seus dispositivos, condicionou as terceirizações ao critério atividade meio/fim [...]. Fica claro, portanto, que o critério atividade-meio/fim como limitador das terceirizações não tem sede na Constituição Federal e nem na legislação ordinária que disciplina o tema [...]. Verifica-se, deste modo, que o responsável pela fixação desse critério como norteador das terceirizações foi a Justiça do Trabalho" (GARCIA, Flávio, 2010, p. 97).

[314] AMORIM, 2014, p. 115.

atividades-meio corresponda a critério constitucionalmente aderente, em particular, para demarcar os limites de licitude do fenômeno.[315] Deve-se perceber que a lógica intrínseca à suposta sustentação teórica de que a legitimação da terceirização de atividades-meio se escudaria como forma de permitir que as empresas focassem os seus esforços em suas atividades-fim pode ser facilmente transportada para uma argumentação em defesa da terceirização destas últimas. Afinal, viabilizar as terceirizações de atividades finalísticas também tem o condão de possibilitar que as empresas se concentrem em outras atividades de mesma natureza em que tenham maior eficiência.

Sem prejuízo, o critério emanado da seara juslaboral encontra ainda maior dificuldade de acolhimento em razão do que dispõe a própria Constituição. Se não há indícios de nela se enxergar elemento que lhe confira suporte, vê-se que o seu texto se dirige em sentido oposto ao explicitar a viabilidade da terceirização de atividades-fim pelo Estado mediante concessão, permissão e autorização de serviços públicos.

Não há como negar, porém, que, sob a mão interpretativa da Justiça do Trabalho, restou consolidado o entendimento de que as terceirizações de atividades-fim não encontravam respaldo jurídico, ensejando a sua equiparação à indevida intermediação de mão de obra.[316] Sobreveio, então, em 2017, a Reforma Trabalhista, que, realizada em etapas, impôs importantes mudanças ao tratamento concernente à matéria.

3.2 Reforma Trabalhista e a virada jurisprudencial

Derivadas dos Projetos de Lei nºs 4.302/1998 e 6.787/2016, aprovados, respectivamente, em março e em julho de 2017, as Leis Federais nºs 13.429/2017 e 13.467/2017 trouxeram amplas transformações

---

[315] De acordo com Celso Antônio Bandeira de Mello, para a avaliação da legitimidade das diferenciações jurídicas sob o crivo do princípio da igualdade é preciso examinar três diferentes aspectos: "tem-se que investigar, de um lado, aquilo que é adotado como critério discriminatório; de outro lado, cumpre verificar se há justificativa racional, isto é, fundamento lógico, para, à vista do traço desigualador acolhido, atribuir o específico tratamento jurídico construído em função da desigualdade proclamada. Finalmente, impende analisar se a correlação ou fundamento racional abstratamente existente é, *in concreto*, afinado com os valores prestigiados no sistema normativo constitucional. A dizer: se guarda ou não harmonia com eles" (MELLO, Celso, 2010, p. 21-22).

[316] Consoante exposto pelo Plenário do TST em momento anterior, "a prática da terceirização de atividade-fim é equiparada à intermediação ou locação de mão de obra e viola frontalmente o regime de emprego socialmente protegido. Não deve ser chancelada pela Justiça do Trabalho" (BRASIL. Tribunal Superior do Trabalho. E-ED-RR-117400-47.2005.5.14.0001).

à legislação laboral. Dentre as mudanças promovidas, ressaltam-se aquelas oferecidas à Lei Federal nº 6.019/1974, que, além de modificarem o regime jurídico relativo ao trabalho temporário, finalmente instituíram no ordenamento pátrio uma regulamentação dedicada ao fenômeno terceirizante, muito embora guarde relação, pelo seu texto, apenas com aquelas realidades decorrentes da celebração de contratos de prestação de serviços.

Impende rememorar que as terceirizações podem ser identificadas como terceirizações de bens ou de serviços. Quanto a esta última modalidade, pode ela ser veiculada por variadas figuras contratuais, típicas e atípicas, dentre as quais o contrato de prestação de serviços.[317] É, precisamente, em relação ao negócio terceirizante oriundo da adoção dessa espécie contratual típica que, a partir de sua literalidade, se direcionam as novas regras.[318]

Pontue-se não se ter, aqui, o escopo de perfazer uma ampla meditação sobre as modificações infligidas pela Reforma Trabalhista às terceirizações, especialmente sob um olhar justrabalhista ou próprio da iniciativa privada. Ainda assim, revela-se necessário abordar alguns aspectos que, tratados pela recente normativa, têm relevância à compreensão do tema sob uma perspectiva una, bem como dos seus perímetros de licitude.

Observe-se, desde logo, que a Reforma Trabalhista encampou as críticas formuladas à Súmula nº 331 do TST, recusando ao fenômeno a sua repartição entre terceirizações de atividades-fim e de atividades--meio com o objetivo de determinar a sua licitude. Nesse toar, a Lei Federal nº 6.019/1974, por meio de seus novos artigos 4º-A, 4º-C e 5º-A, assinalou a ampla possibilidade do trespasse, inclusive quanto a tarefas consideradas inerentes ou, até mesmo, às mais relevantes à consecução do desígnio produtivo. Como o outro lado da moeda, asseverou que a sua implementação não gera vínculo de emprego entre a pessoa contratante e os trabalhadores terceirizados, consoante o seu artigo 4º-A, § 2º.

---

[317] Dora Maria de Oliveira Ramos salienta: "a terceirização não deve ser identificada apenas com prestação de serviços. Tanto assim que o contrato de empreitada e de prestação de serviços não são os únicos formatos jurídicos possíveis de ser adotados quando se estuda a terceirização da economia" (RAMOS, 2001, p. 67-68).

[318] Isso não significa falar que a normativa não possa ser aplicada ao fenômeno quando proveniente de outros negócios jurídicos. A princípio, pode-se cogitar de sua incidência, no que couber, sobre outras práticas terceirizantes mediante analogia, quando não houver regramento que lhe seja particularmente pertinente.

Ademais, tornou explícitas a necessidade da prévia especificação dos trabalhos a serem desempenhados e a inviabilidade de aplicação pela contratante do labor dos empregados terceirizados em áreas não alcançadas pelo escopo contratual, à luz dos artigos 5º-A, § 1º, e 5º-B. De maneira harmônica, assentou em seu artigo 4º-A, § 1º, que "a empresa prestadora de serviços contrata, remunera e dirige o trabalho realizado por seus trabalhadores".[319] Assim, restaram delineadas, com alguma clareza e objetividade, as fronteiras materiais entre a terceirização e a intermediação de mão de obra.[320]

A seu turno, foi instituída uma nova exigência legal de que a empresa terceirizada tenha capacidade econômica compatível com a execução da atividade, tendo como objetivo "conferir lastro econômico e garantir o adimplemento dos créditos trabalhistas".[321] Sem prejuízo, consignou-se, também, que a prestadora dos serviços deve ser uma pessoa jurídica regular, inscrita no CNPJ e registrada na junta comercial, nos termos dos artigos 4º-A e 4º-B.

Há de se ressaltar ter sido franqueada à terceirizada a possibilidade de subcontratação do objeto pactuado; ou seja, autorizou-se a terceirização em cadeia,[322] como se vê do artigo 4º-A, § 1º. Por sua vez, as terceirizações internas, correspondentes àquelas em que o desempenho das atividades ocorre nas dependências físicas daquele que terceiriza, auferiram textual abrigo pela legislação, desde que decorrentes de acordo entre as partes, como dispõe o artigo 5º-A, § 2º.

Outrossim, foram estabelecidas duas cláusulas de barreira de cunho temporal com o intuito de evitar fraudes: a primeira, uma quarentena mínima de dezoito meses para a contratação de pessoas jurídicas cujos titulares ou sócios tenham prestado serviços à contratante como empregado ou como trabalhador sem vínculo de emprego, exceto se estiverem aposentados; e a segunda, um igual período de dezoito meses para que um empregado que tenha sido demitido venha a prestar serviços de forma indireta ao antigo empregador sob a égide de um contrato de prestação de serviços (v. artigos 5º-C e 5º-D).

---

[319] BRASIL. Lei nº 6.019, de 3 de janeiro de 1974.
[320] AMORIM, 2017, p. 170-171.
[321] PINHEIRO; MIZIARA, 2017, p. 72.
[322] Iuri Pinheiro e Raphael Miziara ponderam que a legislação não fez menção à quarteirização, como, por vezes, se enuncia, mas à terceirização em cadeia. De acordo com os autores, a quarteirização consistiria na contratação de terceiros para gerir contratos de terceirização, ao passo que, na terceirização em cadeia, haveria a concretização, apenas neste caso, da hipótese legal de subcontratação da atividade anteriormente terceirizada (PINHEIRO; MIZIARA, 2017, p. 57-67).

Sem embargo da relevância de outros debates voltados às inovações provenientes da Reforma Trabalhista, certamente a mais sensível e polêmica se referiu à legitimação da terceirização de atividades-fim, tendo em vista que, inequivocamente, "o Poder Legislativo pretendeu, e agora de forma expressa, autorizar a terceirização não só da atividade-meio, como também da atividade-fim".[323]

Note-se que essa decisão normativa restou implementada em franca oposição à orientação sedimentada pelo Tribunal Superior do Trabalho, cujas implícitas razões tinham origem, em última instância, na própria Constituição Federal. Como se expôs, ao longo das décadas pretéritas vigorou hegemonicamente o entendimento jurisprudencial, sintetizado na Súmula nº 331, de que a terceirização distanciada dos aventados limites de licitude encontraria óbice em normas constitucionais que conferem guarida ao trabalhador.

O efeito, pois, desse conflito não foi outro senão a judicialização da questão perante o Supremo Tribunal Federal por meio do ajuizamento da ADI nº 5.685, à qual foram reunidas outras quatro ações diretas de inconstitucionalidade posteriormente apresentadas.[324] A sua apreciação, contudo, acabou por ser influenciada por decisões anteriores que, não tendo como objeto de exame as disposições advindas da Reforma Trabalhista, versaram sobre a constitucionalidade da distinção consubstanciada na Súmula nº 331.

De fato, os mais destacados pronunciamentos do STF sobre o tema se deram em razão da avaliação conjunta do RE nº 958.252 e da ADPF nº 324, finalizada em agosto de 2018. Nessa oportunidade, a Suprema Corte declarou o rechaço pela ordem constitucional do referido critério discriminatório e, por conseguinte, a licitude da implementação de práticas terceirizantes envolvendo, também, atividades-fim.

Nesse caminhar, firmou-se no bojo do RE nº 958.252, julgado sob a sistemática da repercussão geral (= Tema nº 725), a tese de que, inclusive no período pretérito à vigência das Leis Federais nºs 13.429/2017 e 13.467/2017, são lícitas ambas as modalidades de terceirização, assegurada a responsabilidade subsidiária da contratante:

> 22. Em conclusão, a prática da terceirização já era válida no direito brasileiro mesmo no período anterior à edição das Leis nº 13.429/2017 e 13.467/2017, independentemente dos setores em que adotada ou da

---

[323] ARABI; ARAÚJO, 2018, p. 135.
[324] Foram, pois, reunidas à ADI nº 5.685 para julgamento conjunto as ADIs nºs 5.686, 5.687, 5.695 e 5.735.

natureza das atividades contratadas com terceira pessoa, reputando-se inconstitucional a Súmula nº 331 do TST, por violação aos princípios da livre iniciativa (artigos 1º, IV, e 170 da CRFB) e da liberdade contratual (art. 5º, II, da CRFB).
[...]
25. Recurso Extraordinário a que se dá provimento para reformar o acórdão recorrido e fixar a seguinte tese: "É lícita a terceirização ou qualquer outra forma de divisão do trabalho entre pessoas jurídicas distintas, independentemente do objeto social das empresas envolvidas, mantida a responsabilidade subsidiária da empresa contratante".[325]

Já em razão do julgamento da ADPF nº 324, andou-se um pequeno passo adicional na formulação do enunciado da tese então firmada para esclarecer que a responsabilidade subsidiária versada dizia respeito, especificamente, ao adimplemento de obrigações trabalhistas e previdenciárias inerentes à relação de emprego existente:

7. Firmo a seguinte tese: "1. É lícita a terceirização de toda e qualquer atividade, meio ou fim, não se configurando relação de emprego entre a contratante e o empregado da contratada. 2. Na terceirização, compete à contratante: i) verificar a idoneidade e a capacidade econômica da terceirizada; e ii) responder subsidiariamente pelo descumprimento das normas trabalhistas, bem como por obrigações previdenciárias, na forma do art. 31 da Lei 8.212/1993".[326]

A realidade é que, quando do julgamento, em agosto de 2020, da ADI nº 5.685, o STF apenas reiterou, como primeira questão posta à sua análise, a compreensão antes estabelecida. Em continuidade, pontuou não haver empecilho à aplicação do entendimento à Administração Pública, como se infere dos termos da própria ementa do seu acórdão:

Ação Direta de Inconstitucionalidade. 2. Lei Federal 13.429/2017. Trabalho temporário. Prestação de serviço a terceiros. 3. Terceirização da atividade-meio e da atividade-fim. Terceirização na administração pública. 4. Ausência de inconstitucionalidade formal e material. Precedentes: ADPF 324, Rel. Min. Roberto Barroso, e RE-RG 958.252, Rel. Min. Luiz Fux. 5. Ação direta de inconstitucionalidade julgada improcedente.[327]

---

[325] BRASIL. Supremo Tribunal Federal. RE nº 958.252.
[326] BRASIL. Supremo Tribunal Federal. ADPF nº 324.
[327] BRASIL. Supremo Tribunal Federal. ADI nº 5.685.

No interregno compreendido entre agosto de 2018 e outubro de 2020, o STF se debruçou sobre outros casos intimamente vinculados à controvérsia. Reconheceu, assim, quando da análise das ADCs nºs 26 e 57, a constitucionalidade do artigo 25, § 1º, da Lei Federal nº 8.987/1995, que autorizou às concessionárias de serviço público a terceirização de atividades inerentes à própria concessão. Já no que toca à mesma faculdade concebida de forma específica às concessionárias de serviços de telecomunicações, tal como apresentada pelo artigo 94, inciso II, da Lei Federal nº 9.472/1997, a Suprema Corte impediu, no âmbito do ARE nº 791.932, o seu afastamento concreto sem a observância da cláusula de reserva de plenário. Na mesma toada, o Tribunal assinalou a acomodação constitucional da Lei Federal nº 11.442/2007, que consentiu com a terceirização de atividades de transporte rodoviário de cargas independentemente de se caracterizar como atividade-fim ou atividade-meio da pessoa contratante, o que fez nos exames da ADI nº 3.961 e da ADC nº 48.

Esse exato encaminhamento foi adotado ao ser apreciado o RE nº 606.003, em setembro de 2020, que versava sobre a terceirização de atividades a representantes comerciais autônomos com amparo na Lei Federal nº 4.886/1965. Afirmando, incidentalmente, inexistir obstáculo à terceirização de atividades-fim e, por efeito, a natureza civil das relações constituídas com fulcro na referida legislação, afastou-se a competência da Justiça do Trabalho para julgar eventual pendenga judicial. Mais recentemente, a Lei Federal nº 11.196/2005, que acolheu a submissão do vínculo formado em razão da prestação de serviços de caráter intelectual por pessoas jurídicas tão somente à legislação pertinente às pessoas jurídicas, foi, por idênticas razões de fundo, declarada constitucional no julgamento da ADC nº 66.

A despeito desse quadro, observa-se alguma relutância ao acolhimento das orientações legal e jurisprudencial firmadas no sentido da inexistência de óbice jurídico à terceirização não apenas de atividade-meio, mas, igualmente, de atividades-fim.[328] Segundo nos parece, a

---

[328] Como exemplo, Márcio Túlio Viana aponta que, "se o poder do capital aumentou, as formas de resistência também se multiplicam [...]. No caso da terceirização, especificamente, talvez seja possível – contando com alguma alteração climática – influir nas interpretações dos juízes, considerando-se, para começar, que ela sempre será ilícita quando precarizar as condições materiais de trabalho – hipótese mais usual. E há ainda outras possibilidades que podem ser exploradas" (VIANA, 2019, p. 68). Em sentido similar, Átila da Rold Roesler pondera que "mais importante do que a argumentação jurídica utilizada é não deixar de ver e se sensibilizar com a situação de penúria e abandono à qual o trabalhador terceirizado é submetido diariamente pelo capital através desse nefasto instrumento chamado 'terceirização'. Se o 'Direito' não traz justiça, é preciso atuar no limite dele" (ROESLER, 2019, p. 163).

irresignação não está, contudo, adequadamente posicionada, o que também pode ser dito quanto ao campo em que se concentrou o embate travado nos últimos tempos.

Com efeito, não é de todo possível pregar a repulsa constitucional às práticas terceirizantes por variadas razões, dentre as quais – cabe salientar – pelo fato de que o próprio Texto Fundamental as permite em seus artigos 37, inciso XXI, 173, § 1º, inciso III, e 197.[329] Por sua vez, não há espaço para considerar lícitas apenas as terceirizações de atividades-meio, pois, além de decorrer da aplicação de parâmetro injustificável à luz do ordenamento, veem-se dispositivos constitucionais que possibilitam a terceirização de atividades-fim mediante concessão, permissão e autorização de serviços públicos. Considerando que "a prática da terceirização não precisa, necessariamente, acarretar condições piores ou menos favoráveis ao trabalhador",[330] sequer a régua estabelecida na seara justrabalhista pode ser considerada devidamente ajustada ao fim a que ela se destina.

Ante o atual cenário marcado pela globalização, pelas contínuas inovações tecnológicas e pela progressiva exigência de especialização nos processos de produção, é cogente admitir que a terceirização consiste em inevitável realidade, como alertava o ex-Presidente do TST, o ex-Ministro Vantuil Abdala, há mais de uma década.[331] Na verdade, a prática existe ao lado da própria divisão social do trabalho, no mínimo, desde os primórdios da era capitalista, tendo sido apenas potencializada, embora de forma significativa, a partir do final do século passado.

Não há dúvidas de que as terceirizações podem ensejar concretamente consequências malqueridas para o trabalhador. Não é possível, entretanto, dizer que toda terceirização ou que a integralidade daquelas envolvendo atividades-fim tenha o condão de gerar implicações negativas sob a perspectiva laboral, tampouco linearmente negativas. Há inúmeras particularidades no universo terceirizante que precisam ser consideradas na estipulação de um regime jurídico legal idôneo a inibir abusos e resultados indesejáveis.

---

[329] Marcos Juruena Villela Souto pondera, nessa mesma linha: "no âmbito dos serviços de saúde, a Constituição Federal, expressamente, previu a 'terceirização' (CF, art. 197)" (SOUTO, 2001, p. 392).

[330] ARABI; ARAÚJO, 2018, p. 67.

[331] Segundo o ex-Presidente do TST, "não se trata mais de ser contra ou a favor da terceirização. Está-se diante de uma realidade inexorável: a terceirização não vai acabar. Ninguém, razoavelmente, imagina uma economia saudável no Brasil se a contratação de empresas especializadas na execução de serviços determinados fosse impossibilitada. Estamos, pois, diante da advertência de George Ripert: 'quando o direito ignora a realidade, a realidade se vinga, ignorando o direito'" (ABDALA, 2008, p. 17).

Convém lembrar que os negócios jurídicos correspondem, em sua essência, a atos voluntários cujos efeitos jurídicos provêm, em parte, da vontade manifestada pelo agente e, em outra, da vontade inafastável da lei. É possível, assim, que sejam definidos, por intermédio de lei, efeitos jurídicos que se entendam pertinentes às diferentes facetas do fenômeno, inclusive, se for o caso, similares àqueles procedentes da cominação da pecha da ilicitude.

Segundo vemos, é para esse campo – o da eficácia – que os olhos da Ciência do Direito devem se voltar. Infelizmente, porém, a contenda restou até o momento alocada em ambiente diverso e avesso a um efetivo diálogo democrático e conciliatório, o que contribuiu para concentrar o debate em aspectos ligados à licitude da prática e para uma regulamentação que, quanto à sua eficácia, se revela ainda parca e insuficiente diante da extensão e da complexidade da realidade terceirizante.

3.3 Terceirização de atividades-fim na Administração Pública

Malgrado haja algumas importantes peculiaridades, as disputas quanto à licitude das terceirizações de atividades-fim não foram travadas apenas no campo privado. Ao contrário, a leitura jurisprudencial cunhada pelo TST as considerava indistintamente desajustadas ao Direito, não se concebendo razões para que fossem avaliados de modo diferenciado os trespasses derivados de escolhas empresariais e de decisões estatais.

De fato, embora discordemos quanto ao pressuposto inicial, deve-se aceitar que, se a visão dominante propugnava que as terceirizações de atividades-fim proporcionavam grave prejuízo a direitos trabalhistas, é coerente a aplicação indiscriminada desse pensamento aos campos particular e estatal. A nosso sentir, a cominação da ilicitude a essas práticas realmente não encontrava motivos para variar em função da pessoa que as promovia.

Por outro lado, há de se relembrar que as alternativas para a realização de dada atividade circunscrevem-se à sua externalização e à utilização de recursos próprios e, em particular, de recursos humanos do titular da produção. Havendo, pois, demanda pelo desempenho de certo afazer e sendo afiançada a existência de óbice à sua execução por agentes externos, resta como opção disponível a sua efetivação direta, o que, no caso do Poder Público, atrai o labor de seus servidores.

Nesse toar, se a terceirização de certa atividade estiver tolhida à Administração, a presença de postos laborais alocados e providos figura, ao menos sob o regime em vigor, como relevante aspecto condicionante à materialização da tarefa almejada. Isso, contudo, não autoriza que se desconsiderem as disposições normativas concernentes à gestão de pessoal pertinente aos entes estatais. Dentre elas, assumem espaço de inequívoco realce aquelas relativas à admissão de servidores, em especial a reivindicação da prévia aprovação em concurso público para o preenchimento de cargos e empregos públicos.

Tornando os olhos para o tema da licitude das terceirizações de atividades-fim, a reflexão acima impõe a constatação de que, sob a sombra da Súmula nº 331 do TST, a afirmação da ilicitude dessas práticas, quando tocantes ao Estado, gera a defesa não somente do exercício direto dos correlatos trabalhos, mas, também, da existência de pessoal devidamente admitido para a sua consecução, o que pressupõe, como regra geral, a prévia aprovação em concurso público. Como passo seguinte desse raciocínio, sugere-se que, ao ser terceirizada alguma tarefa alcançada pela noção de atividades-fim, os empregados terceirizados passam a desempenhar tarefas que, pela lógica estabelecida, deveriam ser concretizados por aqueles que legitimamente ingressaram nos quadros estatais. Por fim, nada mais mecânico do que disso se deduzir que a terceirização de atividades-fim viola a exigência do concurso público e, portanto, o disposto no artigo 37, inciso II, da Constituição.

Sob essa perspectiva, Gabriela Neves Delgado e Helder Santos Amorim expõem o entendimento de que o trespasse realizado por órgãos e entes estatais que verse sobre alguma de suas atividades-fim esbarra no referido empecilho jurídico, reservando às atividades-meio a cláusula constitucional que permite a contratação de serviços pela Administração.[332]

Com uma formulação materialmente similar, Winnicius Pereira Góes enuncia que, quando perpetradas pelo Estado, as terceirizações de atividades-fim são inconstitucionais, com especial supedâneo no artigo 37, inciso II, da Constituição, devendo-se preservar a todo cidadão o direito de exercer as correspondentes tarefas mediante a sua prévia aprovação em provas públicas.[333]

Não destoa dessa orientação João Trindade Cavalcante Filho, para quem a terceirização de atividades-fim por órgãos e entidades

---

[332] DELGADO; AMORIM, 2014, p. 55-56; 128; 144.
[333] GÓES, 2013, p. 158-160.

da Administração ofende o núcleo essencial da exigência do concurso público, ao passo que, caso tenha como objeto alguma atividade-meio, o trespasse infligiria apenas uma admissível e pontual restrição ao conteúdo do artigo 37, inciso II, da Constituição Federal.[334]

Em boa síntese, Cristiana Fortini e Flávia Cristina Mendonça Faria de Pieve apontam que "o uso indiscriminado da terceirização, a alcançar as atividades-fim, esbarra na regra constitucional que impõe a obrigatoriedade de realização de concurso público".[335] Em outra oportunidade, a primeira autora, agora ao lado de Virginia Kirchmeyer Vieira, reitera essa exata compreensão.[336]

Além dessas e de outras manifestações doutrinárias anteriores à Reforma Trabalhista, a jurisprudência do TCU revela-se farta em decisões que, fundamentadas no artigo 37, inciso II, do Texto Fundamental, proclamaram a ilicitude das terceirizações de atividades-fim implementadas na área estatal.[337] Já no âmbito de Cortes de Contas de variados entes da Federação e do próprio STJ, veem-se, também, pronunciamentos ajustados a essa visão.[338]

Nesse contexto, deve-se observar a existência de um terceiro elemento a compor o quadro que, até então, era interpretado sob a lupa da Súmula nº 331 e do artigo 37, inciso II, da Constituição, no sentido de retirar a higidez jurídica desses trespasses quando promovidos pela Administração Pública. Cuida-se do Decreto Federal nº 2.271/1997, que, segundo o seu texto, foi editado com o fito de regulamentar o artigo 10, § 7º, do Decreto-Lei nº 200/1967.

No que importa à presente discussão, deve-se sublinhar o disposto no *caput* de seu artigo 1º, segundo o qual "poderão ser objeto de execução indireta as atividades materiais acessórias, instrumentais ou complementares aos assuntos que constituem área de competência

---

[334] CAVALCANTE FILHO, 2015, p. 11.

[335] FORTINI; PIEVE, 2022, p. 256.

[336] FORTINI; VIEIRA, 2012, p. 34-35.

[337] Do Acórdão nº 418/2012 do TCU constou: "é ilegal a utilização de mão de obra terceirizada para a execução de atividades-fim do órgão/entidade uma vez que contraria a regra do concurso público, consagrada no art. 37, II, da Constituição Federal" (BRASIL. Tribunal de Contas da União. Acórdão nº 418/2012). Nessa esteira, citem-se, ainda, os Acórdãos nºs 712/2007, 341/2009, 391/2009 e 2.303/2012, do Plenário do TCU, e o Acórdão nº 8.514/2017, de sua Primeira Câmara.

[338] É o que se verifica de julgados emanados do TCE/SP (v. TCs nºs 1.600/006/08 e 6.837/989/15), do TCE/MG (v. Consulta nº 837.660) e do TCM/SP (v. TC nº 2.861/2007). No âmbito do STJ, encontra-se acórdão que impôs condenação por improbidade sob a razão de que seria ilícito e ímprobo ato terceirizante que tenha como objeto uma atividade-fim (v. AgInt no REsp 1.835.806/RJ).

legal do órgão ou entidade".³³⁹ Ainda, restou preconizado, no respectivo § 1º, que "as atividades de conservação, limpeza, segurança, vigilância, transportes, informática, copeiragem, recepção, reprografia, telecomunicações e manutenção de prédios, equipamentos e instalações serão, de preferência, objeto de execução indireta".³⁴⁰

Como era de se esperar, o ato regulamentar recebeu, naquele momento, a significação que fora atribuída à legislação por ele regulamentada e que restou solidificada na Súmula nº 331. Dessa forma, o Decreto Federal nº 2.271/1997 passou a ser visto como veículo, agora em nome próprio, da orientação de que apenas a prática envolvendo atividades-meio na órbita estatal estaria em conformidade com o ordenamento.

Nessa toada, Daiana Monteiro Santos analisa o conteúdo do Decreto Federal nº 2.271/1997, explicando que "nele admite-se a terceirização na administração pública federal de atividades acessórias, instrumentais ou complementares, isto é, atividades-meio",³⁴¹ o que encontra eco nas lições de outros autores³⁴² e, inclusive, na jurisprudência do TCU.³⁴³

Sob essa mesma ótica, Helder Santos Amorim, ao tratar do referido ato regulamentar, ressalta a convergência dos sentidos então reconhecidos a ele e à Súmula nº 331 do TST:

> Aproximou-se assim a disciplina normativa da terceirização no serviço público daquela conferida à iniciativa pela Súmula n. 331, pois identicamente ao critério conceitual utilizado pela jurisprudência ("atividades-fim e atividades-meio"), o Decreto também institui critérios conceituais ("atividades acessórias, instrumentais ou complementares") que visam a permitir o enquadramento casuístico das atividades terceirizáveis à luz da análise casuística das atribuições principais e periféricas de cada órgão ou ente público.³⁴⁴

---

³³⁹ BRASIL. Decreto nº 2.271, de 7 de julho de 1997.
³⁴⁰ BRASIL. Decreto nº 2.271, de 7 de julho de 1997.
³⁴¹ SANTOS, Daiana, 2019, p. 268.
³⁴² BERTONCINI; SIMÃO, 2019, p. 182.
³⁴³ Mencionem-se, pois, a Decisão nº 1.248/2002, do Plenário do TCU, o Acórdão nº 2.990/2005, de sua Primeira Câmara, e o Acórdão nº 1.249/2012, também do Plenário, que interpretaram o disposto no artigo 1º do Decreto Federal nº 2.271/1997 como autorizador apenas das terceirizações de atividades-meio e, *contrario sensu*, como óbice normativo à terceirização de atividades-fim do órgão ou ente estatal.
³⁴⁴ AMORIM, 2009, p. 125.

Essa uníssona direção para a qual, à luz do posicionamento consolidado à época, apontavam a Súmula nº 331, o artigo 37, inciso II, da Constituição e o Decreto Federal nº 2.271/1997 – qual seja, a desconformidade jurídica das terceirizações de atividades-fim oriundas da seara estatal – pode ser inferida de julgado do próprio Tribunal de Contas da União:

> Salvo disposição legal ou regulamentar em contrário, os contratos de terceirização de mão-de-obra no âmbito das empresas estatais devem se orientar pelas disposições do Decreto nº 2.271/1997, em conjunto com o entendimento perfilhado na Súmula TST nº 331, reservando-se as funções relacionadas à atividade-fim da entidade exclusivamente a empregados concursados, em respeito ao mandamento expresso no art. 37, inciso II, da Constituição Federal de 1988.[345]

De fato, esses conurbados argumentos foram reproduzidos com tamanha recorrência e automaticidade pelos operadores do Direito que se perdeu de vista a efetiva relação de causa e efeito entre eles. Em que pese o repúdio à licitude dessa parcela do fenômeno tenha sido capitaneado pela Súmula nº 331 do TST, o que impunha, como consequência – e não o contrário –, a admissão de servidores para a realização da tarefa aventada, esses fatores passaram a se misturar em tão elevado grau que, em inúmeras ocasiões, a causa virou efeito, o efeito virou causa e, então, a desconformidade jurídica das terceirizações de atividades-fim veio a ganhar um imerecido assento constitucional direto na reivindicação do concurso público e, assim, no artigo 37, inciso II, do Texto Fundamental.

Em paralelo, a Súmula nº 331, fulcrada em uma frágil leitura do Decreto-Lei nº 200/1967 e da Lei Federal nº 5.645/1970, foi responsável por conceder alicerce à interpretação conferida ao Decreto Federal nº 2.271/1997, no sentido de que ele apenas autorizaria o trespasse relativo a atividades-meio. A partir de então, esse ato regulamentar assumiu posto autônomo na sustentação da compreensão que fundara a própria significação que lhe fora atribuída, retroalimentando, dessa maneira, as razões inerentes à Súmula nº 331.

O caráter cíclico dessa construção não deixou de ser percebido pela doutrina mais atenta ao tema. Embora não imprima o olhar crítico proposto nesta oportunidade, Helder Santos Amorim o aprende com inequívoca limpidez:

---

[345] BRASIL. Tribunal de Contas da União. Acórdão nº 2.132/2010.

[...] viu-se que a jurisprudência sumulada do TST (Súmula n. 331), influenciada pela legislação mais antiga sobre a terceirização no serviço público (Lei n. 5.645/1970), influenciou, por sua vez, a legislação mais recente sobre a matéria no âmbito federal (Decreto n. 2.271/1997) e continua influenciando diretamente os Tribunais de Contas na fixação dos limites de legalidade das terceirizações praticadas pelos entes públicos estaduais e municipais.[346]

A realidade é que, conforme o entendimento que ditava a tônica do discurso, a Súmula nº 331 do TST, o artigo 37, inciso II, do Texto Fundamental e o Decreto Federal nº 2.271/1997 estabeleceram-se como pilares cognitivos que funcionavam, concomitantemente ou não, como embasamento para recorrentes decisões na linha do rechaço à licitude das terceirizações de atividades-fim na seara estatal.

Esse cenário, por sua vez, manteve-se inabalado até a Reforma Trabalhista, que, como exposto, reconheceu legitimidade às opções terceirizantes envolvendo as atividades-fim do titular do processo produtivo. No entanto, a nova legislação deixou de esclarecer em seu texto se o seu âmbito normativo abarcava apenas a iniciativa privada ou se, por igual, os entes estatais.

Diante disso, firmou-se uma corrente – nominada neste trabalho de corrente *finalista subjetiva* – que, afinada à percepção mencionada, posicionou-se pela incompatibilidade da inovação legislativa com o regime constitucional em vigor sob o argumento de que as terceirizações de atividades-fim promovidas no campo estatal esbarrariam no conteúdo do artigo 37, inciso II, do Texto Maior.

Nessa senda, opina Carlos Roberto de Oliveira que as atividades-fim dos órgãos da Administração somente poderiam ser efetivadas por indivíduos devida e previamente aprovados em concurso público, restando, pois, obstaculizada a sua terceirização por imperativo constitucional.[347] Em nada destoam Mônica de Oliveira Casartelli e Eder Dion de Paula Costa, que apontam ser inconstitucional o proveito da referida legislação em favor do Poder Público, ante o teor do dispositivo constitucional em tela.[348] Embora não se refira explicitamente à questão, também o Enunciado nº 75 da 2ª Jornada de Direito Material e Processual do Trabalho (ANAMATRA) deixa clara a indicação do

---

[346] AMORIM, 2009, p. 165.
[347] OLIVEIRA, Carlos, 2020, p. 165.
[348] CASARTELLI; COSTA, 2018, p. 24.

artigo 37, inciso II, da Constituição como óbice à aplicação da Reforma Trabalhista à realidade estatal.[349]

Já na jurisprudência do Tribunal de Contas do Estado de São Paulo, constatam-se acórdãos que expõem o mesmo entendimento, assinalando que "não há alegar discricionariedade administrativa em face de preceitos constitucionais que inibem a terceirização de atividades-fim em detrimento da promoção de concursos públicos e do aperfeiçoamento do quadro funcional".[350] Não são raras as decisões tomadas nessa direção pelo TCE/SP, antes ou após a edição das Leis Federais nºs 13.429/2017 e 13.467/2017.[351]

Imbuído de discernimento oposto, Rafael Carvalho Rezende Oliveira defende que, com a Reforma Trabalhista, o posicionamento legal no sentido da adequação jurídica das terceirizações de atividades-fim alcançaria não apenas os particulares, mas também a Administração.[352] Já Abhner Youssif Mota Arabi e Valter Shuenquener de Araújo, que protestam pela existência de alguns critérios para se aferir a conformidade da prática com o Direito quando empregada pelo Poder Público, rejeitam a utilização como parâmetro da dicotomia "atividades-fim" e "atividades-meio".[353]

Ocorre que, após o julgamento do RE nº 958.252 e da ADPF nº 324, o STF foi provocado, no bojo da ADI nº 5.685 e das outras quatro ações diretas, a se manifestar sobre a constitucionalidade da inovação legislativa trazida à Lei Federal nº 6.109/1974 pela Reforma Trabalhista. Nessa nova oportunidade, a Corte reiterou o entendimento majoritário anteriormente formado, declarou a licitude das terceirizações de atividades-fim e, outrossim, pontuou não vislumbrar impedimentos à sua implementação pela Administração Pública.

Nesse diapasão, o Ministro Gilmar Ferreira Mendes, relator das referidas ações diretas, anotou em seu voto, que foi perfilhado por outros seis ministros, que essas terceirizações praticadas na seara estatal não têm aptidão para afrontar a exigência constitucional do concurso público:

---

[349] Enunciado nº 75 da 2ª Jornada de Direito Material e Processual do Trabalho: "TERCEIRIZAÇÃO: ABRANGÊNCIA. A Lei 13.467/2017, ao alterar a Lei 6.019/74, tanto no tema da contratação temporária quanto da terceirização de serviços, não serve como marco regulatório para a administração pública direta ou indireta, em razão do disposto no art. 37, caput, e incs. II e IX, da Constituição Federal" (ANAMATRA. Enunciado nº 75).

[350] SÃO PAULO (Estado). Tribunal de Contas do Estado de São Paulo. TC Nº 876/010/13.

[351] Citem-se, ainda, as decisões tomadas pelo TCE/SP no julgamento dos TCs nºs 1.594/989/17 e 22.637/989/19.

[352] OLIVEIRA, Rafael, 2021, p. 147.

[353] ARABI; ARAÚJO, 2018, p. 118-119.

Quanto à regra do concurso público, a meu ver, a legislação encontra-se em consonância com todo o arcabouço constitucional sobre a matéria e observa os preceitos devidos.

É claro que a utilização de serviço temporário pela administração pública não pode configurar, jamais, burla a exigência de concurso público. No entanto, observada a legislação pertinente, deve o gestor, no exercício de sua competência, optar pela melhor forma de atender o interesse público e a eficiência administrativa, podendo se utilizar da contratação de empresas de serviço temporário.

Aqui, a lógica é a mesma da descentralização da administração pública por meio da contratação de organizações sociais que compõe (sic) o terceiro setor.

A constitucionalidade do regime das organizações sociais foi analisada pelo Supremo Tribunal Federal no julgamento da Ação Direta de Inconstitucionalidade 1923 [...]

Da mesma forma, digo eu, a contratação de empresa que forneça serviço temporário não afasta a observância dos demais princípios do art. 37 da Constituição. A terceirização da atividade não implica burla a regra do concurso público, na medida em que não implica a investidura em cargo ou emprego público. Sua utilização, no entanto, deve observar todos os princípios que regem a administração pública.[354]

Convém ressaltar ter o Ministro Gilmar Ferreira Mendes se valido, a título de fundamentação, do precedente jurisprudencial formado quando do julgamento da ADI nº 1.923, ocorrido em 2015, em que se registrou, dentre outros aspectos, a viabilidade jurídica de terceirizações de serviços públicos realizadas a entidades do Terceiro Setor mediante contratos de gestão, nos termos da Lei Federal nº 9.637/1998. Não é demais sublinhar que essas atividades alcançam, inequivocamente, atividades-fim do Estado.[355]

Com efeito, o Supremo Tribunal Federal, ao avaliar a ADI nº 5.685 e as outras quatro ações diretas, renovou esse entendimento e pregou, de um lado, a constitucionalidade das alterações promovidas pela Reforma Trabalhista, em especial quanto à autorização legal da "transferência feita pela contratante da execução de quaisquer de suas

---

[354] BRASIL. Supremo Tribunal Federal. ADI nº 5.685.

[355] Embora em defesa linear da ilicitude das terceirizações de atividades-fim e em oportunidade anterior ao julgamento da ADI nº 1.923, Tarso Cabral Violin apontava não existir razão na defesa de que a Administração poderia terceirizar atividades-fim para entidades do Terceiro Setor e, ao mesmo tempo, negar a licitude aos trespasses quando regidos pela Lei Federal nº 8.666/1993 (VIOLIN, 2012, p. 121).

atividades, inclusive sua atividade principal".[356] Por outro, afirmou a aplicabilidade dessa orientação à realidade do Estado, de modo a assentar que o artigo 37, inciso II, da Constituição não tem o condão de operar como barreira às terceirizações de atividades-fim provenientes da Administração.

Há de se observar, entretanto, subsistir dúvida objetiva quanto à extensão dessa declarada constitucionalidade no que tange à seara estatal. Isso porque é possível sustentar ter a Suprema Corte decidido de forma ampla e irrestrita que "a terceirização da atividade não implica burla a regra do concurso público, na medida em que não implica a investidura em cargo ou emprego público",[357] consoante a literalidade do próprio voto condutor do acórdão.

Nessa toada, não parece ser infundado supor que o STF aderiu à corrente – doravante denominada de *discricionária* – pela qual, em termos gerais, competiria ao gestor público decidir, com larga discricionariedade, entre as alternativas "fazer ou comprar", ou seja, entre a execução direta da atividade e a sua terceirização. Vale dizer que há doutrina a amparar essa linha de compreensão, como será explicitado mais demoradamente.

Ademais, propõe-se defensável uma argumentação de que a improcedência total das ações diretas, como consignada pelo acórdão, sugeriria a adoção de um entendimento nessa exata direção. Sob esse ângulo de visão, a óbvia justificativa seria a de que, se houvesse alguma ressalva pontual quanto à constitucionalidade das terceirizações feitas no âmbito do Estado, a medida processual adequada seria a procedência parcial das ações. Deveria, portanto, ter sido concedida à legislação examinada interpretação conforme a Constituição para, então, declarar a sua nulidade parcial sem redução de texto e, assim, excluir do seu campo de licitude aquelas situações em que a aplicação do diploma legal seria contrária à ordem jurídica superior. Não tendo isso ocorrido, se presumiria a constitucionalidade de todas as terceirizações de atividades-fim e de atividades-meio, cabendo à Administração Pública aferir concretamente a sua conveniência e a sua oportunidade.

Em que pese – reitere-se – haja elementos para embasar essa cogitada percepção, não enxergamos no julgamento realizado pela Suprema Corte uma abrangência tão dilatada. Primeiramente, o objeto do questionamento perante o Supremo Tribunal Federal consistiu

---

[356] BRASIL. Lei nº 6.019, de 3 de janeiro de 1974.
[357] BRASIL. Supremo Tribunal Federal. ADI nº 5.685.

na avaliação da constitucionalidade das diferentes modalidades de terceirização sob a perspectiva da dicotomia "atividades-fim" e "atividades-meio", à luz da Reforma Trabalhista. Essa era, sem dúvida, a grande questão suscitada e debatida pelo STF.

Ao mesmo tempo, caso se considerasse, realmente, que a decisão teria juramentado, ampla e irrestritamente, a constitucionalidade das terceirizações promovidas pelo Poder Público, não subsistiria espaço para ser reconhecida a sua ilicitude em hipóteses em que sequer se aventa sua viabilidade jurídica, como ocorre, por exemplo, quanto a atividades tidas como exclusivas de Estado. Não faria sentido excetuar apenas essa específica situação da linear e absoluta regularidade que, então, teria sido asseverada pelo STF, mantendo-se, diferentemente, todas as demais incluídas no decreto de improcedência total das ações.

Finalmente, essa interpretação mais alargada colidiria com a jurisprudência da própria Suprema Corte, que, inúmeras vezes, afirmou que "há preterição na ordem de nomeação de aprovados em concurso público vigente quando ficar comprovada a contratação precária de servidores mediante terceirização do serviço".[358] Veja-se que esse entendimento encontra dificuldades para se harmonizar com a menção feita no final do trecho transcrito do voto acima de que "a terceirização da atividade não implica burla a regra do concurso público, na medida em que não implica a investidura em cargo ou emprego público".[359]

Com efeito, não se pode desse julgado extrair mais do que ele pretendeu. Malgrado razões existam para dar algum suporte a uma leitura diversa, tudo indica que o STF pontuou tão somente que terceirização pode ser licitamente promovida pela Administração em ambas as suas modalidades – tendo como objeto atividades-fim ou atividades-meio –, tal como normatizado pela Reforma Trabalhista. Não há, pois, de se dizer ter sido proclamado que toda e qualquer terceirização verificada no âmbito do Estado apresenta-se constitucional, tampouco que a exigência do concurso público não seja norma apta a condicionar a adoção de soluções terceirizantes nessa seara. Por certo, essa questão revela-se de todo aberta.

Sem embargo desse campo de indagação, deve-se admitir ter sido acertada a decisão do Supremo Tribunal Federal ao declarar a licitude das terceirizações independentemente da dualidade em questão, sejam elas promovidas pela iniciativa privada ou na órbita estatal. Trata-se

---

[358] BRASIL. Supremo Tribunal Federal. SL nº 898 AgR.
[359] BRASIL. Supremo Tribunal Federal. ADI nº 5.685.

de critério injustificável de discrímen que deve ser definitivamente sepultado ou, no máximo, auferir valor histórico. E o mesmo deve ser dito quanto à Súmula nº 331, mais precisamente quanto ao teor do seu inciso III, que, consistente no precursor obstáculo usualmente infligido às terceirizações de atividades-fim, deve ser rejeitado não apenas no que toca ao seu emprego ao setor privado, mas, inclusive, à seara estatal.[360]

Cabe repisar que o Texto Constitucional indica a legitimidade também dessa metade do fenômeno ao conceber a concessão, a permissão e a autorização de serviços públicos como instrumentos para a colaboração de terceiros no desempenho de atividades titularizadas pelo Estado, assim como ao asseverar, em seu artigo 197, que, quanto aos serviços públicos de saúde, deve "sua execução ser feita diretamente ou através de terceiros".[361]

Aliás, dentre aqueles que adotam uma concepção restritiva do termo "terceirização" no bojo da Administração Pública, há quem olhe para esse recorte e, comparando-o com as figuras acima expostas, saliente ser "curioso observar que o critério meio/fim somente é aplicável às terceirizações", pois "o Estado delega diversas atividades-fim por meio de outros contratos sem que esse embate tenha sido travado ou mesmo cogitado".[362] Na realidade, não se visualiza justificativa constitucional para essa diferença de tratamento.

Nessa esteira, Dora Maria de Oliveira Ramos destaca o caso da Fundação para o Remédio Popular – FURP. Cuida-se de fundação de direito público vinculada ao Estado de São Paulo que tem como fim institucional, dentre outros, fabricar medicamentos para distribuir a órgãos e entidades de saúde pública com vistas a atender população de baixa renda. Embora claramente diga respeito a uma de suas principais atividades-fim, a FURP "celebra contratos com laboratórios privados para que estes produzam os remédios que caberia à fundação produzir e que serão por ela posteriormente distribuídos para atendimento dos contratos de fornecimento firmados".[363]

---

[360] Nessa direção, Fernando Vernalha Guimarães manifesta-se: "a dicotomia atividade-meio/ atividade-fim retrata taxonomia de nenhuma utilidade para o direito administrativo das contratações públicas. Em primeiro lugar, o uso desse critério não tem raiz no ordenamento jurídico brasileiro. Não há nada no texto constitucional ou no plano legal que imponha sua observância para a disciplina das transferências administrativas. Esse critério foi originalmente desenvolvido na esfera da Justiça do Trabalho com vistas a tratar da intermediação de mão de obra, nos termos do Enunciado 331 do TST" (GUIMARÃES, 2014, p. 388).
[361] BRASIL. Constituição da República Federativa do Brasil de 1988, de 5 de outubro de 1988.
[362] GARCIA, Flávio, 2010, p. 101.
[363] RAMOS, 2001, p. 53.

Similarmente, Flávio Amaral Garcia apresenta o que se dá no âmbito do Instituto Vital Brazil, que integra a Administração Pública do Estado do Rio de Janeiro e cujo objeto social alcança a produção de medicamentos. Consoante o autor, "não raro, faz-se necessário, para atender ao seu mister, buscar o fornecimento de remédios em outros laboratórios, não havendo nisso nenhuma ilegalidade, ainda que se trate de sua atividade-fim".[364]

Noutro giro, registre-se a inexistência de razões que confiram sustentação ao segundo óbice frequentemente apresentado com o fito de impedir as terceirizações de atividades-fim no âmbito do Estado, qual seja, a exigência do concurso público, inserida no artigo 37, inciso II, do Texto Maior. A argumentação, todavia, comporta análise e o necessário afastamento sob dois diferentes ângulos.

Primeiramente, deve-se atentar que, em sua origem, a batalhada ofensa à referida norma constitucional tinha caráter meramente consequente ou reflexo. O raciocínio delineava-se a partir da seguinte edificação, que merece ser aqui renovada: sob a égide da Súmula nº 331 do TST, afirmava-se, como pressuposto, a ilicitude dos trespasses concernentes a atividades-fim, reclamando-se, por efeito, a existência de servidores regularmente admitidos para o exercício direto das correspondentes tarefas; posteriormente, lembrava-se que a admissão de servidores estatais reivindicava, como regra geral, a aprovação em concurso público; em seguida, enunciava-se a ideia de que, nesses casos, os empregados terceirizados desempenhariam indevidamente atividades que deveriam ser concretizadas pelos servidores regularmente admitidos; e, assim, pregava-se que a prática, se implementada, ensejava ofensa ao artigo 37, inciso II, da Constituição. É inquestionável, pois, que, sob essa lógica cognitiva, a desconstrução do seu pressuposto original torna insubsistente a sua conclusão.

Por outro lado, entende-se serem necessários algum esforço e boa vontade para, do trecho "a investidura em cargo ou emprego público depende de aprovação prévia em concurso público de provas ou de provas e títulos",[365] constante do artigo 37, inciso II, do Texto Fundamental, se inferir diretamente a ilicitude de certa modalidade de terceirização e, mais precisamente, logo dessa metade do fenômeno, que, convenientemente, já era considerada desconforme ao Direito pela Súmula nº 331. Mais uma vez, as previsões constitucionais relativas à

---

[364] GARCIA, Flávio, 2010, p. 106.
[365] BRASIL. Constituição da República Federativa do Brasil de 1988, de 5 de outubro de 1988.

concessão, à permissão e à autorização de serviços públicos, ao lado do disposto no artigo 197, posicionam-se de maneira a embaraçar essa compreensão, vez que esses institutos se predispõem, justamente, a transferir atribuições ligadas a atividades-fim titularizadas pelo Estado e a elas não se cogita opor o mesmo impedimento apriorístico.

Por fim, não se enxerga supedâneo para o último dos elementos que, historicamente, foi tido como empecilho jurídico ao reconhecimento de licitude desses trespasses estatais, qual seja, o Decreto Federal nº 2.271/1997, mais especificamente o seu artigo 1º. Saliente-se, desde logo, a relevância ímpar da investigação dos seus contornos, na medida em que, mesmo inexistindo veto oriundo da Constituição, seria, a princípio, possível que a referida norma se predispusesse a adstringir as terceirizações promovidas pela Administração às suas atividades-meio.

Registre-se que, em 2018, o Decreto Federal nº 2.271/1997 foi revogado e substituído pelo Decreto Federal nº 9.507/2018. Este, por sua vez, alterou substancialmente o disposto no ato precedente, predispondo-se, segundo o seu preâmbulo, a imiscuir-se, sob a ótica infralegal, nos assuntos trazidos pelo artigo 10, § 7º, do Decreto-Lei nº 200/1967 e pela Lei Federal nº 8.666/1993. No entanto, a essência do que constava do artigo 1º, *caput*, do Decreto Federal nº 2.271/1997 restou reproduzida no artigo 48, *caput*, da Lei Federal nº 14.133/2021, consistente na nova Lei de Licitações e Contratos Administrativos, adquirindo, atualmente, ainda maior importância o exame da matéria.

3.4 Terceirização de atividades materiais e a Lei Federal nº 14.133/2021

Como exposto, o entendimento que prevaleceu por bastante tempo infligiu ao artigo 1º do Decreto Federal nº 2.271/1997 a mesma interpretação consubstanciada na Súmula nº 331. O trecho "atividades materiais acessórias, instrumentais ou complementares aos assuntos que constituem área de competência legal do órgão ou entidade"[366] recebeu a oportuna tradução como atividades-meio, servindo como embasamento para a licitude de seu trespasse. No entanto, passou-se a asseverar, mediante leitura *contrario sensu*, que a permissão que teria sido dada sugeriria, noutra via, a ilicitude das terceirizações de atividades-fim praticadas no seio da Administração.

---

[366] BRASIL. Decreto nº 2.271, de 7 de julho de 1997.

Em paralelo à necessária reiteração da impertinência do critério discriminatório sob enfoque e à dificuldade que, em muitos casos, se verifica ao tentar acomodar certa atividade em um ou em outro lado da linha divisória, sobretudo no âmbito da atuação estatal,[367] insta, preliminarmente, reafirmar a significação a ser reconhecida às duas metades do fenômeno. Enquanto as terceirizações de atividades-fim são aquelas voltadas a transferir a outrem a atribuição de executar afazeres diretamente vinculados ao núcleo de certo desígnio produtivo, as terceirizações de atividades-meio objetivam externalizar tarefas que detenham elo indireto com o escopo finalístico perseguido, conferindo simples apoio ou suporte à consecução do desiderato produtivo.

Repise-se, outrossim, que a locução "atividades-fim" se liga às ideias de finalidade, propósito, desígnio, objetivo ou escopo da atividade produtiva e não ao momento, etapa ou atividade final da produção, tampouco àquela que venha a ser considerada a mais relevante do processo. Ainda, a expressão "atividades-meio" não se refere a uma etapa produtiva intermediária ou menos fulcral; diversamente, detém conotação de acessoriedade, um sentido de atividade puramente periférica, que só confere apoio ou suporte à produção.

Dito isso, impõe-se perscrutar o significado da oração "atividades materiais acessórias, instrumentais ou complementares aos assuntos que constituem área de competência legal do órgão ou entidade",[368] constante do artigo 1º do revogado Decreto Federal nº 2.271/1997, agora reproduzida no artigo 48, *caput*, da Lei Federal nº 14.133/2021. Isso requer, todavia, que se resolva uma dúvida inicial concernente à relação que o termo "materiais" tem com os vocábulos que lhe sucedem. É preciso, portanto, estabelecer preambularmente se o adjetivo em voga se conecta apenas à palavra "acessórias" ou se, igualmente, a "instrumentais" e "complementares".

A toda evidência, esse questionamento entrevê resposta nas doutrinas de Dora Maria de Oliveira Ramos e de Maria Sylvia Zanella Di Pietro, que separam a gestão dos serviços públicos em três diferentes níveis: a gestão estratégica, a gestão operacional e a execução material do serviço. Aliás, ambas tratam a terceirização na órbita estatal na acepção restrita, abrangendo apenas aquelas hipóteses em que a colaboração do terceiro se concentra exclusivamente no campo da execução material. Dessa maneira, reservam a transferência de atribuições inerentes à

---

[367] GUIMARÃES, 2014, p. 388.
[368] BRASIL. Decreto nº 2.271, de 7 de julho de 1997.

gestão operacional do serviço a outras figuras jurídicas específicas – por exemplo, às concessões e às permissões de serviços públicos –, a despeito de estarem abarcadas pela concepção mais ampliada do termo "terceirização".

Assinale-se, novamente, inexistir óbice para se destacar uma parte do fenômeno para fins julgados pertinentes, tampouco para se denominar de terceirizações *stricto sensu* aquelas práticas caracterizadas pela transferência a terceiros de atribuições ligadas à pura execução material de atividades. Em que pese nos pareça inconveniente à compreensão global do fenômeno a adoção do referido recorte, é certo que essa delimitação permite visualizar um conjunto de trespasses que se identificam por esse predicado.

Ao que tudo sugere, o Decreto Federal nº 2.271/1997 e, atualmente, a Lei Federal nº 14.133/2021 destinaram-se justamente a abordar essa parte das soluções terceirizantes em que não há o repasse pela Administração Pública de atribuições próprias aos demais níveis de gestão. Sob a regência desses diplomas jurídicos, qualquer trespasse que não se adstrinja a arrogar obrigações vinculadas ao simples exercício de afazeres materiais e que abarque decisões de caráter operacional ou estratégico mostra-se invariavelmente ilícito.[369]

Em rigor, essa característica corresponde ao traço marcante das terceirizações implementadas no âmbito estatal à luz das normas constantes do Decreto Federal nº 2.271/1997 e, agora, da Lei Federal nº 14.133/2021. A locução "atividades materiais" deve, portanto, ser entendida no enunciado como expressão linguística constante a que se acresce, alternativamente, um dos três adjetivos organizados na sequência, formando, assim, três diferentes grupos de atividades: as atividades materiais acessórias, as atividades materiais instrumentais e as atividades materiais complementares.

Sem embargo, mantém-se hígido o questionamento original sobre a possibilidade de ser extraído desses três grupos um segundo sentido invariável e, sobretudo, coincidente com a noção de atividades-meio. Trocando em miúdos, impõe-se perquirir se os três adjetivos

---

[369] De acordo com Dinorá Adelaide Musetti Grotti, "nada impede que o Poder Público celebre contratos de prestação de serviços que tenham por objeto atividades-meio como transporte de pacientes, refeições, limpeza das salas de aula, ou mesmo certos serviços técnico-especializados como a realização de exames médicos, consultas etc., hipóteses em que estará transferindo apenas a execução material de atividades ligadas aos serviços de saúde ou de ensino. O que o hospital público como a escola da rede de ensino público não podem é terceirizar a gestão operacional desses serviços, que envolveria a terceirização do próprio serviço público de saúde ou de ensino" (GROTTI, 2006, p. 298).

– "acessórias", "instrumentais" e "complementares" – contêm esse preciso e uniforme significado. A resposta, no entanto, nos ressoa negativa.

Não é de hoje a existência da regra de hermenêutica pela qual não se presumem palavras inúteis na lei. Conforme traz Carlos Maximiliano ao analisar o brocardo latino *"verba cum effectu, sunt accipienda"*, "as expressões do Direito interpretam-se de modo que não resultem frases sem significação real, vocábulos supérfluos, ociosos, inúteis".[370]

Sob essa inteligência, se o desiderato normativo se dirigisse a limitar as terceirizações na órbita estatal às atividades-meio – também denominadas de atividades acessórias ou periféricas –, bastaria que predissesse, contidamente, a viabilidade da execução por terceiros de atividades materiais acessórias. No entanto, o texto legal foi além e inseriu, ao lado do termo "acessórias", as palavras "instrumentais" e "complementares".

Segundo De Plácido e Silva, entende-se por "acessório" "a qualidade de tudo que, não sendo principal, se ligou ou faz parte dele".[371] Já por "instrumento" tem-se "toda coisa móvel, utilizada para determinado fim ou para realização de várias atividades".[372] Finalmente, o termo "complemento" encerra "o sentido de indicar tudo o que se faz, ou o que é feito, com o fim de se concluir ou tornar perfeito alguma coisa ou algum ato".[373]

Com clareza, os três vocábulos não constituem bucólicos sinônimos nem neles se enxerga conformação unificada à noção de atividades-meio, que, na realidade, se amolda tão só às aludidas atividades acessórias. Diferentemente destas, as atividades instrumentais e as atividades complementares têm o seu âmbito normativo atrelado a tarefas diretamente ligadas ao escopo da produção. Auferem, pois, relevância no enunciado normativo justamente por se distanciarem do sentido subjacente à expressão "atividades acessórias".

Note-se que as palavras "instrumentais" e "complementares" tampouco exprimem conteúdos equivalentes, malgrado estejam compreendidos na noção de atividades-fim. Considerando que, de acordo com a letra da legislação, as atividades instrumentais e complementares o são em relação aos assuntos que constituam área de competência legal

---

[370] MAXIMILIANO, 2020, p. 228.
[371] SILVA, De Plácido e, 2012, p. 51.
[372] SILVA, De Plácido e, 2012, p. 755.
[373] SILVA, De Plácido e, 2012, p. 321.

do órgão ou entidade, a distinção entre elas só pode ter como elemento referencial a realização da mencionada competência, ou seja, da razão de existência do órgão ou ente estatal.

De um lado, se a atividade executiva objetivar a obtenção de subsídios materiais à perscrutação da missão nuclear do órgão ou entidade ou a sua concreta promoção no plano fático, aufere caráter instrumental. Caso, todavia, esteja vocacionada a aperfeiçoar o objeto perquirido em função do exercício de sua competência legal, assume natureza complementar. A sua caracterização, portanto, como instrumental ou complementar demanda a análise do papel exercido pela tarefa no âmbito do processo produtivo, cujo parâmetro de aferição situa-se na sua relação com a realização do fim institucional do órgão ou entidade.

Há, realmente, variadas atividades instrumentais e complementares passíveis de serem apresentadas com vistas a demonstrar que não encontram síntese na noção de atividades-meio. Antes, porém, cumpre expor que não se objetiva defender a licitude de uma terceirização que tenha como objeto qualquer das tarefas a seguir aventadas. Diversamente, tem-se o intuito de demonstrar tão somente que correspondem a atividades-fim e que a interpretação historicamente concedida ao Decreto Federal nº 2.271/1997 e que, por conseguinte, pode vir a ser estendida, agora, à Lei Federal nº 14.133/2021 incorre em importante equívoco.

Retomando exemplo anterior, o trabalho material de colheita de dados necessários à realização de pesquisas estatísticas ou censitárias pelo IBGE consiste em instrumento para se alcançar o resultado almejado pelo processo de produção da referida autarquia.[374] Ao mesmo tempo, configura etapa necessária à concretização de seu escopo institucional, tem vínculo inafastável com o núcleo do seu desígnio produtivo e, portanto, resta abarcada pela noção de atividades-fim.

No campo da advocacia pública, seus membros usualmente se deparam com pedidos de cumprimento de sentença cuja impugnação, caso venha a ser necessária, depende da explicitação do montante que se entende devido. Para tanto, recorre-se frequentemente à colaboração de contadores, que exercem, então, uma atividade material instrumental

---

[374] De acordo com o artigo 2º, da Lei Federal nº 5.878/1973, "constitui objetivo básico do IBGE assegurar informações e estudos de natureza estatística, geográfica, cartográfica e demográfica necessários ao conhecimento da realidade física, econômica e social do País, visando especificamente ao planejamento econômico e social e à segurança nacional" (BRASIL. Lei nº 5.878, de 11 de maio de 1973).

à atuação processual. É inequívoco, por outro lado, que esse trabalho detém elo direto com a realização do intento produtivo do órgão de advocacia pública, adquirindo posição de essencialidade, sob pena de não admissão da impugnação, nos termos do artigo 535, § 2º, do CPC.

A jurisprudência do Tribunal de Contas da União contribui com o que relatado na Decisão nº 1.248/2002, em que se inspecionou a natureza das atividades de habilitação e formatação de benefícios no sistema de processamento de dados do INSS. Segundo a Corte, essas atividades "fazem parte das atividades-fim do INSS, vez que a concessão do benefício envolve o esclarecimento de direitos, a análise de documentos, a conferência de requisitos e o reconhecimento do direito".[375] Não obstante, o seu caráter instrumental é patente.

Embora não se dirija ao exame das diferenças existentes entre atividades acessórias, instrumentais e complementares, Fernando Vernalha Guimarães se manifesta no sentido da licitude da terceirização de tarefas instrumentais atreladas ao exercício do poder de polícia:

> Assim, por exemplo, nada impedirá que a Administração, no propósito de aferição de metrologia de produtos, cometa a um particular a execução de serviços de avaliação técnico-pericial prévia para esse fim. Da mesma forma, nenhum óbice se põe à avaliação pericial-ambiental por *experts* privados com vistas à deliberação administrativa acerca da adequação e correção do uso do meio ambiente. Também possível será a prestação de alguns serviços gerais de suporte ao funcionamento de estabelecimento prisional por empresa privada. Enfim, a transferência de atividades meramente instrumentais, e geralmente de conteúdo técnico, ao desempenho de competências exclusivas do Estado é admitida em nosso direito.[376]

Como último exemplo, reconheça-se, inicialmente, que a promoção de programas de regularização fundiária é objetivo conferido por lei a diversos órgãos e entidades públicas. A seu turno, sabe-se serem inúmeros os institutos jurídicos previstos para a sua efetivação, sendo que um deles diz respeito à concessão de uso especial para fins de moradia, cujos contornos principais podem ser vistos no artigo 1º da Medida Provisória nº 2.220/2001.

Sucede que, para atingir esse propósito, impõe-se o desempenho de uma série de atividades de caráter instrumental de modo a tornar

---

[375] BRASIL. Tribunal de Contas da União. Decisão nº 1.248/2002.
[376] GUIMARÃES, 2014, p. 386.

possível a avaliação, caso a caso, do preenchimento dos seus requisitos legais, dentre elas, ilustrativamente, serviços de trabalho social e estudos de caráter técnico. Já em instante posterior à regularização, pode ser conveniente complementá-la, por exemplo, mediante a contratação de novos estudos ou de outros serviços sociais com o fim de medir a efetividade social da política pública implementada ou de aperfeiçoá-la perante seus beneficiários. Tudo indica que ambas as tarefas se ligam à própria razão de existência do órgão ou entidade que detenha a referida competência legal, assumindo caráter instrumental ou complementar, conforme o caso.

Vale notar que essas considerações permitem compreender as diferenças entre as disposições do artigo 1º, *caput*, do Decreto Federal nº 2.271/1997 e, agora, do artigo 48, *caput*, da Lei Federal nº 14.133/2021 e o conteúdo do artigo 25, § 1º, da Lei Federal nº 8.987/1995 – declarado constitucional no bojo das ADCs nºs 26 e 57 pelo STF –, similarmente reproduzido no artigo 94, inciso II, da Lei Federal nº 9.472/1997. Utilizando-se da redação conferida ao artigo 25, § 1º, da Lei Federal nº 8.987/1995, note-se que a concessionária do serviço público foi autorizada a "contratar com terceiros o desenvolvimento de atividades inerentes, acessórias ou complementares ao serviço"[377] objeto da anterior delegação.

Veem-se, claramente, duas distinções entre os diplomas normativos. Enquanto o regime jurídico concebido pelo Decreto Federal nº 2.271/1997 e pela Lei Federal nº 14.133/2021 restringe textualmente as terceirizações a meras atividades materiais, a Leis Federais nºs 8.987/1995 e 9.472/1997 não trazem essa limitação. Por outro lado, nestas últimas normativas, o termo "instrumentais" é substituído pelo vocábulo "inerentes", que, segundo De Plácido e Silva, significa "o que vem unido ou o que está ligado à coisa".[378]

Em relação ao primeiro aspecto, a sua justificativa reside – diga-se outra vez – na repartição da gestão dos serviços públicos nos três níveis: a gestão estratégica, a gestão operacional e a execução material. Sob a sistemática imposta pelo Decreto Federal nº 2.271/1997 e pela Lei Federal nº 14.133/2021, a terceirização redunda na transferência pelo Poder Público de atribuições atinentes à mera execução material de uma tarefa. Já à luz da Lei Federal nº 8.987/1995 e da Lei Federal nº 9.472/1997, a concessionária do serviço público – que aufere atribuições

---

[377] BRASIL. Lei nº 8.987, de 13 de fevereiro de 1995.
[378] SILVA, De Plácido e, 2012, p. 738.

relativas à execução material da atividade e à sua gestão operacional – pode terceirizar a prestação do serviço em sua dimensão material, mas, em conjunto, também a sua gestão operacional, passando o terceiro, em todo o caso, a atuar sob a sua responsabilidade.[379]

Por sua vez, a substituição da palavra "instrumentais" por "inerentes" encontra explicação em motivos semelhantes. Na medida em que é franqueado à concessionária do serviço público transferir a terceiros as atividades inerentes ao serviço concedido e que a gestão operacional da atividade é, por certo, inerente à prestação do serviço, não há razão para circunscrever essas terceirizações às atividades-fim de cunho instrumental.[380] Assim, a própria gestão operacional do serviço pode ser objeto de trespasse pela delegatária, naturalmente nos limites das normas regulamentares do serviço prestado, do contrato de concessão e do próprio contrato de natureza privada que venha a ser firmado.

Nessa linha, o STF, no âmbito das ADCs nºs 26 e 57, declarou a constitucionalidade do disposto no artigo 25, § 1º, da Lei Federal nº 8.987/1995, anunciando às concessionárias de serviços públicos a ampla possibilidade de terceirização de suas atividades, na batida das decisões tomadas quando do julgamento do RE nº 958.252 e da ADPF nº 324. Em consonância com o idêntico teor das suas ementas, há de se "reconhecer a constitucionalidade do instituto da terceirização em qualquer área da atividade econômica, afastando a incidência do enunciado sumular trabalhista".[381]

A realidade é que os vocábulos "acessórias", "instrumentais" e "complementares", preditos no artigo 1º do revogado Decreto Federal

---

[379] Maria Sylvia Zanella Di Pietro explica que a contratação de terceiros pela concessionária à luz do artigo 25, § 1º, da Lei Federal nº 8.987/1995 não se baralha com a subconcessão. Segundo traz, "a subconcessão é um contrato celebrado à imagem da concessão a que se vincula. Implica, também a outorga de poderes do subconcedente para o subconcessionário, de tal modo que este assume as mesmas prerrogativas, os mesmos encargos e as mesmas responsabilidades que o subconcedente, nos limites definidos no contrato de concessão. Por isso mesmo a subconcessão se faz por contrato administrativo e não por contrato de direito privado [...]. No caso da contratação de terceiros prevista no art. 25, não há subconcessão; o que a lei prevê é a celebração de contratos de prestação de serviços ou de obras por terceiros; em vez do concessionário exercer diretamente todas as atividades ligadas ao contrato de concessão, ele contrata terceiros para realizar determinadas atividades" (DI PIETRO, 2017, p. 130).

[380] Em sentido contrário, Carlos Roberto de Oliveira: "a subcontratação é negócio jurídico por meio do qual o concessionário contrata com outro agente privado o exercício de determinadas atividades não atreladas ao núcleo do serviço público que lhe foi delegado" (OLIVEIRA, Carlos, 2020, p. 75).

[381] BRASIL. Supremo Tribunal Federal. ADC nº 26.

nº 2.271/1997 e renovados no artigo 48 da Lei Federal nº 14.133/2021, nunca tiveram o condão de restringir as tarefas materiais passíveis de execução indireta. Diferentemente, apenas elucidam os diferentes papéis que a execução material de atividades por terceiros pode assumir na busca pela realização da competência dos órgãos e entes estatais, propondo-se, ainda, a corroborar serem inviáveis, sob a sua regência, os trespasses envolvendo a gestão operacional do serviço.

Nessa esteira, não é possível extrair do artigo 48 da Lei Federal nº 14.133/2021 qualquer empecilho às terceirizações de atividades-fim. Se, antes, o artigo 1º do Decreto Federal nº 2.271/1997 já deveria ter sido lido de modo a reconhecer licitude tanto às terceirizações de atividades-meio quanto às de atividades-fim aventadas pelo Poder Público, a mesma compreensão deve ser afirmada à nova legislação. Deve ser, entretanto, sublinhada a ressalva de que as terceirizações feitas sob esse regime jurídico somente podem agasalhar a execução material do serviço; jamais a sua gestão estratégica ou a sua gestão operacional.[382] Isso não significa dizer que todas as atividades-fim de caráter material sejam licitamente terceirizáveis. Implica falar apenas que, se não o forem, não é pelo fato de estarem alcançadas pela noção de atividades-fim.[383] Em verdade, deve-se abandonar definitivamente o referido parâmetro para se aferir a licitude dos trespasses, inclusive, no campo estatal.

---

[382] Ao examinar o artigo 1º do Decreto Federal nº 2.271/1997, em conjunto com o artigo 10, § 7º, do Decreto-Lei nº 200/1967, Benjamim Zymler explica: "da leitura desses dispositivos, pode-se concluir que o objeto passível de contratação é apenas a realização material de certas atividades (tarefas executivas) mantendo-se sob o domínio exclusivo da Administração as tarefas de gestão, estratégica e tática dessas atividades, a saber: planejamento, coordenação, supervisão e controle" (ZYMLER, 2018, p. 26).

[383] Deve-se ressalvar a hipótese em que eventual legislação específica de certo ente federativo venha a adotar expressamente esse inoportuno crivo, como ocorria no âmbito do Município de São Paulo até janeiro de 2023, à luz do artigo 59, do revogado Decreto Municipal nº 44.279/2003. Cabe, porém, a ponderação de que, além de não derivar de imposição constitucional, tem a inconveniente aptidão de incorporar à análise da licitude da prática terceirizante as dúvidas que, em muitas ocasiões, exsurgem ao se tentar classificar certa tarefa à luz da dualidade "atividades-fim" e "atividades-meio".

CAPÍTULO 4

TERCEIRIZAÇÃO NA ADMINISTRAÇÃO PÚBLICA E O CONCURSO PÚBLICO

Como visto, vigeu por longo período a intelecção cunhada pela Justiça Laboral de que o crivo adequado para medir a licitude das terceirizações consistiria na distinção entre atividades-meio e atividades-fim. Seja com base em entendimento inicialmente emanado da Súmula nº 331 do TST, em equivocada interpretação conferida ao Decreto Federal nº 2.271/1997 ou em razão supostamente extraível diretamente do artigo 37, inciso II, da Constituição, o referido parâmetro foi empregado, também, à atividade estatal.

Sem embargo, a Reforma Trabalhista e as decisões do STF sobre a matéria ensejaram uma mudança drástica na orientação em vigor, tendo sido declarada a legitimidade das terceirizações de atividades-fim, inclusive na órbita do Estado. Significa dizer que, conforme a legislação e a Suprema Corte, os limites da prática não encontram síntese, sequer parcial, na dicotomia difundida pelo TST.

Disso, entretanto, não se pode supor uma autorização para se afirmar aprioristicamente a regularidade ampla dos trespasses em qualquer das debatidas modalidades, tampouco o seu perfeito ajuste ao Texto Constitucional. Deve-se reconhecer tão somente que o critério até então considerado foi tido como imprestável para os fins a que se propunha.

Impende renovar que há apenas duas opções para a execução de uma atividade: a sua materialização por meio do uso de recursos do próprio titular da produção ou a sua exteriorização. A seu turno, essas alternativas podem vir a conter-se reciprocamente, pois, caso seja constatada a inviabilidade ou a obrigatoriedade de implementação de uma delas, a adoção da alternativa contrária pode revelar-se imperativa, salvo se decidir-se pela não efetivação da tarefa.

Essa percepção tem inteira aplicabilidade à realidade estatal. Se houver a necessidade de desempenho de certa atividade e se for identificado um óbice à sua execução por terceiros, a opção disponível resume-se à sua realização direta, sendo a recíproca verdadeira. Não por outro motivo, enquanto foi hegemônico o entendimento de que seria vedada aos órgãos e entes estatais a terceirização de atividades-fim, requeria-se a sua prestação pela via de seus recursos humanos, sob pena de violação ao artigo 37, inciso II, da Constituição.

Com a suplantação desse antigo crivo pela Reforma Trabalhista e pelo STF, emerge a interrogação quanto à existência de outros que sejam aptos a demarcar as fronteiras da licitude das soluções terceirizantes acolhidas pela Administração Pública, sobretudo quanto à maneira pela qual esses trespasses podem condicionar ou ser condicionados pela exigência do concurso público. A solução dessa questão demanda, todavia, algumas considerações preambulares relativas ao regime de pessoal a que se vinculam os entes estatais.

4.1 Cargo, emprego e função

É realmente antiga a atenção do ordenamento pátrio dedicada aos agentes públicos e ao exercício das diferentes atribuições que lhes são pertinentes. Malgrado sem a amplitude atualmente verificada, já se viam referências normativas dirigidas a esse tema desde a promulgação da primeira Constituição do país.[384]

Tal preocupação revela-se não apenas salutar, mas inerente à existência do Estado. Haja vista que a manifestação de vontade deste, mesmo que por intermédio de seus órgãos, demanda o concurso de seus agentes,[385] a conformação jurídica do exercício das respectivas atividades sugere-se inafastável para balizar a própria atuação estatal em prol da coletividade.

Com efeito, a doutrina mais autorizada pontua que a expressão "agentes públicos" predispõe-se a "designar genérica e indistintamente os sujeitos que servem ao Poder Público como instrumentos expressivos de sua vontade ou ação, ainda quando o façam apenas ocasional ou episodicamente".[386] Há, de um lado, aqueles que integram o aparelho

---

[384] ROCHA, Cármen, 1999, p. 58.
[385] MELLO, Celso, 2021, p. 124.
[386] MELLO, Celso, 2021, p. 202.

do Estado e, portanto, os seus quadros de pessoal e, de outro, aqueles que são estranhos à sua intimidade.[387] E, no que toca ao primeiro grupo, adquire importância a noção de quadro funcional.

Na voz de José dos Santos Carvalho Filho, é possível definir "quadro funcional" como "o conjunto de carreiras, cargos isolados e funções públicas remuneradas integrantes de uma mesma pessoa federativa ou de seus órgãos internos".[388] Por sua vez, entende-se por "carreira" o "conjunto de classes funcionais em que os seus integrantes vão percorrendo os diversos patamares de que se constitui a progressão funcional".[389] Já as "classes" "são compostas de cargos que tenham as mesmas atribuições".[390] Por fim, os "cargos" "que compõem as classes são cargos de carreira, diversos dos cargos isolados que, embora integrando o quadro, não ensejam o percurso progressivo do servidor".[391]

Em que pese a utilidade desses ensinamentos, impõe-se complementá-los para permitir uma mais ampla apreensão do assunto. Ao menos em tese, os quadros funcionais não abarcam apenas cargos e funções, mas podem acolher empregos, se tiverem sido criados. Assim, o conceito de "quadro funcional" apresenta-se mais consentâneo, a nosso ver, a partir da ideia de um conjunto de carreiras, cargos e empregos isolados e funções.

Ao lado dessas ponderações, desnuda-se fulcral o sentido a ser reconhecido aos vocábulos "cargos", "empregos" e "funções", referidos em múltiplos dispositivos constitucionais. Diga-se, desde logo, tratar-se de figuras jurídicas pelas quais se vinculam competências a agentes públicos que componham certo quadro de pessoal, ou seja, competências para atuar em nome do Estado.[392]

---

[387] Nessa linha, Celso Antônio Bandeira de Mello propõe classificar os agentes públicos em agentes políticos, agentes honoríficos, servidores estatais e particulares que atuem em colaboração com o Poder Público (MELLO, Celso, 2021, p. 205). A nosso juízo, essa classificação revela-se especialmente útil, dentre outros aspectos, pela inclusão dos trabalhadores vinculados às pessoas jurídicas estatais de direito privado em uma de suas categorias, qual seja, a dos "servidores estatais", formada pelos "servidores públicos" e pelos "servidores das pessoas governamentais de direito privado". Diferentemente de outros autores, que denominam a referida categoria apenas como "servidores públicos" e excluem dessa classificação os agentes vinculados aos entes governamentais de direito privado, a proposta torna possível o exame conjunto de aspectos comuns a ambas as subcategorias; por exemplo, a própria submissão à exigência constitucional do concurso público.

[388] CARVALHO FILHO, 2021, p. 626.

[389] CARVALHO FILHO, 2021, p. 627.

[390] CARVALHO FILHO, 2021, p. 627.

[391] CARVALHO FILHO, 2021, p. 627.

[392] Maria Sylvia Zanella Di Pietro ensina que são três os níveis de distribuição de competências na Administração. Primeiramente, são concedidas aos entes da Federação pela Constituição

Em rigor, têm-se por cargos públicos "as mais simples e indivisíveis unidades de competência a serem expressadas por um agente",[393] consistindo, individualmente, em uma célula ou "lugar instituído na organização do serviço público, com denominação própria, atribuições e responsabilidades específicas e estipêndio correspondente, para ser provido e exercido por um titular, na forma estabelecida em lei".[394]

Como importantes traços distintivos, o ordenamento submete os seus ocupantes a um regime jurídico de trabalho de caráter estatutário, previsto em lei e, portanto, sem caráter contratual. A um só tempo, lhes conferem prerrogativas com o fito de criar-lhes as condições necessárias a uma atuação técnica e impessoal voltada à promoção do interesse público.[395]

Consoante elucida Celso Antônio Bandeira de Mello, "tais proteções representam, na esfera administrativa, função correspondente à das imunidades parlamentares na órbita legislativa e dos predicamentos da Magistratura no âmbito jurisdicional".[396] Dentre elas, destaca-se a estabilidade reconhecida a titulares de cargos efetivos, desde que sejam preenchidos os seus pressupostos jurídicos, o que visa a resguardá-los de dispensas arbitrárias.

Por sua vez, os empregos públicos podem ser definidos como "núcleos de encargos de trabalho permanentes a ser preenchidos por agentes contratados para desempenhá-los".[397] Cada um deles designa, similarmente, "uma unidade de atribuições"[398] constante de um quadro funcional, havendo, porém, particularidades em relação aos cargos públicos.

Note-se, inicialmente, que podem não existir empregos criados em certo âmbito federativo. Ademais, não se arroga direito à estabilidade aos seus titulares, de acordo com a nova redação ofertada ao artigo 41 da Constituição pela EC nº 19/1998. Outrossim, tem pertinência o regime

---

e, ato contínuo, às pessoas estatais de direito público ou de direito privado, mediante lei de cada âmbito federativo. No segundo nível, essas competências são repartidas entre os órgãos que integram as referidas pessoas jurídicas, o que se dá, em geral, por intermédio de lei. Por fim, o terceiro nível é formado pelos agentes públicos, que se tornam titulares das competências então conferidas aos órgãos mediante a sua prévia investidura em cargo, emprego ou função, cuja existência, como regra, também emana de lei (DI PIETRO; MOTTA, 2019, p. 407).

[393] MELLO, Celso, 2021, p. 211.
[394] MEIRELLES, 2012, p. 470.
[395] ZOCKUN, Carolina, 2014, p. 107.
[396] MELLO, Celso, 2021, p. 217.
[397] MELLO, Celso, 2021, p. 212.
[398] DI PIETRO, 2021, p. 685.

jurídico celetista de trabalho, de modo que os vínculos funcionais que lhe são imanentes têm caráter contratual, que, como efeito, não se regem diretamente por lei.

Há, além dessas, outra distinção que, por vezes anunciada, é capitaneada pela doutrina de Celso Antônio Bandeira de Mello. Segundo o autor, aos ocupantes de empregos públicos somente poderia ser atribuída a execução de atividades materiais e subalternas e que, por conseguinte, não pudessem ser prejudicadas pela ausência das prerrogativas típicas dos cargos públicos, notadamente pela inexistência de direito à estabilidade.[399]

Dissentindo parcialmente do professor, Carolina Zancaner Zockun defende que, caso o exercício da competência pública não demande essas prerrogativas, seria obrigatória a adoção do regime de emprego público. Consistiria, assim, em uma relação de autoexclusão recíproca entre os regimes de cargo e de emprego, com campos de importância distintos.[400]

Em outra via, observa-se certa controvérsia sobre a significação mais adequada a ser extraída da palavra "função". De um lado, Maria Sylvia Zanella Di Pietro concede ao vocábulo "um conceito residual: é o conjunto de atribuições às quais não corresponde um cargo ou emprego".[401] À luz dessa concepção, aponta apenas duas funções cuja existência teria autorização constitucional: aquelas exercidas por servidores temporários e as funções de confiança, mencionadas, respectivamente, nos incisos IX e V, de seu artigo 37.[402] Já Celso Antônio Bandeira de Mello as limita exclusivamente às últimas sob a compreensão de que a admissão de servidores temporários daria ensejo à formação de vínculo empregatício.[403]

Deve-se atentar que a questão relativa à amplitude semântica a ser admitida ao termo "funções" aloca-se em posição da mais alta relevância. Considerando que a exigência trazida pelo artigo 37, inciso II, da Constituição se dirige apenas ao provimento de cargos e empregos, interpretar que estaria o legislador autorizado a livremente conceber unidades funcionais assim não identificadas "praticamente aniquilará a regra do concurso público".[404]

---

[399] MELLO, Celso, 2021, p. 216-219.
[400] ZOCKUN, Carolina, 2014, p. 124-125.
[401] DI PIETRO; MOTTA, 2019, p. 409.
[402] DI PIETRO; MOTTA, 2019, p. 410.
[403] MELLO, Celso, 2021, p. 207; 212.
[404] DALLARI, Adilson, 1990, p. 39.

Note-se que, recentemente, o Supremo Tribunal Federal afirmou ser compatível com a ordem jurídica a criação, ao lado das figuras dos cargos e empregos, de funções de residência e de estágio, inclusive sem a sua sujeição ao reclamo do certame público. Em ambos os casos, expôs-se que as suas finalidades educacional e pedagógica, aliadas ao caráter temporário do vínculo formado, serviriam como justificativas adequadas e suficientes para a sua instituição, desde que o processo de seleção seja marcadamente objetivo e impessoal.[405]

Embora nos pareça acertado o entendimento nas hipóteses examinadas e enxerguemos não estar o legislador aprioristicamente impedido de edificar funções autônomas que não se conformem às duas cláusulas constitucionais mencionadas,[406] há de se infligir redobrada atenção à inauguração de unidades de atribuições não aderentes às figuras dos cargos e empregos. Como alertava Adilson Abreu Dallari contemporaneamente à promulgação do Texto de 1988 ao falar da criação de funções autônomas, "aqui está o grande risco de se retornar à situação anterior, de burla à regra do concurso público".[407]

Em paralelo, constata-se um segundo sentido, mais alargado, que, frequentemente, é acoplado à palavra "função". José dos Santos Carvalho Filho, por exemplo, sustenta consistir em mero sinônimo de "atribuição",[408] que, em termos concretos, significa a outorga de competência para a realização das inúmeras tarefas a serem prestadas pelos servidores integrantes do quadro de pessoal.

Com igual dicção, Hely Lopes Meirelles leciona que "todo cargo tem função, mas pode haver função sem cargo".[409] Por coerência, o mesmo pode ser dito quanto aos empregos: a todo emprego se confere função, mas podem existir funções não vinculadas a empregos. Os cargos e empregos, ao serem criados, pressupõem, assim, a indicação das suas correlatas funções,[410] ao passo que algumas funções podem

---

[405] Nessa linha, vejam-se as decisões tomadas nas ADIs n°s 5.477, 5.752, 6.693, 5.803 e 5.387.
[406] Antônio Augusto Junho Anastasia anota: "as funções públicas se aproximam da noção de cargo e emprego públicos, sendo que para seu provimento não é exigida a prévia aprovação em concurso público. Reconhecida, assim, como uma das espécies de posto na Administração pública, para cuja investidura inexiste a obrigatoriedade do prévio concurso público, caberá ao legislador de cada esfera federada definir, de modo mais preciso, a sua natureza" (ANASTASIA, 1990, p. 95).
[407] DALLARI, Adilson, 1990, p. 39.
[408] CARVALHO FILHO, 2021, p. 627.
[409] MEIRELLES, 2012, p. 470.
[410] CARVALHO FILHO, 2021, p. 628.

não ser intrínsecas a nenhum cargo ou emprego, em que pese possam ser ligadas aos seus titulares acidentalmente.[411]
Veja-se ser possível, somente nessa perspectiva, aludir-se a cargos e empregos multifuncionais. Aliás, até as funções, se consideradas como unidades de competências não correspondentes a cargos ou empregos, podem revelar-se multifuncionais. Ilustrativamente, as funções de confiança, a serem "exercidas exclusivamente por servidores ocupantes de cargo efetivo" e que "destinam-se apenas às atribuições de direção, chefia e assessoramento",[412] como definido pelo artigo 37, inciso V, da Constituição, são aptas a serem integradas por múltiplas atribuições. Por exemplo, podem conglobar atribuições de chefia e assessoramento.

De fato, uma interpretação centrada na imbricação lógica entre as palavras "cargos", "empregos" e "funções", enquanto figuras que potencialmente compõem os quadros funcionais, conduz a uma compreensão mais reduzida. Tudo sugere, portanto, ser correto que se lhe dê uma significação residual em relação aos cargos e aos empregos, ou seja, a de núcleo de atribuições que não se ajuste aos contornos conceituais de cargo ou emprego.

Inobstante, há de se ponderar que a conotação mais dilatada – como sinônimo de atribuição – tem importância subsuntiva em relação a variadas normas constitucionais que se referem a cargos, empregos e funções. Veja-se, nessa senda, o disposto no artigo 48, inciso X, da Constituição, que estabelece competir ao Poder Legislativo a "criação, transformação e extinção de cargos, empregos e funções públicas".[413] Em verdade, é inaceitável concederem-se atribuições a titulares de cargos, empregos ou funções (na acepção restrita) por ato que não seja emanado do Parlamento, mesmo que não haja a criação, a transformação ou a extinção de posto formal de trabalho.[414]

Por essa razão, cremos ser apropriado reconhecer o caráter polissêmico do termo "funções" e o acolhimento das duas concepções

---

[411] Cite-se, como exemplo, a Lei Municipal nº 17.224/2019, do Município de São Paulo, que criou a função remunerada de assistente técnico a ser exercida por servidores públicos no âmbito das perícias realizadas judicialmente. Lamentavelmente, porém, concedeu natureza indenizatória a uma verba nitidamente remuneratória, em flagrante burla a normas constitucionais pertinentes.

[412] BRASIL. Constituição da República Federativa do Brasil de 1988, de 5 de outubro de 1988.

[413] BRASIL. Constituição da República Federativa do Brasil de 1988, de 5 de outubro de 1988.

[414] A nosso juízo, são inconstitucionais leis que criem cargos, empregos ou funções sem especificar as suas atribuições ou que o façam de forma genérica, delegando esse mister a ato inferior. Por exemplo, ressoa contrário à Constituição o artigo 9º da Lei Federal nº 10.356/2001, que transferiu ao TCU a competência para definir as atribuições de cargos criados em seu quadro funcional e, ainda, para torná-los multidisciplinares.

pelo ordenamento,⁴¹⁵ devendo ser verificado em cada caso se a norma se refere a uma, a outra ou, porventura, a ambas as significações. Na realidade, certa função (na acepção restrita) de natureza unifuncional se confunde materialmente com a específica função (na acepção ampla) que lhe seja conferida.

Nessa toada, pode-se dizer, de um lado, haver as funções autônomas ou *stricto sensu*,⁴¹⁶ consistentes em unidades de atribuições que, formalmente integrantes dos quadros funcionais, não se amoldem aos conceitos de cargo ou emprego. De outro, devem-se admitir as funções *lato sensu* que, com o sentido de atribuição, são os elementos materiais de todo cargo, emprego e função autônoma e, assim, de todo quadro funcional, outorgando competência ao seu titular para o exercício de tarefas que lhe sejam demandadas.⁴¹⁷

Essas ponderações têm acomodada aderência aos quadros das pessoas governamentais de direito privado, conquanto haja algumas particularidades. Dentre elas, destaca-se a impossibilidade de se referir a cargos, mas apenas à figura dos empregos, que sequer podem ser considerados "públicos", pois dizem respeito a pessoas jurídicas de direito privado. Em outra via, nada impede que se criem funções autônomas nessa órbita, assim como, por óbvio, funções *lato sensu*, relativas às atribuições ínsitas aos empregos e às próprias funções autônomas que, em conjunto, componham os correspondentes quadros funcionais.

Ressalte-se, outrossim, que os titulares desses empregos não podem ser vistos como servidores públicos, tampouco como empregados públicos; no máximo, como servidores estatais ou, simplesmente, empregados,⁴¹⁸ cujo vínculo jurídico-funcional tem natureza contratual,

---

⁴¹⁵ Com razão, Ivan Barbosa Rigolin pondera que, na realidade, existem três sentidos usualmente conferidos à expressão "função pública": a primeira, de atividade pública do Estado, correspondente à própria atuação do Estado em si, por nós referidas anteriormente; a segunda, de competência ou atribuição conferida a servidor; e a terceira, de posto de trabalho existente ao lado dos cargos e empregos (RIGOLIN, 1989, p. 100-101).

⁴¹⁶ A qualificação das funções como autônomas ou *stricto sensu* é utilizada por Ilmar Galvão ao fazer menção às funções de confiança tratadas pelo artigo 37, inciso V, da Constituição Federal (GALVÃO, 2009, p. 501).

⁴¹⁷ Com o fito de alcançar uniformidade terminológica neste trabalho, caso se vise a conferir ao vocábulo "funções" o sentido de "atribuições", se seguirá ao termo a expressão *lato sensu*.

⁴¹⁸ De acordo com José dos Santos Carvalho Filho, "o artigo 173, § 1º, da CF estabelece que empresas públicas e sociedades de economia mista devem sujeitar-se às regras de direito privado quanto às obrigações trabalhistas. São, portanto, empregados normais" (CARVALHO FILHO, 2021, p. 606). Em sentido diverso, Edimur Ferreira de Faria nomina os empregados dos entes estatais de direito privado de "empregados públicos" sob a razão de que, em seu entender, "o emprego público referido no art. 37 da Constituição destina-se

sendo regido basicamente pela CLT.[419] Ainda, os empregos, nessa seara, não auferem as prerrogativas típicas dos cargos públicos, sendo, por conseguinte, impossível aos seus titulares a aquisição da estabilidade prevista no artigo 41 da Constituição.[420]

4.1.1 Espécies de cargos e empregos

De fato, há variadas classificações que, dirigidas aos cargos públicos, se valem de distintos parâmetros de diferenciação. O primeiro a ser ressaltado indica a sua separação em cargos de carreira e cargos isolados e tem como elemento de inflexão a possibilidade de progressão de seu titular em sucessivas classes: apenas os primeiros admitem progressão.

Já a partir de uma segunda proposta de classificação bastante recorrente, podem os cargos ser tidos como políticos ou não políticos em função da qualificação, ou não, de seu ocupante como agente político. O próprio STF confere especial relevância a esse critério de discrímen ao tratar da proibição da prática do nepotismo na seleção do ocupante de cargo em comissão, afastando a pertinência do tema daqueles cargos de caráter político.[421]

Por sua vez, os cargos públicos podem qualificar-se como cargos unifuncionais, caso a legislação lhes tenha concebido uma única função *lato sensu*, ou como cargos multifuncionais, se lhes for relacionada uma pluralidade de atribuições. Enquadram-se no primeiro grupo, por exemplo, aqueles destinados exclusivamente ao exercício da função

---

às empresas públicas e às de economia mista" (FARIA, 2015, p. 202). Por sua vez, Celso Antônio Bandeira de Mello já apontou: "emprego público é emprego na Administração Pública, seja direta ou indireta, manifestada por pessoa de direito público ou de direito privado" (MELLO, Celso, 1995, p. 48).

[419] MELLO, Celso, 2021, p. 214.

[420] A ausência de estabilidade, todavia, não autoriza a dispensa imotivada de empregados das pessoas governamentais de direito privado, mormente quando a sua admissão tiver provindo de anterior aprovação em concurso público. Em relação à Empresa Brasileira de Correios e Telégrafos – ECT, assentou o STF, ao julgar o RE nº 589.998 sob o regime de repercussão geral (= Tema nº 131), a necessidade de expressa motivação em eventual ato de dispensa. Já quando do julgamento do RE nº 688.267, apreciado também sob a sistemática da repercussão geral, o STF aplicou o mesmo entendimento às demais empresas públicas e sociedades economia mista, independentemente da atividade que exerçam (= Tema nº 1.022).

[421] Segundo a Suprema Corte, o óbice proveniente da Súmula Vinculante nº 13 não se aplica a cargos em comissão de caráter político, sendo possível, por conseguinte, a nomeação de cônjuge, companheiro ou parente de Chefe do Poder Executivo para cargos de primeiro escalão. Nessa toada, citem-se as decisões proferidas nas Rcl nºs 6.650, 35.662, 28.024, 30.725 e 29.317. A questão, contudo, pende de resolução sob a sistemática da repercussão geral, reconhecida no âmbito do RE nº 1.133.118 (= Tema nº 1.000).

lato sensu de motorista, de faxineiro ou de ascensorista. No segundo grupo, situa-se, ilustrativamente, o cargo de agente de apoio, existente no Município de São Paulo, que contém inúmeras atribuições, como as de copeiro, porteiro, vigilante, motorista e outras, nos termos da Lei Municipal nº 13.652/2003.

Ademais, os cargos podem ser não disciplinares, unidisciplinares ou multidisciplinares a depender da existência e da eventual aglutinação de funções *lato sensu* de natureza especializada para cujo exercício se exijam específicas e, eventualmente, distintas formações profissionais. Ilustrativamente, os cargos de motorista, de faxineiro e de ascensorista são não disciplinares, pois seu desempenho não requer formação profissional, em que pese possa demandar habilitação especial. Já os cargos de contador, de engenheiro, de arquiteto e de assistente social, se instituídos separadamente, correspondem a cargos unidisciplinares, na medida em que as suas especializadas atribuições postulam formação profissional. Nada obsta, entretanto, a instituição, de maneira reunida, de postos laborais multidisciplinares congregando as referidas atribuições especializadas,[422] como ocorreu no Município de São Paulo, em que houve a criação unificada de cargos multidisciplinares de profissionais de engenharia, arquitetura, agronomia e geologia; portanto, com diferentes especialidades, como definido pela Lei Municipal nº 16.414/2016.

Sem embargo dessas classificações, aquela que se predispõe a elucidar as principais peculiaridades dos cargos públicos à luz da Constituição divide-os em quatro categorias e tem como critério de discrímen a sua vocação para manter-se ocupados por seus titulares. Podem, sob esse crivo, ser afirmados como cargos de provimento eletivo, cargos de provimento vitalício, cargos de provimento efetivo e cargos de provimento em comissão.[423]

---

[422] De forma similar, a Resolução TCU nº 154/2002 entendeu por bem, com amparo no artigo 9º, parágrafo único, da Lei Federal nº 10.356/2001, tornar multifuncionais os cargos de Auditor Federal de Controle Externo e de Técnico Federal de Controle Externo, ambos na Área de Apoio Técnico e Administrativo. Estabeleceu, assim, diversas especialidades vinculadas a formações profissionais específicas. Recentemente, porém, a Resolução TCU nº 154/2002 foi revogada pela Resolução TCU nº 332/2021, que extinguiu todas as especialidades então previstas e, portanto, a multidisciplinaridade dos referidos cargos (v. Acórdão nº 2.440/2021, do Plenário).

[423] O critério é proposto por Celso Antônio Bandeira de Melo, que, todavia, separa os cargos públicos em de provimento em comissão, efetivo e vitalício (MELLO, Celso, 2021, p. 250). Carolina Zancaner Zockun, todavia, lhes acrescenta os cargos de provimento eletivo (ZOCKUN, Carolina, 2014, p. 106).

De fato, os cargos eletivos são aqueles que, a serem preenchidos por agentes políticos escolhidos pelo povo,[424] tendem a ser mantidos pelos seus titulares pelo prazo relativo aos seus mandatos. Já o rompimento abreviado do respectivo vínculo por ato do Poder Público só é possível excepcionalmente, em situações indicadas, sobretudo, no Texto Maior.[425]

É relevante mencionar que os cargos dessa natureza dizem respeito, limitadamente, aos de Presidente da República, de Governadores, de Prefeitos, de seus Vices, de Senadores, de Deputados Federais, de Deputados Estaduais e de Vereadores. Dito em outros termos, alcançam todos os cargos ocupados por agentes políticos, excetuados os Ministros e os Secretários selecionados pelos Chefes dos Poderes Executivos dos diferentes entes federativos, que são nomeados para a investidura em cargos em comissão.[426]

Por sua vez, os cargos vitalícios referem-se àqueles que, após o vitaliciamento de seus titulares, lhes conferem maiores garantias de permanência. Ao menos como regra geral,[427] a perda de cargo dessa natureza após o prazo de vitaliciamento apenas pode ocorrer por meio de processo judicial, como dispõem os artigos 73, § 3º, 95, inciso I, 128, § 5º, inciso I, alínea *a*, do Texto Fundamental.[428]

Cumpre expor que os cargos vitalícios são taxativamente concebidos pela Constituição,[429] abarcando aqueles ocupados por magistrados e pelos membros do Ministério Público e dos Tribunais de Contas. Sublinhe-se que, em relação a estes e aos magistrados de Tribunais,

---

[424] ZOCKUN, Carolina, 2014, p. 106.

[425] O artigo 54 da Constituição explicita as hipóteses de perda de mandato por Deputados e Senadores, igualmente aplicadas aos Deputados Estaduais, conforme seu artigo 27, § 1º. Já os artigos 85 e 86 versam sobre perda do cargo do Presidente da República por crimes comuns e de responsabilidade. Quanto aos crimes de responsabilidade, aufere relevância o disposto na Lei Federal nº 1.079/1950 e, no que se refere a Prefeitos e Vereadores, no Decreto-Lei nº 201/1967.

[426] Tem-se como premissa a adoção da proposta de classificação apresentada por Celso Antônio Bandeira de Mello para a expressão "agentes públicos" e, em especial, para a abrangência dos chamados "agentes políticos" (MELLO, Celso, 2021, p. 205). Em sentido contrário, Hely Lopes Meirelles inclui na categoria relativa aos agentes políticos também os magistrados, membros do Ministério Público e dos Tribunais de Contas, os representantes diplomáticos e outras autoridades que exerçam atribuições governamentais, judiciais ou quase judiciais com independência funcional (MEIRELLES, 2012, p. 79).

[427] Vale ressalvar a possibilidade de perda do cargo mediante a instauração de processo de *impeachment*, por crime de responsabilidade, quanto a certas autoridades, como em relação aos Ministros do STF, nos termos da Lei Federal nº 1.079/1950.

[428] CARVALHO FILHO, 2021, p. 629.

[429] GASPARINI, 2012, p. 327.

o vitaliciamento ocorre desde a data da posse. Quanto aos demais magistrados e aos membros do Ministério Público, pede-se, para tanto, o exercício do posto laboral pelo período de dois anos e o preambular resultado positivo em concurso público.[430]

Em continuidade, os cargos efetivos condizem com aqueles que endereçam garantias de permanência aos seus titulares, mas em menor grau do que se concedem aos cargos vitalícios.[431] Nesse toar, o titular de cargo efetivo que tenha se tornado estável somente pode vir a perdê-lo mediante processo judicial, processo administrativo, procedimento de avaliação periódica de desempenho, consoante o artigo 41 da Constituição, ou, nos termos do seu artigo 169, § 4º, para assegurar o cumprimento dos limites de despesas com pessoal.

Há de se atentar que os cargos efetivos, para cujo preenchimento igualmente se impõe a prévia aprovação em concurso público, constituem a maior parte dos cargos integrantes dos quadros funcionais dos entes estatais de direito público. Caso certo cargo não esteja previsto na Constituição como cargo eletivo ou vitalício, nem se cuide de cargo em comissão, que tem caráter de excepcionalidade, se estará diante de um cargo efetivo.

Por fim, os cargos em comissão são aqueles tidos como de livre nomeação e de livre exoneração, pressupondo, outrossim, a existência de uma relação de confiança entre a autoridade nomeante e o indivíduo nomeado. Como consequência, o seu titular pode vir a deixar o cargo a qualquer tempo em decorrência da simples manifestação do agente competente, havendo, por efeito, uma mínima predisposição de sua retenção pelo seu detentor.[432]

Há de se ressaltar que o seu provimento se vocaciona, necessariamente, ao desempenho de atribuições de direção, chefia e assessoramento, como acena o artigo 37, inciso V, da Constituição. Não se destinam, pois, à realização de atividades genericamente descritas, de natureza técnica, burocrática ou operacional ou que não demandem vínculo de confiança.[433] Já o seu quantitativo deve transparecer uma

---

[430] MORAES, Alexandre de, 2002, p. 210.
[431] CARVALHO FILHO, 2021, p. 629.
[432] ZOCKUN, Carolina, 2014, p. 107.
[433] Previamente à Constituição de 1988, Márcio Cammarosano já expunha: "não há razão lógica que justifique serem declarados de livre provimento e exoneração cargos como os de auxiliar administrativo, fiscal de obras, enfermeiro, médico, desenhista, engenheiro, procurador, e outros mais, de cujos titulares nada mais se pode exigir senão o escorreito exercício de suas atribuições, em caráter estritamente profissional, técnico, livre de quaisquer preocupações ou considerações de outra natureza" (CAMMAROSANO, 1984, p. 96).

proporcionalidade razoável em relação às necessidades a serem supridas e, a um só tempo, ao número de servidores efetivos. Afinal, "a criação de cargos em comissão é exceção à regra de ingresso no serviço público mediante concurso público",[434] como exposto pelo STF em sede de repercussão geral.

Em relação aos empregos públicos, podem eles ser empregos de carreira ou isolados, tendo como critério de discrímen, da mesma forma, a possibilidade de progressão de seu titular em sucessivas classes. Podem ser repartidos em empregos unifuncionais e multifuncionais e em empregos não disciplinares, unidisciplinares e multidisciplinares, a depender, respectivamente, da quantidade de funções *lato sensu* que sejam conferidas por lei aos seus titulares e da existência e da eventual conglobação de uma ou mais disciplinas (ou especialidades).

Não se pode, porém, falar de emprego público qualificável como político, dado que os agentes políticos ocupam, necessariamente, cargos públicos, sejam de caráter eletivo ou em comissão. Por idêntico motivo, inexiste emprego de caráter eletivo, assim como não há empregos vitalícios que tenham sido aventados pelo Texto Fundamental.

Por outro lado, ao menos a maior parte dos empregos públicos consiste em empregos de provimento permanente, cujo preenchimento postula o êxito anterior em provas públicas, como rege o artigo 37, inciso II, da Constituição. Já em relação aos empregos em comissão, a sua existência é mais controvertida, embora de pouca importância concreta em virtude da interpretação historicamente dominante sobre o chamado "regime jurídico único", que, sob um olhar prático, impediu a criação de empregos nos quadros dos entes de direito público.[435]

---

[434] BRASIL. Supremo Tribunal Federal. RE nº 1.041.210 RG.
[435] De acordo com a redação original do artigo 39, *caput*, da Constituição: "a União, os Estados, o Distrito Federal e os Municípios instituirão, no âmbito de sua competência, regime jurídico único e planos de carreira para os servidores da administração pública direta, das autarquias e das fundações públicas" (BRASIL. Constituição da República Federativa do Brasil de 1988, de 5 de outubro de 1988). Sobreveio, então, a EC nº 19/1998, que alterou a redação do referido dispositivo e, como efeito, excluiu a necessidade de instituição do aludido regime jurídico único. Todavia, o STF veio a deferir medida cautelar no bojo da ADI nº 2.135 para suspender a modificação feita ao artigo 39, haja vista a constatação de vício de inconstitucionalidade formal decorrente do não atingimento do *quórum* mínimo para a aprovação, neste ponto, da promulgada emenda constitucional. Dessa forma, encontra-se atualmente em vigor a necessidade de que os entes federativos instituam regime jurídico único. A significação jurídica da expressão "regime jurídico único" está, entretanto, longe de alcançar uniformidade na doutrina. Uma primeira corrente, de cunho notavelmente majoritário, sustenta que a previsão constitucional em questão exprimiria a necessária adoção do regime estatutário e, portanto, do regime inerente aos cargos públicos, de modo que seria impossível a criação de empregos públicos ou sujeição de seus agentes ao regime trabalhista. Nessa linha, veem-se, exemplificativamente, as opiniões de

Sobre o tema, há de se aventar, de um lado, de um posicionamento de que a figura do cargo em comissão esgotaria as possibilidades do exercício de funções *lato sensu* de direção, chefia e assessoramento

Adilson Abreu Dallari (1990, p. 46), de Maria Sylvia Zanella Di Pietro, revendo posição anterior (DI PIETRO, 2021, p. 685), de Antônio Augusto Junho Anastasia (1990, p. 54), de Cármen Lúcia Antunes Rocha (1999, p. 124-133) e de Edimur Ferreira da Faria (2015, p. 203). Ao mesmo tempo, há quem entenda que o regime jurídico único em cada esfera federativa poderia ser livremente escolhido pelo próprio ente. Seria, portanto, permitida a eleição do regime estatutário ou do regime celetista, embora de modo uniforme para toda a Administração direta, para as autarquias e para as fundações de direito público que lhe estivessem vinculadas. Revela-se partidário dessa compreensão José dos Santos Carvalho Filho (2021, p. 622). A seu turno, vê-se uma terceira linha de defesa que acolhe, igualmente, a interpretação de que haveria a possibilidade de escolha entre o regime estatutário ou o regime trabalhista. No entanto, assevera que essa escolha poderia ser feita de forma repartida em relação à Administração direta, às autarquias e às fundações de direito público em um mesmo âmbito federativo. É o que lecionam Toshio Mukai (1989b, p. 62) e Ivan Barbosa Rigolin (1989, p. 123). Finalmente, mencione-se haver entendimentos de que a unicidade do chamado "regime jurídico único" não diria respeito à dicotomia entre "regime estatutário" e "regime trabalhista", mas, sim, à realidade inerente aos diferentes organismos integrantes de determinado ente da Federação. Encabeçando essa corrente, Celso Antônio Bandeira de Mello traz que seria inafastável adotar-se idêntico regime jurídico para a Administração direta, para as autarquias e para as fundações de direito público atreladas a certa circunscrição federativa. Por exemplo, seria vedado que o exercício de atividades de mesma natureza fosse submetido, na Administração direta, ao regime estatutário e, na Administração Pública indireta, ao regime trabalhista. Segundo o autor, o regime estatutário seria parcialmente obrigatório, próprio dos cargos públicos e imperioso ao exercício de atividades que exijam as prerrogativas que lhes são imanentes. Já os empregos públicos poderiam, ou não, existir, mas a sua criação se adstringiria, necessariamente, ao exercício de atividades materiais subalternas (MELLO, Celso, 1995, p. 88-95). Divergindo pontualmente, Carolina Zancaner Zockun propugna que o regime estatutário ínsito aos cargos públicos somente poderia ser utilizado se as prerrogativas típicas dos cargos fossem necessárias para o adequado desempenho de suas atribuições. Caso contrário, a adoção do regime trabalhista e o provimento de empregos públicos para esse fim seriam medidas indeclináveis (ZOCKUN, Carolina, 2014, p. 124-125). Vale trazer, ainda, que, de acordo com parte da doutrina, o regime jurídico único teria uma exceção constitucional: para os servidores temporários, haveria um regime especial que lhes seria aplicável e que, portanto, conviveria com o regime jurídico único. É o que expõem Maria Sylvia Zanella Di Pietro (2021, p. 685) e José dos Santos Carvalho Filho (2021, p. 622). Já Antônio Augusto Junho Anastasia defende que não haveria a aludida exceção, pois, nesses casos, "sendo administrativo o contrato, basta a lei referida declarar que o contratado não se trata de servidor, para afastá-lo do regime único, bem como para não permitir o surgimento de uma exceção à unicidade tão duramente conquistada. Será, pois, contrato administrativo de prestação de serviços, que não gera vínculo funcional entre o contratado, mero profissional autônomo, e o Poder Público" (ANASTASIA, 1990, p. 96). Finalmente, impõem-se duas breves considerações, em prestígio à jurisprudência recente do STF. Primeiramente, diga-se que, no início de 2020, a Suprema Corte decidiu que "compete a cada Ente federativo estipular, por meio de lei em sentido estrito, o regime jurídico de seus servidores, escolhendo entre o regime estatutário ou o regime celetista" (BRASIL. Supremo Tribunal Federal. ADI nº 5.615). Aparentemente, portanto, aderiu à corrente sufragada por José dos Santos Carvalho Filho, acima delineada. Já em razão do julgamento da ADI nº 5.367, da ADC nº 36 e da ADPF nº 367, deliberou que os Conselhos Profissionais não se sujeitam ao regime jurídico único previsto pela União Federal. Sob esse fundamento, declarou a "constitucionalidade da legislação que permite a contratação no âmbito dos Conselhos Profissionais sob o regime celetista" (BRASIL. Supremo Tribunal Federal. ADI nº 5.367).

no âmbito dos entes de direito público, ressalvadas as funções de confiança "exercidas exclusivamente por servidores ocupantes de cargo efetivo" e que "destinam-se apenas às atribuições de direção, chefia e assessoramento",[436] conforme dispõe o artigo 37, inciso V, do Texto Fundamental. Assim, não haveria espaço para a criação de empregos públicos em comissão nessa seara.

Carlos Ari Sundfeld e Rodrigo Pagani de Souza, entretanto, ponderam que a expressão "cargo em comissão", constante do artigo 37, incisos II e V, da Constituição, teria a significação genérica de "posto de trabalho", de maneira que não se obstaria a criação de empregos em comissão, ou seja, de postos de trabalho em comissão sob regime de emprego, inclusive no âmbito dos entes estatais de direito público.[437]

Sustentam, ademais, que a legislação seria pródiga em menções a "cargo" sem que houvesse uma real preocupação voltada ao regime de trabalho aplicável, de modo que seria "um equívoco supor que a referência normativa a cargos queira sempre designar, necessariamente, postos sujeitos ao regime estatutário".[438] Ainda, mencionam o ADCT, que, em seu artigo 19, § 2º, faz referência a "empregos de confiança ou em comissão"[439] no âmbito da Administração direta, autárquica e fundacional,[440] a corroborar a sua pertinência a esse campo.

Noutro giro, cabem algumas reflexões sobre os empregos existentes nos quadros funcionais das pessoas governamentais de direito privado, que – deve-se renovar – não devem ser qualificados como empregos públicos, mas como simples empregos. Podem constituir-se como empregos de carreira ou isolados,[441] unifuncionais ou multifuncionais e não disciplinares, unidisciplinares ou multidisciplinares, não havendo, contudo, empregos de caráter político, tampouco de sua caracterização como eletivo ou vitalício. Ademais, vê-se que a grande maioria dos empregos nesses quadros correspondem, necessariamente, a empregos de provimento permanente, ou, nas palavras de José dos Santos Carvalho Filho, a empregos efetivos,[442] cuja investidura[443] requer a prévia aprovação em concurso público.

---

[436] BRASIL. Constituição da República Federativa do Brasil de 1988, de 5 de outubro de 1988.
[437] SUNDFELD; SOUZA, 2006, p. 33-34.
[438] SUNDFELD; SOUZA, 2006, p. 34.
[439] BRASIL. Constituição da República Federativa do Brasil de 1988, de 5 de outubro de 1988.
[440] SUNDFELD; SOUZA, 2006, p. 35.
[441] GASPARINI, 2012, p. 222.
[442] CARVALHO FILHO, 2021, p. 634-635.
[443] Esclareçam-se, desde já, os sentidos das palavras "investidura" e "provimento". Segundo Maria Sylvia Zanella Di Pietro, "provimento é o ato do poder público que designa para ocupar cargo, emprego ou função a pessoa física que preencha os requisitos legais.

Já a polêmica atinente à existência de empregos em comissão ao lado dos empregos efetivos aufere, nessa seara, maior relevância. Há quem entenda, como Lucas Rocha Furtado, pela ilicitude da criação dessas figuras no âmbito das pessoas governamentais de direito privado, sob o motivo de que não haveria autorização constitucional expressa nesse sentido. Por conseguinte, excetuados os seus dirigentes, que seriam regidos pelas normas de direito comercial, todos os seus empregados dependeriam, para adquirirem essa qualidade, da anterior aprovação em concurso público.[444]

Em sentido contrário, Ilmar Galvão defende que "o emprego de confiança (ou emprego em comissão) é inerente à organização da empresa estatal, e que sua contratação não tem por pressuposto a aprovação em concurso público".[445] Pondera, na sequência, que, como ocorre com os cargos em comissão nos entes de direito público, a sua ocupação poderia se dar por alguém externo aos quadros permanentes de pessoal ou por certo empregado que dele faça parte; ou seja, poderiam ser privativos ou não de empregados concursados.[446]

Em similar direção, Carlos Ari Sundfeld e Rodrigo Pagani de Souza salientam que a regra geral consiste na realização de certame público para o preenchimento dos empregos existentes no âmbito das pessoas governamentais de direito privado. No entanto, afirmam que "dele estarão isentas, à semelhança da Administração direta e autárquica, quando o posto for de direção, chefia e assessoramento. Em outros termos, nas empresas estatais também pode haver cargo em comissão – obviamente sob o regime de emprego".[447] Ressalte-se, como se expôs, a compreensão dos referidos autores de que o termo "cargo", nesse debate, deve ser lido como mero sinônimo de "posto de trabalho".

Distingue-se da investidura, que é o ato pelo qual o servidor público é investido no exercício do cargo, emprego ou função, abrangendo a posse e o exercício. O provimento constitui ato do Poder Público, enquanto a investidura constitui ato do servidor; o primeiro constitui condição para que ocorra a segunda" (DI PIETRO, 2021, p. 756). Em sentido parcialmente divergente, José dos Santos Carvalho Filho qualifica a investidura como operação complexa que, contudo, abrangeria apenas o ato de provimento e o ato de posse. Já o exercício consistiria em fato jurídico superveniente, que "só se legitima na medida em que se tenha consumado o processo de investidura" (CARVALHO FILHO, 2021, p. 637-638). Em idêntico sentido, Cármen Lúcia Antunes Rocha (ROCHA, Cármen, 1999, p. 226; 229-230). Exponha-se que o presente trabalho adere a essa última explanação.

[444] FURTADO, 2016, p. 175.
[445] GALVÃO, 2009, p. 508.
[446] GALVÃO, 2009, p. 508.
[447] SUNDFELD; SOUZA, 2006, p. 36.

Na mesma linha, Alexandre de Moraes manifesta-se pela desnecessidade de aprovação em concurso público para os núcleos de trabalho existentes nessas entidades cujo provimento demande a caracterização de relação de confiança.[448] Também Adilson Abreu Dallari sustenta que, "para as funções de confiança, de direção, incompatíveis com a escolha de seus ocupantes mediante concurso público, aplicar-se-ão as regras próprias da empresa privada, inclusive da CLT, quando for o caso".[449] Já Fabrício Motta defende que "não se pode deixar de reconhecer a possibilidade da criação de empregos em comissão, a ser providos mediante critérios próprios estabelecidos no estatuto da empresa".[450]

A nosso ver, deve-se conferir razão a essa última corrente, que, ao que tudo indica, revela-se majoritária. Não nos parece razoável oferecer às entidades de direito público flexibilidade para nomear em comissão indivíduos para exercer atribuições de direção, chefia e assessoramento e, logo, nas entidades que se submetem a regime mais maleável e aproximado ao da iniciativa privada, engessar a gestão de pessoal, em franco prejuízo à perscrutação de seus fins institucionais.[451]

Não obstante, esses empregos em comissão devem observar, por simetria, as balizas previstas no artigo 37, inciso V, da Constituição, destinando-se, adstritamente, ao desempenho de atividades de direção, chefia e assessoramento.[452] Não se prestam, portanto, ao exercício de atribuições genéricas, de natureza técnica, burocrática ou operacional, tampouco que não dependam de vínculo de confiança. Ainda, o seu quantitativo deve ser proporcional às necessidades a serem supridas e ao número total de empregados. Afinal, a regra geral de admissão de pessoal se mantém incólume: o ingresso pela via concursal.[453]

---

[448] MORAES, Alexandre de, 2002, p. 151.
[449] DALLARI, Adilson, 1990, p. 38.
[450] DI PIETRO; MOTTA, 2019, p. 277.
[451] A jurisprudência do TCU aparenta caminhar nessa mesma direção (v. Acórdão nº 1.557/2005 do Plenário).
[452] FERREIRA, 2002, p. 413.
[453] O Tribunal de Contas da União já assentou: "a criação desses empregos está sujeita aos princípios da moralidade, da impessoalidade e tem que ser aprovada pelas instâncias competentes. Além disso, eles devem estar restritos a funções de chefia, direção e assessoramento. No caso em tela, constata-se que foram criados dois cargos por diretor (são seis as diretorias). Considero que esse número se situa dentro de um patamar de razoabilidade, não se vislumbrando que tenha havido algum intuito de burla à regra geral do concurso público" (BRASIL. Tribunal de Contas da União. Acórdão nº 1.557/2005).

4.1.2 Criação, transformação e extinção de cargos, empregos e funções

Como exposto, o artigo 48, inciso X, da Constituição estipula caber ao Congresso Nacional, com a sanção do Chefe do Poder Executivo, a "criação, transformação e extinção de cargos, empregos e funções públicas, observado o que estabelece o art. 84, VI, b".[454] São inovações jurídicas em relação às quais se exige, *a priori*, a atuação do legislador: na criação, formam-se novos cargos, empregos ou funções; na extinção, cargos, empregos ou funções previamente existentes são alvo de eliminação; e, na transformação, há a extinção de cargos, empregos ou funções e a simultânea criação de outras unidades de atribuição.[455]

Além da necessária atenção às regras relativas à iniciativa legislativa assentadas na Constituição, consiste em aspecto de inequívoca importância o instrumento pertinente à criação, transformação ou extinção de cargos, empregos e funções na seara estatal. Em geral, a sua veiculação deve ocorrer por meio de lei. No entanto, há exceções constantes do próprio Texto Fundamental, aplicáveis, por simetria, a todos os níveis da Federação.[456]

Em rigor, a primeira delas refere-se à espécie normativa a ser utilizada pelo Poder Legislativo para criar, transformar ou extinguir cargos, empregos e funções atinentes aos seus serviços administrativos. Haja vista a competência privativa exposta nos artigos 51, inciso IV, e 52, inciso XIII, da Constituição, cabe às resoluções editadas por cada Casa atuar nesse sentido.[457]

Já a segunda exceção é prevista no artigo 84, inciso XXV, do Texto Maior. Diz respeito à possibilidade de o legislador enunciar parâmetros a serem empregados pelo Chefe do Poder Executivo para, por ato próprio, "extinguir os cargos públicos federais, na forma da lei".[458] Cuida-se de ato que assume caráter marcadamente secundário, devidamente circunscrito pela lei que estabeleceu os critérios para o ato concreto de extinção, que, por sua vez, pode ser objeto de delegação, como acena o parágrafo único do mesmo artigo 84.

Nesse contexto, a locução "cargos públicos" deve ser lida de forma abrangente, ou seja, como postos de trabalho, de modo a

---

[454] BRASIL. Constituição da República Federativa do Brasil de 1988, de 5 de outubro de 1988.
[455] CARVALHO FILHO, 2021, p. 632.
[456] CARVALHO FILHO, 2021, p. 632.
[457] MELLO, Celso, 2021, p. 250.
[458] BRASIL. Constituição da República Federativa do Brasil de 1988, de 5 de outubro de 1988.

alcançar não só cargos, mas, por igual, empregos e funções. Seria um enorme apego à literalidade recomendar a intelecção de que o Poder Legislativo não poderia dispor, nos termos do artigo 84, inciso XXV, da Constituição, acerca de empregos e funções, mas apenas de cargos. Sublinhe-se que, embora o artigo 84, inciso XXV, do Texto Fundamental se refira especificamente às competências do Chefe do Poder Executivo e genericamente à órbita federal, a independência do Poder Judiciário e as autonomias do Ministério Público, da Defensoria Pública e dos Tribunais de Contas impõem a interpretação de que não cabe ao legislador conceder ao Poder Executivo a competência para extinguir cargos, empregos e funções pertinentes às nomeadas instituições. Essa competência só pode ser a elas atribuída.

Por sua vez, a terceira hipótese guarda relação com o descrito no artigo 84, inciso VI, alínea *b*, da Constituição, como ressalvado no seu próprio artigo 48, inciso X. Segundo a norma, introduzida pela EC nº 32/2001, franqueia-se ao Chefe do Poder Executivo "dispor, mediante decreto, sobre [...] extinção de funções ou cargos públicos, quando vagos".[459] Mencione-se, desde logo, que essa competência não somente é relevante à órbita da União, mas, por simetria, também às demais esferas federativas.[460]

Na linha da ponderação anterior, deve-se reconhecer que, quando vagos, autoriza-se, por intermédio de decreto, a deleção não só de cargos e funções, mas, outrossim, de empregos, embora essa palavra não tenha sido textualmente mencionada. Com mais razão, inexiste justificativa para ser obstado o exercício da prerrogativa tão somente quando se estiver diante de empregos públicos, limitando-a a cargos e funções.[461]

Diga-se, em continuidade, que essa competência pode ser delegada, como autorizado pelo artigo 84, parágrafo único, do Texto Fundamental. Ainda, revela-se incogitável que o Poder Executivo extinga cargos, empregos ou funções vagas no âmbito do Poder Judiciário, do Ministério Público, da Defensoria Pública e dos Tribunais de Contas. Cabe a essas instituições fazê-lo por meio de seus órgãos competentes.[462]

---

[459] BRASIL. Constituição da República Federativa do Brasil de 1988, de 5 de outubro de 1988.
[460] MODESTO, 2010, p. 09.
[461] OLIVEIRA, José, 2014, p. 433.
[462] Note-se que o Plenário do TCU já declarou em processo de extinção, mediante resolução, as especialidades de enfermagem e de nutrição do cargo de auditor federal de controle externo e a especialidade de enfermagem do cargo de técnico de controle externo, consoante a Resolução TCU nº 289/2017 (v. Acórdão nº 1.886/2017), bem como, posteriormente, a especialidade de engenharia, nos termos da Resolução TCU nº 296/2018 (v. Acórdão nº 826/2018), e a de medicina, mediante a Resolução TCU nº 302/2018

Há, contudo, algumas sensíveis diferenças para o disposto no inciso XXV. Em primeiro lugar, emana da norma *in comento* um requisito adicional à sua perfeita aplicação: é necessário que haja a anterior vacância[463] da unidade funcional. Ademais, o ato extintivo não detém natureza secundária. Cuida-se de ato de efeitos concretos[464] que, fundado diretamente na Constituição, se vocaciona a alterar o conteúdo de uma lei, também de efeitos concretos, que, preteritamente, tenha criado o cargo, o emprego ou a função a ser atingida.

Em paralelo ao claro objetivo imanente à própria alteração constitucional de tornar desnecessária a atuação do Legislativo para extinguir postos laborais em caso de sua prévia vacância, convém indagar quais as implicações, quiçá os implícitos motivos, da modificação infligida ao artigo 84, inciso VI, da Constituição pela EC nº 32/2001.

Nesse diapasão, pode-se aventar de um interesse existente à época de criar um meio para que esforços de governos mais preocupados com a contenção dos gastos com pessoal e, assim, com a questão fiscal pudessem surtir efeitos para além do término dos respectivos mandatos. Caso munida desse intento, passou-se a franquear à Administração Pública dar um passo adicional ao mero não provimento de postos laborais vagos e decidir extingui-los.

Note-se que os efeitos de uma decisão tomada nessa linha não se adstringem a não contrair novos gastos em dado período. Mais do que isso, retira-se de futuros governantes a prerrogativa de admitir novos servidores mediante a simples investidura em cargos, empregos ou funções vagas, ante a sua prévia supressão. Aliás, qualquer intenção posterior de incrementar numericamente os quadros de pessoal torna

---

(v. Acórdão nº 2.683/2018), ambos do cargo de auditor federal de controle externo. Em que pese seja passível de defesa que essa atuação do Tribunal de Contas da União teria amparo no artigo 9º da Lei Federal nº 10.356/2001, que conferiu ao TCU a competência de definir as atribuições dos referidos cargos e, ainda, de eventualmente decidir torná-los multidisciplinares, tudo indica que o seu fundamento primeiro deriva da Lei Maior, mais propriamente do seu artigo 84, inciso VI, alínea *b*. Em outra oportunidade, a Segunda Câmara do TCU considerou lícito ato da Presidência do TRT de Campinas que submeteu a processo de extinção, dentre outras especialidades inerentes ao cargo de técnico judiciário, a especialidade de transportes (v. Acórdão nº 6.753/2011).

[463] De acordo com José dos Santos Carvalho Filho, "vacância é o fato administrativo-funcional que indica que determinado cargo público não está provido, ou, em outras palavras, está sem titular" (CARVALHO FILHO, 2021, p. 640). Pontue-se que, a nosso juízo, deve-se reconhecer que a vacância se relaciona não apenas a cargos, mas, também, com empregos e funções, na linha do exposto por Maria Sylvia Zanella Di Pietro. Discordamos, porém, da autora ao conferir à vacância o sentido de "ato administrativo pelo qual o servidor é destituído do cargo, emprego ou função" (DI PIETRO, 2021, p. 760).

[464] DI PIETRO, 2021, p. 106.

cogente a recriação das unidades atingidas, o que demanda o aval do Parlamento, como expõe o artigo 48, inciso X, do Texto Fundamental.[465] Há, porém, um segundo aspecto com singular relevância, em especial, para o tema abordado. Representando um avanço em relação ao que dispunham o artigo 15, incisos I e II, do Decreto Federal nº 74.448/1974[466] e a Súmula nº 97 do TCU,[467] o Decreto Federal nº 2.271/1997 já estabelecia, em seu artigo 1º, § 2º, estar obstaculizada a terceirização de "atividades inerentes às categorias funcionais abrangidas pelo plano de cargos do órgão ou entidade, salvo expressa disposição legal em contrário ou quando se tratar de cargo extinto, total ou parcialmente, no âmbito do quadro geral de pessoal";[468] ou seja, estatuiu-se exceção à referida proibição vinculada à hipótese de anterior extinção total ou parcial dos postos laborais cujas atribuições agasalhassem o exercício da atividade aventada.

Sob esse escudo normativo, viu-se não ser incomum, antes da EC nº 32/2001, o encaminhamento de projetos de lei ao Congresso Nacional ou a edição de medidas provisórias, no campo do Poder Executivo, com o fito de extinguir parcialmente certo cargo com a finalidade de viabilizar a terceirização de determinada atividade. Em certa ocasião, o TCU submeteu projeto de lei que, dentre outras finalidades, suprimia a atribuição de copeiro do cargo de Auxiliar Operacional de Serviços Diversos com o explicitado objetivo de terceirizar a tarefa.[469] Já o

---

[465] Trata-se, pois, de matéria ligada à responsabilidade fiscal. O Chefe do Poder Executivo pode, por exemplo, após exonerar os seus titulares e mediante decreto, extinguir cargos em comissão e funções de confiança com vistas a reduzir as despesas com pessoal aos limites previstos na Lei de Responsabilidade Fiscal, caso tenham eles sido ultrapassados. É o que se extrai de uma leitura conjunta do artigo 84, inciso VI, alínea b, da Constituição, do artigo 169, § 3º, inciso I, do mesmo Texto Maior, e do artigo 23, § 1º, da LRF.

[466] BRASIL. Decreto nº 74.448/1974, artigo 15, incisos I e II: "A partir da data da publicação dos atos de implantação do Plano de Classificação de Cargos em Ministérios, Órgão integrante da Presidência da República, Órgão Autônomo ou Autarquia federal, fica proibida, para o desempenho das atividades inerentes à Categoria ou Categorias implantadas: I – a utilização de serviços retribuídos mediante recibo; II – a lotação de serviços com pessoas jurídicas, ressalvada a hipótese prevista no parágrafo único do artigo 3º, da Lei nº 5.645, de 10 de dezembro de 1970".

[467] Súmula nº 97 do TCU: "Ressalvada a hipótese prevista no parágrafo único do art. 3º da Lei nº 5.645, de 10/12/70 (Decreto lei nº 200, de 25/02/67, art. 10, §§ 7º e 8º), não se admite, a partir da data da publicação do ato de implantação do novo Plano de Classificação e Retribuição de Cargos do Serviço Civil da União e das autarquias, a utilização de serviços de pessoal, mediante convênios, contratos ou outros instrumentos, celebrados com Fundações ou quaisquer entidades públicas ou privadas, para o desempenho de atividades inerentes às categorias funcionais abrangidas pelo referido Plano".

[468] BRASIL. Decreto nº 2.271, de 7 de julho de 1997.

[469] Quanto ao âmbito administrativo do próprio TCU, vê-se que, no Acórdão nº 99/2001, foi debatida a possibilidade de terceirizar a atividade de copeiragem no período em que se

Presidente da República editou a Medida Provisória nº 1.606-20/1998, posteriormente convertida na Lei Federal nº 9.632/1998, com o expresso desiderato de iniciar processo de extinção de certos cargos e, em uma batida, de legitimar o trespasse da execução de tarefas alcançadas pelas suas atribuições legais, conforme o seu artigo 2º.

Veja-se que ambos os exemplos se deram previamente à inclusão da alínea *b* ao inciso VI do artigo 84 da Constituição. Até esse momento, a aprovação pelo Parlamento da deleção total ou parcial de cargo, emprego ou função era condição *sine qua non* para possibilitar a perfeita subsunção fático-jurídica à inteligência veiculada no Decreto Federal nº 2.271/1997.

Sucede que, posteriormente à EC nº 32/2001, a atuação do Congresso Nacional tornou-se supérflua, porquanto o Poder Executivo, por simples decreto, e o Poder Judiciário, o Ministério Público, a Defensoria Pública e os Tribunais de Contas, pela edição de atos próprios, passaram a ter competência para instaurar processos de extinção de seus postos laborais e, como efeito, para decidir autonomamente sobre a conveniência e a oportunidade de terceirizar atividades que, até então, fossem executadas pelos seus titulares.[470]

Embora não se possa afiançar ter sido esse o principal escopo da modificação constitucional, tampouco um objetivo que tenha sido conscientemente ventilado, o Poder Reformador criou as condições necessárias para que esse processo de extinção de unidades funcionais vinculado às sucessivas vacâncias – que já se entendia como pressuposto para possibilitar a terceirização das correspondentes atividades – pudesse ocorrer de forma distanciada do campo de deliberação do Poder Legislativo.

Em vias de conclusão, deve-se trazer a questão atinente à criação, transformação e extinção de empregos e funções relativas aos quadros funcionais dos entes governamentais de direito privado, sejam eles empregos efetivos ou, para quem os reconhece, empregos em comissão. Trocando em miúdos, há de se questionar se a mencionada exigência de lei alcança as empresas estatais e as fundações de direito privado instituídas pelo Poder Público.

---

aguardava a aprovação de projeto de lei já encaminhado com vistas a extinguir a referida atribuição ligada ao cargo de Auxiliar Operacional de Serviços Diversos, o que apenas se deu posteriormente, com a edição da Lei Federal nº 10.356/2001 (BRASIL. Tribunal de Contas da União. Acórdão nº 99/2001).

[470] Maria Sylvia Zanella Di Pietro salienta, à luz do Decreto Federal nº 2.271/1997, que, para a terceirização de certa atividade, "basta o Poder Executivo ir extinguindo cargos ou plano de cargos (já que a Constituição não exige lei para esse fim)" (DI PIETRO, 2018, p. 159).

Conquanto se dirija especificamente às primeiras, vê-se, de um lado, o posicionamento encabeçado por Celso Antônio Bandeira de Mello a sustentar que o artigo 48, inciso X, da Constituição, ao tratar de empregos públicos, alcançaria também os empregos pertinentes a esses entes estatais de direito privado. Segundo o autor, "a regra para a criação de seus empregos, similarmente ao que ocorre com a criação de cargos e empregos na Administração direta, é a de que terão de ser criados por lei".[471]

Em outra ponta, Carlos Ari Sundfeld e Rodrigo Pagani de Souza opinam que os postos de trabalho relativos a esse campo devam ser balizados pela lei que autorizou a instituição do ente, na forma do artigo 37, incisos XIX e XX, da Constituição, mas que a sua criação se dá por deliberação própria, nos termos do seu estatuto social.[472] Já em momento posterior, ressaltam que, "havendo lei autorizativa, as empresas estatais são criadas por atos infralegais. Trata-se de mais um indício do quão insensata seria a suposição de que todo o seu quadro de pessoal teria que ser criado e perfeitamente discriminado pela lei".[473]

Em alinhamento a essa compreensão, Ilmar Galvão afasta a aplicabilidade aos empregos concebidos nessa seara do disposto no artigo 61, § 1º, inciso II, alínea *a*, do Texto Fundamental. De acordo com o ex-Ministro do Supremo Tribunal Federal, trata-se de matéria a ser disciplinada por ato interno da entidade, pois, "se a norma citada refere exclusivamente cargos, funções e empregos da Administração direta e autárquica, é fora de dúvida que não estão por ela abrangidos os empregos e funções das empresas estatais".[474]

Há de se atentar que essa orientação, que nos aparenta mais consentânea com as normas constitucionais, é perfilhada pelo TCU[475] e por diversos autores, como Sérgio de Andréa Ferreira,[476] José dos Santos Carvalho Filho[477] e Diogenes Gasparini. Segundo este, "os empregos, as classes e as carreiras são criados e regulados mediante atos da diretoria da entidade governamental. Não há, assim, necessidade de lei para essas finalidades".[478]

---

[471] MELLO, Celso, 2021, p. 185.
[472] SUNDFELD; SOUZA, 2006, p. 38-39.
[473] SUNDFELD; SOUZA, 2006, p. 39.
[474] GALVÃO, 2009, p. 510.
[475] Veja-se, nesse diapasão, o que deliberado pelo Plenário do TCU na Decisão nº 158/2002.
[476] FERREIRA, 2002, p. 408.
[477] CARVALHO FILHO, 2021, p. 634-635.
[478] GASPARINI, 2012, p. 222.

4.1.3 Formas de extinção de cargos, empregos e funções

Assentados esses aspectos, é preciso tecer considerações sobre as formas de extinção de cargos, empregos e funções, independentemente de seu embasamento constitucional, ou seja, de ser efetivada diretamente pelo Parlamento, à luz do artigo 48, inciso X, autorizada pelo legislador, com supedâneo no seu artigo 84, inciso XXV, ou promovida no âmbito da Administração, com amparo no artigo 84, inciso VI, alínea b, todos da Constituição.

Com efeito, uma primeira classificação que se propõe permite separar as extinções entre formais e materiais, considera o seu específico objeto e tem como enfoque certo cargo, emprego ou função. As extinções *formais* correspondem, sob esse crivo, àquelas que eliminam a própria célula de atribuições de certo quadro funcional. Enquanto isso, as extinções *materiais* dirigem-se a reduzir o conteúdo da unidade funcional, voltando-se os olhos para as suas atribuições.

Perceba-se que as extinções formais acarretam, necessariamente, a supressão de todas as atribuições e de eventual especialidade atrelada ao posto de trabalho. Engendram, portanto, implicitamente, a integral extinção material do cargo, emprego ou função versada. A recíproca, entretanto, não é verdadeira. Malgrado se revele uma impropriedade a criação ou a subsistência de cargo, emprego ou função sem atribuição alguma, um ato superveniente que elimine, até mesmo, a universalidade de suas atribuições pode manter virtualmente hígida a célula funcional, ainda que eivada de insignificância material.

Por consistir em aspecto da mais especial importância, há de se atentar para a possibilidade de que as extinções materiais de cargos, empregos e funções sejam implementadas ao menos de três maneiras distintas, que, com fins estritamente didáticos, podem ser identificadas a partir de três eixos diferentes: um eixo vertical (ou funcional), um eixo horizontal (ou orgânico) e um eixo transversal (ou disciplinar).

Em rigor, as extinções materiais no eixo *vertical* (ou funcional) são aquelas que tenham por objetivo extirpar por completo uma ou mais atribuições conferidas a cargo, emprego ou função. Como é intuitivo, apenas adquire efetiva relevância no que diz respeito a postos laborais de natureza multifuncional e que venham a sofrer a supressão de parcela de suas atribuições, haja vista a inutilidade de núcleos unifuncionais ou multifuncionais cujas atribuições venham a ser integralmente excluídas.

Note-se que, muitas vezes, instituem-se cargos, empregos e funções autônomas que, por opção legislativa, abarcam diferentes funções *lato sensu*, que, entretanto, poderiam ter sido separadas em múltiplos postos de trabalho unifuncionais.[479] Não há razão para que, havendo a sua anterior estruturação como multifuncional, não se possa apagar parte de suas atribuições, mantendo-se existente a célula formal com as atribuições residuais.

A seu turno, as extinções materiais podem verificar-se no eixo *horizontal* (ou orgânico), tendo como objeto o alcance das atribuições previstas ao posto de trabalho, ou seja, os órgãos ou campos de pertinência administrativa abrangidos pelo seu conteúdo funcional. Se, ao serem criadas, as atribuições ligadas a certa unidade laboral podem, desde logo, sofrer um recorte orgânico, de modo a se limitarem a certos órgãos ou espaços de atividade estatal, é legítimo que se obtenha idêntica conformação funcional de modo superveniente.

Avente-se, por exemplo, um cargo destinado ao exercício de todas as atividades típicas da profissão de contador, nos termos de sua legislação regulamentadora, mas que sejam excepcionados da atuação de seus titulares certos órgãos ou serviços. Essa exata demarcação funcional resta, a princípio, facultada ao ordenamento também após a concepção do cargo, seja com a simples supressão material de órgão ou atividade do âmbito de suas atribuições, seja com a inauguração de novo posto laboral a que seja conferido o exercício das tarefas contábeis pertinentes ao órgão ou trabalho que foi tocado pelo ato extintivo.[480]

Finalmente, a extinção material no eixo *transversal* (ou disciplinar) visa a eliminar a disciplina (ou especialidade) que tenha sido antes atrelada a cargo, emprego ou função em conjunto com a supressão plena de uma ou mais de suas atribuições ou, então, de órgãos ou atividades pertinentes ao posto laboral. Sob esses contornos, é preciso haver o preenchimento de dois pressupostos cumulativos: a redução das funções *lato sensu* do posto laboral e o fim da exigência de formação profissional específica para o exercício, agora, das atribuições residuais, segundo a nova conformação funcional lhe que foi concebida.[481]

---

[479] Por exemplo, a Lei Municipal nº 13.652/2003, do Município de São Paulo, que criou o cargo multifuncional de carreira de agente de apoio, entendeu por bem unificar inúmeros cargos de nível básico até então existentes, muitos de natureza unifuncional.

[480] Pode se mostrar conveniente, por exemplo, que os contadores que atuem no órgão de advocacia pública tenham conhecimentos básicos sobre matérias jurídicas. Não se impede, pois, que haja postos laborais constituídos em certo âmbito federativo cujo exercício de atividades contábeis se adstrinja ao órgão de advocacia pública, ajustando-se, inclusive, as provas do concurso público de ingresso às particularidades da futura atuação.

[481] Nessa toada, a Resolução TCU nº 332/2021 retirou todas as especialidades então previstas para os cargos de auditor de controle externo e de técnico de controle externo, reduzindo, em outra via, as atribuições até então previstas pela Resolução TCU nº 154/2002, para

Há de se ressaltar que se, por algum motivo, a legislação pátria não mais demandar certa formação profissional que, até certo instante, era requerida para o exercício de certa função *lato sensu* sem haver, porém, qualquer redução das atribuições atinentes a cargo, emprego ou função, não se pode sequer declarar tratar-se de uma extinção propriamente dita, eis que o seu conteúdo funcional se mantém intacto.

Por sua vez, apresenta-se mais conhecida a separação das extinções entre totais e parciais, incorporada pela legislação para mensurar a licitude de certas terceirizações. O próprio Decreto Federal nº 2.271/1997, em seu artigo 1º, § 2º, indicava a possibilidade do trespasse "quando se tratar de cargo extinto, total ou parcialmente, no âmbito do quadro geral de pessoal",[482] o que foi renovado no bojo do artigo 3º, inciso IV, do Decreto Federal nº 9.507/2018.

É preciso reparar, contudo, que a mencionada norma, ao citar o termo "cargo", não pretende aludir a certo posto laboral individualmente considerado que tenha sido rajado por um ato extintivo. Diferentemente, refere-se a um sem-número de unidades funcionais rotuladas como todo unitário pelo ordenamento e que, posteriormente, tenham sido, então, extintos, total ou parcialmente.

Veja-se, nessa toada, a inexistência de amparo lógico para se apreender do dispositivo que poderia se legitimar a terceirização de uma atividade pelo puro fato de ser eliminado, ainda que formalmente, certo cargo individual a que se confira a respectiva atribuição se subsistirem outros similares em número apropriado para a realização da tarefa. Ao mesmo tempo, há sentido cogitar-se da possibilidade de terceirizar certa tarefa se o ato extintivo tiver afetado, total ou parcialmente, um bloco de cargos que tenham a correspondente atribuição. Nessa hipótese, a necessidade de desempenho da atividade, aliada à insuficiência de recursos humanos próprios para a sua adequada efetivação, configura, ao menos logicamente, razão de ordem prática plausível para se buscar a colaboração de terceiros.

De fato, uma extinção de cargos, empregos ou funções só pode ser reconhecida como total ou parcial em virtude de sua prévia reunião em um conjunto unitário pela legislação que lhes rege. Em outras palavras, essa dicotomia distancia-se de um olhar centrado em certo posto laboral individualmente considerado, postulando uma perspectiva que mire

---

cujo exercício se impunham específicas e distintas formações profissionais (v. Acórdão nº 2.440/2021 do Plenário).

[482] BRASIL. Decreto nº 2.271, de 7 de julho de 1997.

um grupo de cargos, empregos ou funções que tenham sido concebidos como tal pelo ordenamento.

Partindo, pois, desse pressuposto semântico, entendemos que a extinção *total* deve ser lida como a eliminação formal ou, embora seja uma impropriedade jurídica, da integralidade das atribuições de todos os cargos, empregos ou funções que, sob idêntica referência, sejam representadas como conjunto unitário pela legislação.

Nesse caminhar, se houver múltiplos cargos de contador, de motorista ou de auditor de controle externo, ainda que multifuncionais ou multidisciplinares, constata-se uma extinção total se, e apenas se, houver a eliminação formal ou o completo aniquilamento das funções *lato sensu* de todos os cargos de contador, de motorista ou de auditor de controle externo, respectivamente.

Já se a lei tiver criado dois diferentes conjuntos de cargos em certa esfera estatal (*v. g.*, de contador e de assistente contábil), mesmo que tenham auferido atribuições similares e unicamente diferenciadas, por exemplo, em razão dos órgãos ou campos administrativos a que estejam destinados, uma extinção total pressupõe, tão somente, a supressão formal ou da íntegra das atribuições de todos os cargos de um dos grupos em questão.

Como a outra face da moeda, as extinções *parciais* guardam pertinência com aquelas que não acarretem a eliminação formal nem o corte da integralidade das atribuições de todos os cargos, empregos ou funções que componham certo conjunto unitário, assim considerado pela legislação. Dito em outros termos, caso certo ato extintivo fulmine formalmente só uma parcela das células funcionais de certo grupo unitário legal ou se dedique a afetar apenas parte das atribuições de alguns ou, então, de todos os cargos, empregos ou funções autônomas reunidas sob uma referência uniforme, se estará diante de uma extinção parcial.

Ocorre que as extinções parciais podem ser observadas a partir de, ao menos, uma de duas diferentes perspectivas. Sob uma perspectiva *quantitativa*, há extinção parcial se houver a supressão formal ou a redução do conteúdo funcional somente de parcela dos cargos, empregos ou funções que componham certo grupo unitário. Já sob uma perspectiva *qualitativa*, as extinções parciais caracterizam-se pela diminuição do conteúdo funcional dos postos laborais de determinado conjunto legal, ou seja, sem o desaparecimento da integralidade das suas atribuições dos postos laborais abarcados.

Imagine-se um quadro funcional no qual exista certo número de cargos com a atribuição de faxineiro. Caso apenas metade seja formalmente atingida ou tenha as suas atribuições integralmente eliminadas, há uma extinção *quantitativamente* parcial. Diversamente, se os aventados cargos contiverem, além da atribuição de faxineiro, a de motorista, haverá, de forma concomitante, uma extinção *qualitativamente* parcial se houver a supressão de uma delas e em relação apenas a uma parte do quantitativo dos cargos em questão.

Cabe salientar que as extinções parciais sob o viés *qualitativo* podem ser constatadas à luz dos três eixos materiais já referidos. Impõe-se, contudo, ressalvar um aspecto: a sua perpetração nos diferentes eixos não se dá com os olhos voltados a certo cargo, emprego ou função em si, mas focados em um conjunto de postos laborais, assim dito pela legislação.

Em verdade, verifica-se uma extinção qualitativamente parcial no eixo *vertical* (ou funcional) quando o ato extintivo afetar o conteúdo de cargos, empregos ou funções que componham um todo unitário de modo a extirpar por completo uma ou mais atribuições legalmente atreladas a esses postos de trabalho. Repita-se que esse modo de extinção parcial somente ganha real importância no que tange a unidades de caráter multifuncional.[483]

Já as extinções qualitativamente parciais no eixo *horizontal* (ou orgânico) reduzem, também, a substância de cargos, empregos ou funções que integram um grupo unitário, mas visam a estabelecer novos e menores contornos funcionais quanto ao alcance das atribuições que lhes são conferidas, ou seja, aos órgãos ou espaços administrativos abrangidos pelo seu conteúdo funcional.

Por sua vez, as extinções qualitativamente parciais no eixo *transversal* (ou disciplinar), embora igualmente abordem elementos materiais e internos aos postos funcionais reunidos pela legislação em um todo unitário, direcionam-se a extirpar uma ou mais disciplinas ou especialidades ligadas, necessariamente, a um grupo legal de unidades

---

[483] O TCM/SP já considerou lícita certa terceirização de atividades enquadradas no rol de atribuições de cargos multifuncionais submetidos a processo implícito de extinção parcial constatado a partir da não abertura de concurso público há mais de vinte anos, aliada à própria terceirização das mesmas atividades há bastante tempo. No caso, versou-se sobre as funções *lato sensu* de salva-vidas e operador de piscinas, abarcadas pelas atribuições do cargo multidisciplinar de agente de apoio, ainda formalmente existente (v. TC nº 5.971/2004). Em outro momento, proferiu decisão na mesma direção quanto às atividades de lavanderia hospitalar e processamento de roupas, haja vista a realocação dos servidores ocupantes dos mesmos cargos multifuncionais para outras tarefas alcançadas pelo seu rol de atribuições (v. TC nº 1.045/2008). A nosso juízo, porém, a extinção parcial de cargo, emprego ou função individualmente considerada, bem como de um conjunto de postos laborais unitariamente concebido por lei, não pode consistir em ato tácito ou implícito, exigindo-se, para tanto, ato formal praticado sob a regência das normas constitucionais pertinentes.

funcionais unidisciplinares ou multidisciplinares.[484] Todavia, não basta a eliminação de uma ou mais especialidades. É preciso, em conjunto, haver a supressão de atribuições até então relacionadas ao posto laboral e, em especial, à especialidade ventilada.

Sem prejuízo dessas classificações, enxerga-se uma terceira disposta a partilhar as extinções entre instantâneas e diferidas, tendo como critério de discrímen o momento do efetivo atingimento do posto marcado pelo ato extintivo. Cabe destacar, desde logo, que essa dualidade aponta, de forma individual, para certo cargo, emprego ou função, independentemente de compor um todo unitário, de acordo com a legislação; portanto, sob olhar similar ao pressuposto pela divisão entre extinções formais e materiais.

Nessa marcha, a extinção *instantânea* reporta-se àquela que enseja a imediata eliminação formal de posto laboral ou a súbita exclusão ou redução de uma ou mais de suas atribuições, tão logo praticado o ato supressivo. Já a extinção *diferida*, menos abrupta, pode ser definida como aquela que se protrai no tempo, estando sujeita à verificação de um evento futuro, certo ou incerto.[485] Em ambos os casos, a extinção pode ser caracterizada concomitantemente como formal ou material.

Por derradeiro, cabe separar as extinções de cargos, empregos ou funções sob um último critério, que, por sua vez, exige uma análise comparativa dos instantes relativos em que são produzidos os efeitos do ato extintivo sobre os cargos, empregos ou funções atingidas. Nessa senda, cuida-se de uma extinção *simultânea* caso sejam eles rajados em um único instante. Se, todavia, os efeitos do ato extintivo surtirem

---

[484] As extinções qualitativas parciais no eixo transversal não são novidade, notadamente no que tange a cargos multidisciplinares. Tendo em vista que postos multidisciplinares de trabalho nada mais são do que ficções jurídicas que poderiam ter sido concebidas – e que mais usualmente o são – de maneira diversa, mediante a criação de múltiplos cargos, empregos ou funções autônomas, a extinção de uma disciplina atinente a certo posto multidisciplinar tem o condão de produzir um resultado bastante similar ao de uma extinção total caso tivesse havido a sua arquitetação plural em cargos, empregos ou funções autônomas unidisciplinares. Aliás, o Plenário do TCU tem precedentes a respeito de extinções parciais dessa natureza versando sobre o seu quadro funcional, como se deu, por exemplo, quanto às especialidades de enfermagem, de nutrição, de engenharia e a de medicina inerentes ao cargo de auditor federal de controle externo, feito mediante as Resoluções TCU nºs 289/2017, 296/2018 e 302/2018 (v. Acórdãos nºs 1.886/2017, 826/2018 e 2.683/2018). Mais recentemente, a Resolução TCU nº 332/2021 eliminou todas as especialidades previstas (v. Acórdão nº 2.440/2021).

[485] Como exemplo de ambas as hipóteses, assim dispõe o artigo 91 da Lei Municipal nº 17.433/2020, do Município de São Paulo: "Ficam extintos os cargos de provimento efetivo do Instituto de Previdência Municipal de São Paulo – IPREM constantes do Anexo VIII desta Lei, na seguinte conformidade: I – na data de publicação desta Lei, se vagos; II – na data da vacância, se ocupados" (SÃO PAULO (Município). Lei nº 17.433, de 29 de julho de 2020).

em momentos distintos em relação aos diferentes postos de trabalho envolvidos e, por conseguinte, de maneira paulatina, reconhece-se uma extinção *progressiva*. Trata-se, nesse caso, de forma de extinção pela qual ao menos parte das unidades consideradas é, imperiosamente, atingida de modo diferido no tempo.

Vale perceber que, similarmente à distinção enunciada entre extinções totais e parciais, essa classificação visualiza cargos, empregos e funções sob um ângulo coletivo. Há, no entanto, uma diferença. Nas extinções totais e parciais, a dimensão coletiva que funciona como referência deriva do fato de a legislação que rege certos postos laborais tratá-los como conjunto unitário. Para a diferenciação aqui sugerida, o caráter coletivo tem como paradigma o conjunto de cargos, empregos e funções debatidas pelo próprio ato extintivo, podendo, ou não, haver coincidência entre os parâmetros.

Longe de se traduzir em algo novo, o ordenamento desvela que as extinções progressivas consistem em realidade jurídica bastante frequente. Mediante a instauração de processo de extinção, inflige-se uma supressão gradual (formal ou material) a unidades funcionais de trabalho expressamente assinaladas pelo ato extintivo, vinculando a sua efetiva afetação à implementação de termo ou condição. Aliás, vê-se a sua previsão explícita no artigo 4º, § 3º, do Decreto Federal nº 9.507/2018, aplicável às empresas públicas federais.

Embora seja possível a estipulação, como critério, de fato jurídico dissonante, o mais adotado pela legislação para viabilizar a instauração de processos de extinção se refere à vacância de cada uma das unidades aventadas. Destinando-se, por exemplo, à paulatina deleção formal de certo conjunto de cargos, empregos ou funções, suprimem-se, desde logo, aqueles que estiverem vagos, sendo adiada a eliminação dos restantes para quando se derem as suas vacâncias.[486]

Cuida-se de medida que, amplamente utilizada pelo Poder Público, tem o condão de gerar potenciais efeitos positivos, sobretudo quando diante de processos de extinção de cargos públicos. Primeiramente, valoriza-se o servidor que ingressou nos quadros estatais e que está adaptado às rotinas. Já em relação aos servidores estáveis, torna-se

---

[486] O artigo 91 da Lei Municipal nº 17.433/2020, do Município de São Paulo (acima transcrito), deu origem à instauração de processo de extinção formal dos cargos públicos indicados no mencionado anexo. Igualmente, o artigo 24 da Lei Complementar nº 1.093/2009, do Estado de São Paulo, submeteu a processo de extinção as funções exercidas por servidores regidos pela Lei Estadual nº 500/1974. Em ambos os casos, o evento futuro indicado como causa para a efetiva extinção do posto laboral consistiu na vacância da unidade funcional.

despicienda a sua colocação em disponibilidade, eximindo o Estado de despender recursos para pagamento de remuneração, mesmo que proporcional, a certo indivíduo que não esteja desempenhando atividades, à luz do artigo 41, § 3º, da Constituição.

Como se não bastasse, traduz-se em ferramenta que permite à Administração decidir autonomamente pela manutenção da execução de uma tarefa por meio de seus servidores ou pelo início de um processo gradual de extinção de postos de trabalho com vistas a viabilizar a terceirização da atividade; tudo conforme a intelecção consubstanciada, inicialmente, no artigo 1º, § 2º, do Decreto Federal nº 2.271/1997 e, agora, nos artigos 3º, inciso IV, e 4º, § 3º, do Decreto Federal nº 9.507/2018. Saliente-se que a competência exposta no artigo 84, inciso VI, alínea *b*, da Constituição tem natureza privativa, não havendo a necessidade de submissão da matéria ao crivo do Poder Legislativo.

De fato, trata-se de prerrogativa salutar à Administração Pública, seja ela pertinente ao Poder Executivo, aos demais Poderes ou a órgãos que detenham autonomia, sendo amplamente referendada e, inclusive, exercida pelo TCU. Se a eficiência é um dos princípios que regem a atividade administrativa, recomenda-se a outorga de instrumentos que permitam a quem tem o poder-dever de gerir a coisa pública a avaliação, caso a caso, de qual a melhor opção para a perseguição de seus diferentes desideratos. Seria, pois, inadequado deixar a decisão entre "fazer ou comprar" ao arbítrio do Legislativo, cujo ambiente é especialmente marcado por influências políticas e por pressões externas e corporativistas.

Cria-se, nesse caso, por intermédio de um processo de extinção, "uma espécie de transição entre o sistema de cargos e o sistema de funções terceirizadas"[487] mediante decisão daquele a quem compete exercer a função administrativa e que tem não apenas a responsabilidade, mas,

---

[487] Com olhar crítico, Helder Santos Amorim expõe que, sob a lógica normativa instituída, se "viabiliza uma espécie de transição entre o sistema de cargos e o sistema de funções terceirizadas. Apanha as situações em que os cargos públicos com funções de apoio, tornando-se gradativamente vagos em face das aposentadorias, falecimentos e exonerações dos seus titulares, que não seriam novamente providos mediante novos concursos [...]. Estes cargos vagos seriam extintos, restando apenas os antigos ainda providos pelos antigos servidores de carreira, cujas funções passam a ser paralelamente exercidas pelos novos trabalhadores terceirizados até a extinção total da carreira. A alteração introduzida pela EC nº 32/2001 no inciso VI, *b*, do art. 84 da Constituição da República, ratifica esta sugestão interpretativa, pois veio viabilizar que o Presidente da República mediante simples decreto autônomo disponha sobre 'a extinção de funções e cargos públicos, quando vagos', facilitando sobremaneira a substituição administrativa destes cargos vagos por serviços terceirizados" (AMORIM, 2009, p. 125-126).

naturalmente, as melhores condições para investigar qual é a solução mais apropriada entre as alternativas "fazer ou comprar".

A nosso juízo, a EC nº 32/2001 andou bem nesse ponto, ao incluir no rol de competências do Chefe do Poder Executivo a eliminação de postos de trabalho, quando vagos, tornando possível, em sintonia com o Decreto Federal nº 2.271/1997,[488] vigente à época, a terceirização das correspondentes atividades. Como atenta a doutrina, "essa extinção excepcional por ato de hierarquia normativa inferior de certo modo facilitará a adoção de terceirização válida na Administração Pública".[489]

4.2 Exigência constitucional do concurso público

De acordo com William Eugene Mosher e John Donald Kingsley, a primeira tentativa de instituição de uma estrutura administrativa hierarquizada remonta ao período do Império Romano. Não tendo, porém, sobrevivido à fase feudal da Baixa Idade Média,[490] coube ao Estado Absolutista, no século XIV, ressuscitar a noção de serviço público sob contornos gerais assemelháveis aos que hoje se lhe reconhecem.[491]

Em uma época em que o Estado se personificava na figura do monarca, a outorga de postos de trabalho no âmbito estatal era tratada, no mais das vezes, como favor concedido pelo rei, que definia os critérios de escolha que lhe convinham[492] e utilizava essas posições "como prêmios e recompensas à nobreza ou processo de nobilitação".[493] Cuidava-se, pois, de lógica ínsita ao patrimonialismo monárquico, em que o reino pertencia ao rei, que o administrava "como se fosse empresa sua".[494]

Sem embargo, viu-se um lento percorrer de um trajeto pelo qual os cargos públicos deixaram de ser enxergados exclusivamente como privilégios a serem concedidos e passaram a ser ocupados, ao menos em alguma medida, segundo a capacidade dos indivíduos.[495]

---

[488] Note-se que, no artigo 1º, § 2º, do Decreto Federal nº 2.271/1997, já se estabelecia a possibilidade de terceirização quando o cargo estivesse total ou parcialmente extinto. Essa intelecção restou agora renovada no Decreto Federal nº 9.507/2018, atualmente vigente, em seus artigos 3º, inciso IV, e 4º, § 3º.

[489] OLIVEIRA, José, 2014, p. 433.

[490] MOSHER; KINGSLEY, 1941, p. 03-04.

[491] CARNEIRO, 1948, p. 394.

[492] CARVALHO, Fábio, 2016, p. 78-79.

[493] MARTINS JUNIOR, 2011-2012, p. 134.

[494] FAORO, 2012, p. 38.

[495] CARNEIRO, 1948, p. 394.

Como pontua Alaim de Almeida Carneiro, "decrescia o predomínio do valimento, à medida que o poder passava das mãos dos monarcas para as dos parlamentos; ganhava terreno o critério de capacidade, à medida que o Estado chamava a si novos empreendimentos, agravando a complexidade dos serviços".[496] De fato, as revoluções liberais do fim do século XVIII e a derrocada das monarquias absolutistas contribuíram sobremaneira para a transposição dessa visão pregada durante essa primeira versão do Estado Moderno.[497] Tendo como marco histórico a Declaração dos Direitos do Homem e do Cidadão, de 1789, restou proclamada a ideia da ampla acessibilidade aos postos de trabalho no campo estatal, que, mais recentemente, foi transportada para a Declaração Universal dos Direitos Humanos, de 1948, da Organização das Nações Unidas – ONU.

Sucede que o caminho do aperfeiçoamento da forma de seleção dos integrantes da máquina do Estado não seguiu uma direção linear no sentido de valorizar talentos individuais e, por conseguinte, critérios meritocráticos. Malgrado sob um discurso construído em reforço à democracia,[498] observou-se, nos Estados Unidos do início do século XIX, que os cargos públicos passaram a ser tidos como espólio a ser distribuído pelo vencedor das eleições. Aliás, predizia a expressão *"to the victor belong the spoils"*.[499]

Sob a égide do chamado *Spoils System*, assim denominado oficialmente ao menos desde 1832,[500] tornou-se usual a "substituição automática de todos os servidores por ocasião da mudança de govêrno".[501] A sua razão subjacente encontra explicação na fala do ex-Presidente norte-americano Andrew Jackson (1767-1845), que o implementou em 1829, no começo de sua gestão.[502] Segundo o democrata, em sua primeira mensagem anual, "mais se perde com a longa permanência dos homens nos cargos do que geralmente se ganha com a sua experiência".[503]

Em que pese o seu declarado objetivo ser condizente com um olhar voltado a uma maior eficiência administrativa e a ideais

---

[496] CARNEIRO, 1948, p. 394.
[497] Nessa linha, Luiz Carlos Bresser-Pereira explica a importância da Revolução Francesa para a mudança de modelo de burocracia na França do fim do século XVIII (BRESSER-PEREIRA, 2009, p. 56).
[498] OLIVIERI, 2011, p. 1.408-1.422.
[499] CYSNEIROS, 1952, p. 141.
[500] DEBBASCH, 1980, p. 514.
[501] CARNEIRO, 1948, p. 395.
[502] CYSNEIROS, 1952, p. 141.
[503] MOSHER; KINGSLEY, 1941, p. 18.

republicanos, são comuns as críticas feitas ao sistema. Pedro Augusto Cysneiros, por exemplo, defende que o *Spoils System* não produziu bons resultados, pois, "se por acaso acabou com a idéia de que um cargo era propriedade do indivíduo, criou a de que êstes eram propriedade do partido político dominante, o qual os usava como elemento de corrupção política e como recompensa aos bons serviços prestados ao partido".[504]

A realidade é que as mazelas desse sistema foram progressivamente tornando-se evidentes. Conforme se robusteciam o papel do Estado e o aparelho estatal, esse modelo foi se revelando insustentável. Abordando esse cenário em formação, Charles Debbasch considera que, "à medida que o Poder Executivo se fortalecia e a população do país crescia, os abusos se multiplicavam e se tornavam cada vez menos suportáveis. As eleições estavam nas mãos de políticos profissionais, que dispunham de poderosas máquinas eleitorais".[505]

Sobreveio, então, em 1883, o conhecido *Pendleton Act*, que criou um sistema de recrutamento vinculado a mérito e, portanto, mais distanciado de influências políticas.[506] Com inequívoca relevância, "essa reforma instaurou a obrigatoriedade de concurso público para a escolha de algumas categorias de funcionários públicos e foi o primeiro passo de um processo, que se estendeu ao longo do século XX, de constituição de uma burocracia meritocrática".[507]

Nesse contexto, o *Spoils System*, que ainda imperava no país americano, foi parcialmente substituído pelo chamado *Merit System*,[508] pelo qual a admissão no serviço passou a derivar de procedimentos competitivos vocacionados a uma escolha sob o crivo da capacidade.[509] A partir desse instante, os quadros estatais adquiriram uma composição mista, "parte selecionada pelo mérito e parte politicamente escolhida ou, pelo menos, livremente nomeada".[510]

Com efeito, essa breve explanação sobre o plano internacional reflete-se no desenrolar da biografia brasileira desde o período colonial. Nessa linha, o patrimonialismo monárquico teve ampla acolhida durante o tempo em que vigeu a relação colônia-metrópole com Portugal.

---

[504] CYSNEIROS, 1952, p. 141.
[505] DEBBASCH, 1980, p. 515.
[506] CYSNEIROS, 1952, p. 141.
[507] OLIVIERI, 2011, p. 1.408.
[508] DI PIETRO, 2018, p. 154.
[509] CYSNEIROS, 1952, p. 141.
[510] CARNEIRO, 1948, p. 395.

De acordo com Raymundo Faoro, referindo-se a esse estágio do passado pátrio, "o cargo público em sentido amplo, a comissão do rei, transforma o titular em portador de autoridade [...]. A via que atrai todas as classes e as mergulha no estamento é o cargo público, instrumento de amálgama e controle das conquistas por parte do soberano".[511]

Após a independência do Brasil, o ideário revolucionário francês aqui também se manifestou sob diferentes perspectivas, inclusive no bojo da Constituição de 1824. No que importa ao tema sob análise, restou incorporada ao novel Texto Fundamental a enunciação em favor de uma ampla possibilidade de acesso a cargos públicos, que não mais deixou de ocupar espaço no campo mais elevado do ordenamento brasileiro.

Não obstante, o patrimonialismo permaneceu presente após o Sete de Setembro, conservando-se soberano até o período dos coronéis. Recorrendo-se, mais uma vez, às lições de Raymundo Faoro quanto a esse tempo, "a linha entre o interesse particular e o público, como outrora, seria fluida, não raro indistinta".[512] Exprimindo detalhes da dinâmica política da época, o autor anota que "as despesas eleitorais cabem, como regra, ao coronel, por conta de seu patrimônio. Em troca, os empregos públicos [...] obedecem às suas indicações".[513]

Foi a partir da década de 1930 que esse cenário eivado de uma nefasta confusão entre o público e o privado começou a ser alterado, conquanto, a bem da verdade, seja notório que, em nosso país, "o patrimonialismo nunca foi totalmente abandonado".[514] O uso do público como se propriedade particular fosse – assumindo lugar de destaque, nesse contexto, os postos de trabalho existentes no Estado – consiste, ainda hoje, em um dos mais nocivos males que assolam a República e prejudicam a realização de seus objetivos fundamentais.

Em rigor, a Constituição de 1934 cuidou de trazer para a ordem jurídica superior o chamado *Merit System*, muito embora não tenha sido previsto como o único meio de ingresso aos quadros estatais. Continuou possível a admissão de pessoal à luz de critérios não meritórios, que, entretanto, passou a conviver com a exigência da prévia aprovação de concurso público para "a primeira investidura nos postos de carreira das repartições administrativas",[515] conforme o seu artigo 170, item 2.

---

[511] FAORO, 2012, p. 202-203.
[512] FAORO, 2012, p. 710.
[513] FAORO, 2012, p. 711.
[514] DI PIETRO, 2018, p. 155.
[515] BRASIL. Constituição da República dos Estados Unidos do Brasil, de 16 de junho de 1934.

Com especial relevância, o seu artigo 169 concebeu direito à estabilidade àqueles servidores que viessem a preencher certos pressupostos. Estes, por sua vez, variavam em função de ter o indivíduo logrado, ou não, êxito preliminar em certame público, requerendo-se dois anos de efetivo exercício no caso de anterior submissão ao procedimento competitivo ou, caso contrário, a integralização do prazo de dez anos.

Tratando de modo conjunto a Constituição de 1934 e a de 1937, que não modificou, nesses pontos, a lógica normativa pregressa, Maria Sylvia Zanella Di Pietro salienta que, sob a regência desses Textos Magnos, "havia o pessoal contratado pelo regime da legislação trabalhista, os extranumerários, os interinos, todos recrutados sem concurso público";[516] portanto, ao largo do recrutamento feito pela via concorrencial.

Sem maiores inovações na matéria, a Constituição de 1946, em seu artigo 186, assentou, similarmente, que "a primeira investidura em cargo de carreira e em outros que a lei determinar efetuar-se-á mediante concurso".[517] No que tange à concepção do direito à estabilidade, o seu artigo 188, inciso II, fixou sistemática semelhante à antecedente, considerando "estáveis: I – depois de dois anos de exercício, os funcionários efetivos nomeados por concurso; II – depois de cinco anos de exercício, os funcionários efetivos nomeados sem concurso".[518] Registre-se, outrossim, que, nos termos do artigo 23, de seu ADCT, se deliberou pela efetivação de certos servidores interinos, caso detivessem cinco anos de exercício na data da promulgação do novo Texto Fundamental, bem como pela atribuição de direito à estabilidade a servidores extranumerários que satisfizessem outros requisitos.[519]

A contratação ordinária de agentes sem a sua sujeição a provas públicas correspondeu a inequívoca realidade enquanto esteve em vigor a Constituição de 1946. Aliás, a conformação da exigência concursal dirigida apenas ao provimento de cargos públicos conduziu a Administração a valer-se intensamente do regime de emprego, sobretudo a partir da década de 1960.[520] O uso dessa válvula de escape gerou tamanhas preocupações que foi editado o Decreto-Lei nº 200/1967 dele constando, em seu artigo 10, § 7º, a recomendação de que o desempenho de certas atividades se desse por intermédio da

---

[516] DI PIETRO; MOTTA, 2019, p. 384.
[517] BRASIL. Constituição dos Estados Unidos do Brasil, de 18 de setembro de 1946.
[518] BRASIL. Constituição dos Estados Unidos do Brasil, de 18 de setembro de 1946.
[519] BRASIL. Constituição dos Estados Unidos do Brasil, de 18 de setembro de 1946.
[520] ANASTASIA, 1990, p. 40.

iniciativa privada e com o expresso "objetivo de impedir o crescimento desmesurado da máquina administrativa".[521]

A seu tempo, advieram a Constituição de 1967 e a Emenda Constitucional nº 1/1969, que não mexeram significativamente nesse panorama fático-jurídico. Nessa senda, restou assinalada em seus textos a necessidade da prefacial aprovação em concurso público para a investidura em cargos públicos, ressalvados os comissionados, como se extrai, respectivamente, de seus artigos 95, §§ 1º e 2º, e 97, §§ 1º e 2º.

Ademais, merece ser sublinhada a opção feita por ambas as normativas de não mais consentir com a aquisição de estabilidade por servidores cujo ingresso não tivera sido precedido da avaliação pública. Por outro lado, a Constituição de 1967 entendeu por bem acobertar sobre o manto da estabilidade aqueles indivíduos com tempo de serviço público não inferior a cinco anos na data de sua promulgação, independentemente de terem sido previamente submetidos ao exame concursal, como proposto em seu artigo 177, § 2º.

Em verdade, o reclamo do concurso público se manteve circunscrito ao provimento de cargos públicos em todo o período pretérito ao Texto de 1988, não alcançando as contratações de pessoal destinadas à ocupação de empregos na esfera da Administração.[522] Somando-se a isso que a Lei Federal nº 6.185/1974 definiu, em seus artigos 2º e 3º, que, para as atividades não consideradas inerentes ao Estado, "só se admitirão servidores regidos pela legislação trabalhista",[523] viu-se que, quando da edição da Constituição Cidadã, o Poder Público era majoritariamente integrado por servidores atrelados ao regime celetista e que não tinham sido aprovados em concurso público.[524]

---

[521] BRASIL. Decreto-Lei nº 200, de 25 de fevereiro de 1967.

[522] Segundo Adilson Abreu Dallari, era esse o entendimento assente no período pregresso à Constituição de 1988 (DALLARI, Adilson, 1990, p. 35). Em sentido diverso e com posicionamento minoritário à época, Márcio Cammarosano sustentava que "o termo cargo público utilizado no art. 97 da Constituição Federal denota também cargos autárquicos, funções e empregos públicos. Também esses plexos de competências são denotados pela letra do referido dispositivo constitucional, estando compreendidos nos limites do cerne significado da norma" (CAMMAROSANO, 1984, p. 52-53).

[523] BRASIL. Lei nº 6.185, de 11 de dezembro de 1974.

[524] Antônio Augusto Junho Anastasia revela, em obra redigida logo após a promulgação da Constituição de 1988, que, "atualmente, mais de 80% (oitenta por cento) dos servidores da Administração Pública Direta da União são celetistas. As autarquias, por seu turno, em virtude de sua personalidade de direito público, que, portanto, poderiam estabelecer relação estatutária, optaram, igualmente, pelo regime celetista, lastreadas em sua autonomia. Despiciendo ressaltar que as demais pessoas integrantes da Administração (empresas públicas, sociedades de economia mista e fundações governamentais), titulares de personalidade de direito privado, só poderiam contratar pelo regime trabalhista" (ANASTASIA, 1990, p. 41).

Essa ampla liberdade de contratações e de demissões gerou, nas palavras de Adilson Abreu Dallari, "um espantoso quadro de fisiologismo, protecionismo, apadrinhamento e perseguições",[525] bem como o "surgimento dos famosos 'trens da alegria', que trafegavam impávidos, lotados de parentes, amigos e correligionários de parlamentares".[526] Não por outro motivo, Manoel Gonçalves Ferreira Filho relaciona esse período da história brasileira com o *Spoils System*, pois "cada mudança de governo, particularmente quando este passava para o partido adversário, acarretava a 'derrubada' dos servidores nomeados pelo anterior e a distribuição dos lugares entre os apaniguados do novo, como pagamento pelos serviços eleitorais prestados".[527]

Como resposta a esse contexto pouco republicano, a Constituição de 1988, em seu artigo 37, inciso II, institui a regra geral de que "a investidura em cargo ou emprego público depende de aprovação prévia em concurso público de provas ou de provas e títulos";[528] ou seja, com pertinência não apenas ao provimento de cargos públicos, mas também de empregos públicos. Ainda, fixou, em seu § 2º, que "a não observância do disposto nos incisos II e III implicará a nulidade do ato e a punição da autoridade responsável, nos termos da lei".[529]

Tratou-se, pois, de clara tentativa de transformar a realidade então existente, em que se verificava um enorme desprestígio ao concurso público enquanto canal de ingresso aos quadros estatais, assim como a utilização de critérios pouco objetivos, políticos ou pessoais para esse desiderato. Como declamado pelo Supremo Tribunal Federal em mais de uma oportunidade, sob a égide da Constituição Cidadã, "a regra é a admissão de servidor público mediante concurso público".[530]

Vale ressaltar que essa louvável busca por mudanças foi, no entanto, acompanhada pela legítima preocupação de não acarretar uma abrupta ruptura no cenário consolidado. Em conformidade com o artigo 19 do novo ADCT, atribuiu-se direito à estabilidade a certos servidores que, não tendo sido anteriormente aprovados em certame público, integravam os quadros da Administração pelo tempo mínimo de cinco anos, continuados e completos na data do nascimento da Constituição de 1988.

---

[525] DALLARI, Adilson, 1990, p. 35.
[526] DALLARI, Adilson, 1990, p. 36.
[527] FERREIRA FILHO, 2020, p. 201.
[528] BRASIL. Constituição da República Federativa do Brasil de 1988, de 5 de outubro de 1988.
[529] BRASIL. Constituição da República Federativa do Brasil de 1988, de 5 de outubro de 1988.
[530] BRASIL. Supremo Tribunal Federal. ADI nº 3.210.

4.2.1 Alcance da incidência normativa

De acordo com Cármen Lúcia Antunes Rocha, consiste o concurso público no "procedimento administrativo pelo qual se avalia o merecimento de candidatos à investidura em cargo ou emprego público".[531] Considerado, por alguns, como "a única porta democrática para permitir o acesso de todos aos cargos públicos",[532] essa fórmula competitiva sugere-se, ao menos, o melhor canal até hoje descoberto para funcionar de rota principal de acesso aos quadros estatais.[533]

Nesse sentido, costuma-se relacionar a norma trazida pelo artigo 37, inciso II, do Texto Maior à perscrutação de dois objetivos centrais. Como ensina Celso Antônio Bandeira de Mello, a exigência do concurso público visa, de um lado, a maximizar a possibilidade de escolha de indivíduos mais capazes ao desempenho das atribuições vinculadas ao cargo ou emprego submetido ao escrutínio concorrencial. De outro, tem por propósito garantir a isonomia no processo seletivo,[534] evitando, assim, a utilização de critérios políticos ou pessoais para a ocupação duradoura dos postos laborais criados no Estado.

Considerando a sua relevância na ordem jurídica, é frequente a referência à apontada reivindicação constitucional como o "princípio do concurso público".[535] Constatam-se, contudo, estudiosos do Direito que lhe recusam expressamente essa qualidade.[536] Ainda, há outros que, sem essa explícita repulsa, não lhe cominam esse atributo e noticiam o comando superior como "regra", ou seja, como a "regra do concurso público".[537]

Cuida-se de questão que, no entanto, não se concentra propriamente no tema em debate, pois se vincula diretamente a outra discussão

---

[531] ROCHA, Cármen, 1999, p. 201.
[532] OLIVEIRA, Regis, 2015, p. 66.
[533] Embora não diga respeito aos quadros de pessoal do Estado, mas ao exercício de atividade estatal por delegação, a exigência da prévia aprovação em concurso público foi prevista pelo Constituinte também como requisito ao exercício de atividades notariais e de registro, nos termos do artigo 236, § 3º, do Texto Fundamental.
[534] MELLO, Celso, 2014, p. 192.
[535] É o que se extrai das manifestações de Celso Antônio Bandeira de Mello (2021, p. 232), de Carolina Zancaner Zockun (2014, p. 116), de Vladimir da Rocha França (2018, p. 247) e de Romeu Felipe Bacellar Filho (2007, p. 74).
[536] ROCHA, Cármen, 1999, p. 201.
[537] Isso pode ser visto nas obras de Adilson Abreu Dallari (1990, p. 39), de Regis Fernandes de Oliveira (2015, p. 66), de Luciano Ferraz (2007, p. 248), de José Manuel Melo dos Santos (2020, p. 213), de Cristiana Fortini e Flávia Cristina Mendonça Faria de Pieve (2022, p. 258) e de Renato Monteiro de Rezende (2008, p. 291).

que lhe é anterior, pois relativa ao significado do termo "princípio".[538] Têm inteira aderência, a nosso ver, as ponderações de Genaro Rubén Carrió, livremente reveladas por Márcio Cammarosano, de que "a maioria das discussões jurídicas estariam resolvidas (sic) se os contendores se pusessem previamente de acordo quanto ao sentido com que empregam as palavras".[539]

Nesse caminhar, se lhe for afirmado um sentido condizente com um elemento da mais alta importância em um sistema normativo, indica-se ser adequado aludir-se à exigência do concurso público como princípio. Todavia, caso se utilize, como ponto de partida, da propagada diferenciação das normas jurídicas entre princípios e regras, parece-nos mais apropriado reconhecer-lhe esse último predicado.[540]

Sob essa acepção, entende-se que a disposição constitucional que postula a realização do concurso público corresponde a mandado de definição, cuja incidência deve obediência à lógica "tudo ou nada".[541] Naturalmente, porém, a sua aplicação demanda a demarcação de seu ajustado alcance, seja à luz do conteúdo do artigo 37, inciso II, do Texto Fundamental ou em função de outros regramentos que interfiram em seu âmbito normativo.[542]

Como primeiro aspecto a ser enfatizado, veja-se que o enunciado constitucional amarra a necessidade da prévia aprovação em certame público à "investidura em cargo ou emprego público".[543] Diferentemente, pois, do que se teve na vigência da EC nº 01/1969, em que o artigo 97, § 1º, fazia referência tão só à "primeira investidura em cargo público",[544]

---

[538] Genaro Rubén Carrió traz a existência de onze diferentes significações reconhecidas à expressão "princípio jurídico" (CARRIÓ, 1970, p. 34-38). Referindo-se ao autor, Daniel Wunder Hachem pontua que "as diversas compreensões acerca do vocábulo 'princípio' variam significativamente conforme o paradigma jusfilosófico em que se esteja inserido [...]. Arrisca-se a dizer que haverá tantas concepções de princípio jurídico quanto o número de pensadores que se propuserem a enunciá-las" (HACHEM, 2011, p. 131).
[539] Genaro Rubén Carrió apud CAMMAROSANO, 2018, p. 142.
[540] Em sentido diverso, Vanessa Cerqueira Reis de Carvalho deixa transparecer a compreensão de que a norma do concurso público consistiria em princípio, nessa específica acepção, e, por efeito, em mandado de otimização (CARVALHO, Vanessa, 2002, p. 113-119).
[541] Sobre o tema, sugere-se a leitura das célebres obras de Robert Alexy (1997, p. 81-115) e de Ronald Dworkin (1978, p. 22-28).
[542] Não se tem, neste trabalho, a pretensão de esgotar o assunto concernente ao conteúdo da norma hodiernamente estabelecida. Sem embargo, algumas considerações pertinentes ao seu âmbito de incidência precisam ser esboçadas, sobretudo no que diz respeito ao alcance da exigência do concurso público, com vistas a permitir o posterior estudo de sua relação de reciprocidade com os limites das terceirizações no âmbito estatal.
[543] BRASIL. Constituição da República Federativa do Brasil de 1988, de 5 de outubro de 1988.
[544] BRASIL. Emenda Constituição nº 01, de 17 de outubro de 1969.

a Constituição de 1988 ampliou a reivindicação constitucional a qualquer investidura – e não apenas à primeira – em cargo ou emprego público – e, assim, não somente em cargo público.

Nessa esteira, tornou-se incompatível com a ordem jurídica, ao menos como regra geral, o provimento de postos de trabalho no âmbito do Estado mediante concurso interno ou como meio de progressão funcional em carreira diversa, como se dava com as figuras da ascensão e da transferência.[545] Fechando, em definitivo, as portas para essas práticas, o Supremo Tribunal Federal transformou a sua Súmula nº 685 na atual Súmula Vinculante nº 43, nela consignando que "é inconstitucional toda modalidade de provimento que propicie ao servidor investir-se, sem prévia aprovação em concurso público destinado ao seu provimento, em cargo que não integra a carreira na qual anteriormente investido".[546]

Ademais, a norma constitucional retratada deixa transparente que o seu teor rege não apenas a investidura em cargos, mas, também, em empregos públicos. Como anota Maria Sylvia Zanella Di Pietro, "independentemente do regime, contratual ou estatutário, todos se submetem à mesma exigência",[547] não havendo abertura para ser questionado o alcance dos empregos públicos pela incidência do artigo 37, inciso II, da Constituição.

Se é verdade que jamais houve dúvidas de que a norma em questão se dirige indistintamente às Administrações Públicas diretas, às entidades autárquicas e às fundações de direito público vinculadas à União, aos Estados, aos Municípios e ao Distrito Federal,[548] isso não se pode afirmar quanto às entidades governamentais de direito privado.

---

[545] José dos Santos Carvalho Filho explica: "ascensão (ou acesso) é a forma de progressão pela qual o servidor é elevado de cargo situado na classe mais elevada de uma carreira para cargo da classe inicial de carreira diversa ou de carreira tida como complementar da anterior. Transferência é a passagem do servidor de seu cargo efetivo para outro de igual denominação, situado em quadro funcional diverso. Esses dois últimos institutos não foram recepcionados pela Constituição" (CARVALHO FILHO, 2021, p. 636).

[546] BRASIL. Supremo Tribunal Federal. Súmula Vinculante nº 43.

[547] DI PIETRO; MOTTA, 2019, p. 413.

[548] Impende atentar que o Supremo Tribunal Federal, ao julgar a ADI nº 3.026, declarou que a Ordem dos Advogados do Brasil – OAB consiste em entidade autônoma e independente, não integrante, portanto, da Administração Pública indireta da União, e, no que guarda relevância com a presente discussão, não se submete à exigência de concurso público. Pontue-se, ainda, que as entidades que compõem o Sistema "S", as organizações sociais previstas pela Lei Federal nº 9.637/1998 e as demais pertinentes ao Terceiro Setor igualmente não compõem a Administração Pública de qualquer dos entes federativos, motivo pelo qual não se lhes aplica o disposto no artigo 37, inciso II, da Constituição, em conformidade com o decidido pelo STF no bojo do RE nº 789.874, submetido à sistemática da repercussão geral (= Tema nº 569), e das ADIs nºs 1.864 e 1.923.

Ao menos em curto período após a promulgação da Constituição de 1988, viu-se instalada sensível controvérsia quanto à sua pertinência às fundações de direito privado instituídas pelo Poder Público e, em especial, às empresas públicas e às sociedades de economia mista.[549] Nesse toar, uma primeira corrente passou a sustentar a obrigatoriedade da observância do reclamo do concurso público de maneira indiscriminada por todos os órgãos e entes que compõem a Administração Pública, independentemente de ter personalidade de direito público ou de direito privado ou de se destinar ao desempenho de atividades econômicas. No círculo doutrinário, essa intelecção assumiu posição inequivocamente majoritária.[550]

Já uma segunda linha de compreensão revelou-se defensora da não sujeição dos entes estatais de direito privado ao acenado comando constitucional, haja vista a sua submissão ao regime próprio das empresas privadas, como predito pelo artigo 173, § 1º, do Texto Maior. Ainda, aventa-se como argumento adicional em favor dessa interpretação ser imprópria a qualificação como públicos dos empregos existentes nos quadros desses entes, ao passo que o artigo 37, inciso II, da Constituição faz literal menção à investidura em emprego público.

Finalmente, um terceiro posicionamento se firmou na direção de que a norma sob exame somente teria importância para as pessoas governamentais de direito privado que se caracterizassem como prestadoras de serviço público. Desse modo, se desenvolvessem atividade econômica, estariam livres para admitir pessoal independentemente da efetivação de um procedimento público de caráter competitivo.[551]

Diante dessa incerteza, foi oportunizada ao Supremo Tribunal Federal a sua resolução em julgamento ocorrido no final de 1992. Nesse momento, o STF aderiu à corrente doutrinária dominante, tornando-se indisputável a aplicabilidade da exigência do concurso público a toda a Administração Pública, inclusive às empresas estatais predispostas a exercer atividades econômicas.[552] Em clara deferência, o próprio

---

[549] À luz desse contexto, Edimur Ferreira de Faria apresenta três diferentes compreensões formadas a respeito da aplicabilidade da norma trazida pelo artigo 37, inciso II, da Constituição de 1988 às empresas estatais, que passarão, aqui, a ser expostas (FARIA, 2015, p. 99).

[550] Nessa esteira, citem-se os entendimentos de José dos Santos Carvalho Filho (2021, p. 509), de Hely Lopes Meirelles (2012, p. 488), de Diogenes Gasparini (2007, p. 24-25), de Fabrício Motta (DI PIETRO; MOTTA, 2019, p. 277), de Adilson Abreu Dallari (1990, p. 37-38) e de Sérgio de Andréa Ferreira. (2002, p. 408).

[551] Nessa toada, vê-se o posicionamento de Toshio Mukai (1989a, p. 27).

[552] BRASIL. Supremo Tribunal Federal. MS nº 21.322.

Tribunal de Contas da União editou, em 1994, a sua Súmula nº 231,[553] perfilhando idêntica orientação.

A nosso juízo, mostra-se acertada a posição anunciada e posteriormente repisada pelo STF em sucessivas ocasiões. De um lado, não se enxerga incompatibilidade entre a reivindicação do iter concursal e o disposto no artigo 173, § 1º, do Texto Maior. Ao mesmo tempo, não se vê no uso atécnico da locução "emprego público" pelo debatido artigo 37, inciso II, motivo suficiente para restringir o conteúdo da norma aos empregos que mereçam ser tidos como públicos. Aliás, o sentido da expressão é, ainda hoje, objeto de dissenso.

A seu turno, não podem ser perdidos de vista o contexto e o objetivo perseguido pelo Constituinte de 1988 ao expandir os contornos da exigência do certame público. Renove-se que a realidade pregressa expunha um elevadíssimo percentual de servidores que não tinham alcançado essa condição pela preambular aprovação no procedimento público.

Ainda mais sintomático da enfermidade que acometia o país era o cenário relativo às abundantes empresas estatais presentes à época, que sequer estavam acobertadas pelos liames previstos pelo reclamo constitucional até então em vigor. Ressaltando que uma concreta política de privatizações somente foi implementada no início na década de 1990, adstringir o alcance do artigo 37, inciso II, do Texto Maior aos postos da Administração Pública direta, das autarquias e das fundações públicas ensejaria um esvaziamento bastante expressivo do intento perseguido pela norma e, por efeito, um imperdoável desapreço pela sua teleologia.[554]

Note-se que essas considerações não significam defender que qualquer provimento de cargo ou emprego no setor estatal demande a anterior obtenção de êxito em concurso público. Implica afirmar, simplesmente, a existência de uma regra geral nesse sentido, que, embora abarque indistintamente os entes governamentais de direito privado, comporta exceções concebidas pelo próprio Texto Fundamental.

---

[553] Súmula nº 231 do TCU: "A exigência de concurso público para admissão de pessoal se estende a toda a Administração Indireta, nela compreendidas as Autarquias, as Fundações instituídas e mantidas pelo Poder Público, as Sociedades de Economia Mista, as Empresas Públicas e, ainda, as demais entidades controladas direta ou indiretamente pela União, mesmo que visem a objetivos estritamente econômicos, em regime de competitividade com a iniciativa privada".

[554] Ao comentar o elemento teleológico de hermenêutica jurídica, Carlos Maximiliano sublinha: "toda prescrição legal tem provavelmente um escopo, e presume-se que a este pretenderam corresponder os autores da mesma, isto é, quiseram tornar eficiente, converter em realidade o objetivo ideado. A regra positiva deve ser entendida de modo que satisfaça aquele propósito" (MAXIMILIANO, 2020, p. 139).

Nessa batida, a mais importante delas corresponde às "nomeações para cargo em comissão declarado em lei de livre nomeação e exoneração",[555] como, em rigor, consta da redação do próprio artigo 37, inciso II. No tocante a esses cargos, impende recuperar que a sua existência e, por conseguinte, os respectivos provimentos visam, imperiosa e tão somente, ao exercício de atribuições de direção, chefia e assessoramento. Ainda, o seu quantitativo deve ser proporcional às necessidades a serem atendidas e ao número de servidores efetivos. Se o Constituinte tornou o concurso público a principal porta de entrada para os quadros estatais, os cargos em comissão não podem servir de brecha para burlar a lógica instituída.[556]

Não é demais destacar que essa reserva constitucional presta abrigo, igualmente, aos empregos em comissão presentes no âmbito da Administração Pública direta, das entidades autárquicas, das fundações de direito público, caso tenham sido criados, bem como àqueles constantes das empresas estatais e das fundações de direito privado instituídas pelo Poder Público; naturalmente, caso se aceite a sua legítima existência nas respectivas órbitas.[557]

Em continuidade, consigne-se que os cargos eletivos, a serem providos por agentes eleitos, também não se conectam à reivindicação do certame público. Isso também se diga quanto ao preenchimento

---

[555] BRASIL. Constituição da República Federativa do Brasil de 1988, de 5 de outubro de 1988.

[556] Renato Monteiro de Rezende avalia: "tendo o Constituinte de 1988 deixado claro o seu propósito de universalizar o concurso público como método de admissão de pessoal pelos entes administrativos, seria mesmo despropositado imaginar que o legislador tivesse um poder discricionário e incontrastável de criar cargos em comissão. Concepção como essa conduziria, no limite, a um total esvaziamento da regra do art. 37, II, da Constituição Federal" (REZENDE, 2008, p. 301).

[557] Mencione-se a sempre relevante manifestação de Celso Antônio Bandeira de Mello, que, malgrado não sustente a inaplicabilidade do artigo 37, inciso II, da Constituição às empresas públicas e sociedades de economia mista, assim pondera: "esta regra há de sofrer certa atenuação, embora não elisão, tratando-se de empresa estatal exploradora de atividade econômica [...]. Compreende-se que a empresa estatal pode, legitimamente, prescindir da realização de concurso público nas situações em que sua realização obstaria a alguma necessidade de imediata admissão de pessoal ou quando se trate de contratar profissionais de maior qualificação, que não teriam interesse em se submeter a prestá-lo, por serem absorvidos avidamente pelo mercado" (MELLO, Celso, 2021, p. 187). Em nossa compreensão, as justificativas subjacentes a essas defendidas exceções à exigência do certame público encontram confortável acomodação, de um lado, na possibilidade de contratação temporária de trabalhadores pelas empresas estatais com fulcro na Lei Federal nº 6.019/1974 e, de outro, nas figuras dos empregos em comissão, caso haja aderência das tarefas cogitadas às atividades de chefia, direção ou assessoramento. Se, ao contrário, tiverem natureza eminentemente técnica, burocrática ou operacional, bem como se não demandarem a existência de relação de confiança, a ocupação de emprego nessa seara deve manter-se subserviente à norma concursal.

de certos cargos vitalícios, como ocorre com os cargos de Ministro do STF, com outros de Tribunais Superiores, com os afetados ao chamado "quinto constitucional" e com as cadeiras ocupadas pelos membros dos Tribunais de Contas.

Embora consista em hipótese rara, há de se fazer menção ao artigo 41, § 3º, do Texto Maior, que estabelece mais uma ressalva ao comando trazido pelo artigo 37, inciso II. Caso certo servidor público estável tenha sido colocado em disponibilidade em virtude da anterior extinção ou declaração da desnecessidade de seu cargo, autoriza-se que venha a prover um novo cargo, desde que as respectivas atribuições sejam compatíveis com as do antecedente.

Ademais, apresente-se que o artigo 53, inciso I, do ADCT tornou possível o provimento de postos laborais na esfera estatal sem a prévia aprovação em avaliação competitiva de natureza pública por ex-combatentes que participaram de operações bélicas na Segunda Guerra Mundial. Configura hipótese que, atualmente, tem maior valor histórico do que relevância prática, eis que o término do conflito se deu há quase oitenta anos.

Cabe, outrossim, tecer ponderações a respeito da inovação trazida pela EC nº 51/2006 ao artigo 198, § 4º, do Texto Fundamental. A partir de sua literalidade, permitiu-se "admitir agentes comunitários de saúde e agentes de combate às endemias por meio de processo seletivo público, de acordo com a natureza e complexidade de suas atribuições e requisitos específicos para sua atuação".[558] Por sua vez, o artigo 9º da Lei Federal nº 11.350/2006 estipulou que a referida admissão "deverá ser precedida de processo seletivo público de provas ou de provas e títulos, de acordo com a natureza e a complexidade de suas atribuições e requisitos específicos para o exercício das atividades".[559]

A despeito de não ser matéria pacífica na doutrina, não se verificam reais diferenças entre o certame público cuja realização é pedida pelo artigo 37, inciso II, da Constituição e o processo seletivo público conduzido à contratação dos aludidos agentes. Tudo indica que, ao menos sob a hodierna regulamentação legal, o disposto no artigo 198, § 4º, não se traduza como exceção passível de ser reconhecida à exigência concursal.[560]

---

[558] BRASIL. Constituição da República Federativa do Brasil de 1988, de 5 de outubro de 1988.
[559] BRASIL. Lei nº 11.350, de 5 de outubro de 2006.
[560] Celso Antônio Bandeira de Mello pondera que "processo seletivo público é, simplesmente, concurso público" (MELLO, Celso, 2021, p. 232). Por sua vez, José dos Santos Carvalho Filho opina que, "à primeira vista, tal processo seletivo não seria o mesmo que o concurso

Postas essas considerações, há dois últimos campos a serem explorados, sendo o primeiro deles concernente à relação das funções autônomas com o artigo 37, inciso II. Isso porque a norma em questão, se não tolera dúvidas relativas ao alcance dos cargos e empregos existentes nos quadros funcionais do Estado, também não oferece sinalização alusiva às funções autônomas.

De fato, sugere-se pertinente a preocupação de José Afonso da Silva ao alertar que "deixa a Constituição, porém, uma grave lacuna nessa matéria, ao não exigir nenhuma forma de seleção para a admissão às funções (autônomas) referidas no art. 37, I, ao lado dos cargos e empregos".[561] Inobstante, tal inquietação não se mostra bastante para sustentar que as funções autônomas somente poderiam ser preenchidas mediante a aprovação em concurso público que tenha sido realizado para esse fim, ao menos à luz do texto da norma.

Nessa linha, a resposta a essa celeuma não pode ser obtida pela extensão da abrangência normativa do artigo 37, inciso II, da Constituição. Diversamente, a sua solução deve ser encontrada por intermédio da delimitação do âmbito de liberdade conferida ao legislador infraconstitucional para instituir novas funções autônomas, enquanto unidades de atribuições não coincidentes com cargos ou empregos.

Maria Sylvia Zanella Di Pietro, por exemplo, apregoa que a Constituição só conceberia duas funções autônomas passíveis de serem criadas: as exercidas por servidores temporários e as funções de confiança.[562] A seu turno, rememore-se que Celso Antônio Bandeira de Mello as adstringe a essas últimas, patrocinando que a admissão de servidores temporários redundaria no surgimento de um vínculo de emprego.[563]

Conquanto não comunguemos da opinião de que a lei estaria impedida de inaugurar funções autônomas não ajustadas às referidas

---

público de provas e títulos, assim como previsto no art. 37, II, da CF, parecendo ter-se admitido procedimento seletivo simplificado – exceção ao princípio concursal. A legislação regulamentadora, porém, aludiu a processo seletivo público de provas ou de provas e títulos, o que espelha o concurso público. A expressão empregada no novo texto, além de atécnica, só serviu para suscitar dúvida no intérprete; na verdade, bastaria que o Constituinte se tivesse referido simplesmente ao concurso público" (CARVALHO FILHO, 2021, p. 652). Já Diogenes Gasparini defende que, "por não se tratar de concurso público, pode-se afirmar que o processo seletivo público deverá ser menos demorado na sua execução e menos burocratizado, sem descurar do atendimento ao princípio da igualdade e da necessidade de selecionar os melhores candidatos para a execução dos serviços almejados" (GASPARINI, 2012, p. 238).

[561] SILVA, José, 2005, p. 679.
[562] DI PIETRO; MOTTA, 2019, p. 410.
[563] MELLO, Celso, 2021, p. 207.

hipóteses, entendemos que a sua criação precisa derivar de cautelosa ponderação dos interesses jurídicos envolvidos concretamente. Em todo caso, é preciso ter como pano de fundo o intento constitucional de que a rota primacial de admissão aos quadros estatais seja a via do concurso público, que, de acordo com o artigo 37, inciso II, do Texto Maior, se destina à ocupação de cargo ou emprego.

Caso, porém, seja legitimamente instituída certa função autônoma, parece certa a sua exclusão apriorística da imperiosidade de realização de concurso público para o seu provimento. Postula-se apenas que se erijam critérios impessoais e objetivos para a seleção de seu titular[564] ou, diante de funções de confiança, que não sejam utilizadas como instrumentos de favorecimento, troca de favores ou afilhadismo.[565]

Em verdade, nada conduz a submissão do preenchimento de funções de confiança à norma do concurso público, malgrado se imponha, desde a edição da EC nº 19/1998, que o seu exercício se dê exclusivamente por servidores ocupantes de cargos públicos, nos termos do artigo 37, inciso V, do Texto Fundamental. Significa afirmar que a aprovação em exame concorrencial público se posiciona como requisito meramente indireto ao seu provimento, pois corresponde a uma etapa preambular necessária à investidura em cargo público, que, esta sim, funciona como requisito direto ao desempenho de funções de confiança.

Por sua vez, o provimento temporário de postos laborais na órbita do Estado por meio da contratação por prazo determinado encontra guarida no artigo 37, inciso IX, da Constituição. Segundo a sua escrita, "a lei estabelecerá os casos de contratação por tempo determinado para atender à necessidade temporária de excepcional interesse público".[566] Sobre a matéria, convém uma análise mais demorada, consoante feita na sequência.

---

[564] O Supremo Tribunal Federal assentou, em razão do julgamento das ADIs nºs 5.477, 5.752, 6.693, 5.803 e 5.387, a constitucionalidade da criação das funções autônomas de residência e estágio. No entanto, também pontuou o STF a necessidade de que o processo de seleção se dê de forma impessoal e objetiva, em atendimento aos princípios que regem a Administração Pública.

[565] Cármen Lúcia Antunes Rocha salienta: "função de confiança é aquela que se caracteriza por ser destinada ao provimento de agentes que atendem a uma qualidade pessoal que o vincula, direta e precariamente, a determinadas diretrizes políticas e administrativas dos governantes em determinado momento [...]. Cuida-se de situação excepcional, que precisa ser considerada e compatibilizada com a impessoalidade, posta como princípio constitucional [...]. A confiança haverá, pois, de ser da sociedade na condição profissional do servidor que ocupa aquelas funções, e não apenas nas relações pessoais da autoridade competente e do escolhido. Ademais, evita-se a instituição de funções de confiança para dedicarem-nas a amigos: afilhadismo foi uma das formas de agrados de dedicados aos amigos" (ROCHA, Cármen, 1999, p. 177-178).

[566] BRASIL. Constituição da República Federativa do Brasil de 1988, de 5 de outubro de 1988.

Em relação a ambos os casos, vale reiterar que a regra se mantém sendo o acesso aos quadros estatais pelo caminho do concurso público e, assim, pelo preenchimento de cargo ou emprego efetivo. Quanto às funções de confiança, precisam, também elas, se circunscrever ao exercício de atribuições de direção, chefia e assessoramento, devendo o seu quantitativo ser proporcional às necessidades existentes e ao número de servidores efetivos. Já no que toca à contratação temporária, postula-se a estrita obediência a cada um dos seus pressupostos constitucionais.

Finalmente, identifica-se uma última hipótese trazida pelo Constituinte de 1988, que, de natureza transitória, permitiu que servidores civis que não tivessem sido aprovados em provas públicas compusessem licitamente os quadros da Administração Pública direta, das entidades autárquicas e fundações de direito público das três esferas federativas. Cuida-se da estabilidade atribuída pelo artigo 19 do ADCT, que, para tanto, requereu o exercício pelo tempo mínimo de cinco anos continuados e completos na data da edição da Constituição, bem como que o respectivo ingresso não tivesse se dado em cargo, emprego ou função de confiança ou em comissão, tampouco se referisse a professores de nível universitário.

Preenchidos os requisitos prescritos, o agente público pôde manter-se estável no serviço público como titular do posto ocupado até então. Caso tenha provido cargo público, permaneceu nessa condição; caso tenha sido contratado para exercer emprego público, continuou a desempenhar as suas atribuições sob vínculo trabalhista; e, caso tenha antes sido investido em função autônoma, foi nela em que se deu o prosseguimento de seu labor com a estabilidade excepcional concedida pelo artigo 19 do ADCT.[567]

Registre-se, ademais, que essa estabilidade não se confunde com a efetividade típica dos cargos e empregos efetivos. Com base nessa diferença, a jurisprudência do Supremo Tribunal Federal assentou que os indivíduos favorecidos pela referida estabilidade "gozam, apenas, do direito de permanência no serviço público, vinculados à

---

[567] Adilson Abreu Dallari pontua que, em relação a titulares de cargos, empregos e funções de confiança ou em comissão ocupados por servidores permanentes, "o servidor foi estabilizado, não na função de confiança, mas, sim, no cargo, função ou emprego normal" (DALLARI, Adilson, 1990, p. 87). Já Ivan Barbosa Rigolin, sem, contudo, mencionar as hipóteses em que o servidor estabilizado ocupava função autônoma, ressalta que "a estabilização do art. 19, entretanto, não 'congela' para sempre a existência, inalterada, do cargo ou do emprego cujo ocupante foi estabilizado; esse cargo, esse emprego, podem ser alterados, ou extintos, e nesse caso à Administração se aplicará o § 3º do art. 41" (RIGOLIN, 1989, p. 210).

função que exerciam quando estabilizados".⁵⁶⁸ Assim, não progridem funcionalmente, não compõem qualquer carreira nem fazem jus a benefícios concebidos privativamente aos seus integrantes.⁵⁶⁹

Conforme entendemos, essa pacífica compreensão jurisprudencial merece algumas ponderações. Primeiramente, é certo que um servidor que ocupava função autônoma não se tornou titular de cargo ou emprego efetivo; apenas adquiriu estabilidade e, por natural, não passou a integrar qualquer carreira de cargos ou empregos. Por outro lado, se anteriormente exercesse cargo ou emprego efetivo, nada sugere que a Constituição tenha retirado do servidor a sua titularidade, tampouco do cargo ou emprego a qualidade de integrar certa carreira da qual fazia parte. Por efeito, impõe-se reconhecer que, se o cargo ou emprego compusesse certa carreira, o seu detentor mantinha-se no direito de progredir funcionalmente e de auferir os benefícios inerentes a essa condição. Cuida-se, contudo, de posicionamento que não encontra sinergia na jurisprudência do Supremo Tribunal Federal.

4.2.2 Contratação de servidores temporários

Seja considerando-a exceção à reivindicação do artigo 37, inciso II, da Constituição para o provimento de empregos no âmbito estatal, seja tendo-a como função autônoma e, portanto, como figura distante da redação da norma, é inequívoco que a contratação de servidores temporários não demanda a realização de um concurso público destinado especificamente à escolha do pretendente à breve integração dos quadros estatais.

Por outro lado, a adoção de critérios objetivos e impessoais para a eleição do novo servidor, ainda que temporário, configura medida inarredável, em homenagem ao princípio da impessoalidade. É certo que "a temporariedade não justifica sejam postergados os princípios da isonomia, da impessoalidade e da moralidade".⁵⁷⁰ Merecem, pois, encômios aquelas decisões que se utilizam de listas de candidatos aprovados em certame público para selecionar agentes temporários, desde que acatados os requisitos constitucionais e legais pertinentes.⁵⁷¹

---

⁵⁶⁸ BRASIL. Supremo Tribunal Federal. RE nº 356.612 AgR.
⁵⁶⁹ BRASIL. Supremo Tribunal Federal. RE nº 167.635.
⁵⁷⁰ DALLARI, Adilson, 1990, p. 126.
⁵⁷¹ Não se desconhece que, em muitas ocasiões, se discute se a contratação de servidor temporário redunda na preterição de candidatos regularmente aprovados em concurso público. Ocorre que a contratação temporária autorizada constitucionalmente tem por escopo

Com efeito, o Texto Fundamental mostra-se claro quanto aos contornos jurídicos cominados à admissão temporária esteada em seu artigo 37, inciso IX. Extrai-se do dispositivo ser cogente que haja uma lei a conceder lastro à contratação, que o vínculo a ser formalizado tenha prazo determinado, que exista uma necessidade apta a escorar o recrutamento de novos recursos humanos, que haja um interesse público dotado de uma excepcionalidade tal a justificar essa modalidade de admissão e, por fim, que a necessidade a fornecer resguardo à especial contratação se qualifique como temporária.[572]

Nessa linha, o primeiro requisito consiste na existência de uma legislação que trate do assunto e que provenha do respectivo ente federativo. Cabe a essa lei especificar os casos de excepcional interesse público que apoiem essa forma de contratação, vedada a estipulação de cláusulas genéricas.[573] Ainda, convém que defina, desde logo, um prazo máximo para os vínculos, balizando os termos concretos das futuras admissões.[574]

Ganha relevância, nesse contexto, o segundo requisito acima indicado. Sem prejuízo do disposto na legislação quanto ao limite de duração dos vínculos constituídos a partir de cada hipótese permissiva, "os contratos firmados com esses servidores devem ter sempre prazo determinado, contrariamente, aliás, do que ocorre nos regimes estatutário e trabalhista, em que a regra consiste na indeterminação do prazo da relação de trabalho".[575]

---

satisfazer necessidades transitórias, conforme o artigo 37, inciso IX, do Texto de 1988. Caso preenchidos os correspondentes requisitos, não há de se afirmar haver preterição alguma, tampouco direito à nomeação daquele que aguarda a convocação para prover posto laboral perene no âmbito do Estado, ainda que corresponda ao mesmo indivíduo que venha a ser admitido temporariamente. Em verdade, é injustificável a nomeação de candidato para, tão logo vencida a necessidade temporária, tornar possível a declaração da desnecessidade do cargo ou emprego, com a subsequente exoneração do servidor, tendo em vista a provável insuficiência temporal para a aquisição de direito à estabilidade, nos termos do artigo 41, § 3º, da Constituição. Inobstante, é possível que, examinando o caso concreto, seja considerada ilícita certa contratação temporária por ter visado, por exemplo, à satisfação de necessidades permanentes. Nesse caso, haverá a preterição do candidato aprovado em concurso, devendo ser reconhecido o seu direito à nomeação.

[572] Variados autores destrincham, em maior ou em menor número, os elementos constitucionais previstos no artigo 37, inciso IX, do Texto de 1988. Entendemos por bem, todavia, observar a repartição feita pela Suprema Corte ao apreciar o RE nº 658.026 sob o regime da repercussão geral (= Tema nº 612); portanto, em cinco diferentes requisitos.

[573] BRASIL. Supremo Tribunal Federal. ADI nº 3.210.

[574] Segundo José dos Santos Carvalho Filho, "leis que disponham sobre regime especial de contratação temporária sem fixar prazo máximo de contratação (determinabilidade temporal) ou circunstância relativa à excepcionalidade são flagrantemente inconstitucionalidade" (CARVALHO FILHO, 2021, p. 619).

[575] CARVALHO FILHO, 2021, p. 618.

Cuida-se de fulcral diferença para a fórmula principal de recrutamento de pessoal no âmbito do Estado. Enquanto o caminho do concurso público gera vínculos funcionais que, com prazo indeterminado, se vocacionam a perdurar por longo período, impõe-se a esses ingressos transitórios a reverência aos prazos máximos previstos na lei e, em particular, às condições temporais que tenham sido apostas no momento da contratação.

Como terceiro elemento trazido constitucionalmente, revela-se forçosa a existência de uma incontornável necessidade administrativa de admissão adicional de pessoal. Como assevera Celso Antônio Bandeira de Mello, "cumpre que tal contratação seja indispensável; vale dizer, induvidosamente não haja meios de supri-la com remanejamento de pessoal ou redobrado esforço dos servidores já existentes".[576]

A existência de necessidade administrativa de difícil remediação deve, porém, ser avaliada não só ao tempo da contratação. A toda evidência, corresponde a requisito de inafastável observância para a instauração do vínculo, mas, também, para o seu prosseguimento. Caso a necessidade que tenha dado origem à admissão temporária se esvaneça antes do fim do prazo anotado, o vínculo deve ser imediatamente extinto. É dizer: toda contratação feita com supedâneo no retratado inciso IX do artigo 37 contém cláusula resolutiva que, explícita ou implícita, deriva diretamente da Constituição.

Ademais, o preenchimento do quarto requisito postula que a contratação mire o atendimento a uma necessidade munida de excepcional interesse público. Em que pese a multiplicidade de sentidos passíveis de serem oferecidos à excepcionalidade atrelada ao interesse público envolvido, "este não há de ser relevantíssimo, mas tão só revelador de uma situação de exceção, de excepcionalidade, que pode ou não estar ligado à imperiosidade de um atendimento urgente",[577] como ensina Diogenes Gasparini.

Note-se que, enquanto a constatação de urgência ou de um altíssimo nível de importância não consiste em elemento imprescindível à caracterização da licitude da contratação temporária, a identificação de uma situação diametralmente oposta torna a admissão inexoravelmente ilícita. Afinal, para se configurar a hipótese de exceção requer-se, no mínimo, a "existência de motivos invulgares como justificativa para a contratação".[578] Não por outra razão, não encontra proteção

---

[576] MELLO, Celso, 1995, p. 71.
[577] GASPARINI, 2012, p. 213.
[578] REZENDE, 2008, p. 302.

constitucional o ingresso temporário que vise ao desempenho de atividades qualificáveis, ao mesmo tempo, como burocráticas, ordinárias e permanentes, de acordo com a orientação do Supremo Tribunal Federal.[579]

Há um último elemento cujo reconhecimento se revela mandatório a uma admissão de pessoal perfeitamente abrigada pelo artigo 37, inciso IX, do Texto Maior. Segundo a norma, requer-se a identificação de uma necessidade efetivamente temporária ou, consoante Diogenes Gasparini, "qualificada por sua transitoriedade; a que não é permanente; aquela que se sabe ter um fim próximo. Em suma, a que é passageira".[580]

Apresenta-se fulcral salientar que não é a atividade que precisa ser temporária, mas a necessidade concretamente verificada. Caso a atividade seja permanente, mas exsurja uma necessidade pública momentânea que extrapole a normalidade e rogue por reforço de pessoal, não se vislumbra obstáculo à admissão temporária que provenha desse requisito.[581]

Nesse toar, o STF já expôs que "a natureza permanente de algumas atividades públicas [...] não afasta, de plano, a autorização constitucional para contratar servidores destinados a suprir demanda eventual ou passageira".[582] Em igual direção, Cristiana Fortini e Flávia Cristina Mendonça Faria de Pieve ponderam que "não importa se a atividade a ser desempenhada é permanente ou temporária. Basta que a demanda a ser suprida caracterize-se pela sua transitoriedade".[583]

De fato, se for temporária a necessidade de desempenho de certa atividade, ainda que esta seja permanente, não é nada razoável recomendar o seu provimento perene. Um entendimento em sentido contrário redundaria em defender que a Constituição imporia um incremento duradouro aos quadros estatais em virtude de necessidades estritamente pontuais, obrigando o ente ao desperdício.

Esse cenário hipotético não passou despercebido pela jurisprudência do Supremo Tribunal Federal. Ao apreciar a ADI nº 3.386/DF, em que se discutia a constitucionalidade da contratação de servidores

---

[579] BRASIL. Supremo Tribunal Federal. ADI nº 2.987.
[580] GASPARINI, 2012, p. 213.
[581] É o que também sustenta Maria Sylvia Zanella Di Pietro (2019, p. 399). Em sentido contrário, José dos Santos Carvalho Filho defende a impossibilidade de contratação temporária com o objetivo de exercer atividades permanentes do órgão (CARVALHO FILHO, 2022, p. 66-67).
[582] BRASIL. Supremo Tribunal Federal. ADI nº 3.247.
[583] FORTINI; PIEVE, 2022, p. 259.

temporários ao invés da contratação de servidores efetivos pelo IBGE para o cumprimento de atividade transitória no âmbito da autarquia, a Ministra Cármen Lúcia Antunes Rocha assim consignou em seu voto condutor:

> Em razão da supremacia do interesse público, não se poderiam justificar a criação e o provimento de cargos públicos com o objetivo apenas de atender a uma demanda sazonal de pesquisas, pois, após o término destas, a impossibilidade de dispensa dos servidores ocasionaria o inchamento da estrutura, inadmissível e incompatível com os princípios que regem a Administração Pública.
>
> O respeito ao princípio da eficiência, em que se busca, na sinonímia do Dicionário Aurélio, *"ação, força, virtude de produzir um efeito; eficácia"*, impediria tornar permanente uma despesa que pode ser temporária, sob pena de afronta, ainda, ao princípio da moralidade.[584]

Em rigor, é sob esse crivo que deve ser compreendida a linha divisória entre os campos de licitude das contratações temporárias e da investidura em cargos e empregos de provimento permanente no âmbito estatal. Caso a necessidade seja persistente, é inaceitável que o gestor público se valha da contratação temporária e, se existirem cargos ou empregos efetivos criados por lei com atribuições compatíveis, passa a auferir pertinência o disposto no artigo 37, inciso II, do Texto Fundamental. Já se a necessidade for simplesmente transitória, revela-se inadmissível a incorporação manente de novos servidores, restando distanciada a situação concreta do âmbito normativo da exigência do concurso público.

Essas ponderações, entretanto, deixam um espaço descoberto. Diante de singelas conveniências ou de necessidades temporárias que não atendam os demais requisitos do artigo 37, inciso IX, da Constituição, deve o Poder Público empreender esforços para alcançar uma terceira forma de satisfazê-las. Pode, por exemplo, remanejar servidores, diluir a execução de tarefas ao longo do tempo ou obter colaboração externa mediante a adoção de uma solução terceirizante. De todo modo, a contratação temporária encontrará óbice à luz da disposição expressa, assim como a admissão duradoura de pessoal.[585]

---

[584] BRASIL. Supremo Tribunal Federal. ADI nº 3.386.

[585] Em sentido similar, Helder Santos Amorim acena: "em se tratando de serviços para atender a necessidades temporárias 'ordinárias e previsíveis' [...], não há que se falar em contratação temporária por excepcional interesse público. Por sua vez, a contratação permanente destes servidores em quadro de carreira (o que viabilizaria o concurso público) macularia

Trata-se de hipótese cujos riscos foram, presumidamente, medidos pelo Poder Constituinte. De um lado, existe a clara possibilidade de ocorrência de sobrecargas repentinas de trabalhos, que, a princípio, poderiam reclamar uma resposta imediata. De outro, há o perigo de abertura de uma porta bastante larga para a desvalia ao concurso público enquanto via principal de entrada para os quadros estatais. Cotejando ambos os riscos, foram assumidos os primeiros, atribuindo-se ao gestor a incumbência de buscar alternativas que, voltadas a superar o estado momentâneo de necessidade, não acarretem novos ingressos, sejam de feição temporária ou permanente.

Por fim, impende trazer algumas derradeiras questões, relativas à contratação temporária de servidores pelas entidades governamentais de direito privado, sobretudo às empresas públicas e sociedades de economia mista. Se parece incontestável a possibilidade de serem admitidos agentes a título transitório nessa seara, sob pena de impor-lhes regime mais rígido do que aquele que vincula os entes estatais de direito público, sugere-se mais discutível a conformação jurídica a ser reconhecida a essa modalidade de contratação.

Em passado menos recente, o Tribunal de Contas da União decidiu, num primeiro instante, pela incidência das regras veiculadas pela Lei Federal nº 6.019/1974 à contratação temporária feita por certa empresa pública federal.[586] Posteriormente, alterou essa intelecção para, então, sustentar a aplicação do artigo 37, inciso IX, da Constituição a outra empresa pública federal e, por conseguinte, do disposto na Lei Federal nº 8.745/1993, que regulamenta, naquele âmbito, a referida norma constitucional.[587] Em um terceiro momento, retornou à leitura anterior, afastando-se o regramento previsto constitucionalmente.[588]

A nosso juízo, ressoa mais afinado com a ordem jurídica em vigor uma compreensão alocada em posição intermediária. Haja vista que correspondem a pessoas jurídicas de direito privado, acredita-se, como

---

profundamente o princípio da eficiência, diante do imenso desperdício de recursos públicos na manutenção de um quadro funcional parcialmente ocioso [...]. Verificadas estas condições, analisadas em tese, a contratação indireta de serviços em atividades transitórias ou periodicamente necessárias à administração pública constituirá verdadeira ordem constitucional, somente passível de elisão se razões superiores ao princípio da eficiência se apresentarem num processo de ponderação à vista das circunstâncias do caso concreto. No caso, não se estará diante de uma terceirização facultada pelo legislador ordinário, passível de autorização legal ao administrador, mas de verdadeira prática imposta pela Constituição" (AMORIM, 2009, p. 212-214).

[586] BRASIL. Tribunal de Contas da União. Acórdão nº 16/2003.
[587] BRASIL. Tribunal de Contas da União. Acórdão nº 3.566/2008.
[588] BRASIL. Tribunal de Contas da União. Acórdão nº 3.888/2011.

ponto de partida, ser realmente apropriado o emprego da legislação pertinente à iniciativa privada à contratação temporária de pessoal pelas empresas estatais e fundações de direito privado instituídas pelo Poder Público.[589]

Por sua vez, não se pode olvidar que a prévia aprovação em certame público mantém-se sendo a regra para o ingresso de pessoal nos quadros estatais, ao passo que os elementos jurídicos constantes do artigo 37, inciso IX, do Texto Fundamental assumem papel nevrálgico no próprio amoldamento da norma que reivindica as provas públicas. Nesse toar, o âmbito normativo da exigência concursal resta conformado em importante medida a partir, justamente, da relação de autoexclusão recíproca com o regime de recrutamento temporário erigido constitucionalmente.

Em termos práticos, ignorar os contornos preditos pelo inciso IX, ainda que no campo dos entes governamentais de direito privado, tem o condão de infringir o próprio conteúdo do artigo 37, inciso II, da Constituição. Por efeito, entendemos que a interpretação que mais adequadamente se coaduna com o ordenamento superior consiste na necessidade de que as empresas estatais e fundações instituídas pelo Poder Público, caso desejem recrutar pessoal temporário, observem, conjuntamente, as regras estatuídas na Lei Federal nº 6.019/1974 e, no que couberem, os requisitos elencados no retratado inciso IX.

Nessa batida, os casos permitidos de contratação temporária devem estar previamente estabelecidos, mas em ato interno da própria pessoa jurídica, assegurando o seu caráter de exceção. É preciso, também, haver uma necessidade efetiva e transitória que proponha o labor de novos trabalhadores por prazo predeterminado. Já em relação ao requisito da excepcionalidade do interesse envolvido, é prudente que se lhe confira uma leitura imbuída de maior flexibilidade, mormente quando diante do exercício de atividades econômicas em ambiente de mercado, sob pena de prejuízo à realização do respectivo mister institucional.

---

[589] Nessa esteira, Abhner Youssif Mota Arabi e Valter Shuenquener de Araújo opinam: "a Administração Pública é composta por pessoas jurídicas de direito privado. Estas últimas estão autorizadas a fazer uso da contratação de trabalho temporário prevista na Lei nº 6.019/1974, nos mesmos moldes do que é realizado no âmbito da iniciativa privada" (ARABI; ARAÚJO, 2018, p. 114). Ao tratar das empresas públicas e sociedades de economia mista, Maria Sylvia Zanella Di Pietro manifesta-se no mesmo sentido (DI PIETRO, 2022, p. 235).

4.3 Violações à exigência do concurso público

Ao lado dos novos liames fixados para a exigência do concurso público a partir de 1988, o novo Texto Fundamental deu um notável passo na direção de modificar a realidade pregressa. Além de colocar a via concursal como o canal preponderante de entrada para os quadros estatais, consignou que a sua inobservância "implicará a nulidade do ato e a punição da autoridade responsável, nos termos da lei",[590] de acordo com o seu artigo 37, § 2º.

Não obstante a relevância do cuidado imposto pelo Constituinte, trata-se de comando normativo que, atrelado ao plano da validade dos atos jurídicos, recebeu temperamentos pelos Tribunais em múltiplas ocasiões. O próprio STF, ao analisar caso anterior a 1992 – quando restou decidida a necessária observância da reivindicação do certame público, inclusive, pelas empresas estatais –, legitimou a ocupação de empregos efetivos na INFRAERO sem a prévia aprovação no certame, mitigando, assim, a nulidade aprioristicamente infligida.[591] Já a jurisprudência do TCU é farta em decisões que, a despeito de qualificarem certas terceirizações como violadoras do artigo 37, inciso II, da Constituição, entenderam por bem postergar o encerramento dos vínculos jurídicos então avaliados.[592]

A verdade é que um exame amplo concernente ao plano da validade dificilmente alcançaria uma fórmula definitiva e indistintamente aplicável a todos os atos ofensivos ao reclamo concursal, transbordando, ainda, os contornos pretendidos a este estudo. No entanto, deixando à margem uma análise fulcrada no sancionamento que seria pertinente a cada caso e concentrando a discussão em etapa antecedente, revela-se factível proceder-se a uma investigação quanto aos modos possíveis de transgressão à norma constitucional.

Nesse sentido, vê-se que a exigência do concurso público pode ser maculada de diversas maneiras. O provimento de cargo ou emprego efetivo sem o prévio êxito em tal procedimento não provoca, por exemplo, uma afronta materialmente idêntica àquela que, constatada em razão de certa contratação temporária, se origina da inexistência de

---

[590] BRASIL. Constituição da República Federativa do Brasil de 1988, de 5 de outubro de 1988.
[591] BRASIL. Supremo Tribunal Federal. MS nº 22.357.
[592] Por exemplo, no Acórdão nº 276/2002, o Plenário do TCU declarou a ilicitude de certas terceirizações por entender violar o artigo 37, inciso II, da Constituição. Concedeu, porém, prazo de 360 dias para a substituição dos terceirizados por servidores concursados. Inobstante, esse prazo foi prorrogado sucessivas vezes pelos Acórdãos nºs 1.571/2003, 1.068/2004, 1.520/2006 e 2.681/2011, todos do Plenário. Situações similares extraem-se do Acórdão nº 3.125/2006, da Primeira Câmara, e do Acórdão nº 1.557/2005, do Plenário.

necessidade transitória a lhe dar suporte. Por sua vez, ambas as ilicitudes não se confundem com outras que subjazam de terceirizações que desonrem o campo normativo do artigo 37, inciso II, da Constituição.

Com o fim de facilitar a compreensão de sua mais ampla dimensão e de suas particularidades internas, sugere-se adequado repartir as violações à norma concursal a partir de três diferentes perspectivas: a violação frontal, a violação teleológica e a violação reflexa. Pontuando-se que elas acarretam, cada uma a seu modo, inequívoco desrespeito ao ditame constitucional em questão, todas têm, a princípio, o condão de atrair a incidência do regramento sancionador verificado no artigo 37, § 2º, do Texto Maior.

Correspondendo à mais clara e inconteste, a violação *frontal* guarda relação com fatos jurídicos que abstratamente autorizem ou efetivamente deem ensejo a investiduras que, não precedidas de resultado favorável em provas públicas, se refiram a cargos ou empregos estatais cujo provimento não tenha sido excepcionado da reivindicação constitucional ou, caso sediada em alguma cláusula de ressalva, não satisfaça todos os respectivos pressupostos. Com o fim de melhor elucidação, cabe expor que uma afronta dessa natureza pode nascer de três distintas causas.

Nessa esteira, a primeira delas se refere à investidura em cargo ou emprego presente nos quadros estatais que não suceda uma aprovação em certame público, tampouco se refugie em regramento excepcional que, em tese, poderia justificar o provimento do posto laboral de modo desvinculado do iter preambular. Cuida-se de hipótese incomum, na medida em que o desrespeito à enunciação constitucional raramente ocorre sem qualquer mascaramento.

Já a segunda advém da infringência aos limites normativos de algum preceito de reserva veiculado pela Constituição Federal; ou seja, corresponde a ato jurídico que, supostamente embasado em alguma cláusula de exceção instituída pelo Texto Fundamental, desobedeça a algum de seus requisitos capitais. A toda evidência, ao serem ultrapassados os perímetros de uma norma excepcional, não apenas esta é ferida de morte, mas, por efeito, a própria prescrição que se pretendia excepcionar.[593]

---

[593] No que toca aos cargos em comissão, o STF já expôs que "viola a regra do concurso público (art. 37, II e V, da CF) a criação de cargos em comissão, por meio de lei em sentido estrito, que não possua a descrição detalhada dos atributos de chefia, direção e assessoramento, bem como que não demandem relação de confiança entre o servidor nomeado e o seu superior hierárquico" (BRASIL. Supremo Tribunal Federal. ADI nº 4.968).

Por sua vez, a terceira situação que pode ser posta como ensejadora de ofensas frontais ao mandamento sustentado pelo artigo 37, inciso II, da Constituição concerne a soluções que, não lastreadas no Texto Maior, signifiquem a criação de novas rotas de fuga à obrigatoriedade da anterior sujeição a certame público para a investidura em cargo ou emprego existente no âmbito do Estado. Como decidido pelo STF, "somente regra de exceção prevista na própria Constituição justifica o afastamento da ordem de concurso público".[594]

A seu turno, a violação *teleológica* diz com aqueles fatos jurídicos que, sem visar ao provimento de cargo ou emprego estatal, profanam o desígnio constitucional de tornar o concurso público a via geral de recrutamento de indivíduos para compor os quadros de pessoal do Estado. Não é demais salientar não bastar ao Poder Público atender à letra fria do texto de uma norma, especialmente quando exposta na Constituição, vez que "a Administração subjuga-se ao dever de alvejar sempre a finalidade normativa, adscrevendo-se a ela".[595]

De fato, o Constituinte de 1988 teve por claro intuito apartar-se da obscena realidade precedente, em que havia variadas portas de entrada para os quadros estatais, em que o caminho da competição pública era adotado apenas fortuitamente e, sobretudo, em que eram numerosas as indicações de cunho político ou pessoal. Esse cenário pouco republicano foi objeto de enfrentamento pelo atual Texto Magno, que ampliou significativamente a abrangência do reclamo concursal, impondo caráter de excepcionalidade às expressas hipóteses de ressalva e àquelas distanciadas das fronteiras emanadas da literalidade do enunciado.

Nesse toar, o fato de o ingresso não estar alcançado pela redação do artigo 37, inciso II, da Constituição não pode ser tido como suficiente para torná-lo lícito. O fim imanente à norma recomenda avaliação criteriosa dos casos de angariação de trabalhadores pelo Estado que não provenham de aprovação em certame público, mesmo que não haja provimento formal de cargo ou emprego. Ainda, demanda contundente censura a eventuais desbordamentos dos limites de cláusulas normativas que permitem recrutamentos não previamente atrelados à observância da condição prefacial. Valendo-se, novamente, da voz do STF, desde a promulgação da hodierna ordem superior, "a regra é a admissão de servidor público mediante concurso público".[596]

---

[594] BRASIL. Supremo Tribunal Federal. SL nº 1.215 AgR.
[595] MELLO, Celso, 2021, p. 89.
[596] BRASIL. Supremo Tribunal Federal. ADI nº 3.210.

Sob essa perspectiva, traduz-se em violação teleológica à exigência do concurso público todo fato jurídico que se dirija à obtenção de mão de obra pela Administração sem o apropriado amparo constitucional e sem pertinência com a investidura em cargo ou emprego estatal. Embora não tenhamos a pretensão de esgotar as possibilidades existentes, vemos algumas formas principais de ofensas dessa natureza.

A primeira delas guarda relação com as funções autônomas, não mencionadas pelo enunciado do artigo 37, inciso II, do Texto Maior. Não obstante, repise-se que o canal concursal configura a regra geral de acesso ao campo laboral interno ao Poder Público, o que conduz ao entendimento de que as situações legitimadas de provimento de postos laborais instituídos sob essa feição devam ser interpretadas inflexivelmente.

Nessa esteira, acarretam ofensa teleológica à exigência do certame público a contratação temporária autorizada ou concretizada que não observe a sua conformação constitucional.[597] Também se vê transgressão dessa índole se concebidas ou providas funções de confiança sem a aderência aos pressupostos assinalados no Texto Fundamental. Ainda, auferem idêntico predicado as ilicitudes provenientes da criação ou do preenchimento de outras funções autônomas conflitantes com a normativa superior.

No segundo grupo de violações teleológicas alocam-se os casos de desvio de função. Conforme insinuam as próprias palavras que integram a expressão, essas situações referem-se àquelas em que agentes públicos que componham os quadros de pessoal de certo ente estatal passam a exercer atividades não agasalhadas pelas atribuições ligadas à sua própria unidade funcional. Se é impossível reconhecer ao servidor em desvio de função a titularidade do posto laboral ao qual seja regularmente conferido o desempenho do ofício indevidamente executado,[598] a norma em comento, em sua dimensão teleológica, imprime a cominação da pecha da ilicitude a esses fatos jurídicos.

Ademais, a terceira via de ofensas teleológicas abarca aqueles fatos jurídicos que, voltados ao recrutamento de recursos humanos

---

[597] Para Vanessa Cerqueira Reis de Carvalho, "a contratação por prazo determinado na Administração Pública, fora da exceção prevista constitucionalmente no inciso IX do artigo em comento, fere ao princípio isonômico do concurso público" (CARVALHO, Vanessa 2002, p. 121). Similarmente, veem-se as considerações de Diogenes Gasparini (2012, p. 215).

[598] De acordo com a Súmula nº 378 do STJ, "reconhecido o desvio de função, o servidor faz jus às diferenças salariais decorrentes" (BRASIL. Superior Tribunal de Justiça. Súmula nº 378). Trata-se de compreensão consentânea com a vedação de enriquecimento sem causa pela Administração Pública.

pela Administração, são perpetrados mediante pessoa interposta e sem amparo em cláusula de exceção suportada pela Constituição. Em termos práticos, incorre em infração teleológica à exigência do concurso público toda intermediação de mão de obra não condizente com uma contratação temporária realizada por entes governamentais de direito privado com fulcro na Lei Federal nº 6.019/1974.

Ressalte-se que essa burla ao artigo 37, inciso II, da Constituição pode ser implementada por três caminhos distintos: o primeiro, pela celebração de negócio jurídico cujo escopo principal, ou obrigação acessória, seja fornecer trabalhadores sem o adequado ajustamento ao regime da Lei Federal nº 6.019/1974; o segundo, por ato terceirizante que, desde o início, esteja vocacionado a funcionar de simulacro a uma intermediação de mão de obra; e o terceiro, pela ocorrência, no curso de vínculo proveniente de negócio terceirizante realizado sem fraude, de fato jurídico novo pelo qual certo trabalhador terceirizado deixa de servir ao seu empregador formal e passa a laborar para o ente estatal como se houvesse vínculo direto entre eles.[599]

Finalmente, a violação *reflexa* à exigência do concurso público diz respeito a fatos jurídicos de caráter terceirizante que versem sobre atividades reservadas ao desempenho de servidores cujos postos laborais se submetam ao crivo concursal, independentemente de serem exclusivas de Estado.[600] Daí o seu caráter reflexo: preliminarmente à proclamação da infração ao artigo 37, inciso II, do Texto Fundamental, é preciso assentar que, sob o olhar constitucional, certa tarefa deve ser executada por servidores estatais aprovados em concurso público e que, por esse motivo, a terceirização se apresenta ilícita.

Há de se rememorar que existem apenas duas opções para a efetivação de determinado trabalho: a sua materialização com o uso de recursos do próprio titular da produção ou por meio de uma solução terceirizante. É, justamente, esse o sentido da expressão "fazer ou comprar", aplicável por inteiro à esfera estatal. Assim, se verificada a

---

[599] O Tribunal de Contas da União, em mais de uma oportunidade, assentou ser irregular o desvio de função de empregados vinculados à terceirizada, sobretudo quando passam a existir pessoalidade e subordinação entre o trabalhador e a Administração Pública. Cite-se os Acórdãos nºs 109/2012, 3.294/2011, 2.353/2009 e 669/2008 do Plenário, que, ao lado do Acórdão nº 1.193/2007 da Primeira Câmara, produziram enunciados sobre o tema no âmbito da Corte.

[600] Cuida-se, em nosso sentir, de obstáculos constitucionais que, a princípio, podem atuar lado a lado. É possível que certa atividade não seja passível de terceirização por violar reflexamente a exigência do concurso público, por versar sobre atividade exclusiva de Estado ou, ainda, por ambas as razões.

inviabilidade de implementação de uma das alternativas, impõe-se a adoção da outra, salvo se decidir-se pela não realização do mister. Como se viu, teve vigência por longo período a compreensão de que o ordenamento não acolhia as terceirizações de atividades-fim, inclusive, no âmbito do Estado. Coerentemente, afirmava-se que a sua execução deveria ser perseguida por meio dos recursos humanos da própria entidade. Considerando, como passo seguinte, ter sido estabelecida a via concursal como a regra de recrutamento de pessoal pela Administração, dizia-se, então, que a terceirização de atividades-fim encontrava óbice no artigo 37, inciso II, do Texto Maior. Esse foi o raciocínio explícita ou implicitamente sustentado durante décadas, do qual se infere o cunho consequente da entoada contrariedade constitucional.

Sem embargo do posterior exame das diferentes proposições vistas sobre a questão nas searas doutrinária e jurisprudencial, mostra-se oportuno averiguar brevemente as amarras impostas às práticas terceirizantes em cotejo com as duas principais hipóteses constitucionais em que se tolera a admissão aos quadros estatais sem a prévia sujeição às provas públicas, quais sejam, o provimento de cargos e de empregos em comissão e a contratação temporária.

Nessa esteira, renove-se que os provimentos em comissão devem se ater ao exercício de atividades de direção, chefia e assessoramento. Quanto às duas primeiras, é incogitável que um agente externo assuma posição de superioridade hierárquica em relação a servidores estatais. Tendo em vista que tarefas de direção e de chefia estão intimamente conectadas à noção de hierarquia,[601] indica-se ser inviável a perpetração de negócios terceirizantes cujo objeto esteja ajustado a esses afazeres.

No que se refere aos serviços de assessoramento, podem eles ser, a princípio, alcançados por terceirizações, muito embora consistam em atividades passíveis de regular desempenho por servidores comissionados. Isso não significa, porém, a possibilidade de uma irrefletida substituição desses indivíduos por intermédio de terceirizações. Os seus campos de pertinência se apresentam, na realidade, marcadamente apartados.

---

[601] Segundo Celso Antônio Bandeira de Mello, "hierarquia pode ser definida como o vínculo de autoridade que une órgãos e agentes, através de escalões sucessivos, numa relação de autoridade, de superior a inferior, de hierarca a subalterno. Os poderes do hierarca conferem-lhe uma contínua e permanente autoridade sobre toda a atividade administrativa dos subordinados. Tais poderes consistem no (a) poder de comando [...]; (b) poder de fiscalização [...]; (c) poder de revisão [...]; (d) poder de punir [...]; (e) poder de dirimir controvérsias de competência [...]; e (f) poder de delegar competências ou de avocar" (MELLO, Celso, 2021, p. 132-133).

Nessa linha, a ocupação de postos de trabalho sob o crivo da confiança visa à incorporação de indivíduos aos quadros estatais para exercerem indefinidamente um sem-número de atividades ancilares acobertadas pelo respectivo rol de atribuições. Mantendo-se o seu titular à disposição da Administração, a investidura em cargo ou emprego em comissão não tem por escopo a prestação de serviços específicos, mas a formação de elo funcional por prazo indeterminado com o Poder Público.

Diversamente, a contratação de serviços de assessoramento demanda, além de uma real e particularizada necessidade administrativa que lhe sirva de fundamento, a precisa demarcação de seu objeto, redundando, imperiosamente, na formação de um vínculo por escopo; jamais, portanto, na celebração de negócios destinados à prestação de serviços contínuos. Respeitados os contornos imanentes à relação instituída, a pessoa a quem se terceiriza detém, ainda, autonomia no desenvolvimento da atividade cuja atribuição lhe tenha sido trespassada.

Por fim, deve-se reconhecer que o atendimento a necessidades temporárias da Administração pode ser buscado por dois distintos caminhos, que, conquanto não se autoexcluam, também não se baralham: a contratação temporária de servidores e a adoção de soluções terceirizantes. Cuida-se de opção administrativa que, diante de demandas transitórias, deve ser avaliada por critérios de conveniência e oportunidade, malgrado a admissão suportada pelo artigo 37, inciso IX, da Constituição deva reverência a requisitos não extensíveis às terceirizações.[602]

Há, entretanto, um ponto de inflexão a ser registrado. A contratação temporária requer a existência de uma necessidade transitória, mas prescinde da definição de um objeto específico e previamente estipulado a ser cumprido pelo agente. Gera-se, pois, um vínculo de cunho funcional diretamente com o trabalhador,[603] integrando-o aos quadros de pessoal do Estado. Isso, todavia, não ocorre na implementação de práticas terceirizantes. Caso a opção eleita conduza à terceirização de certa tarefa, postula-se a clara delimitação do seu objeto. A seu turno, "não haverá contratação de pessoal, dado que tais contratados não são

---

[602] Em sentido contrário, Waldir Zagaglia opina: "a segunda regra, evidentemente, será a proibição da terceirização de serviços temporários em vista da possibilidade da contratação administrativa [...]. Havendo necessidade temporária, como tal definida em lei, deve a Administração Pública valer-se da contratação temporária prevista no § 9º (sic) do artigo 37 da CRFB/88" (ZAGAGLIA, 2013, p. 270).

[603] FORTINI; PIEVE, 2022, p. 261.

servidores públicos e não se enquadram em qualquer regime jurídico de pessoal".[604]

4.3.1 Violação reflexa e o debate jurídico

De fato, pende de equacionamento a questão relativa ao modo pelo qual a exigência constitucional do certame público e os perímetros da licitude das terceirizações implementadas pelo Estado se acomodam reciprocamente. Se, por um lado, é recorrente a ideia de que "a terceirização de serviços pela Administração Pública não pode esvaziar a regra constitucional do concurso público",[605] mais controvertida é a definição dos critérios cuja incidência seja capaz a tornar um trespasse causa de esmorecimento da norma concursal.

A despeito de haver pontos em comum, percebem-se variadas orientações sobre o tema. Pedindo vênia para intitulá-las a partir dos traços que vislumbramos ser mais marcantes, entende-se ajustado classificá-las sob as seguintes denominações: corrente discricionária; corrente temporal; corrente finalista subjetiva; corrente finalista objetiva; corrente ponderativa-temporal; corrente temporal-orgânica; corrente funcional; corrente finalista-funcional; e corrente temporal-funcional.

A primeira a ser destacada pode ser identificada, portanto, como *discricionária*. Alocada em um dos extremos do debate, pugna pela existência de uma ampla discricionariedade para que a Administração Pública decida concretamente entre as alternativas "fazer ou comprar". Como consequência, inflige mínimas limitações apriorísticas à celebração de negócios terceirizantes pelo Poder Público.

Perfilhando essa intelecção, Marcos Juruena Villela Souto assinala que o Estado deve buscar soluções para reduzir as suas despesas fixas com pessoal, cabendo à autoridade competente deliberar sobre o melhor caminho a ser seguido.[606] Nessa toada, manifesta-se no sentido de que "trata-se, pois, de opção administrativa de natureza discricionária que escapa ao controle de legalidade que cabe ao Judiciário".[607]

Vê-se que esse posicionamento se amolda à visão que enxerga na minoração do aparelho estatal uma medida a ser perseguida, bem como na terceirização um meio para se atingir esse fim. Como exibe o autor,

---

[604] DALLARI, Adilson, 1990, p. 125.
[605] SANTOS, José, 2020, p. 213.
[606] SOUTO, 2001, p. 373.
[607] SOUTO, 2001, p. 374.

"em tempos de modernização e diminuição da máquina do Estado, os cargos públicos só devem ser providos ou criados se envolverem atividades típicas do Poder Público, notadamente as que exigem manifestação de poder de império".[608] Não por outro motivo, destaca que, quando não assumirem esse predicado, as atividades estatais podem e, em muitas ocasiões, devem ser executadas por terceiros.[609]

Examinando a relação dessa larga discricionariedade apregoada a essas terceirizações e a norma do concurso, o doutrinador avalia cuidar-se de campos com desideratos que não se confundiriam. Segundo ele, "a exigência do art. 37, II, CF, destina-se ao provimento de cargo público e não para a contratação de serviços; no cargo público, busca-se uma relação individual e hierarquizada; no contrato, almeja-se a realização de uma atividade".[610]

Em idêntico caminhar, podem ser apresentadas as reflexões de Fernando Vernalha Guimarães. Após ponderar que o canal da competição pública se destina a contratar uma pessoa a ser agasalhada pela estrutura estatal e que o trespasse mira a obtenção de uma prestação, e não de pessoal, declara que "a decisão por uma ou por outra via configura uma opção discricionária da Administração, por traduzir escolha de natureza política".[611]

Em direção assemelhada, José dos Santos Carvalho Filho registra haver carreiras que exercem atividades típicas de Estado e que são, portanto, incompatíveis com a sua exteriorização. Aponta, ainda, a impossibilidade de que os entes estatais recorram ao trespasse se houver postos de trabalho vagos e indivíduos antes aprovados em concurso público, durante o seu prazo de validade. No entanto, fora dessas hipóteses, sustenta ser discricionária a adoção de soluções terceirizantes pela Administração, sem que se possa falar da ocorrência de burla ao sistema de recrutamento por provas públicas, "já que inexiste obrigação de prover cargos vagos quando algum interesse público o desaconselhar".[612]

Sob a ótica jurisprudencial, essa percepção encontra corroboração no voto condutor da ADI nº 5.685 e das demais quatro ações diretas a ela reunidas, da lavra do Ministro Gilmar Ferreira Mendes. Segundo o seu relator, "deve o gestor, no exercício de sua competência, optar

---

[608] SOUTO, 2001, p. 371.
[609] SOUTO, 2001, p. 371.
[610] SOUTO, 2001, p. 387.
[611] GUIMARÃES, 2014, p. 389.
[612] CARVALHO FILHO, 2021, p. 624-626.

pela melhor forma de atender o interesse público e a eficiência administrativa, podendo se utilizar da contratação de empresas de serviço temporário".[613] Mantendo-se na esteira do voto, posteriormente se desvela a interpretação de acordo com a qual não haveria de se falar de burla na exigência do concurso em virtude de uma terceirização pelo fato de não acarretar investidura em cargo ou emprego público.[614]

A despeito da clareza da manifestação do Ministro, não é adequado extrair do julgado que a Corte teria perfilhado à corrente discricionária. Como dito, a dúvida posta à apreciação não se referiu genericamente aos limites das terceirizações no setor estatal em face do artigo 37, inciso II, da Constituição, mas a uma questão em especial, qual seja, a licitude das terceirizações de atividades-fim promovidas pela Administração Pública. Não soa correto, assim, depreender da decisão além daquilo a que ela se propôs.

Ao que tudo indica, existem dois grandes méritos nessa acepção doutrinária. Primeiramente, é certo que, caso se esteja diante de uma atividade exclusiva do Estado, não é possível valer-se de colaborações externas. Na realidade, embora isso não seja mencionado expressamente por alguns defensores de outras correntes, provavelmente em razão de sua obviedade, não se veem opiniões dissonantes neste ponto. No máximo, discute-se se uma ou outra tarefa deve ser considerada exclusiva de Estado ou se outras atividades que estejam a ela intimamente relacionadas devem, também, estar obstadas aos negócios terceirizantes.

Ademais, supõe-se haver razão na preocupação de permitir que o Poder Público avalie concretamente a melhor rota a ser trilhada entre as alternativas "fazer ou comprar". Se os múltiplos cenários fáticos não são idênticos, ecoa contrariamente à busca constitucional por maior eficiência administrativa a estipulação de um critério que não deixe espaço para a análise das particularidades do caso e, assim, para uma decisão que as considere.

Não nos parece, porém, que as opções inerentes ao binômio "fazer ou comprar", quando aplicado ao setor estatal, sejam, em todo caso, medidas intercambiáveis ao gosto de qualquer gestor. Utilizando-se das palavras de Flávio Amaral Garcia, "cabe ao administrador definir a forma de organização dos serviços, o que tanto pode se viabilizar por meio de uma carreira estruturada de cargos efetivos ou por intermédio

---

[613] BRASIL. Supremo Tribunal Federal. ADI nº 5.685.
[614] BRASIL. Supremo Tribunal Federal. ADI nº 5.685.

da contratação de prestação de serviços".⁶¹⁵ Entretanto, esse "administrador", por vezes, apenas pode ser tido como aquele que detém a competência para estabelecer a organização e o funcionamento da máquina administrativa e, se for o caso, para redesenhar o respectivo quadro funcional.

Por sua vez, constata-se uma segunda corrente, de cunho *temporal*, que aponta ser inviável toda terceirização no contexto estatal que diga respeito à dinâmica permanente da entidade governamental. Ressalte-se que essa é a intelecção que impõe as maiores restrições à exteriorização de atividades pelo Poder Público sob o crivo da exigência do concurso público, designando o elemento temporal como a variável fundamental para medir a licitude das terceirizações nessa seara.

Consistindo em seu principal expoente, Jorge Luiz Souto Maior crava que "não há em nosso ordenamento constitucional a remota possibilidade de que as tarefas que façam parte da dinâmica administrativa do ente público sejam executadas por trabalhadores contratados por uma empresa interposta".⁶¹⁶ Como efeito inarredável, apregoa que, quando circunscritas por esses precisos liames, as atividades pertinentes ao ente estatal devem ser executadas sob a precedência da aprovação em provas públicas.⁶¹⁷

Nessa senda, identifica-se nessa corrente de pensamento um olhar especialmente voltado à proteção do lugar ocupado pelo trabalhador na ordem jurídica. Segundo o autor, "a eficiência administrativa, portanto, não pode ser realizada com a precarização dos direitos dos que prestam serviços ao ente público",⁶¹⁸ argumentando, ainda, que "a precarização é da própria lógica da terceirização".⁶¹⁹ Apresenta-se, pois, como posição que nasce de perspectiva diversa daquela assumida pela corrente anterior.

Sucede que essa concepção não se dirige a impedir toda terceirização cuja adoção seja aventada por órgãos e entidades do Estado, como se adiantou. Ao contrário, desnuda-se um relevante cuidado dedicado a compatibilizar essa leitura obstativa inicial com a cláusula trazida pelo artigo 37, inciso XXI, do Texto Fundamental, que autoriza a celebração de contratos pela Administração destinados à obtenção de "serviços".

---

⁶¹⁵ GARCIA, Flávio, 2010, p. 108.
⁶¹⁶ SOUTO MAIOR, 2005, p. 114.
⁶¹⁷ SOUTO MAIOR, 2005, p. 106.
⁶¹⁸ SOUTO MAIOR, 2005, p. 100.
⁶¹⁹ SOUTO MAIOR, 2005, p. 101.

De acordo com Jorge Luiz Souto Maior, o "termo 'serviços' só pode ser entendido como algo que ocorra fora da dinâmica permanente da administração e que se requeira para atender exigência da própria administração".[620] Significa, portanto, que o ponto capital para aferir uma violação reflexa à reivindicação do concurso consistiria na caracterização da atividade como permanente ou temporária em relação à dinâmica do ente governamental.

Conquanto não sufraguemos a tese, deve-se enaltecer a percepção de que o caráter temporário do labor figura como importante parâmetro para balizar a licitude de atos terceirizantes praticados pela Administração Pública. Realmente, não há sentido na realização de concursos públicos e na formação de vínculos funcionais duradouros para satisfazer demandas meramente passageiras.

Inobstante, aparenta-se impróprio tratar a terceirização e a precarização do trabalho como faces inseparáveis da mesma moeda, porque é falsa a pressuposição de que todas as soluções terceirizantes geram avarias às condições laborais. No entanto, ainda que assim não fosse, uma fórmula apriorística que genérica e invariavelmente penda para a mais-valia de direitos trabalhistas em detrimento de todo e qualquer outro valor constitucionalmente tutelável, não sobrevive a um exame de proporcionalidade.[621] Não se pode ignorar a intensidade do prejuízo ou do benefício experimentado por ambos os lados da balança, sobretudo quando o interesse perscrutado envolver a prestação de serviços públicos.

Saliente-se que essas considerações não autorizam um fechar de olhos para a realidade laboral derivada do fenômeno terceirizante, pois é certo que podem ser geradas consequências malqueridas sob a ótica do trabalhador. Não há de se falar, porém, que toda terceirização ou que o conjunto daquelas que versem sobre atividades permanentes engendre efeitos negativos aos trabalhadores ou linearmente negativos, tampouco que produza efeitos positivos ou linearmente positivos sob o ângulo dos interesses buscados por quem terceiriza.

---

[620] SOUTO MAIOR, 2005, p. 107.

[621] Ao tratar da proporcionalidade, Humberto Ávila leciona existirem três exames que lhe são inerentes: pelo exame da adequação, "o meio deve levar à realização do fim"; pelo exame da necessidade, impõe-se "a verificação da existência de meios que sejam alternativos àquele inicialmente escolhido pelo Poder Legislativo ou Poder Executivo, e que possam promover igualmente o fim sem restringir, na mesma intensidade, os direitos fundamentais afetados"; e pelo exame da proporcionalidade em sentido estrito, se "exige a comparação entre a importância da realização do fim e a intensidade da restrição aos direitos fundamentais" (ÁVILA, 2021, p. 213; 220; 223).

Em continuidade, mencione-se a existência de uma corrente *finalista subjetiva*, que consiste, por certo, na mais conhecida. Com síntese jurisprudencial na Súmula nº 331 do TST, esse posicionamento sustenta a desconformidade com o Direito das terceirizações que, implementadas na órbita estatal, tenham como objeto uma atividade-fim. Como consectário lógico, esses trabalhos somente poderiam ser desempenhados por servidores e, nesses casos, o trespasse acarretaria violação, aqui tida como reflexa, à exigência do concurso público.

Sem prejuízo da dificuldade concreta para, em algumas ocasiões, se enquadrar certa tarefa como atividade-meio ou atividade-fim, é preciso atentar que essa linha de interpretação demanda uma aferição intrinsecamente casuística, vez que depende da avaliação das finalidades institucionais específicas do órgão ou entidade. Implica dizer que certo mister pode ser tido como atividade-meio de certo órgão ou ente estatal e, a um só tempo, como atividade-fim de organização governamental diversa.

Por essa razão, enxerga-se nessa corrente uma natureza subjetivamente relativa. Ligada à histórica justificativa de que a terceirização somente poderia ser tolerada para permitir que certa pessoa concentrasse os seus esforços na execução de tarefas nucleares à produção, o critério estabelecido requer, como passo preambular, o exame do escopo produtivo da entidade. Apenas em um segundo momento, portanto, se tornaria possível concluir se a atividade versada deveria ser alcançada pela noção de atividades-fim e, por conseguinte, se o trespasse estaria em dissonância com o Direito.

Em rigor, essa intelecção vigeu soberanamente por mais de duas décadas. A doutrina amplamente majoritária e a jurisprudência consolidada da Justiça do Trabalho acolheram essa posição e o seu emprego à seara estatal sem maiores espasmos até recentemente. Apenas com a Reforma Trabalhista e com o julgamento do RE nº 958.252 e da ADPF nº 324 e, posteriormente, da ADI nº 5.685 e das demais ações diretas relacionadas é que esse quadro se modificou.

Em que pese sejam decisões vinculantes para a Administração Pública e para o Poder Judiciário, não se pode imaginar que, no plano das ideias, se deva irrefletida deferência à orientação traçada pelo STF. Valendo-se de manifestações doutrinárias mais recentes e posteriores às Leis Federais nºs 13.429/2017 e 13.467/2017, renove-se a opinião de Carlos Roberto de Oliveira, para quem as atividades-fim dos órgãos públicos não poderiam ser terceirizadas e apenas poderiam ser efetivadas por indivíduos integrantes dos quadros estatais, em homenagem ao disposto no artigo 37, inciso II, do Texto Maior.[622] Já Mônica de Oliveira Casartelli e Eder Dion de Paula Costa assinalam que, se aplicada ao campo da Administração, a inovação trazida pela Reforma Trabalhista ofenderia a mencionada norma superior.[623]

Como anunciado, não se vislumbra assento constitucional a esse critério de discrímen, seja no que toca ao setor privado ou ao âmbito estatal. Para além das manifestações do STF, a realidade é que, se o Texto Fundamental trouxe alguma insinuação sobre a matéria, o fez no sentido de viabilizar a terceirização de atividades-fim pelo Estado. Veja-se que esses trespasses foram admitidos sob a forma de concessão, permissão e autorização de serviços públicos. Ademais, consignou-se, no artigo 197 da Constituição, que, quanto aos serviços públicos de saúde, deve "sua execução ser feita diretamente ou através de terceiros".[624]

A seu turno, extrai-se da doutrina uma segunda corrente que, tendo a sua paternidade em Ernesto Alessandro Tavares, também observa a finalidade subjacente às atividades a serem desenvolvidas como a pedra de toque para demarcar os casos de violação ao reclamo do certame público. Trata-se da corrente aqui nominada de *finalista objetiva*, que sustenta, essencialmente, que "a averiguação da compatibilidade da terceirização com a regra do concurso público [...] pode ser buscada na essência da função administrativa a partir dos conceitos de interesse público primário e secundário".[625]

Nessa toada, aponta, inicialmente, a insuficiência da dicotomia entre atividades-fim e atividades-meio para aferir eventual violação à norma concursal. Batalha, por conseguinte, por uma releitura dos limites jurídicos dos trespasses no âmbito estatal, resgatando as noções de interesses públicos primário e secundário, tais como apresentadas por Celso Antônio Bandeira de Mello, com fulcro nos ensinamentos do italiano Renato Alessi: o primeiro "é o pertinente à sociedade como um todo",[626] enquanto o segundo "é aquele que atina tão só ao aparelho estatal enquanto entidade personalizada, e que por isso mesmo pode lhe ser referido e nele encarnar-se pelo simples fato de ser pessoa".[627]

Sob esse pano de fundo, propugna-se que as terceirizações dedicadas a realizar o interesse público primário estariam obstadas pela

---

[622] OLIVEIRA, Carlos, 2020, p. 165.
[623] CASARTELLI; COSTA, 2018, p. 24.
[624] BRASIL. Constituição da República Federativa do Brasil de 1988, de 5 de outubro de 1988.
[625] TAVARES, 2018, p. 84.
[626] MELLO, Celso, 2021, p. 84.
[627] MELLO, Celso, 2021, p. 84.

exigência do concurso público, de modo que os aventados trabalhos apenas poderiam ser desempenhados pelo quadro de pessoal do ente governamental. Já se o objetivo for a efetivação de interesses públicos secundários, o trespasse não estaria inibido sob a lupa do artigo 37, inciso II, da Constituição.[628]

Perceba-se que, diversamente da intelecção anterior, a corrente finalista objetiva não requer a avaliação do papel exercido pela atividade na realização dos desígnios institucionais do órgão ou ente estatal. Embora não se lhe confira um viés absoluto, o seu caráter relativo tem uma feição marcadamente objetiva, pois o que importa é a índole do interesse público subjacente ao mister, independentemente dos fins perseguidos por cada órgão ou entidade.

Como aspecto a ser enaltecido, apresenta-se correta a dicção de que inexiste suporte à diferenciação entre atividades-fim e atividades-meio para delimitar a licitude de soluções terceirizantes. Inobstante, não se encontra embasamento constitucional para se valer da classificação dos interesses públicos entre primário e secundário para os fins aspirados. Aliás, da possibilidade do trespasse mediante concessão, permissão e autorização de serviços públicos e do teor do artigo 197 se pode deduzir a viabilidade da colaboração de terceiros no exercício de trabalhos voltados a concretizar o interesse público primário.

A quinta corrente a ser exposta refere-se à corrente *ponderativa-temporal*, que tem como precursor Helder Santos Amorim. Sua denominação advém, primeiramente, da defesa de que as decisões que versem sobre as alternativas "fazer ou comprar" no ramo estatal devam submeter-se a uma avaliação ponderativa incidente sobre os diferentes interesses constitucionais enredados. Por sua vez, uma de suas conclusões considera a análise do elemento temporal como parcialmente determinante para medir a licitude dos trespasses nessa seara.

De fato, após aludir a distintas normas constitucionais que estariam entrelaçadas no exame da matéria, assenta que "a contratação indireta de serviços em atividades transitórias ou periodicamente

---

[628] Em um segundo momento da obra, o autor afirma que "não é o mero fato de certa atividade administrativa estar atrelada a um cargo ou emprego público o mote para vetar a sua transferência para a iniciativa privada [...]. Tendo a terceirização por objetivo reduzir o quadro funcional e as despesas com pessoal, é óbvio que as atividades administrativas atribuídas por lei a cargos ou empregos públicos e que sejam repassadas à esfera privada exige a extinção destes. Mas, como afirmado, não é o fato de existir um cargo ou emprego público a única razão para se obstar a terceirização" (TAVARES, 2018, p. 88-89). À luz dessa pontual reflexão, talvez se possa cogitar de enquadrar o posicionamento de Ernesto Alessandro Tavares em uma das espécies da corrente *finalista-funcional*, que será, ainda, objeto de explanação.

necessárias à administração pública constituirá verdadeira ordem constitucional".[629] Nessa esteira, anota que, se destinada a atender demandas temporárias, a contratação de servidores para compor os quadros permanentes do Estado teria o condão de gerar desperdício de recursos públicos, maculando o princípio da eficiência.[630]

Se, por um lado, esse critério é revelado como decisivo para as atividades transitórias, não é tido como suficiente para aferir a licitude das terceirizações de tarefas permanentes no âmbito do Estado à luz da norma do concurso público. Nessa área residual, defende o autor que, "quanto mais interdependentes forem as atividades que compõem a sequência de operações burocráticas necessárias à realização da competência do órgão, maior a exigência de formação de um quadro integrado, permanente e estável de servidores profissionalizados".[631]

É sob esse raciocínio intrinsecamente ponderativo que o autor obtém a sua segunda peremptória conclusão. Segundo ele, a Constituição "proíbe terminantemente [...] a terceirização em atividades burocráticas inseridas no fluxo operacional da competência dos órgãos ou entes públicos".[632] Sendo esse o caso, assinala ser cogente a formação de um quadro de servidores admitidos por concurso público,[633] de modo que os seus esforços sejam empregados na concretização desses labores.

No espaço intermediário deixado entre o campo das "atividades transitórias ou apenas periodicamente necessárias"[634] – em que restaria inafastável a terceirização – e das "atividades burocráticas inseridas no fluxo operacional dos serviços que constituam a competência dos órgãos e entes públicos"[635] – em que o trespasse seria impraticável já à primeira vista –, o autor confere ao legislador a obrigação de efetivar uma tarefa ponderativa. Nesse meio do caminho, onde estariam, portanto, as atividades permanentes não burocráticas ou instrumentais ao exercício das competências das entidades estatais, caberia à lei "(1) discernir as atividades permanentes não burocráticas passíveis de terceirização; e (2) disciplinar os meios de garantia social dos trabalhadores terceirizados, com respeito ao núcleo essencial dos seus direitos fundamentais".[636]

---

[629] AMORIM, 2009, p. 214.
[630] AMORIM, 2009, p. 212.
[631] AMORIM, 2009, p. 216.
[632] AMORIM, 2009, p. 218.
[633] AMORIM, 2009, p. 218.
[634] AMORIM, 2009, p. 219.
[635] AMORIM, 2009, p. 219.
[636] AMORIM, 2009, p. 219.

Embora, a toda evidência, as terceirizações de atividades-fim pelo Estado estejam inteiramente obstaculizadas pela proposta apresentada por Helder Santos Amorim, mostra-se louvável a busca por critérios que não se subsumam à rasa argumentação de que os negócios terceirizantes, inclusive na seara estatal, teria como parâmetro de licitude a dualidade "atividades-fim" e "atividades-meio".

Outrossim, convém renovar que, em nossa percepção, é correto excluir do campo da ilicitude das terceirizações na órbita estatal aquelas atividades dirigidas à satisfação de necessidades temporárias. Realmente, é impossível conciliar o princípio da eficiência com o provimento de postos laborais perenes no âmbito do Estado, para o qual se dirige a norma concursal, para satisfazer demandas puramente transitórias.

Sem embargo, entende-se adequado aplicar, aqui, as críticas feitas às correntes finalistas, porquanto o resultado sugerido aparenta redundar na afirmação da ilicitude das terceirizações de atividades-fim, além de outras que digam respeito a atividades-meio. Nesse caminhar, repise-se não se entrever norma constitucional que iniba aprioristicamente a terceirização de atividades permanentes alcançadas pelas competências dos órgãos ou entes estatais, ou seja, de atividades-fim permanentes. Mais uma vez, o consentimento relativo a serviços públicos mediante concessão, permissão e autorização e o disposto no artigo 197 do Texto Fundamental recomendam o encaminhamento da questão em direção diversa.

Em outra via, emana da obra de Carolina Zancaner Zockun uma sexta corrente, de cunho *temporal-orgânico*, da qual se extrai uma específica conformação à violação reflexa à exigência do concurso público. A proposta intitulação provém da combinação dos dois fatores indicados como bastantes para qualificar as terceirizações perpetradas pelo Poder Público como desajustadas ao Direito a partir da norma *in comento*: a caracterização da atividade como permanente e, a um só tempo, como interna ao organismo estatal.

Nessa linha, segundo a autora, o primeiro critério a servir de fronteira de licitude para as terceirizações conduz à separação das atividades em permanentes e temporárias.[637] Como fundamento, destaca o artigo 37, inciso IX, do Texto de 1988, que permite a contratação de servidores por prazo determinado sem a prévia aprovação em provas públicas. Já como primeira conclusão, estabelece que, sob o crivo da norma concursal, as atividades temporárias seriam terceirizáveis, porque

---

[637] ZOCKUN, Carolina, 2014, p. 133.

"a instituição de um cargo ou emprego público para a realização de atividade episódica afronta os princípios da eficiência e razoabilidade".[638]

Assim como faz a corrente ponderativa-temporal, Carolina Zancaner Zockun também registra a insuficiência desse primeiro parâmetro para demarcar os perímetros de licitude da adoção de soluções terceirizantes pelo Estado em face do reclamo do concurso. Consoante a autora, "é necessário, ainda, conjugar outro critério, também constitucionalmente assegurado, a saber: o critério de a atividade ser interna ou ser uma atividade externa".[639]

Nessa toada, aduz que, "para as atividades internas e permanentes é necessária a realização de concurso público para preenchimento de cargos ou empregos",[640] ao passo que a sua terceirização daria azo a uma violação à exigência do certame.[641] Já se as atividades não forem internas ou se não forem permanentes – ou seja, caso se esteja diante de atividades internas e temporárias, externas e permanentes ou externas e temporárias – o trespasse não sofreria impedimento sob a lupa do artigo 37, inciso II, da Constituição.[642]

Em harmonia com o exposto anteriormente, é forçoso conceder razão à desvinculação da regra geral do concurso público daquelas atividades dedicadas a cuidar de necessidades simplesmente transitórias. Em verdade, o preenchimento de postos perenes de trabalho sem uma necessidade afim atenta contra o princípio da eficiência. Sem embargo, não vemos no Texto Fundamental norma aconselhando a separação das atividades estatais entre internas e externas para se definir a licitude dos trespasses.

Ademais, sublinhe-se a existência de uma corrente *funcional* vocacionada a pregar que os limites das terceirizações na seara do Estado em virtude da exigência do concurso público guardam íntima relação com as funções *lato sensu* instituídas para os cargos e empregos efetivos constantes dos quadros estatais. Sob esse olhar, a violação reflexa à norma se configura caso certo fato terceirizante concirna a atividade abrangida pelas atribuições dos referidos postos de trabalho; em outras palavras, caso verse sobre tarefa cujo desempenho esteja funcionalmente reservado aos respectivos titulares.

---

[638] ZOCKUN, Carolina, 2014, p. 142.
[639] ZOCKUN, Carolina, 2014, p. 133.
[640] ZOCKUN, Carolina, 2014, p. 143.
[641] ZOCKUN, Carolina, 2014, p. 176.
[642] ZOCKUN, Carolina, 2014, p. 142.

No âmbito doutrinário, localizam-se apenas enunciações que tangenciam essa leitura da matéria ou que dela partem para, mediante a inserção de outros critérios, perfilhar orientações com nuances adicionais. Já no campo normativo e na jurisprudência mais atual do Tribunal de Contas da União, encontram-se decisões no sentido do acolhimento dessa perspectiva funcional acerca do tema.

Nesse diapasão, as ideias subjacentes à corrente funcional parecem ter servido de inspiração ao artigo 3º do Decreto Federal nº 9.507/2018, direcionada à Administração Pública federal direta, autárquica e fundacional. Ao lado das atividades envolvendo a tomada de decisão ou posicionamento institucional, daquelas estratégicas e das que se refiram ao exercício do poder de polícia, de regulação, de delegação de serviços públicos e de cominação de sanções, foi fixada, em seu inciso IV, a contrariedade jurídica dos trespasses relativos a tarefas "que sejam inerentes às categorias funcionais abrangidas pelo plano de cargos do órgão ou da entidade, exceto disposição legal em contrário ou quando se tratar de cargo extinto, total ou parcialmente, no âmbito do quadro geral de pessoal".[643]

No mesmo diapasão, extrai-se da jurisprudência recente do Tribunal de Contas da União a formulação de enunciado paradigma segundo o qual seriam lícitas as terceirizações de atividades concernentes a certa fundação pública federal desde que, dentre outras condições, "não constituam atividade inerente às categorias funcionais abrangidas pelo plano de cargos da entidade, salvo disposição legal em contrário ou quando se tratar de cargo extinto, total ou parcialmente, ou em extinção".[644] De forma ainda mais sintomática, o TCU declarou em processo de extinção inúmeras especialidades do cargo de auditor federal de controle externo e do cargo de técnico de controle externo, ambos integrantes de seus próprios quadros, com a pronunciada finalidade de terceirizar os correspondentes trabalhos.

Há de se observar, porém, que, em teoria, essa corrente pode ser repartida em duas espécies. Pela primeira, de caráter *funcional absoluto*,

---

[643] BRASIL. Decreto nº 9.507, de 21 de setembro de 2018.

[644] Enunciado do Acórdão nº 1.184/2020 do TCU, publicado no Boletim de Jurisprudência nº 310/2020: "É possível a contratação da execução indireta da prestação dos serviços acessórios ou complementares realizados por servidores efetivos da área técnica da Fundação Nacional da Saúde, nos termos da IN MPDG 5/2017, e do Decreto 9.507/2018, desde não estejam presentes, na relação entre o pessoal da prestadora de serviço e a Administração Pública, as características da pessoalidade e da subordinação, próprias da relação empregatícia, e não se incorra nas vedações do art. 3º do mencionado decreto, de modo que, entre outras, não constituam atividade inerente às categorias funcionais abrangidas pelo plano de cargos da entidade, salvo disposição legal em contrário ou quando se tratar de cargo extinto, total ou parcialmente, ou em extinção".

não se identificariam as exceções apontadas pelo artigo 3º, inciso IV, do Decreto Federal nº 9.507/2018 e pelo Tribunal de Contas da União à ilicitude das terceirizações que tenham como objeto atividades ligadas às atribuições de cargos ou empregos efetivos presentes no quadro da entidade. Já pela corrente *funcional relativa* se defenderia que o empecilho derivado da reserva de certa atividade ao labor de servidores manentes poderia ser superado por intermédio de um ato extintivo, total ou parcial, incidente sobre as unidades funcionais envolvidas.

O ponto de inflexão entre as aventadas divisões da corrente funcional aloca-se, pois, na viabilidade dos trespasses em situações em que haja a supressão total de postos estatais permanentes de trabalho ou, ainda, tão só o seu parcial atingimento. Caso se entenda positivamente, pode ser a corrente funcional relativa que se estará a sustentar. Aliás, indica-se marchar por esse trilho a jurisprudência mais atual do Tribunal de Contas da União, na linha do Decreto Federal nº 9.507/2018.

A nosso juízo, ambas as alvitradas correntes funcionais – absoluta e relativa – assumem, acertadamente, não somente ser inconveniente que servidores e terceirizados concorram no exercício das mesmas tarefas, mas a sua caracterização como fato ilícito sob a influência da exigência constitucional do certame público. Inobstante, há algumas considerações a serem expostas.

Primeiramente, em relação às duas espécies cogitadas, é imperioso afastar do âmbito da norma concursal o atendimento a necessidades transitórias e, por conseguinte, do campo da ilicitude as terceirizações dirigidas a concretizar as correlatas atividades. Em verdade, o princípio da eficiência suplica contundente repúdio ao provimento de postos de trabalho perenes na seara estatal apenas para satisfazer necessidades transitórias.

A seu turno – e somente em relação à corrente funcional absoluta –, rejeitar de maneira definitiva a terceirização de certas atividades na seara estatal pelo fato de existirem cargos ou empregos efetivos com atribuições que lhes sejam aderentes retira da Administração a capacidade de avaliar a melhor solução concreta diante das alternativas "fazer ou comprar". Não é, entretanto, razoável deixar aquele a quem precipuamente compete gerir a coisa pública sem instrumentos para fazê-lo da forma adequada. Deve-se, assim, admitir ser possível a relativização do óbice procedente de uma investigação centrada no elemento funcional à luz de outra variável, de natureza político-organizacional.

Ademais, a doutrina deixa transparecer a formação de uma corrente *finalista-funcional*, que conjuga dois dos critérios anteriores: a vedação da terceirização de atividades sob o crivo da finalidade perseguida e, em acréscimo, de atividades alcançadas pelas atribuições de unidades funcionais criadas pelo Estado. Vale perceber que, em tese, essa corrente pode agasalhar quatro espécies, sob as seguintes variações: a corrente *finalista subjetiva e funcional absoluta*, a corrente *finalista objetiva e funcional absoluta*, a corrente *finalista subjetiva e funcional relativa* e a corrente *finalista objetiva e funcional relativa*.

A realidade é que a combinação dos limites "finalista" – com destaque para a perspectiva finalista subjetiva – e "funcional" contou com importante adesão da doutrina previamente às multicitadas decisões do Supremo Tribunal Federal, que solidificaram a licitude da terceirização de atividades-fim, inclusive no âmbito estatal. Como exemplo, João Trindade Cavalcante Filho, antes da aprovação dos projetos de lei que deram origem à Reforma Trabalhista de 2017, opinava:

> Permitir a terceirização das atividades-fim de órgãos e entidades da Administração Pública configura uma violação ao núcleo essencial do princípio constitucional do concurso público.
> [...].
> Porém, mesmo em relação às atividades-meio, é preciso analisar a questão com cuidado. À luz da legislação atual, é ilícita a terceirização, quando haja, nos quadros de pessoal do órgão ou entidade, cargo ou emprego que possa desempenhar a atribuição objeto da contratação. Isso se dá não apenas com base na legislação infraconstitucional, mas por conta da incidência de princípios constitucionais. Isto é: a lógica desse entendimento não é, nem pode ser, alterada por mera modificação em nível infraconstitucional. Não se pode, em suma, ler o inciso II do art. 37 da CF à luz da Lei; deve-se, ao revés, analisar a Lei (resultante da possível aprovação do PL) à luz do princípio do concurso público.
> Assim, não basta que a atividade objeto de terceirização corresponda a uma atividade-meio; é preciso que, além disso, também não haja previsão de função equivalente no plano de cargos, empregos e funções do órgão ou entidade.[645]

No âmbito do Tribunal de Contas da União, são inúmeros os acórdãos nos quais se assentaram ambas as restrições no período pregresso à Reforma Trabalhista e à mencionada reviravolta jurisprudencial. Malgrado, por vezes, não tenha sido consignada a ressalva quanto à possibilidade dos trespasses mediante a prévia extinção, total ou parcial, de postos laborais que tenham atribuições correlatas às atividades

---

[645] CAVALCANTE FILHO, 2015, p. 11-13.

aventadas,⁶⁴⁶ ressoa claro que, lida de forma una, a jurisprudência do TCU historicamente se ajustou a uma visão "finalista subjetiva" e, a um só tempo, "funcional relativa" concernente à matéria.⁶⁴⁷ Diga-se que essa leitura pode ser extraída, igualmente, de julgados do TCE/SP e do TCM/SP.⁶⁴⁸

Respeitadas as suas particularidades, as quatro espécies ventiladas merecem ponderações semelhantes às feitas aos referidos entendimentos singulares. De um lado, a Constituição insinua desacolher as compreensões finalistas ao franquear a externalização de atividades estatais mediante concessão, permissão e autorização de serviços públicos, bem como ao dispor, em seu artigo 197, que os serviços públicos de saúde podem ser prestados através de terceiros. De outro lado, não é apropriado deixar a Administração sem instrumentos para avaliar concretamente a melhor alternativa entre desenvolver diretamente certo mister e fazê-lo por meio da colaboração de agentes externos, tampouco exigir a admissão perene de servidores para fazer face a necessidades temporárias, ainda que a atividade a ser desempenhada esteja abarcada pelo rol de atribuições de certo posto laboral perene.

Por fim, exsurge uma última corrente, de caráter *temporal-funcional*, voltada à defesa de que a exigência do certame público apenas é afrontada por soluções terceirizantes que, adotadas na seara estatal, preencham cumulativamente um requisito de feição temporal e outro de cunho funcional. É preciso, nesse andar, que o trespasse se dirija a satisfazer necessidades permanentes e cujo saciamento esteja funcionalmente reservado ao exercício de cargos e empregos efetivos, segundo as suas funções *lato sensu*. Já se a necessidade for transitória ou se a atividade aventada não estiver agasalhada pelos feixes de atribuições das mesmas unidades funcionais, a terceirização não há de macular a norma concursal.

Em rigor, vê-se nas lições de Abhner Youssif Mota Arabi e Valter Shuenquener de Araújo um exemplo doutrinário que, em termos gerais,

---

⁶⁴⁶ Tragam-se, como exemplos, os Acórdãos nºs 1.823/2006, 2.084/2007 e 3.294/2011, do Plenário do TCU.

⁶⁴⁷ Em outra oportunidade, após consignar a aplicação de ambos os obstáculos à terceirização no campo estatal, o TCU entendeu por "determinar à Caixa Econômica Federal [...]: proceda à alteração do seu Plano de Cargos e Salários para compatibilizar a terceirização da atividade de operador de telemarketing, de forma que dele conste a extinção total, ou parcial, do cargo, caso pretenda continuar terceirizando essa atividade" (BRASIL. Tribunal de Contas da União. Acórdão nº 2.085/2007).

⁶⁴⁸ Citem-se, nesse sentido, as decisões tomadas pelo TCE/SP no bojo do TC nºs 1.600/006/08 e 1.601/006/08, bem como pelo TCM/SP em razão do julgamento do TC nº 2.861/2007.

se acomoda a essa proposta de conformação à ofensa reflexa ao reclamo do certame público. Registram, inicialmente, mediante interpretação centrada no artigo 37, inciso IX, do Texto Maior, que os trespasses por prazo determinado não encontrariam entrave apriorístico na Constituição.[649] Aliás, sublinham que "a terceirização de atividade-fim é, há muito, admitida na Administração Pública sem maiores questionamentos, mas desde que seja feita por tempo determinado".[650]

De acordo com os seus pensamentos, a questão apenas adquiriria complexidade em se tratando de terceirizações por prazo indeterminado. Nesses casos, haveria dois fatores que caminhariam paralelamente na direção de adstringir a sua implementação no cenário estatal: "(i) a existência de cargos e funções exclusivas de Estado e que são providas conforme o modelo constitucional; (ii) a exigência constitucional do concurso público para o provimento de cargos efetivos e a contratação de emprego público".[651]

Após tecerem argumentação dedicada a sustentar a primeira sugerida restrição constitucional, Abhner Youssif Mota Arabi e Valter Shuenquener de Araújo ponderam:

> Com efeito, o requisito constitucional da realização de concurso público para o provimento de cargos e para a contratação de empregados públicos cria uma barreira intransponível para a terceirização das atividades típicas de cargos e empregos públicos existentes na Administração. A razão principal para tanto não é o fato de a terceirização causar uma suposta ofensa ao princípio da impessoalidade [...].
> Em verdade, o real obstáculo para a terceirização é a circunstância de o provimento de cargos e de empregos depender da aprovação em concurso público, de modo que o feixe de atribuições a eles garantidos não pode ser realizado por quem é terceirizado, sob pena de burlar à regra constitucional do concurso público. Caso a terceirização por tempo indeterminado pudesse substituir, de forma ordinária, agentes públicos concursados, o art. 37, II, da CRFB/88 teria sua densidade normativa esvaziada de maneira flagrantemente inconstitucional.[652]

---

[649] Os autores trazem como exemplo de terceirização temporária a contratação transitória de agentes públicos por intermédio do regime escorado no artigo 37, inciso IX, da Constituição e, no caso das entidades de direito privado, das normas previstas na Lei Federal nº 6.019/1974. Com vistas a buscar coerência quanto ao exposto neste trabalho, deve-se pontuar que, a nosso ver, a contratação de servidores temporários se enquadra na primeira das alternativas "fazer ou comprar". Assim, visa a obtenção de mão de obra destinada a integrar os quadros de pessoal do ente contratante e não à fruição de uma atividade, o que é da essência do fenômeno terceirizante.

[650] ARABI; ARAÚJO, 2018, p. 115-116.
[651] ARABI; ARAÚJO, 2018, p. 116.
[652] ARABI; ARAÚJO, 2018, p. 116-117.

Com efeito, o provimento de cargos e empregos manentes como forma de admissão de pessoal – em relação à qual vige, como regra geral, a norma do concurso público – está intrinsecamente vinculado à presença de necessidades a serem continuamente satisfeitas. Compreendido sob essa perspectiva o disposto no artigo 37, inciso II, do Texto Fundamental, a intelecção que se harmoniza com o regime em vigor corresponde àquela que considera ser possível cogitar-se de violação reflexa à exigência do certame somente se a terceirização visar ao atendimento de necessidades duradouras.

Já se a necessidade identificada for puramente temporária ou nascer apenas sazonalmente, ainda que envolva atribuições ligadas a titulares de cargos ou empregos perenes, não há de se propor o seu provimento, tampouco, sob o indevido argumento de afronta ao reclamo do concurso, obstar de imediato a terceirização da tarefa. Ao contrário, o trespasse pode ser admissível ou, quiçá, recomendável em certos casos.

Nessa medida, impende somar voz aos dizeres de Carolina Zancaner Zockun de que a concepção de postos laborais na seara estatal para a realização de atividades episódicas infringe o princípio da eficiência.[653] Tudo indica que um entendimento contrário, no sentido de que seria cogente a admissão de servidores perenes para resolver demandas passageiras, implicaria afirmar que a Constituição conteria ordem dirigida à malversação de recursos públicos.

Há, todavia, registro adicional a ser feito. Assim como se expôs quanto às contratações temporárias fulcradas no artigo 37, inciso IX, do Texto Maior, não é a atividade que precisa ser temporária, mas a necessidade concretamente aferida. Desse modo, se a atividade for permanente, mas houver uma demanda momentânea que fuja à normalidade, pode-se aventar da celebração de negócios terceirizantes sem esbarrar na exigência do certame público. Note-se que não se está a pugnar pela sua plena consonância ao Direito; apenas eventual ilicitude não provirá de ofensa à retratada norma constitucional.

Como primeira conclusão, assente-se que, se o âmbito da reivindicação concursal se circunscreve ao recrutamento de servidores de provimento perene e se estes somente podem ser admitidos com os olhos voltados à realização de necessidades permanentes, a terceirização destinada ao atendimento de necessidades transitórias jamais ensejará violação reflexa ao artigo 37, inciso II, da Constituição.[654]

---

[653] ZOCKUN, Carolina, 2014, p. 142.
[654] Nessa linha, a jurisprudência do Tribunal de Contas da União contém decisão ponderando a licitude de terceirizações "em casos excepcionais em que a contratação de serviços

No entanto, ao lado do parâmetro temporal, a conformação funcional concebida aos postos laborais atua como segundo fator condicionante da licitude das terceirizações na seara estatal. Nessa senda, ao ser conferida certa atribuição a ocupantes de cargos ou empregos não apenas se lhes outorga competência para a prática dos correspondentes atos, mas se adota opção político-administrativa de se lhes reservar o usual desempenho dos trabalhos correlatos.

Nesse sentido, os ensinamentos de Dora Maria de Oliveira Ramos:

> A exigência constitucional de realização de concurso para provimento de cargos e empregos públicos faz-se presente sempre que dada atividade da Administração tiver de ser satisfeita por meio do preenchimento, em caráter permanente, dos quadros funcionais do Poder Público. Terá havido, então, a opção do legislador de criar cargo ou emprego no seio do órgão ou entidade, que apenas poderão ser providos mediante concurso público.
>
> [...].
>
> Assim, se a lei criou cargos ou funções para ser preenchidos por servidores públicos, foi por entender que aquelas atividades, pela sua relevância, demandam a existência de servidores regidos por um regime jurídico específico, que lhe impõe direitos e obrigações necessários à salvaguarda da coletividade. Dessa forma, não poderá o administrador, sem prévia autorização legal, deixar vagos aqueles cargos, contratando com terceiros o desenvolvimento das atividades.[655]

Perceba-se que essa orientação não encontra espaço apenas no território doutrinário. Em dada oportunidade, a jurisprudência do Tribunal de Contas da União registrou que "a contratação de prestadores de serviços para o desempenho de atividades típicas de servidores do quadro permanente da instituição, em caráter continuado, configura contratação indireta de pessoal, com burla à exigência constitucional de prévio concurso público".[656]

---

determinados por período de tempo certo for justificável por ser mais consentânea ao interesse público" (BRASIL. Tribunal de Contas da União. Acórdão nº 1.515/2009). Em outro momento, trouxe que, "em situações em que a carência de técnicos da empresa seja aguda ou em que as necessidades de serviços ou sejam pontuais, urgentes e transitórias ou não digam respeito a sistemas de informação e bases de dados típicos da Previdência Social, a contratação de serviços de tecnologia da informação pode ser feita pela Dataprev, de forma específica e transitória, sem que fique caracterizada terceirização indevida e infração à exigência de concurso público" (BRASIL. Tribunal de Contas da União. Acórdão nº 1.573/2008).

[655] RAMOS, 2001, p. 133-135.
[656] BRASIL. Tribunal de Contas da União. Acórdão nº 2.448/2007.

Nessa esteira, deve-se considerar, como segunda conclusão, que, caso seja permanente certa necessidade e tenha sido colacionada uma função *lato sensu* congênere no rol de atribuições de unidade funcional de provimento perene, a terceirização da tarefa imaginada gera, a princípio, afronta à exigência do concurso público. A nosso ver, contudo, não se trata de impedimento absoluto, que, portanto, seja inafastável em todo o caso.

Em verdade, insta observar que essa corrente pode, similarmente, ser subdividida em duas espécies, à luz das perspectivas funcionais absoluta e relativa. Significa falar de duas possíveis linhas de intelecção que, em tese, podem se opor quanto à possibilidade de ser afastado o óbice à terceirização de tarefas amarradas a unidades de provimento permanente em virtude de um ato extintivo, total ou parcial, que lhes atinja.

Conforme vemos, deve ser acolhida a leitura funcional relativa da questão. Em casos em que o exame de ambos os elementos – temporal e funcional – conflua para a ilicitude da terceirização, há de se reconhecer a existência de um canal apto a torná-la regular. Para tanto, é preciso que o quadro funcional do respectivo ente seja repensado, de modo a eliminar o conflito material derivado da pertinência da intenção terceirizante sobre uma atividade cuja execução seja funcionalmente conferida aos titulares dos postos estatais enredados.

A toda evidência, se houver a reestruturação interna do quadro com vistas a que os cargos ou empregos envolvidos sejam extirpados do mundo jurídico, o obstáculo funcional desaparece. Embora possa subsistir, nesse contexto, um rol de atribuições que lhes seja textualmente relacionado, incorreria em exacerbado formalismo sustentar que as atividades correlatas continuariam reservadas a ocupantes dos mesmos cargos ou empregos, a despeito de o seu quantitativo ter sido reduzido a zero.

Mantendo-se no campo das extinções totais, impõe-se alcançar idêntica inferência caso a reformatação funcional tenha esvaziado inteiramente de suas funções *lato sensu* todos os postos de trabalho perenes a cujos titulares se conferia o usual exercício de certa atividade. Nessa hipótese, também não subsistirá desavença material entre o pretendido trespasse e os contornos dessas unidades de atribuições. Por conseguinte, a terceirização da atividade passa, nessa hipótese, a estar desimpedida sob o crivo do elemento funcional.

A questão ganha maior sensibilidade no caso de extinções meramente parciais, ou seja, quando o ato extintivo não acarretar a eliminação formal nem a supressão da integralidade das atribuições de todos os cargos ou empregos de provimento duradouro que, compondo certo conjunto unitário, detenham, até então, uma função *lato sensu* aderente à tarefa que se almeje terceirizar.

Relembre-se, preliminarmente, que as extinções parciais podem ocorrer sob perspectiva *quantitativa*, se houver a supressão formal ou a redução do conteúdo funcional de apenas parcela dos postos laborais que integrem certo grupo unitário, e sob perspectiva *qualitativa*, se houver a redução do conteúdo funcional dos cargos ou empregos conjuntamente classificados. Quanto a estas, podem ocorrer nos eixos vertical (ou funcional), horizontal (ou orgânico) ou transversal (ou disciplinar).

Ainda no âmbito das extinções parciais, auferem relevância as extinções progressivas, cujos efeitos sejam surtidos em instantes distintos em relação aos diferentes postos de trabalho indicados. Guardam, pois, intrínseca relação com a instauração de processos de extinção de unidades funcionais, que somente são efetivamente atingidas com a implementação de certo termo ou condição, que, no mais das vezes, corresponde às suas vacâncias.

Sem prejuízo, deve-se rememorar a existência de diferentes caminhos para a extinção dos cargos e dos empregos na seara estatal. Pode ser deliberada diretamente pelo Parlamento, de acordo com o artigo 48, inciso X, autorizada pelo legislador, com supedâneo no seu artigo 84, inciso XXV, ou promovida na órbita da Administração, sob a égide do artigo 84, inciso VI, alínea *b*, todos da Constituição. Excetuam-se desses regramentos as extinções pertinentes aos entes governamentais de direito privado, pois dependem de mero ato interno da organização.

Com efeito, resta franqueada a extinção não apenas total de cargos ou de empregos estatais, mas a sua supressão parcial, o que pode ser implementado por meio de processo de extinção a ser efetivado à medida que os postos estatais aventados se tornarem vagos. Há de se atentar, todavia, para o significado prático dessa constatação em face da competência que, trazida pela EC nº 32/2001, emana do artigo 84, inciso VI, alínea *b*, da Constituição.

Renove-se que, anteriormente à promulgação da EC nº 32/2001, estava em vigor o Decreto Federal nº 2.271/1997, que estabelecia, em seu artigo 1º, § 2º, ser vedada a terceirização de "atividades inerentes às categorias funcionais abrangidas pelo plano de cargos do órgão ou entidade, salvo expressa disposição legal em contrário ou quando se tratar de cargo extinto, total ou parcialmente, no âmbito do quadro geral de pessoal".⁶⁵⁷ Até então, a eliminação, total ou parcial, de cargos ou empregos existentes nos quadros dos entes governamentais de direito público dependia da participação do Poder Legislativo, nos termos dos artigos 48, inciso X, ou 84, inciso XXV, do Texto Magno.

Não por outro motivo, viram-se iniciativas legislativas com o fim de instaurar processos de extinção de postos laborais e, assim, de implementar pouco a pouco a sua deleção. Foi o que se deu, por exemplo, com a edição da Medida Provisória nº 1.606-20/1998, convertida na Lei Federal nº 9.632/1998. O objetivo era claro e encontrava explicação na inteligência do Decreto Federal nº 2.271/1997: viabilizar a terceirização de tarefas vinculadas às funções *lato sensu* das unidades afetadas, conforme a literalidade do seu artigo 2º.

A verdade é que a necessária reverência às regras do processo legislativo embaraçava um almejado dinamismo na gestão da coisa pública. Diante de um conflito material entre uma debatida terceirização e o feixe de atribuições de certos postos laborais, não podia a Administração Pública, por si só, deliberar pela via que entendesse mais adequada entre as alternativas "fazer ou comprar". O Parlamento precisava ser instado a se manifestar, independentemente de a questão dizer, ou não, respeito à sua esfera administrativa.

Parece certo que a EC nº 32/2001 alterou essa realidade. A partir daquele ano, o Poder Executivo, por simples decreto, e o Poder Judiciário, o Ministério Público, a Defensoria Pública e os Tribunais de Contas, pela edição de atos próprios, tornaram-se autonomamente competentes para iniciar processos de extinção de seus postos de trabalho de maneira atrelada às suas vacâncias e, por efeito, para tornar viável desconstruir o obstáculo funcional aplicável à terceirização das atividades inseridas no respectivo rol de atribuições.

Precisamente neste ponto é que assume relevância um terceiro elemento condicionante, de caráter político-organizacional, a ser considerado na análise das violações reflexas à exigência do concurso. Caso se decida pela extinção de cargos ou empregos estatais de forma gradual e enlaçada às suas vacâncias e desde que se tenha como horizonte o desaparecimento da desavença material entre as suas funções *lato sensu* e o objeto da aventada terceirização, cria-se uma fase de transição em que deixa de ser aprioristicamente ilícito o exercício das atribuições dos postos que ainda não foram eliminados de modo

---

⁶⁵⁷ BRASIL. Decreto nº 2.271, de 7 de julho de 1997.

concomitante à realização de tarefas semelhantes por intermédio de negócios terceirizantes.

Nesse período, cabe à Administração encontrar soluções para delimitar, caso a caso, o campo de atuação dos seus servidores e dos agentes externos, de maneira a impedir que os trabalhos se misturem.[658] Inclusive, é possível que, em situações excepcionais,[659] se utilize da prerrogativa prenunciada pelo artigo 41, § 3º, da Constituição e se declare a desnecessidade de cargo público, com o aproveitamento de seu titular em outro que seja compatível, com vistas a evitar uma indesejável miscelânea laboral.

Cuida-se de opções que devem ser bem pensadas de modo a alcançar a melhor solução à luz do interesse público, sempre partindo das particularidades do cenário concreto. Em todo caso, a prévia instauração de processo de extinção ligada às vacâncias das unidades funcionais implica não mais se poder falar de violação reflexa à norma concursal. Mesmo em situações em que haja convergência das avaliações atinentes aos elementos temporal e funcional no sentido de caracterizar uma afronta dessa natureza, uma decisão de cunho político-organizacional pode vir a infirmar a mácula que, caso contrário, existiria.

O raciocínio que subjaz é que, se certo cargo ou emprego se extingue, formal ou materialmente, tão logo haja a sua desocupação, não mais subsiste posto vago a ser provido que detenha atribuições afins à atividade que se anseie terceirizar. Considerando que a decisão tomada torna essa realidade constante até atingir todas as unidades funcionais aventadas, perdem-se a potencialidade da realização de concurso público dirigido ao seu provimento e, por efeito, a aplicabilidade do artigo 37, inciso II, da Constituição.

---

[658] Nessa linha, vê-se decisão do TCU trazendo a possibilidade de extinção total ou parcial de certo cargo no TRE/SC por ato interno, devendo, contudo, demarcar as áreas de atuação dos servidores e da prestação do serviço: "VEDAÇÃO DO CONFLITO DE ATRIBUIÇÕES ENTRE OS OCUPANTES DE CARGOS EFETIVOS E PRESTADORES DE SERVIÇO [...]. 2. Dos referidos dispositivos, extrai-se a interpretação de que as atividades acessórias, ainda que genericamente abrangidas pelo plano de cargos do órgão, são passíveis de execução indireta em três hipóteses: a) na via legal, quando houver expressa autorização; b) na via regulamentar, mediante: b.1) extinção total ou parcial do cargo e b.2) diferenciação das atribuições específicas dos ocupantes de cargos efetivos e das atividades que vierem a constituir objeto dos contratos de prestação de serviço" (BRASIL. Tribunal de Contas da União. Acórdão nº 1.249/2012).

[659] Embora entendamos pela existência de possíveis situações excepcionais, concorda-se, como regra geral, com as ponderações de Dora Maria de Oliveira Ramos quando defende que a declaração da desnecessidade de cargo público pode afrontar o princípio da economicidade. Em suas palavras, "não se poderá admitir que extinto o cargo ou declarada a sua desnecessidade, sejam os seus ocupantes colocados em disponibilidade remunerada para contratação de terceiros, o que oneraria duplamente os cofres públicos" (RAMOS, 2001, p. 135).

De fato, enxerga-se nessa corrente de cunho temporal-funcional sob a perspectiva relativa a que mais adequadamente concede conformação à afronta indireta à norma sob exame. Sob esse olhar, a exigência do certame público somente é reflexamente violada por soluções terceirizantes implementadas na seara do Estado se a necessidade debatida for permanente, se houver cargos ou empregos de provimento perene a que se confiram funções *lato sensu* afins e se não houver decisão anterior de cunho político-organizacional que tenha se dedicado a eliminar o conflito material então verificado. Essa decisão, por sua vez, deve ter imposto um redesenho ao quadro funcional do ente de maneira a extinguir totalmente os postos laborais que detenham atribuições conflitantes com o intento terceirizante ou, então, de forma parcial, desde que seja integralmente eliminado o embate material ou, ao menos, instaurado processo de extinção que vise a atingir esse resultado.

Cabe suscitar que essa compreensão restou, em alguma medida, contemplada pelo artigo 4º do Decreto Federal nº 9.507/2018, dedicado às empresas estatais controladas pela União. Sem prejuízo de outras ressalvas, registrou-se ser viável o trespasse de tarefas atinentes a funções *lato sensu* de indivíduos concursados se for constatado o "caráter temporário do serviço" ou um "incremento temporário do volume de serviços" (incisos I e II), bem como "quando se tratar de cargo extinto ou em processo de extinção" (§ 3º).[660]

Por fim, impende diferenciar o presente entendimento daquele defendido pela corrente discricionária. Segundo aquela, competiria ao gestor de plantão determinar, em cada caso, o caminho pela realização direta de certa atividade ou pela sua exteriorização. A nosso sentir, em situações em que o exame dos elementos temporal e funcional conduzam a uma vedação à terceirização, a tomada de decisão pela reformulação do quadro funcional deve reverência às regras de competência concebidas pela Constituição.

Trata-se de deliberação que, na órbita dos Poderes Executivos federal, estadual, municipal e distrital, precisa provir do Presidente, do Governador, do Prefeito, conforme o caso, ou de autoridade delegada, nos termos do artigo 84, parágrafo único, do Texto Fundamental. No âmbito do Poder Judiciário, do Ministério Público, da Defensoria Pública e dos Tribunais de Contas, uma sentença nessa direção deve ser proferida pela respectiva autoridade superior ou por aquele a quem tenha sido delegada tal competência, valendo-se analogicamente

---

[660] BRASIL. Decreto nº 9.507, de 21 de setembro de 2018.

do citado dispositivo constitucional. Já nos entes estatais de direito privado, é bastante um ato interno praticado pelo órgão competente para redefinir a conformação funcional dos seus empregos, consoante a normativa própria de cada empresa ou fundação governamental.

4.3.2 Elementos da licitude das terceirizações no âmbito estatal

Na linha do que foi defendido, a licitude das terceirizações, quando enxergada em cotejo com a exigência do certame público, merece ser estudada sob a lupa de três diferentes elementos, segundo a corrente temporal-funcional relativa. Trata-se, todavia, de avaliações que não esgotam as matérias a serem apreciadas com o objetivo de extrair um posicionamento final acerca da conformidade ou da desconformidade do ato com o Direito.

Nessa toada, vislumbram-se outros fatores condicionantes cuja averiguação convém ser feita juntamente com os elementos temporal, funcional e político-organizacional. Aliás, é o ajustado encadeamento das diferentes variáveis pertinentes que permite a obtenção de um norte minimamente seguro para medir a licitude das terceirizações na órbita estatal.

Com efeito, o elemento *temporal* liga-se à identificação do caráter permanente ou temporário da necessidade que funciona de motivo para o trespasse, consistindo em campo essencial para ser aferida eventual ofensa reflexa ao artigo 37, inciso II, da Constituição. Repise-se, porém, que a demanda aventada é que deve ser tida como permanente ou temporária; portanto, não a atividade a ser desempenhada.

Já o elemento *funcional* requer a exploração das atribuições conferidas aos cargos e empregos de provimento perene existentes no respectivo ente, de modo a verificar se há correspondência material entre alguma delas e a atividade que se pense em exteriorizar. Ao lado do aspecto temporal, atua como parâmetro crucial para a perquirição de infrações reflexas ao reclamo do certame público. Para tanto, postula ainda o exame da terceira variável, com a aptidão de extirpar o óbice derivado de um juízo preliminar feito à luz dos crivos temporal e funcional.

Nessa esteira, o elemento *político-organizacional* conduz à avaliação da presença de algum ato extintivo, total ou parcial, que, de um lado, tenha atingido os postos laborais a que se reservava o exercício continuado da tarefa ventilada e, de outro, que se dedique a acabar com o conflito material que se ergueria sob o olhar do critério funcional. Como exposto, tem singular importância, nesse contexto, a possibilidade de instauração de processos de extinção de unidades funcionais, com destaque para o caminho preconizado pelo artigo 84, inciso VI, alínea *b*, do Texto Fundamental.

Ademais, constatam-se outros aspectos de relevância para a investigação da licitude dessas terceirizações, que, a bem da verdade, deve ter precedência em relação à pesquisa dos fatores temporal, funcional e político-organizacional. Cuida-se dos elementos negativo e positivo, cuja perscrutação pode definir, de imediato e à margem de uma crítica originária da norma concursal, a ilicitude de certo trespasse ou a sua obrigatoriedade.

Nesse diapasão, o elemento *negativo* impõe uma análise quanto às atividades cuja terceirização se apresenta ilícita em razão de sua caracterização como exclusivas de Estado.[661] Genericamente referidas pelo artigo 247 da Constituição e, com algum detalhamento, pelo artigo 4º, inciso III, da Lei Federal nº 11.079/2004 e pelo artigo 40 da Lei Federal nº 13.019/2014, essas tarefas guardam relação com "aquelas que, por sua própria natureza, são próprias e privativas de Estado".[662]

Primeiramente, enquadram-se nessa categoria os trabalhos que demandem o exercício do poder extroverso do Estado. É o que se dá, a título ilustrativo, em certas atividades ligadas à segurança pública, à regulação, à fiscalização e ao poder de polícia.[663] Têm-se, igualmente, como tais aquelas abarcadas pelo chamado núcleo estratégico do Estado, responsável pela definição das leis e as políticas públicas e

---

[661] Relevante doutrina sustenta existirem atividades que, embora não sejam exclusivas de Estado, não poderiam ser prestadas indiretamente. Veja-se, por exemplo, a manifestação de Sílvio Luís Ferreira da Rocha: "a questão fundamental, no entanto, é saber que a Administração pode, livremente, optar por formas jurídicas de atuação, isto é, se ela pode substituir meios diretos de agir por meios indiretos. Penso que não. Dado o texto constitucional que disciplina o agir da Administração Pública, não lhe é dado escolher entre a prestação direta de serviços de saúde, ou a possibilidade de entregar a gestão dos serviços de saúde a organizações sociais, mediante celebração de contratos de gestão" (ROCHA, Sílvio, 2006, p. 21). Caso se entenda nessa direção, o óbice à terceirização deve encontrar acolhimento também sob o crivo do elemento negativo.

[662] DI PIETRO; MOTTA, 2019, p. 545.

[663] Flávio Amaral Garcia pondera: "o principal limite norteador das terceirizações nas atividades administrativas envolve o poder de império estatal, ou seja, aquelas atividades que exigem atos de império e de autoridade, como, por exemplo, segurança, fiscalização, regulação e poder de polícia. Essas são atividades estatais as quais, em sua essência, dependem de que as autoridades administrativas estejam investidas com prerrogativas públicas necessárias à satisfação dos interesses públicos tutelados, e que, portanto, não podem ser delegadas a agentes privados que não ostentem tal condição" (GARCIA, Flávio, 2018, p. 493).

pela cobrança de seu cumprimento. Sem prejuízo, "devem ainda ser incluídas as funções de controle interno e externo da Administração Pública e de defesa do patrimônio público",[664] como explicita Dora Maria de Oliveira Ramos.

Insta perceber não serem uniformes os obstáculos fulcrados no elemento negativo. Por certo, pode existir entrave amplo a toda solução terceirizante incidente sobre certa atividade, independentemente da pessoa a quem se cogite fazê-lo. No entanto, esse limitador pode se referir apenas a parte do universo de sujeitos que, no plano fático, poderiam concretizar o trabalho; por exemplo, vedando-se tão só o trespasse a particulares ou permitindo-se a terceirização de modo circunscrito a certos entes.[665]

Em outra via, há de se sublinhar que o empecilho oriundo da investigação sob o crivo negativo atém-se ao exercício nuclear das competências conferidas ao respectivo órgão ou entidade. Como assinalado pelo artigo 48 da Lei Federal nº 14.133/2021, "poderão ser objeto de execução por terceiros as atividades materiais acessórias, instrumentais ou complementares aos assuntos que constituam área de competência legal do órgão ou da entidade [...]",[666] o que se aplica por inteiro às atividades exclusivas de Estado.[667]

Já o elemento *positivo* exige a indagação quanto à existência de um mandamento constitucional no sentido da terceirização de certo labor. Sob o amparo das lições de Maurício Zockun, veem-se duas atividades estatais que devam ser obrigatoriamente materializadas por terceiros: as exercidas pelos juízes de paz, nos termos do artigo 98, inciso II, e as atividades notariais e de registro, de acordo com o artigo 236, ambos da Constituição.[668]

Em acréscimo a esses aspectos, há outros três a serem considerados, de modo a permitir, ao final, a averiguação da licitude de certo fato terceirizante oriundo da seara estatal. São eles os elementos

---

[664] RAMOS, 2001, p. 126.
[665] Mencione-se, como exemplo, a possibilidade de terceirização da atividade legiferante da União para os Estados por meio de lei complementar, sob a égide do disposto no artigo 22, parágrafo único, da Constituição.
[666] BRASIL. Lei nº 14.133, de 1º de abril de 2021.
[667] Nessa linha, após vedar a terceirização de atividades exclusivas de Estado nos incisos antecedentes, o Decreto Federal nº 9.507/2018 assim consignou em seu artigo 3º, § 1º: "os serviços auxiliares, instrumentais ou acessórios de que tratam os incisos do *caput* poderão ser executados de forma indireta, vedada a transferência de responsabilidade para a realização de atos administrativos ou a tomada de decisão para o contratado".
[668] ZOCKUN, Maurício, 2018, p. 69-70.

autolimitativo, discricionário e conformativo. Convém, porém, que a sua crítica seja processada apenas após a superação daquelas que se impuserem em razão das demais variáveis.

O primeiro, o elemento *autolimitativo*, requer a identificação de certas atividades não terceirizáveis por deliberação normativa própria tomada de maneira direcionada ao âmbito de certa pessoa governamental. A toda evidência, caso as opções "fazer ou comprar" estejam abertas ao Poder Público sob a perspectiva dos parâmetros anteriores, nada impede que sobrevenha uma decisão na linha da autocontenção.

A título de exemplo, teve vigência no campo federal por quase um ano o disposto no revogado § 2º, do artigo 3º, do Decreto Federal nº 9.507/2018. Embora o elemento negativo não impusesse solução nesse sentido, dele constou que "os serviços auxiliares, instrumentais ou acessórios de fiscalização e consentimento relacionados ao exercício do poder de polícia não serão objeto de execução indireta".[669] Já na órbita do Município de São Paulo, subsistiu até janeiro de 2023 a regra – plenamente admissível sob o crivo dessa variável – pela qual "a terceirização de serviços restringir-se-á às hipóteses de atividades-meio",[670] como indicado no artigo 59, do revogado Decreto Municipal nº 44.279/2003.

Deve-se notar que essas autocontenções somente têm pertinência quando diante de necessidades temporárias. Caso a necessidade seja permanente, vislumbram-se três possibilidades que conduzem à mesma conclusão: se estiver ligada a uma tarefa reservada a titulares de cargos ou empregos de provimento perene, a terceirização já restará obstruída em virtude dos elementos que conformam a norma do concurso público; se não houver postos laborais com atribuições correlatas, não é possível impedir que a Administração se utilize da única via disponível para a execução de dado mister; já se estiver em curso um processo de extinção das mesmas unidades de trabalho que tenha como horizonte eliminar a desavença material entre as suas funções *lato sensu* e o objeto do trespasse, também não é admissível proibi-lo, pois, em algum instante e em alguma proporção, a terceirização passará a ser inafastável para o adequado cumprimento do respectivo fim institucional.

Por sua vez, quando a necessidade for temporária, cumpre diferenciar duas particulares situações. Quanto à primeira, se não houver no quadro funcional cargos ou empregos com atribuição aderente à

---

[669] BRASIL. Decreto nº 9.507, de 21 de setembro de 2018.
[670] SÃO PAULO (Município). Decreto nº 44.279, de 24 de dezembro de 2003.

atividade suscitada, igualmente não haverá espaço para um obstáculo intransponível ao seu trespasse. Concebe-se, no máximo, a edição de norma que estabeleça ordem preferencial em detrimento da opção terceirizante. Haja vista que, além desta, apenas existe a alternativa da contratação de servidores temporários, que inexoravelmente depende da constatação de um excepcional interesse a ser perseguido, além do preenchimento de outros requisitos, excluir a possibilidade da terceirização de maneira apriorística e absoluta implicaria, em certos casos, a insubsistência de meios para a Administração executar tarefas que precisariam ser desenvolvidas.

Em rigor, o elemento autolimitativo aufere maior relevância, justamente, na segunda situação prenunciada, qual seja, quando a necessidade for transitória, se houver postos laborais cujos ocupantes sejam funcionalmente aptos ao desempenho do mister e, acrescente-se, desde que a atividade não seja exclusiva de Estado. Somente nessa hipótese torna-se juridicamente viável o pleno exercício da faculdade de autocontenção, de modo a que certas necessidades, mesmo que temporárias, sejam exclusivamente atendidas pelo quadro de pessoal do órgão ou entidade ou, se for o caso, pela contratação de servidores temporários.

Há, ainda, importante questão a ser abordada. A nosso juízo, o poder de vetar a exteriorização de especificados afazeres consiste em matéria reservada à Administração, não cabendo a intromissão do Parlamento,[671] com exceção de seu próprio âmbito administrativo.[672] Aliás, apresenta-se questionável se o Chefe do Poder Executivo teria competência para proibir que autarquias, fundações e empresas estatais criadas na sua órbita federativa terceirizem certas atividades, o que se viu no Decreto Federal nº 9.507/2018.

---

[671] O STF assim já decidiu: "é inconstitucional o dispositivo de Lei Orgânica Municipal que vincula a concessão de serviços públicos à prévia autorização legislativa" (BRASIL. Supremo Tribunal Federal. AI nº 721.230). Em rigor, não pode o Parlamento exigir a sua autorização para qualquer forma de terceirização – inclusive, para concessões de serviços públicos – ou impor vedações à prática por ato próprio. Cuida-se, pois, de matéria reservada à Administração.

[672] Em contraposição, Daiana Monteiro Santos anota que "é manifesta a inconstitucionalidade do referido decreto não apenas quanto à violação dos limites de competência do Poder Executivo, uma vez que a Constituição da República remete ao Poder Legislativo o direito exclusivo de normatizar as hipóteses excepcionais de terceirização de mão de obra, como trouxe regras genéricas quanto aos serviços passíveis de execução indireta autorizando a terceirização de forma ampla, violando o direito fundamental ao concurso público preconizado pela lei maior" (SANTOS, Daiana, 2019, p. 271). No mesmo sentido, veem-se as opiniões de Mateus Bertoncini e Isabella Calabrese Simão (2019, p. 191).

Para além da indevida interferência na autonomia dessas entidades e, em especial, em assunto vinculado à íntima gestão dos serviços que lhes são inerentes,[673] retirar-lhes a capacidade de examinar qual é a melhor solução à luz do cenário administrativo concreto tem o condão de engendrar prejuízos ao interesse perseguido, à eficiência, à economicidade e, inclusive, à consecução do escopo institucional. Cuida-se de decisão que somente pode ser tomada na seara do ente governamental e, se houver alterações na realidade que deu origem à deliberação anterior, que precisa poder ser revisitada independentemente de avaliações externas.[674]

Ademais, caso não se firme barreira ao trespasse que proceda da lupa dos aspectos antecedentes, passa, então, a assumir posição de prestígio o elemento *discricionário*. Segundo esse novo juízo a ser subsequentemente tomado, torna-se exigível a investigação meritória quanto à melhor medida a ser adotada de acordo com as particularidades do caso.[675]

Imagine-se a hipótese de haver uma demanda temporária que seja, à primeira vista, passível de satisfação pelo labor dos titulares de certo cargo efetivo, segundo o seu feixe de atribuições, e que estejam preenchidos os requisitos constitucionais indicados no artigo 37, inciso IX, da Constituição. Como opção, pode haver o remanejamento de servidores ou a diluição da execução da tarefa ao longo do tempo, utilizando-se, dessa forma, a força laboral que já municia o ente. É

---

[673] Em direção diversa, Helder Santos Amorim expõe: "cada entidade federativa (União, Distrito Federal e Municípios) dispõe de autonomia constitucional (Constituição, art. 18) para promover a organização de sua administração pública e, nesse contexto, para delimitar normativamente as atividades passíveis de terceirização no âmbito de suas pessoas jurídicas de Direito Público" (AMORIM, 2009, p. 128).

[674] Parece clara, por exemplo, a inadequação de um ato do Presidente da República que impeça o IBGE de contratar terceiros para colher dados necessários à realização de pesquisas estatísticas ou censitárias e que, com isso, crie a obrigação de o instituto contratar servidores temporários para atender a correlatas necessidades transitórias de excepcional interesse público surgidas ao longo do tempo. Igualmente impróprio seria permitir que o Chefe do Poder Executivo federal definisse se a Petrobras poderia, ou não, terceirizar certa atividade dedicada a satisfazer necessidades pontuais. Um último exemplo mostra-se, ainda, pertinente: se é possível à autoridade superior de uma estrutura administrativa deliberar por não terceirizar a tarefa de digitalização de processos e documentos físicos que tenham se acumulado no passado, é irrazoável admitir que ela possa se imiscuir em minúcias semelhantes em entes que detenham autonomia administrativa.

[675] Em certa oportunidade, o TCU decidiu que a terceirização de serviços de saúde "deve ser precedida de estudos que demonstrem as suas vantagens em relação à contratação direta pelo ente público, com inclusão de planilha detalhada com a estimativa de custos a serem incorridos na execução dos ajustes, além de consulta ao respectivo Conselho de Saúde" (BRASIL. Tribunal de Contas da União. Acórdão nº 352/2016).

possível, também, se entender pela conveniência de uma resolução mais célere da questão mediante o recrutamento de agentes temporários para integrarem os quadros de pessoal, caso isso seja juridicamente viável. Outrossim, desnuda-se admissível, a princípio, a adoção de soluções terceirizantes, caso, por exemplo, se enxergue na atividade a ser executada uma especificidade, uma complexidade ou um volume de trabalho que torne recomendável a sua materialização por intermédio de terceiros.[676]

Cuida-se de escolha a ser feita no exercício da discricionariedade administrativa,[677] com olhos voltados a desvendar a via mais adequada à realização do interesse envolvido. Nesse contexto, o princípio da eficiência deve figurar como bússola mestra, sempre lastreada "em uma racionalidade técnica e econômica que demonstre o melhor formato para a organização daquela determinada prestação de serviços".[678]

Por fim, o elemento *conformativo* sugere a perquirição dos diversos liames normativos estabelecidos pela legislação aos vários formatos de trespasses concebidos para a órbita estatal. Não se refere, aqui, a impedimentos que tenham incidência sobre certas atividades, o que se liga à variável autolimitativa. Diferentemente, o fator conformativo diz respeito às normas que desenham os caminhos jurídico-formais ajustados à adoção das diferentes soluções terceirizantes.

A título ilustrativo, a Lei Federal nº 14.133/2021 consiste na legislação que, atualmente, contém os regramentos gerais para as terceirizações direcionadas à simples execução material de atividades estatais por terceiros. Já a transferência da gestão operacional de certo serviço público por meio de concessão ou permissão deve obediência, no que toca às normas gerais, àquelas estatuídas nas Leis Federais nºs 8.987/1995 e 9.074/1995 e, na hipótese de parcerias público-privadas, na Lei Federal nº 11.079/2004. Sem prejuízo, devem ser respeitadas, em todo caso, as normas específicas editadas por cada ente federativo.

---

[676] Mencione-se, exemplificativamente, a decisão tomada pelo TCM/SP quando da apreciação do TC nº 13.638/2020.

[677] Segundo Celso Antônio Bandeira de Mello, "discricionariedade é a margem de 'liberdade' que remanesça ao administrador para eleger, segundo critérios consistentes de razoabilidade, um, dentre pelo menos dois comportamentos, cabíveis perante cada caso concreto, a fim de cumprir o dever de adotar a solução mais adequada à satisfação da finalidade legal, quando, por força da fluidez das expressões da lei ou da liberdade conferida no mandamento, dela não se possa extrair objetivamente uma solução unívoca para a situação vertente" (MELLO, Celso, 2021, p. 924-925).

[678] GARCIA, Flávio, 2010, p. 111.

À luz desses oito parâmetros, propõe-se viável a sua coordenação para facilitar a avaliação da licitude dos negócios terceirizantes pensados ou efetivados no setor estatal. Como ponto de partida, deve-se realizar uma análise inicial sob o olhar dos elementos positivo e negativo. Se for o caso, passa-se ao exame dos elementos temporal, funcional e político-organizacional. Deixa-se para o final a averiguação dos elementos autolimitativo, discricionário e conformativo, caso assim se requeira.

Nessa senda, uma pesquisa quanto ao elemento positivo pode redundar na constatação de que a terceirização da atividade pelo Estado apresenta-se impositiva. Nessa hipótese, dispensa-se a medição de qualquer outro aspecto, ressalvado o elemento conformativo. Em verdade, sempre que houver um propósito terceirizante, seja ele opcional ou obrigatório, cumpre observar as normas que lhe concedem justa formatação.

A seu turno, o questionamento envolvendo o elemento negativo tem a aptidão de guiar o intérprete também a uma palavra definitiva, mas em sentido contrário. Como ponderam Abhner Youssif Mota Arabi e Valter Shuenquener de Araújo, caso a atividade seja considerada exclusiva de Estado, "qualquer tipo de terceirização, ainda que de forma temporária, é inadmissível".[679]

É relevante perceber a pouca importância da variável temporal caso a terceirização de certa atividade encontre percalço em virtude da sua caracterização como exclusiva de Estado. É certo que, sendo perene a necessidade, haverá violação reflexa à exigência do concurso público, pois, nesse caso, a Constituição requer a existência de unidades laborais com atribuições congênitas ao desempenho da dada tarefa. Todavia, esse fundamento figurará como simples razão adicional para a ilicitude do trespasse, pois, sendo a necessidade permanente ou temporária, a caracterização de atividade como exclusiva de Estado funda, desde logo, barreiras à sua exteriorização.

Com efeito, a apreciação dos elementos positivo e negativo tem a condão de abreviar a investigação da conformidade jurídica de certo trespasse. Caso, porém, a necessidade de concretização de certa tarefa não obrigue, por si só, a implementação de uma solução terceirizante, tampouco se impeça, já à primeira vista, a sua perpetração por consistir em atividade exclusiva de Estado, torna-se inevitável prosseguir nas indagações inerentes à possível ofensa reflexa à exigência do certame público.

---

[679] ARABI; ARAÚJO, 2018, p. 116.

Nessa batida, se a perquirição dos elementos temporal, funcional e político-organizacional redundar na constatação de necessidade permanente cuja atividade esteja alcançada pelo rol de atribuições de cargos ou empregos efetivos e não haja a prévia adoção de ato extintivo, total ou parcial, incidente sobre os mesmos postos laborais, a terceirização deve ser tida como ilícita, sob o crivo da violação reflexa ao artigo 37, inciso II, da Constituição.[680] Entretanto, não mais se poderá afirmar a afronta à norma concursal caso a realidade seja semelhante sob a ótica dos fatores temporal e funcional, mas se tiver havido ato supressivo que tenha se dedicado a eliminar o conflito material entre as atribuições das unidades atingidas e o objeto suscitado para o trespasse.

Nessa última situação, abrem-se duas possibilidades. Quanto à primeira, referente aos casos em que não mais há servidores que ocupem os referidos cargos ou empregos, é intuitivo não existir alternativa senão a terceirização, impondo-se, por conseguinte, apenas o acatamento dos contornos jurídicos ínsitos ao elemento conformativo. Vale ressaltar que qualquer interrogação atinente ao elemento autolimitativo resta esvaziada nesse caso, uma vez que é juridicamente impensável bloquear o único canal disponível para que a Administração realize o interesse perseguido entre as alternativas "fazer ou comprar".

Na segunda, concernente aos cenários em que o ato extintivo se revela parcial como consequência da instauração de processo de extinção de postos laborais, deixa de ser ilícita sob a perspectiva do artigo 37, inciso II, da Constituição a efetivação de tarefas similares por meio de negócios terceirizantes e, de modo concomitante, por titulares das unidades funcionais que ainda não tenham sido afetadas. Nesse caso, cabe à Administração Pública averiguar a licitude do trespasse a partir do elemento discricionário, de modo a apreender a melhor alternativa à luz do interesse perscrutado.

Caso se entenda no sentido da terceirização, deve-se, naturalmente, conceder espaço ao exame imanente ao aspecto conformativo. Pontue-se ser despicienda qualquer avaliação quanto ao elemento autolimitativo, pois, em algum momento e em alguma proporção, a terceirização será

---

[680] A Constituição parece pressupor a aptidão, ao menos, dos titulares de postos laborais de provimento perene para a execução das tarefas incluídas em seu rol de atribuições e abrangidas pelo cotidiano administrativo. Para além da ordem constante do artigo 39, § 2º, da Constituição, de manutenção de escolas de governo para a formação e o aperfeiçoamento de seu quadro de pessoal, o Texto Fundamental assevera que, caso certo servidor tenha desempenho insuficiente, deve ele perder o seu cargo, tornando possível, assim, o seu provimento por um novo titular.

cogente para a Administração se manter adequadamente cumpridora do seu mister.

Já se a necessidade for permanente e a tarefa apontada não estiver abarcada pelo feixe de atribuições das unidades existentes no quadro funcional, há de se reconhecer que somente subsistirá, como alternativa, a via da exteriorização da atividade. De modo similar ao exposto, aqui também a perscrutação quanto ao elemento autolimitativo perde a importância. Deve, porém, ser prestada reverência aos liames jurídicos instituídos pela legislação, como se postula sob o crivo do elemento conformativo.

Impende assinalar que "a opção por criação de cargos ou empregos ou a contratação de serviços (terceirização), salvo nas funções indelegáveis, é discricionária".[681] Nessa linha, caso não tenham sido constituídos postos laborais com atribuições que concedam aos seus titulares o suporte funcional necessário para executar dada tarefa, o atendimento a necessidades permanentes apenas poderá ocorrer mediante um ato terceirizante.

Em vias de conclusão, nos trespasses destinados a fazer face a necessidades temporárias, convém novamente dividir a investigação em duas partes: a primeira, quando houver unidades funcionais com atribuições materialmente pertinentes ao exercício da atividade; e a segunda, quando esse cenário fático-jurídico não for constatado. Ressalte-se que, nas duas hipóteses, torna-se imprestável um juízo sob a ótica do elemento político-organizacional. Ainda, sequer se cogita de uma violação reflexa à exigência concursal, pois, para isso, a existência de uma necessidade permanente se revela condição *sine qua non*.

No primeiro cenário, identificam-se, a princípio, três alternativas a serem consideradas pelo gestor. É possível, em tese, a materialização da atividade por intermédio da força de trabalho já integrante do quadro estatal, pode ser implementado um trespasse com desiderato similar ou, se preenchidos os requisitos previstos no artigo 37, inciso IX, da Constituição, haver a contratação de agentes temporários. No segundo, ressoa claro que o caminho vestibular desaparece, ante a ausência de servidores que detenham atribuições que lhe concedam competência para executar a tarefa. Por conseguinte, mantêm-se subsistentes, em um primeiro olhar teórico, apenas as duas últimas alternativas.

Nesse ponto, o elemento autolimitativo assume lugar de destaque, mas de forma diferenciada em relação a cada um dos cenários

---

[681] SOUTO, 2001, p. 07.

suscitados. No primeiro, é plenamente possível haver uma decisão própria na direção da não terceirização da atividade. Sendo esse o caso, subsistem, a princípio, os outros dois caminhos. No segundo, somente pode existir norma que institua preferência à contratação temporária de servidores em desfavor da terceirização, na medida em que nem sempre estarão satisfeitos os requisitos da contratação temporária, dentre eles a presença de um excepcional interesse a ser buscado, o que não se pleiteia para a prática de atos terceirizantes.

Registrem-se, finalmente, os papéis dos elementos discricionário e conformativo nesse contexto. Por um lado, sempre que houver ao menos duas entre as três alternativas mencionadas, compete ao gestor escolher a via mais ajustada diante das particularidades do caso. Por outro, quando o trespasse se apresentar como o melhor canal a ser trilhado, as normas conformativas atuam como último reduto de aferição da licitude da solução terceirizante que venha a ser eleita.

4.3.3 Decreto Federal nº 9.507/2018 e a Constituição Federal

Depois de mais de três décadas de vigência do Decreto Federal nº 2.271/1997 e, em especial, após a reviravolta jurisprudencial decorrente da afirmação da constitucionalidade das terceirizações de atividades-fim pelo Supremo Tribunal Federal, foi editado o Decreto Federal nº 9.507/2018, modificando a normativa antecedente em variados aspectos.

Como primeiro ponto, consignou-se, em seu artigo 1º, que "este Decreto dispõe sobre a execução indireta, mediante contratação, de serviços".[682] Ao lado da menção feita à Lei Federal nº 8.666/1993 em seu preâmbulo, a transcrita redação não deixa dúvidas: a sua vocação amarra-se a ajustes lastreados na Lei Federal nº 8.666/1993 e, agora, na Lei Federal nº 14.133/2021. Isso, contudo, não significa – vale dizer – rejeitar-se aprioristicamente a sua aplicação por analogia a outros modelos normativos de terceirização.

Ao mesmo tempo, não mais se localiza em seus enunciados referência a "atividades materiais acessórias, instrumentais ou complementares aos assuntos que constituam área de competência legal do órgão ou da entidade",[683] como constava do artigo 1º, do antigo Decreto

---

[682] BRASIL. Decreto nº 9.507, de 21 de setembro de 2018.
[683] BRASIL. Decreto nº 2.271, de 7 de julho de 1997.

Federal nº 2.271/1997. Inobstante, não se enxerga nessa alteração de texto nenhuma mudança efetiva de conteúdo, o que se dá por algumas razões.

Inicialmente, tudo indica que, ao referir-se à simples contratação de serviços e, em seu preâmbulo, à Lei Federal nº 8.666/1993, deixou claro não ter versado sobre terceirizações que alcancem os demais níveis de gestão dos serviços da Administração, quais sejam, a gestão operacional e a gestão estratégica. O seu âmbito normativo mantém-se, pois, intimamente conectado a trespasses que visem à execução material de especificadas tarefas por terceiros.

Por outro lado, entende-se ter andado bem o Decreto Federal nº 9.507/2018 ao não adjetivar as atividades passíveis de terceirização com as palavras "acessórias", "instrumentais" e "complementares". Afinal, elas mais confundiram do que trouxeram explicações durante o período de vigência do Decreto Federal nº 2.271/1997, pois foram, por décadas, indevidamente interpretadas como ratificadores da leitura preconizada pela Justiça do Trabalho, qual seja, a de que as atividades-fim não seriam terceirizáveis, inclusive, na seara do Estado.

Malgrado tenha havido a reintrodução dos mencionados atributos à letra do artigo 48, da Lei Federal nº 14.133/2021, a realidade é que eles nunca se prestaram a adstringir – ao contrário, se predispuseram a elucidar – os diferentes papéis que a execução material de atividades por terceiros pode assumir na busca pela realização da competência dos órgãos ou entes estatais. Em outra via, ainda corrobora que, sob o seu regime jurídico, não é possível o trespasse de toda a operação do serviço. É preciso que a gestão operacional, assim como a gestão estratégica, permaneça nas mãos do Poder Público.

Em paralelo a esse campo de indagação, cumpre imprimir um olhar adequado sobre as prescrições trazidas pelo Decreto Federal nº 9.507/2018, sobretudo a partir da lupa constitucional. Há – adiante-se – ditames que em nada inovam no ordenamento, pois a sua substância consiste em mera replicação do Texto Maior, ao passo que outros se mostram dissonantes da ordem superior. Sem prejuízo, há de se reconhecer que, no campo residual, parcela de suas imposições aufere, sim, carga normativa em decorrência direta da respectiva enunciação.[684]

Sob esse recorte, adquire relevância o disposto nos artigos 3º e 4º do Decreto Federal nº 9.507/2018, que, primeiramente, devem ser

---

[684] Não se pretende um amplo e detalhado estudo acerca da integralidade dos ditames expostos no referido ato infralegal. Nesse toar, propõe-se apenas examiná-lo quanto às atividades franqueadas à terceirização pelo Estado, sem, porém, descer às minúcias concernentes ao universo normativo sintetizado sobre o guarda-chuva do elemento conformativo.

cotejados com as balizas constitucionais ínsitas aos elementos positivo e negativo. Em seguida, convém a sua apreciação sob a perspectiva dos elementos temporal, funcional e político-organizacional, que, em conjunto, permitem descobrir eventuais ofensas reflexas à exigência concursal. Caso sobrevivam a essas aferições, devem, somente então, ser submetidos a um juízo ligado aos elementos autolimitativo e discricionário.

Nesse caminhar, impende notar que nem toda ilicitude amparada nas disposições do referido ato infralegal pode ser traduzida como uma inconstitucionalidade ou como uma afronta ao artigo 37, inciso II, do Texto de 1988.[685] É preciso, pois, separar as razões que têm origem na ordem jurídica superior daquelas derivadas da autocontenção inerente ao elemento autolimitativo ou da fixação de balizas inferiores dirigidas ao exercício da discricionariedade.

Tendo como pano de fundo essa demarcada visão, é necessário avaliar, inicialmente, o âmbito de incidência dos artigos 3º e 4º do Decreto Federal nº 9.507/2018, no que tange à sua pertinência federativa. Em verdade, não são raras as decisões de Tribunais de Contas que empregam as normas neles veiculadas a outros entes da Federação, em especial, sob a alegação do uso da analogia.[686]

Conforme vemos, não é viável a aplicação dos referidos dispositivos aos Estados, aos Municípios ou ao Distrito Federal.[687] Embora não se vislumbre óbice à sua utilização como mero reforço argumentativo na

---

[685] Há menções na jurisprudência do TCU vinculando, irrefletidamente, a violação ao Decreto Federal nº 9.507/2018 a uma infringência ao artigo 37, inciso II, da Constituição. Em certa ocasião, por exemplo, o TCU deliberou no sentido de dar "à Fundação Oswaldo Cruz que a prática da contratação de funcionários terceirizados para desempenhar as atividades descritas nos incisos I a IV do Decreto 9.507/2018 não tem amparo legal e afronta o disposto no inciso II do art. 37 da Constituição Federal c/c o Decreto 2.271/1997" (BRASIL. Tribunal de Contas da União. Acórdão nº 2.977/2018).

[686] Citem-se, como exemplo, as decisões tomadas pelo TCE/MG na Consulta nº 1.095.479 e pelo TCM/SP ao examinar o TC nº 1.968/2019. Em ambos os casos, constata-se a aplicação do Decreto Federal nº 9.507/2018 à seara local. Na mesma linha, o TCM/SP já expôs, em diferentes oportunidades, que o antigo Decreto Federal nº 2.271/1997 deveria ter aplicação ao campo do Município de São Paulo por analogia, enquanto instrumento de colmatação de lacunas normativas (v. TCs nºs 481/2002, 3.367/2004 e 6.634/2004).

[687] Não se está a sustentar que nenhuma das normas do Decreto Federal nº 9.507/2018 se aplique aos Estados, aos Municípios e ao Distrito Federal. Ao contrário, boa parte de suas disposições se dirige a regulamentar normas gerais criadas pelo legislador ordinário federal no exercício da competência instituída pelo artigo 22, inciso XXVII, da Constituição da República, de modo que a respectiva regulamentação tem o condão de ser igualmente caracterizada como normas gerais. No entanto, nada impede que certas disposições trazidas no mencionado decreto não se qualifiquem como normas gerais e, assim, se direcionem apenas ao campo da União. Aliás, assim decidiu o STF no bojo da ADI nº 927, em juízo cautelar, no que toca a partes do artigo 17, da Lei Federal nº 8.666/1993.

parte que repercute o que já preconiza a Constituição, as decisões que, no âmbito federal, obstruam a terceirização de certas atividades ou que definam critérios para a realização de um juízo de discricionariedade particular à sua seara não podem ser estendidas a outras entidades, sob pena de interferência na autonomia das demais pessoas federativas.

Nesse contexto, entende-se equivocada qualquer tentativa de uso da analogia, enquanto instrumento de integração do Direito, previsto no artigo 4º da LINDB, com vistas a aplicar o diploma federal fora do campo da União. No tocante às determinações que somente refletem as normas constitucionais, resta clara a ausência de qualquer omissão. Por outro lado, é impensável falar-se de lacuna normativa pelo simples fato de que, em certa órbita, um ente modelou a relação entre as alternativas "fazer ou comprar" de uma maneira que não foi reproduzida em outra circunscrição federativa.[688]

Ainda quanto ao alcance subjetivo das normas concebidas pelos artigos 3º e 4º do Decreto Federal nº 9.507/2018, não compete ao Presidente da República, a nosso ver, impedir que autarquias, fundações e empresas estatais federais decidam por terceirizar certas tarefas. Cuida-se de inapropriada ingerência na autonomia dessas entidades, haja vista a intromissão em matéria da mais íntima gestão de seus serviços.

Não obstante, a realidade é que o Decreto Federal nº 9.507/2018 dispôs sobre as terceirizações na área federal não apenas em relação aos órgãos integrantes da Administração Pública direta. O seu artigo 3º estabeleceu regramentos norteados às autarquias e fundações federais, ao passo que o seu artigo 4º voltou-se especificamente a empresas públicas e sociedades de economia mista controladas pela União. Sem prejuízo da ressalva, cabe examinar o que prevê cada um dos dispositivos.

Com efeito, o artigo 3º do Decreto Federal nº 9.507/2018 separou em quatro incisos as causas de ilicitude pertinentes às terceirizações praticadas pela Administração Pública federal direta, autárquica e fundacional:

---

[688] Ao referir-se ao Decreto Federal nº 2.271/1997, Ernesto Alessandro Tavares defendia: "as regras apresentadas pelo Decreto n. 2.271/97 só têm eficácia no âmbito da Administração Pública federal, não alcançando os demais entes políticos ou sequer os empreendimentos privados" (TAVARES, 2018, p. 73). Em sentido contrário, Iuri Pinheiro e Raphael Miziara entendem que as prescrições do Decreto Federal nº 9.507/2018 regulamentariam as normas gerais previstas, à época, pela Lei Federal nº 8.666/1993, de modo que, igualmente, teriam caráter de norma geral aplicável a todos os entes. No entanto, em virtude de o próprio Decreto Federal nº 9.508/2018 conceber a sua incidência apenas às pessoas governamentais ligadas à União, ponderam que, "na falta de norma estadual ou municipal, um mecanismo integrador é a analogia, incidindo o decreto federal também por tal razão" (PINHEIRO; MIZIARA, 2020, p. 261).

Art. 3º. Não serão objeto de execução indireta na administração pública federal direta, autárquica e fundacional, os serviços:

I – que envolvam a tomada de decisão ou posicionamento institucional nas áreas de planejamento, coordenação, supervisão e controle;

II – que sejam considerados estratégicos para o órgão ou a entidade, cuja terceirização possa colocar em risco o controle de processos e de conhecimentos e tecnologias;

III – que estejam relacionados ao poder de polícia, de regulação, de outorga de serviços públicos e de aplicação de sanção; e

IV – que sejam inerentes às categorias funcionais abrangidas pelo plano de cargos do órgão ou da entidade, exceto disposição legal em contrário ou quando se tratar de cargo extinto, total ou parcialmente, no âmbito do quadro geral de pessoal.

§ 1º. Os serviços auxiliares, instrumentais ou acessórios de que tratam os incisos do *caput* poderão ser executados de forma indireta, vedada a transferência de responsabilidade para a realização de atos administrativos ou a tomada de decisão para o contratado.

Como aspecto inicial a ser sublinhado, vê-se corroborada, tanto no inciso I quanto no § 1º, a impossibilidade de transferência de parcela da gestão operacional ou da gestão estratégica nas terceirizações regidas pelo Decreto Federal nº 9.507/2018. Se somente é viável o trespasse envolvendo a execução material da tarefa, é natural que os atos administrativos e as decisões de caráter institucional mantenham-se nas mãos da Administração.

A seu turno, observa-se não ter sido instituída qualquer obstrução relacionada a atividades cuja terceirização seja obrigatória, segundo a ordem jurídica superior. Sob o crivo do elemento positivo, inexiste, portanto, desconformidade com a Constituição que possa ser aventada. Já sob a perspectiva do elemento negativo, isso apenas pode ser asseverado interpretando-se *cum grano salis* o disposto no Decreto Federal nº 9.507/2018.

Em rigor, é possível extrair-se do inciso III e de parcela do inciso I – no que resta alcançada pelas noções de controle e de núcleo estratégico do Estado – uma vedação dirigida à execução indireta de certas tarefas consideradas exclusivas de Estado. Nesse ponto, nada mais fez o Decreto Federal nº 9.507/2018 senão espelhar a ilicitude que, advinda do Texto Fundamental, já se impunha às terceirizações cujo objeto seja qualificável com aquele predicado. Há de se fazer, contudo, uma necessária ponderação. A nosso ver, a lista de tarefas arroladas deve ser tida como exemplificativa. Caso, assim, se reconheça a outras o caráter exclusivo de Estado, deve ser a elas estendido o óbice delineado pelo ato infralegal.

Ultrapassada essa análise vestibular, a segunda barreira trazida pelo artigo 3º do Decreto Federal nº 9.507/2018 encontra-se estampada em seu inciso IV e tem embasamento em lógica ínsita aos elementos funcional e político-organizacional. Consoante a sua enunciação, revela-se ilícita a terceirização de atividades conferidas a titulares de cargos e empregos, de acordo com as suas atribuições, salvo se houver alguma prescrição legal excepcional ou se o posto laboral tiver sido alvo de ato extintivo, total ou parcial.

Mais uma vez, é preciso ajustar o que prediz o dispositivo ao que preconiza a Constituição. Caso a necessidade encontrada seja permanente, há de se assegurar a inexistência de dissonância entre o referido inciso IV e as variáveis que dão conformação à exigência do certame público, sob pena de lhe acarretar ofensa reflexa. Nessa linha, não é qualquer ato supressivo que permite afastar o impedimento decorrente de um juízo preliminar feito à luz dos elementos temporal e funcional. Apresenta-se essencial que ele vise a eliminar, mesmo que paulatinamente, o conflito material verificado entre as atribuições ligadas às unidades funcionais examinadas e o objeto aventado para o trespasse.

Já se a necessidade for transitória, não há de se falar de obstáculo decorrente do artigo 37, inciso II, da Constituição. Nessa medida, o empecilho emanado do inciso IV traduz-se em limitação adicional que provém de decisão com carga normativa autônoma. Liga-se, portanto, ao elemento autolimitativo, vinculado à capacidade dos entes estatais autoconterem-se na implementação de soluções terceirizantes. Como consequência, não há motivos para se demandar que o ato extintivo se dedique à extirpação da desavença material entre as funções *lato sensu* dos postos laborais e a atividade a ser terceirizada.

Ainda em relação ao inciso IV, é preciso outorgar à expressão "exceto disposição legal em contrário" sentido condizente às normas superiores. Como se disse, uma decisão na linha da autocontenção não pode advir de deliberação legislativa, pois consiste em matéria reservada à Administração. A única interpretação cabível é que se trata de ato extintivo, total ou parcial, especificamente provindo do Parlamento, que, contudo, deve observância às regras de iniciativa legislativa e que, no caso de necessidades permanentes, deve ter como horizonte eliminar o conflito material mencionado.

Finalmente, vislumbra-se na dicção do artigo 3º, inciso II, do Decreto Federal nº 9.507/2018, uma importância normativa subsidiária em relação às demais prescrições. Ressalvada a possibilidade de incidência concomitante com as demais causas de ilicitude expostas no artigo 3º, o inciso II apenas aufere posição de efetiva relevância se a ventilada terceirização superar os demais entraves; ou seja, se não for atividade exclusiva de Estado e se não houver obstáculo sob a lupa do inciso IV, sob os contornos acima descritos.

Nessa situação residual, não se pode, porém, conferir caráter absoluto à referida proibição infralegal. Ao contrário, há de se lhe declarar conotação alinhada à instituição de mera ordem preferencial em desfavor do trespasse. Dessa maneira, somente se existirem outros meios idôneos para satisfazer a necessidade aventada é que deve ser considerada ilícita a terceirização de tarefas tidas como estratégicas do órgão ou entidade.

Por outro lado, cumpre notar que o dispositivo não elenca as atividades tidas como estratégicas, malgrado as relacione com um risco ao controle de processos, de conhecimentos e de tecnologias. Cuida-se de simples parâmetro abstrato que se dirige a conduzir as concretas investigações quanto à conveniência e à oportunidade atinentes à implementação de atos terceirizantes. Compete, assim, ao gestor público avaliar, em cada caso, se a tarefa se revela estratégica. Caso se entenda positivamente, a sua terceirização sob o regime da contratação de serviços deve ser considerada a última opção, restando condicionada a sua licitude à demonstração de que não há caminhos alternativos capazes de promover o almejado desiderato.

Não é demasiado estender, aqui, a ressalva feita quanto às atividades exclusivas de Estado. O comando normativo exposto no inciso II não desautoriza o trespasse envolvendo labores auxiliares, instrumentais ou acessórios, desde que não haja a prática de atos administrativos ou a prolação de decisões pelo terceiro; tudo em conformidade com o artigo 3º, § 1º, do ato infralegal.

Em continuidade, impende abordar os limites das práticas terceirizantes pertinentes às empresas públicas e sociedades de economia mista sob controle da União, tais como estatuídas no artigo 4º do Decreto Federal nº 9.507/2018. Sem embargo do questionamento concernente à competência do Presidente para dispor sobre a questão, impõe-se examinar criteriosamente também as razões de ilicitude relacionadas a essas entidades:

> Art. 4º. Nas empresas públicas e nas sociedades de economia mista controladas pela União, não serão objeto de execução indireta os serviços que demandem a utilização, pela contratada, de profissionais

com atribuições inerentes às dos cargos integrantes de seus Planos de Cargos e Salários, exceto se contrariar os princípios administrativos da eficiência, da economicidade e da razoabilidade, tais como na ocorrência de, ao menos, uma das seguintes hipóteses:

I – caráter temporário do serviço;

II – incremento temporário do volume de serviços;

III – atualização de tecnologia ou especialização de serviço, quando for mais atual e segura, que reduzem o custo ou for menos prejudicial ao meio ambiente; ou

IV – impossibilidade de competir no mercado concorrencial em que se insere.

§ 1º. As situações de exceção a que se referem os incisos I e II do *caput* poderão estar relacionadas às especificidades da localidade ou à necessidade de maior abrangência territorial.

§ 2º. Os empregados da contratada com atribuições semelhantes ou não com as atribuições da contratante atuarão somente no desenvolvimento dos serviços contratados.

§ 3º. Não se aplica a vedação do *caput* quando se tratar de cargo extinto ou em processo de extinção.

§ 4º. O Conselho de Administração ou órgão equivalente das empresas públicas e das sociedades de economia mista controladas pela União estabelecerá o conjunto de atividades que serão passíveis de execução indireta, mediante contratação de serviços.

Voltando os olhos para os elementos positivo e negativo, verifica-se do artigo 4º do Decreto Federal nº 9.507/2018 que, acertadamente, não houve a obstrução de terceirizações que, em razão do seu objeto, sejam consideradas obrigatórias pela Constituição. Ao mesmo tempo, não se encontra a explicitação de qualquer impedimento aplicável a trespasses que versem sobre o elemento negativo.

Não se desconhece que, a princípio, as empresas públicas e sociedades de economia mista não existem para desenvolver atividades exclusivas de Estado. A realidade, porém, mostra que, por vezes, empresas estatais são incumbidas de finalidades nessa natureza.[689] Caso isso seja constatado, é preciso reconhecer a presença de obstáculo constitucional à terceirização, nos moldes reformulados para o artigo 3º.

Por sua vez, depreende-se do exame conjunto do *caput*, dos incisos I e II, e do § 1º do dispositivo *in comento*, uma normatização

---

[689] Sob essa perspectiva, já defendemos, em outra ocasião, que "deve ser considerada materialmente 'autarquia' a entidade da Administração Indireta destinada ao desempenho das mencionadas atividades tidas como tipicamente estatais, independentemente da forma jurídica a ela atribuída" (FEITOSA, 2015, p. 26).

conformada à significação proposta pela corrente temporal-funcional à violação reflexa à exigência do concurso público. O diploma infralegal é claro no sentido de que, caso seja temporária a necessidade, não há de se falar de trespasse ilícito, independentemente da variável funcional. A investigação aufere maior sensibilidade ao serem apreciados os conteúdos dos incisos III e IV, sobretudo quanto ao domínio residual deixado pelos incisos I e II; ou seja, no que tange a terceirizações destinadas a atender demandas permanentes e cuja atividade se confunda com as atribuições dos empregos perenes. A toda evidência, deve-se garantir que os trespasses realizados pelas empresas estatais também obedeçam à semântica constitucional inerente à exigência concursal.

Em termos concretos, exige-se, para ser lícita a terceirização nessas condições, a prática de ato supressivo, total ou parcial, que, incidente sobre os referidos postos de trabalho, se destine a eliminar o embate material entre as funções *lato sensu* dos postos laborais e a tarefa a ser exteriorizada, sob pena de ofensa reflexa ao artigo 37, inciso II, da Constituição. Requer-se, portanto, uma interpretação conforme a Constituição.

Em vias de conclusão, convém abordar brevemente o exposto nos §§ 2º e 4º. O primeiro preconiza o respeito aos termos do contrato de prestação de serviços, sob o risco de cometimento de ilicitude contratual ou, o que é pior, de transformar a terceirização em intermediação de mão de obra, caso as novas atividades passem a ser desempenhadas pelos empregados da terceirizada com pessoalidade e subordinação em relação à empresa estatal.[690]

Quanto ao segundo, registra-se a possibilidade de que as empresas estatais decidam quanto às tarefas que devam ser necessariamente desenvolvidas de forma direta em sua órbita, mediante o exercício do poder de autocontenção ínsito ao elemento autolimitativo. A nosso ver, contudo, essa deliberação não depende da permissão constante do Decreto Federal nº 9.507/2018, tampouco pode ser subjugada à vontade do Presidente da República.

---

[690] Vale ressaltar o que dispõe o Decreto Federal nº 9.507/2018, em seu artigo 7º: "É vedada a inclusão de disposições nos instrumentos convocatórios que permitam: I - a indexação de preços por índices gerais, nas hipóteses de alocação de mão de obra; II - a caracterização do objeto como fornecimento de mão de obra; III - a previsão de reembolso de salários pela contratante; e IV - a pessoalidade e a subordinação direta dos empregados da contratada aos gestores da contratante" (BRASIL. Decreto nº 9.507, de 21 de setembro de 2018).

CAPÍTULO 5

TERCEIRIZAÇÃO NA ADMINISTRAÇÃO PÚBLICA E A SUA EFICÁCIA JURÍDICA

Em verdade, a terceirização consiste em negócio jurídico que, como tal, corresponde a ato jurídico voluntário cujos efeitos provêm, em parte, da vontade manifestada pelo agente e, em outra, da vontade inafastável da lei. Implica dizer que parcela de sua eficácia jurídica é desvelada direta e inexoravelmente pela própria legislação. Já ao lado dessa eficácia imanente ao próprio negócio terceirizante, a sua caracterização como ilícito tem a aptidão de produzir efeitos indenizativos, caducificantes ou invalidantes; ou seja, podem engendrar, respectivamente, um dever de indenizar, a perda de um direito ou, se for o caso, a recusa de sua validade. Igualmente, é o ordenamento que define não apenas os atos a serem tidos como ilícitos, mas, em passo subsequente, a sua semântica eficacial.

Deve-se sublinhar que o ato terceirizante não pode ser baralhado com outros, ainda que entre eles haja íntima ligação. Não se autoriza, assim, lhe estender automaticamente eventual ilicitude ínsita a ato diverso, tampouco atribuir ao trespasse efeitos indenizativos, caducificantes ou invalidantes pelo fato de haver um ato ilícito a ele relacionado a que a lei tenha cominado uma ou mais dessas facetas eficaciais. Isso não obsta que esse ato diverso seja juridicamente irregular e que se lhe reconheçam efeitos similares àqueles que adviriam de uma terceirização ilícita. Cuida-se, entretanto, de fatos jurídicos distintos.

Em rigor, essas considerações não se revelam puramente teóricas. Observa-se que, à luz da jurisprudência laboral, a delimitação dos efeitos trabalhistas provenientes das terceirizações sempre variou, ao menos em parte, em função de seu preliminar posicionamento em uma das bandas da linha divisória relativa à licitude dos atos jurídicos;

com razão, porquanto a sua eficácia realmente pode assumir contornos diferenciados se o trespasse for contrário ao Direito.

Há, todavia, duas críticas que, desde logo, merecem ser salientadas. A primeira, já registrada, concerne à inadequação do critério historicamente eleito para a aferição da licitude das terceirizações, qual seja, a dicotomia entre atividades-fim e atividades-meio. Em paralelo, percebe-se ter havido pouco apego, ao longo do tempo, à identificação do ato que estaria efetivamente maculado, pois, com recorrência, proclama-se a existência de terceirizações ilícitas, malgrado os vícios aventados se conectem a outros fatos jurídicos.

5.1 Eficácia jurídica sob a perspectiva laboral

Em meio aos questionamentos suscitados quanto às modificações infligidas pela Reforma Trabalhista, destaca-se a indagação acerca da aplicabilidade ao setor estatal das normas incluídas na Lei Federal nº 6.019/1974. Em que pese a inquietação central verificada dissesse respeito à extensão da licitude das terceirizações de atividades-fim ao contexto da Administração Pública, as dúvidas não se adstringiram a essa matéria.

Com supedâneo no artigo 37, incisos II e IX, da Constituição, a ANAMATRA produziu enunciado que explicita a intelecção de que "a Lei 13.467/2017, ao alterar a Lei 6.019/74, tanto no tema da contratação temporária quanto da terceirização de serviços, não serve como marco regulatório para a administração pública direta ou indireta".[691] Com percepção análoga, Daiana Monteiro dos Santos pondera que, na falta de autorização expressa na Lei Federal nº 6.019/1974, o princípio da legalidade obstaria uma compreensão no sentido de sua pertinência ao âmbito do Estado, notadamente no que toca ao fenômeno terceirizante.[692]

Em nosso ponto de vista, há de se reconhecer que parte dos comandos legais inseridos na Lei Federal nº 6.019/1974 não tem a necessária aderência à realidade estatal. Ilustrativamente, mostra-se impensável a sujeição dos entes governamentais de direito público à sistemática do trabalho temporário da referida legislação, pois a contratação transitória de servidores nesse domínio rege-se inteiramente pelo artigo 37, inciso IX, da Constituição e pelos diplomas editados por

---

[691] ANAMATRA. Enunciado nº 75.
[692] SANTOS, Daiana, 2019, p. 270.

cada pessoa federativa. Ainda, aparenta ser duvidosa a possibilidade de ser acordado que os terceirizados façam jus a um salário equivalente àquele pago aos servidores, ante as regras concernentes às licitações públicas, dentre outras.

Sem embargo, não se vislumbram justificativas para se afirmar em caráter linear ou apriorístico que as enunciações da Lei Federal nº 6.019/1974 não podem conformar, em alguma medida, as práticas terceirizantes promovidas pelo Poder Público. Ao contrário, variadas normas trazidas ao ordenamento parecem ajustar-se ao cenário jurídico relativo ao Estado.[693]

Perceba-se, nesse diapasão, que muitas de suas inovações se vocacionam a moldar normativamente o contrato de prestação de serviços, embora possam vir a incidir, no que couberem, sobre outras práticas terceirizantes. Nada indica, por exemplo, que, quando firmados pela Administração, esses contratos poderiam dispensar a observância dos requisitos de funcionamento da empresa de prestação de serviços, como apresentados pelo artigo 4º-B, da Lei Federal nº 6.019/1974. Cuida-se de norma relacionada ao prestador da atividade, independentemente de quem ocupe o posto de contratante.

Da mesma maneira, não existem motivos para imaginar que, promovida uma terceirização pelo Poder Público, poderia este contratar, remunerar e dirigir o trabalho realizado pelos empregados terceirizados ou utilizá-los em atividades distintas daquelas que foram objeto do ajuste. De certo, impõe-se a mais estrita observância a esses limites jurídicos conferidos ao contrato de prestação de serviços, sobretudo, se celebrado na seara estatal, vez que as terceirizações não podem transmudar-se, notadamente nesse campo, em meios de contratação de pessoal. Aliás, o artigo 48, da nova Lei Federal nº 14.133/2021, especialmente voltado à Administração, recentemente passou a estatuir regra nesse exato caminhar.

Pode-se falar também não se enxergarem razões para rechaçar a pertinência às práticas ilícitas perpetradas no âmbito estatal da eficácia caducificante prevista pelo artigo 19-A da Lei Federal nº 6.019/1974 a ilícitos envolvendo o fenômeno terceirizante. A toda evidência, a Administração Pública pode, igualmente, ser alcançada pela fiscalização dos órgãos competentes e, caso se identifique alguma infração à legislação em questão, tornar-se alvo dos devidos sancionamentos.

---

[693] Assim como prescrito pelo artigo 54, da Lei Federal nº 8.666/1993, também o artigo 89, da Lei Federal nº 14.133/2021 pontua que as disposições de direito privado se aplicam supletivamente aos contratos administrativos.

Vê-se, pois, como correta a sugestão concebida por Iuri Pinheiro e Raphael Miziara de que "a disciplina legal da terceirização seria aplicável no âmbito público no que couber [...]. De todo modo, o certo é que todo instituto aplicável ao âmbito público deve sempre passar pela filtragem de compatibilidade com o regime público".[694] Isso, contudo, deve ser avaliado cuidadosamente sob o crivo dos parâmetros destinados à solução de antinomias, sobretudo mediante o cotejo da norma aferida com o sistema constitucional.[695]

5.1.1 Efeitos justrabalhistas e as terceirizações em geral

Como ponto de partida para a compreensão dos efeitos derivados de soluções terceirizantes na esfera estatal, deve-se notar que o entendimento da Justiça Laboral sobre o assunto somente foi consolidado com a edição da Súmula nº 331 do TST e, ainda assim, sem uma preocupação especificamente dedicada à Administração Pública. Sob a regência de sua Súmula nº 256, a inteligência pronunciada se adstringia a versar sobre a licitude dessas práticas, não contendo, porém, qualquer guia quanto à sua eficácia jurídica.

De fato, com a Súmula nº 331, o Tribunal Superior do Trabalho sedimentou que, diante de terceirizações lícitas, a relação laboral se formava exclusivamente entre o terceiro e os seus empregados. Não obstante, consignou que a pessoa terceirizante se tornava subsidiariamente responsável pelas obrigações trabalhistas inadimplidas pela terceirizada, o que restou corroborado pelo STF no âmbito do RE nº 958.252 e da ADPF nº 324. Outrossim, estabeleceu que essa responsabilidade subsidiária atingia todas as verbas decorrentes da condenação relativas ao período da prestação laboral. É o que se apreende dos incisos III, IV e VI da Súmula nº 331, em sua última redação:

> CONTRATO DE PRESTAÇÃO DE SERVIÇOS. LEGALIDADE.
> [...]
> III – Não forma vínculo de emprego com o tomador a contratação de serviços de vigilância (Lei nº 7.102, de 20.06.1983) e de conservação e

---

[694] PINHEIRO; MIZIARA, 2020, p. 240.
[695] De acordo com Norberto Bobbio, "podemos redefinir a antinomia jurídica como a situação que se verifica entre duas normas incompatíveis, pertencentes ao mesmo ordenamento e com o mesmo âmbito de validade [...]. As regras fundamentais para a solução das antinomias são três: a) o critério cronológico; o critério hierárquico; o critério da especialidade" (BOBBIO, 2014, p. 91-94).

limpeza, bem como a de serviços especializados ligados à atividade-meio do tomador, desde que inexistente a pessoalidade e a subordinação direta.

IV – O inadimplemento das obrigações trabalhistas, por parte do empregador, implica a responsabilidade subsidiária do tomador dos serviços quanto àquelas obrigações, desde que haja participado da relação processual e conste também do título executivo judicial.

[...]

VI – A responsabilidade subsidiária do tomador de serviços abrange todas as verbas decorrentes da condenação referentes ao período da prestação laboral[696].

Em consonância com o exposto, a percepção jurídica predominante antes da Reforma Trabalhista e das mencionadas decisões da Suprema Corte dava-se no sentido de admitir tão só a licitude das terceirizações de atividades de vigilância, de conservação e limpeza e de outras tidas como atividades-meio, desde que tivessem caráter especializado e não houvesse pessoalidade nem subordinação entre quem terceiriza e o trabalhador terceirizado. Adstritamente a esses casos, a sua implementação não gerava elo empregatício entre ambos, sendo subsidiária a responsabilidade da primeira, com a abrangência narrada.

Caso, todavia, a prática não estivesse preenchida pelos ares da licitude sob os contornos descritos, reconheciam-se, de modo incidental, efeitos invalidantes ao negócio jurídico e, com supedâneo nos artigos 2º, 3º e 9º, todos da CLT, a constituição direta do vínculo de emprego com o agente terceirizante. A partir de então, afirmavam-se a existência de responsabilidade principal deste pelo pagamento de verbas trabalhistas e, ante o disposto no artigo 942 do Código Civil, a solidariedade de sua empregadora formal.[697] Além disso, atribuíam-se ao trabalhador todos os direitos imanentes à declarada relação empregatícia, como, por exemplo, o direito à equiparação salarial, com fulcro no artigo 461 da CLT.

Trocando em miúdos, sendo assentada a desconformidade do trespasse com o Direito, presumia-se – de forma absoluta – a ocorrência de fraude no negócio jurídico, equiparando-o à indevida intermediação de mão de obra.[698] Dessa maneira, referindo-se a atividades-fim, não havendo especialização na tarefa a ser desenvolvida ou se presentes

---

[696] BRASIL. Tribunal Superior do Trabalho. Súmula nº 331.
[697] GARCIA, Gustavo, 2021, p. 90.
[698] AMORIM, 2014, p. 104.

pessoalidade e subordinação entre aquele que terceiriza e o empregado terceirizado, a terceirização era dita ilícita e, em uma só batida, fraudulenta, fazendo surtir os efeitos próprios dessa cominação.

Com a Reforma Trabalhista e a nova orientação traçada pelo Supremo Tribunal Federal, houve relevante alteração dos limites de licitude dos trespasses. A terceirização de atividades-fim foi considerada lícita, desfazendo, consectariamente, o caminho asfaltado pelo TST para a eficácia jurídica imputada a essa parcela do fenômeno.

Sob o novo alcance emprestado às terceirizações lícitas, o legislador incorporou à Lei Federal nº 6.019/1974 o entendimento consubstanciado na Súmula nº 331 e referendado pelo STF, no sentido de obstar a formação da relação de emprego entre a contratante e o trabalhador (v. artigo 4º-A, § 2º). Por outro lado, confiou à terceirizada a obrigação de remunerar e dirigir o trabalho de seus empregados (v. artigo 4º-A, § 1º), bem como à contratante a responsabilidade subsidiária pelo pagamento dos débitos trabalhistas inerentes ao período da execução da atividade (v. artigo 5º-A, § 5º). Como aponta Sergio Pinto Martins, atualmente "a lei é que está estabelecendo a responsabilidade subsidiária da empresa contratante, o que traz maior segurança jurídica. Não se trata mais de orientação jurisprudencial".[699]

Há de se perceber que essa responsabilidade cominada, agora pela legislação, ao tomador da atividade representa a atribuição *ex lege* de certo efeito jurídico ao negócio terceirizante. Se os negócios jurídicos correspondem a atos jurídicos voluntários cujos efeitos provêm, em parte, da vontade manifestada pelo agente e, em outra, da vontade inafastável da lei, a princípio não gera surpresas a estipulação legal da referida responsabilidade contratual.

Ademais, cuidou a Reforma Trabalhista de conceber outros efeitos aos negócios destinados a implementar terceirizações sob a modalidade interna. Nessas hipóteses, impôs à contratante responsabilidade pela garantia de condições de segurança, higiene e salubridade dos terceirizados, consoante se vê do artigo 5º-A, § 3º, da Lei Federal nº 6.019/1974. Ainda, garantiu a estes trabalhadores direitos atinentes a alimentação, transporte, saúde, segurança e treinamento, mormente sob uma ótica isonômica em relação aos empregados da contratante (v. artigo 4º-C). A seu turno, tornou facultativa a extensão de outros direitos concedidos aos empregados da contratante, incluindo o pagamento de salário equitativo (v. artigo 4º-C, § 1º).

---

[699] MARTINS, 2018, p. 174.

Pontue-se que, conquanto o pano de fundo se referisse à realidade normativa anterior a 2017, em que não havia lei versando sobre a questão, o Supremo Tribunal Federal, ao julgar o RE nº 635.546 sob a sistemática da repercussão geral (= Tema nº 383), fixou tese na linha da contrariedade com o Texto Fundamental da equiparação salarial entre empregados da contratante e empregados da terceirizada sob a justificativa de violação à livre iniciativa. Afirmou, portanto, que a ordem constitucional não convive com a interpretação de que o artigo 461 da CLT outorgaria um direito com essa conformação, o que, evidentemente, não proíbe a sua concessão voluntária, como faculta a legislação atualmente em vigor.

Noutro giro, se as terceirizações de atividades-fim deixaram de ser consideradas ilícitas pelo fato de assumirem esse marco distintivo, a Reforma Trabalhista trouxe outras exigências cuja inobservância passou a ter o condão de redundar na caracterização de sua implementação concreta – seja versando sobre atividades-fim ou atividades-meio – como contrária ao Direito.

Cabe repisar que o ato terceirizante diz respeito a fato jurídico consistente, por definição, na transferência de uma ou mais atribuições direta ou indiretamente vinculadas a certo processo produtivo por ato voluntário de seu titular a outrem sem a perda do interesse direto em sua consecução. Não há motivos, portanto, para se imaginar que a terceirização, enquanto fato jurídico autônomo, possa indistintamente herdar máculas inerentes a outros fatos jurídicos, passando, então, a ser apresentada como uma terceirização ilícita.

Assinale-se, ilustrativamente, que o negócio terceirizante vocacionado à fruição de um serviço sem a qualificação das partes, sem a prévia especificação da atividade a ser prestada ou sem a explicitação do valor ou do seu prazo de execução traduz-se em ilícito intrínseco ao trespasse em virtude da desobediência ao artigo 5º-B da Lei Federal nº 6.019/1974. O mesmo pode ser dito quanto à contratação de um prestador cuja capacidade econômica não obedeça aos parâmetros legais. Por outro lado, se, ao longo da relação jurídica, o labor dos terceirizados for utilizado em tarefas não alcançadas pelo escopo do ajuste ou se a contratante passar, em um segundo momento, a dirigir o labor individualmente executado pelos empregados, o ilícito não se prende ao ato terceirizante. Nesses casos, não é adequado referir-se a uma terceirização ilícita, salvo se, em sua gênese, ela estiver viciada por alguma razão.

Tendo em vista o teor das teses definidas no bojo do RE nº 958.252 e da ADPF nº 324, observa-se que autorizada doutrina levanta dúvidas quanto à viabilidade de ser reconhecida uma ilicitude ligada, em alguma medida, a práticas terceirizantes e aos efeitos dela decorrentes. Com maior ênfase, questiona-se a subsistência da aplicabilidade dos artigos 2º, 3º e 9º da CLT a hipóteses em que se constate fraude no negócio terceirizante ou se verifique uma ilícita intermediação de mão de obra que lhe esteja relacionada.[700]

É preciso, neste ponto, renovar as diferenças entre a terceirização e a intermediação de mão de obra. Na primeira, pretende-se a realização de certa *atividade* por terceiros, consistindo em fato jurídico compatível, a princípio, com o ordenamento, independentemente do objeto social das partes acordantes, de acordo com o STF. Na segunda, o propósito do ajuste é o fornecimento de *pessoal*, e não de uma atividade, o que, ante a sua ilicitude, como regra geral, tem a capacidade de engendrar a formação de relação de emprego diretamente com a contratante, excetuada a disponibilização de mão de obra feita sob o regime de trabalho temporário, de acordo com o artigo 10 da Lei Federal nº 6.019/1974.

Ultrapassada essa necessária rememoração, ouvem-se vozes que, a respeito das fundadas indagações suscitadas, entoam ser aplicável a jurisprudência pretérita, concernente à eficácia jurídica das terceirizações ilícitas, agora sob as novas fronteiras de licitude delineadas a partir de 2017. Mais do que isso, sugerem a sua pertinência a outros atos desconformes ao Direito que, embora não condizentes com o fato jurídico terceirizante, sejam identificados no curso do elo prestacional.

A acolher essa linha de intelecção, subsistiria uma presunção absoluta e geral de que as terceirizações ilícitas – nelas incluídos fatos jurídicos supervenientes contrários ao Direito – representariam fraude à relação de emprego, com implicações análogas às anteriormente registradas: a declaração de sua invalidade, a sua equiparação à indevida intermediação de mão de obra, a afirmação da existência de vínculo

---

[700] Em virtude da aparente largueza do conteúdo dos enunciados atinentes às teses firmadas quando do julgamento do RE nº 958.252 e da ADPF nº 324, Gabriela Neves Delgado e Renata Queiroz Dutra apresentam inúmeros questionamentos sobre a sua extensão jurídica: "caso terceirizada uma atividade-fim, e, diante dela, sejam identificados, entre o trabalhador contratado de forma terceirizada e a empresa tomadora de serviços, a presença de pessoalidade e subordinação jurídica ao tomador de serviços, deverá o intérprete do Direito afastar o efeito concreto dos artigos 2º e 3º da CLT, que é o reconhecimento do vínculo empregatício direto? E, em caso afirmativo, quais passam a ser então os critérios para aferição da existência da relação de emprego? Difícil sustentar o edifício do Direito do Trabalho, quando solapam o seu alicerce, sem colocar nada no lugar [...]. Outro ponto que foi desconsiderado na decisão do Supremo diz respeito à possibilidade de fraude nas relações terceirizadas, com a dinâmica de intermediação da força de trabalho obreira [...]. Nesse contexto, qual seria então o papel que a decisão do STF atribuiria ao art. 9º da CLT?" (DELGADO; DUTRA, 2019, p. 92).

empregatício entre aquele que terceiriza e o empregado da terceirizada e, finalmente, a incidência dos efeitos decorrentes dessa presumida realidade.[701]

Tudo indica, entretanto, que há nuances a serem consideradas na definição dos efeitos jurídicos provenientes de atos ilícitos relacionados ao contexto terceirizante. Primeiramente, vale reiterar que somente há sentido em ser arrogado à terceirização o caráter ilícito se a dissonância com o Direito estiver gravada no próprio fato terceirizante. Não podem, pois, ser baralhadas ilicitudes atinentes a fatos jurídicos distintos. Por outro lado, ainda que o vício pertença à terceirização, não é acertado falar que a sua perpetração ilícita geraria, inexoravelmente, efeitos invalidantes, o que se pode verificar, igualmente, quanto aos campos relativos às eficácias indenizativa e caducificante.

Na contramão das ventiladas vozes, parece-nos cogente ser descartada a ideia de que uma terceirização ilícita e, com mais razão, de que eventual ato ilícito praticado no curso da relação jurídica acarretem a necessária e presumida caracterização do trespasse como uma ilícita intermediação de mão de obra. Não se pode supor a sua natureza fraudulenta e, assim, a sua invalidade, concedendo-se irrefletidamente ao trabalhador direitos provindos do reconhecimento de vínculo direto de emprego com a contratante da atividade.

Note-se ser inaceitável a criação de presunções absolutas de fraude – ou seja, mesmo que fraude não haja – mediante construção jurisprudencial. Não é nada razoável, ao menos sem lei que imponha solução nesse sentido, que certo negócio terceirizante (lícito ou ilícito) não seja tido como o que ele verdadeiramente é para, então, enquadrá-lo como uma indevida intermediação de mão de obra (com as implicações jurídicas consequentes), deixando-se de lado aquilo de que efetivamente se trate.

Implica dizer que, se fraude não houver, não há por que falar estar-se diante de uma terceirização fraudulenta, salvo se a lei expressamente concebesse presunção nessa direção. Outrossim, se não estiverem presentes os pressupostos conformadores do elo empregatício – em especial, pessoalidade e subordinação –,[702] não há como ser pronunciada

---

[701] Nesse toar, manifestam-se: NELSON; TEIXEIRA; BRAGA, 2019, p. 231. Em sentido similar: AMORIM, 2017, p. 177-178.

[702] Maurício Godinho Delgado leciona: "os elementos fático-jurídicos componentes da relação de emprego são cinco: a) a prestação de trabalho por pessoa física a um tomador qualquer; b) a prestação efetuada com pessoalidade pelo trabalhador; c) também efetuada com não eventualidade; d) efetuada ainda sob subordinação ao tomador dos serviços; e) prestação de trabalho efetuada com onerosidade" (DELGADO, 2020, p. 345).

a formação de uma relação dessa natureza. Qualquer argumentação diversa extrapola, a nosso ver, os perímetros normativos dos artigos 2º, 3º e 9º da CLT.[703]

Consoante enxergamos, existe uma situação em que a terceirização ilícita adquire eficácia invalidante, nos precisos termos do artigo 9º da CLT, e do artigo 167 do Código Civil, e que pode autorizar a aplicação da orientação sumulada pelo TST, que antes inspirava o reconhecimento da formação do vínculo empregatício. Trata-se da intermediação de mão de obra originalmente travestida de terceirização com a finalidade de desvirtuar, impedir ou fraudar as normas protetivas da relação empregatícia.[704] Como dito, porém, essa circunstância não pode ser presumida. A sua afirmação depende de uma averiguação fática.

Perceba-se que, na hipótese aventada, não há de se falar de ofensa às teses divulgadas pelo STF em virtude do julgamento do RE nº 958.252 e da ADPF nº 324. Na ocasião, o que restou apontado foi a adequação constitucional das terceirizações enquanto forma de divisão do trabalho entre pessoas distintas, destacando-se a irrelevância da dicotomia entre atividades-fim e atividades-meio para o fim de aferição de sua licitude.

Já a terceirização arquitetada como instrumento de fraude destinada à angariação de mão de obra sequer constitui forma de divisão de trabalho. Além disso, nada permite imaginar que as referidas teses visaram a estabelecer, em via oposta, presunção absoluta de ausência de fraude, de maneira a bloquear a aferição concreta do uso de atos terceirizantes como simulacros de algo de natureza diversa. São os fatos, explicitados pelas provas produzidas, que podem esclarecer o que se julga em cada caso.

Em rigor, não se vislumbra empecilho na legislação vigente, tampouco nas decisões emanadas da Suprema Corte, para que essa falsa terceirização seja requalificada como uma indevida intermediação de mão de obra mediante a anterior cominação de eficácia invalidante ao ato jurídico. Como pondera Helder Santos Amorim, o artigo 9º da

---

[703] Por exemplo, a constatação de um ilícito decorrente da execução de serviço sem lastro contratual é insuficiente para constituir uma intermediação de mão de obra. É evidente que, a despeito da contrariedade jurídica, podem não estar satisfeitos os pressupostos demandados para a formação de relação de emprego, tampouco haver intuito fraudulento. Ainda, é factível que se cuide de autêntica terceirização que seja, inclusive, similar a outras inteiramente lícitas, com a singela diferença de que não se promoveu, quiçá por descuido, a alteração objetiva de seu instrumento formal.

[704] MORAIS, 2020, p. 47-48.

CLT recomenda solução nesse toar,[705] a que acrescemos o artigo 167 do Código Civil.

Constatam-se, entretanto, outras três situações assemelhadas à referida terceirização ilícita que postulam que sejam cotejadas com o deliberado pelo STF quando dos citados julgamentos. Ressalte-se, desde logo, que não estão alcançadas pelos limites conceituais inerentes ao fenômeno terceirizante. No entanto, têm com ele liame bastante estreito, o que, por ser capaz de gerar alguma dúvida, impõe a sua elucidação.

A primeira diz respeito àquelas hipóteses em que há uma desnudada intermediação de mão de obra proveniente de negócio jurídico que tenha como escopo, ou como cláusula acessória, o fornecimento de trabalhadores sem a apropriada congruência com a sistemática normativa pertinente ao trabalho temporário. Embora não haja vedação legal expressa a essa prática,[706] entende-se pela sua qualificação como fato ilícito a que se atribui eficácia invalidante, reconhecendo-se o vínculo empregatício entre a contratante e o trabalhador, com fulcro nos artigos 2º e 3º da CLT, com as implicações decorrentes. Como não se confunde com uma prática terceirizante, tampouco consiste em instrumento de divisão de trabalho, não há de se afirmar a presença de óbice derivado da Reforma Trabalhista ou das decisões tomadas no RE nº 958.252 e na ADPF nº 324 à proclamação de sua ilicitude, de sua eficácia invalidante ou da formação do referido vínculo, com os efeitos que lhe são próprios.[707]

A segunda, por sua vez, corresponde à intermediação de mão de obra efetiva e legítima que, implementada por pessoas de direito privado, se escuda no regime de trabalho temporário da Lei Federal nº 6.019/1974. Como traz Sergio Pinto Martins, "o trabalho temporário é uma forma lícita de intermediação de mão-de-obra",[708] admitida desde a edição da Súmula nº 256 do TST. Seja, assim, por sua licitude, seja por não estar albergada pelo conceito de "terceirização", seja por não equivaler a forma de divisão de trabalho, inexiste incompatibilidade entre a sua promoção e a jurisprudência da Suprema Corte.

---

[705] AMORIM, 2017, p. 167-168.

[706] RAMOS, 2001, p. 67.

[707] Ao tratar das leis que deram azo à chamada "Reforma Trabalhista", Jorge Luiz Souto Maior opina que, "no máximo, para se conferir vigor às referidas leis [...], deve-se entender que a terceirização autorizada não se confunde com intermediação [...]. Ora, o que se autorizou foi, unicamente, a 'transferência' de atividade, *e não*, meramente, uma locação de força de trabalho" (SOUTO MAIOR, 2109, p. 37).

[708] MARTINS, 2018, p. 126.

Por fim, a terceira situação refere-se àquela em que há uma terceirização – lícita ou ilícita, mas, nesse caso, praticada sem fraude – e, no curso da relação jurídica, se verifica a ocorrência de fato jurídico novo que, com amparo no que dispõem os artigos 2º e 3º da CLT, possa dar ensejo à formação de vínculo de emprego.

De fato, não há obstáculos intransponíveis a que certo trabalhador ligado à terceirizada rompa o seu contrato de trabalho original e constitua, inclusive formalmente, uma relação empregatícia com a contratante da atividade. Igualmente, essa nova conformação obrigacional pode advir de realidade tácita, mediante o preenchimento dos pressupostos fático-jurídicos inerentes à formação de vínculo empregatício, como indica o artigo 442 da CLT. Não há, portanto, razão para serem excluídas dessa possibilidade aquelas situações em que houve a pretérita celebração de um negócio terceirizante – ainda que lícito e, portanto, inalcançável por eventual eficácia invalidante – entre a nova e a antiga empregadoras.[709]

Ilustrativamente, caso a contratante da atividade passe a dirigir a prestação individual do trabalhador em substituição à sua empregadora formal e a utilizar o seu labor em ocupações outras que vislumbre mais convenientes, haverá um ato ilícito por violação aos artigos 4º-A, § 1º, e 5º-A, § 1º, da Lei Federal nº 6.019/1974. Diante desse cenário, autoriza-se o reconhecimento da relação de emprego,[710] desde que preenchidos os seus pressupostos, mesmo que tenha sido inteiramente lícito o negócio terceirizante.

Nesse sentido, é preciso realçar: o ajustamento ou não da terceirização com o Direito e o seu acolhimento pelo plano da validade são irrelevantes, nesse caso, para o surgimento de vínculo empregatício. Portanto, inexiste incompatibilidade em se conceder observância aos julgados do STF, no sentido da licitude das terceirizações sob os contornos então avaliados, e, com a lupa direcionada a fato jurídico posterior – porventura ilícito, como no caso hipotético descrito –, reconhecer a configuração do elo de emprego.

---

[709] Em linha semelhante, vê-se o teor da ementa de acórdão proferido pelo TRT da 3ª Região: "O Excelso STF julgou, em 30.08.2018, o mérito da questão constitucional suscitada no RE n. 958.252 [...]. Todavia, comprovado nos autos que a Reclamante se vinculava à tomadora de serviços com a presença de todos os pressupostos fático-jurídicos do vínculo de emprego previstos no art. 3º da CLT, inclusive a subordinação direta (e não meramente estrutural), imperioso o reconhecimento do vínculo de emprego diretamente com a tomadora. Não se discute, portanto, tratar-se de atividade-meio ou fim do tomador, mas de se verificar no caso concreto que a suposta tomadora era, de fato, a real empregadora" (MINAS GERAIS. Tribunal Regional do Trabalho da 3ª Região. ROT-0011517-48.2017.5.03.0179).

[710] ARABI; ARAÚJO, 2018, p. 123-124.

Assentadas essas diferentes perspectivas entrelaçadas em um contexto fático-jurídico mais abrangente, impende tecer algumas rápidas considerações quanto às demais espécies eficaciais concernentes aos ilícitos envolvendo o fenômeno terceirizante sob a ótica laboral.

Reitere-se, todavia, inexistir relação de interdependência ou de exclusão recíproca entre as eficácias invalidante, indenizativa e caducificante, pois a sua caracterização e os seus limiares sujeitam-se ao que estipulado pelas normas jurídicas.

No que toca à eficácia indenizativa atinente a atos ilícitos praticados nesse campo, aplica-se a regra geral de que "aquele que, por ato ilícito (arts. 186 e 187), causar dano a outrem, fica obrigado a repará-lo" (v. artigo 927 do Código Civil). Havendo, portanto, terceirização ilícita ou ato ilícito diverso que a ela esteja relacionado, é possível se investigar a ocorrência de prejuízos suportados pelo trabalhador.

De igual maneira, não se rejeita a possibilidade de que as partes do negócio terceirizante ou de que pessoa estranha a esse vínculo entenda que tenha sido lesada por alguma razão. Deve ser perquirido, em todo caso, se estão preenchidos os pressupostos inerentes à responsabilidade civil contratual ou extracontratual, a depender da origem do ilícito aduzido.

Finalmente, atente-se que a Lei Federal nº 6.019/1974 prevê que os ilícitos derivados da inobservância de seus regramentos podem produzir efeitos caducificantes. Nessa toada, se "o descumprimento do disposto nesta Lei sujeita a empresa infratora ao pagamento de multa" (v. artigo 19-A), o infrator pode vir a suportar a perda de algum direito de cunho patrimonial.

Como se pode intuir, os contornos eficaciais expostos guardam relação com parte dos efeitos jurídicos *ex lege* que podem ser gerados em virtude da adoção de soluções terceirizantes. Ressalte-se, porém, que a sua demarcação advém do disposto na própria legislação, podendo, a princípio, ser mantidos, alterados ou excepcionados por razões consideradas apropriadas. Ainda, podem decorrer de seu caráter lícito ou ilícito ou variar em função de quem as promove, cabendo ao ordenamento essa avaliação.

5.1.2   Particularidades da Administração Pública

No que toca à Administração Pública, identificam-se duas grandes particularidades que precisam ser destacadas e abordadas demoradamente, pois, de forma relevante, se distanciam do regime geral apresentado: a primeira, a impossibilidade de se reconhecer vínculo direto entre o trabalhador terceirizado e o ente estatal; e a segunda, os contornos da responsabilidade deste pelo pagamento de verbas trabalhistas devidas pela empregadora.

Como exposto, ante as críticas dirigidas à Súmula nº 256 à época, o Tribunal Superior do Trabalho entendeu por bem, em 1993, revogá-la e, em seu lugar, editar a Súmula nº 331. Por sua vez, este novo verbete, além de consignar a viabilidade das terceirizações de atividades-meio e de absorver orientações atinentes aos efeitos trabalhistas decorrentes das práticas terceirizantes, cuidou de ajustar-se a inovações trazidas à Constituição de 1988.

Há de se rememorar que, sob a égide da Constituição de 1967 e da EC nº 01/1969, a normativa vigente impunha a prévia aprovação em provas públicas apenas para a investidura em cargo público, segundo a literalidade de seus artigos 85, § 1º, e 97, § 1º, respectivamente. Com a Constituição Cidadã, a exigência indicada no inciso II de seu artigo 37 passou a alcançar também os empregos existentes na órbita estatal e, buscando modificar a realidade pregressa, instituiu a via concursal como a regra geral de ingresso nos quadros estatais.

Em reverência à nova ordem constitucional, o TST assentou na Súmula nº 331, desde a sua gênese, a exclusão da Administração Pública da orientação de que o trespasse, quando ilícito, daria ensejo à formação de uma relação direta de emprego entre quem terceiriza e o trabalhador terceirizado. É o que se infere do inciso II do enunciado sumular, que passou a expor a seguinte redação após uma alteração diminuta em sua escrita:

CONTRATO DE PRESTAÇÃO DE SERVIÇOS. LEGALIDADE.
[...]
II – A contratação irregular de trabalhador, mediante empresa interposta, não gera vínculo de emprego com os órgãos da Administração Pública direta, indireta ou fundacional (art. 37, II, da CF/1988).[711]

Malgrado haja posicionamentos dissonantes,[712] impende admitir que a exegese inserida no texto produzido pelo TST apresentava-se

---

[711] BRASIL. Tribunal Superior do Trabalho. Súmula nº 331.
[712] Como será delineado, subsiste uma minoritária corrente de pensamento que propõe superar o óbice emanado do artigo 37, inciso II e § 2º, da CF, nos casos em que há uma terceirização ilícita promovida pela Administração, de modo a permitir o reconhecimento de vínculo laboral direto com o ente estatal, que, então, se tornaria o empregador efetivo do trabalhador originalmente vinculado à terceirizada.

cogente. Compreender de modo diverso, no sentido de que seria possível a formação de vínculo laboral direto com a Administração sem a preambular aprovação em certame público, significaria clara ofensa à recém-promulgada Constituição.

Com vistas a explicar as razões subjacentes ao conteúdo do inciso II, da Súmula nº 331, Sergio Pinto Martins corrobora:

> [...] a interpretação sistemática da Constituição, feita também ao inciso II do art. 37 da Lei Maior, mostra a expressa exigência de que os servidores públicos devem prestar concurso público, inclusive na Administração indireta e em empresas estatais.
>
> O prestador de serviços que, porém, não fez concurso público, não pode ser considerado como empregado público, diante do texto expresso na Norma Ápice, como interpreta corretamente o inciso II da Súmula 331 do TST. Assim, estando a Administração Pública sujeita ao princípio da legalidade, que mostra a necessidade de existência do concurso público, não se poderá falar em vínculo de emprego com aquela.[713]

Sem prejuízo desse aspecto inicial a ser sublinhado, percebe-se que as principais disputas concernentes aos efeitos das terceirizações no setor estatal não destoaram, em sua essência, daquelas tratadas no âmbito particular. Apesar de haver algumas peculiaridades, os contornos atinentes à responsabilidade trabalhista dos entes governamentais mantinham-se, similarmente, como questão central debatida na órbita juslaboral.

Diversamente, porém, do que se viu quanto às terceirizações promovidas pela iniciativa privada, constata-se que "a Justiça do Trabalho, nos termos da Súmula 331 do TST, não distingue terceirização lícita de ilícita para fins de responsabilidade do Estado pelo inadimplemento das obrigações da empresa interposta".[714] Isso, outrossim, pode ser estendido às decisões proferidas pelo STF, nas vezes em que foi instado a se manifestar sobre o tema.

Conquanto enxerguemos ter, sim, relevância o exame do fenômeno de maneira repartida e em função de sua caracterização como lícita ou ilícita, é preciso assentar como se deu a evolução normativo-jurisprudencial da matéria. Apenas à luz dos pronunciamentos do TST e do STF revela-se possível averiguar adequadamente o sentido da responsabilidade a ser reconhecida ao Poder Público a partir do critério de discriminação prenunciado.

---

[713] MARTINS, 2018, p. 197-198.
[714] ZOCKUN, Carolina, 2014, p. 81.

Em rigor, é sabido que, sob a égide da Súmula nº 256 do TST, os entes estatais tornaram-se alvo de inúmeras condenações trabalhistas. Na tentativa de resguardar o erário, foi inserido pelo Decreto-Lei nº 2.348/1987 um parágrafo ao artigo 61 do Decreto-Lei nº 2.300/1986, que correspondia, à época, à legislação que tratava de modo principal das licitações e contratos administrativos. Nesse novo parágrafo, buscou-se assegurar que, quanto aos encargos trabalhistas, "a inadimplência do contratado [...] não transfere à Administração Pública a responsabilidade de seu pagamento".[715]

Pouco tempo depois, em junho de 1993, o Decreto-Lei nº 2.300/1986 foi substituído pela Lei Federal nº 8.666/1993. Esta, no entanto, reproduziu a inteligência contida na legislação revogada, fazendo constar de seu artigo 71, § 1º, após uma pequena modificação imposta pela Lei Federal nº 9.032/1995 no que toca aos encargos previdenciários, o seguinte regramento:

> Art. 71. O contratado é responsável pelos encargos trabalhistas, previdenciários, fiscais e comerciais resultantes da execução do contrato.
>
> § 1º. A inadimplência do contratado, com referência aos encargos trabalhistas, fiscais e comerciais não transfere à Administração Pública a responsabilidade por seu pagamento, nem poderá onerar o objeto do contrato ou restringir a regularização e o uso das obras e edificações, inclusive perante o Registro de Imóveis.
>
> § 2º. A Administração Pública responde solidariamente com o contratado pelos encargos previdenciários resultantes da execução do contrato, nos termos do art. 31 da Lei nº 8.212, de 24 de julho de 1991.[716]

Sucede que, em dezembro de 1993, o TST editou a Súmula nº 331 e, em seu inciso IV, consignou que o inadimplemento de obrigações trabalhistas pela terceirizada geraria a responsabilidade subsidiária de quem terceiriza pelas mesmas obrigações. Como, todavia, não se fez menção expressa, tampouco ressalva, à Administração Pública, surgiram dúvidas a respeito da existência e dos eventuais contornos da responsabilidade estatal pelo pagamento de verbas trabalhistas porventura inadimplidas pela terceirizada. Veja-se, pois, o teor da Súmula nº 331, inciso VI, do TST, em sua primeira redação:

---

[715] BRASIL. Decreto-Lei nº 2.300, de 21 de novembro de 1986.
[716] BRASIL. Lei nº 8.666, de 21 de junho de 1993.

CONTRATO DE PRESTAÇÃO DE SERVIÇOS. LEGALIDADE.
[...]
IV – O inadimplemento das obrigações trabalhistas, por parte do empregador, implica na responsabilidade subsidiária do tomador dos serviços, quanto àquelas obrigações, desde que hajam participado da relação processual e constem também do título executivo judicial.[717]

Diante do conflito entre a Lei Federal nº 8.666/1993 e a Súmula nº 331, estabeleceram-se alguns entendimentos. O primeiro, em defesa do Poder Público, propugnava a observância plena do artigo 71, § 1º, da Lei Federal nº 8.666/1993. Consectariamente, não haveria de se falar de qualquer responsabilidade da Administração pelo pagamento de verbas trabalhistas devidas pela terceirizada, seja solidária ou subsidiariamente.[718]

De outro lado, argumentava-se que o artigo 37, § 6º, da Constituição teria preconizado a responsabilidade objetiva do Estado pelos danos causados a terceiros, de forma que, ainda que fosse subsidiária, a sua responsabilidade derivaria, no caso, do risco da atividade administrativa. Como efeito, a responsabilidade estatal independeria de perquirição acerca da presença de culpa e, assim, se originaria automaticamente do mero inadimplemento pela terceirizada de suas obrigações trabalhistas.[719]

Já uma terceira linha de pensamento sustentava que a responsabilidade da Administração somente poderia ser reconhecida sob a lógica da responsabilidade subjetiva. Dizia-se, nessa toada, que a imputação ao Estado do correspondente dever de indenizar requereria a comprovação de uma conduta culposa a ele atribuível, que, a seu turno, estaria especialmente ligada às noções de culpa *in eligendo* e de culpa *in vigilando*.[720] Sem embargo, subsistiria contenda, no âmbito dessa corrente, quanto ao modo de aferição e de comprovação do elemento culposo.

Ao revisitar o tema após o advento da controvérsia, o Tribunal Superior do Trabalho modificou o texto do inciso IV da Súmula nº 331, para nele registrar a aplicabilidade de seu conteúdo, tal como anteriormente sedimentado, à Administração Pública, inclusive. Tendo como pano de fundo acórdão proferido em razão da instauração de Incidente

---

[717] BRASIL. Tribunal Superior do Trabalho. Súmula nº 331.
[718] Rita Tourinho (2012, p. 102-106) explica esse primeiro posicionamento.
[719] Nesse sentido, cite-se Ilse Marcelina Bernardi Lora (2008, p. 36-42).
[720] Vantuil Abdala (2008, p. 24-25) defende essa intelecção, embora também faça menções à responsabilidade objetiva do Estado.

de Uniformização de Jurisprudência – que se fundamentou, a um só tempo, na responsabilidade objetiva do Estado e na responsabilidade subjetiva derivada da existência de culpa –,[721] a Súmula nº 331 passou a expor a seguinte redação a partir do ano 2000:

> CONTRATO DE PRESTAÇÃO DE SERVIÇOS. LEGALIDADE.
> [...]
> IV – O inadimplemento das obrigações trabalhistas, por parte do empregador, implica a responsabilidade subsidiária do tomador dos serviços, quanto àquelas obrigações, inclusive quanto aos órgãos da administração direta, das autarquias, das fundações públicas, das empresas públicas e das sociedades de economia mista, desde que hajam participado da relação processual e constem também do título executivo judicial (art. 71 da Lei nº 8.666, de 21.06.1993).[722]

A realidade é que "a Lei nº 8.666/1993 assegurava que os débitos trabalhistas não seriam de responsabilidade da Administração Pública, ao passo que a Súmula nº 331 do TST responsabilizava a Administração Pública pela inadimplência da empresa contratada".[723] Na prática, a solução jurídica perfilhada deixava claro que "a jurisprudência trabalhista ignorava a regra do art. 71, § 1º, da Lei 8.666/1993".[724]

Ante as frequentes decisões desfavoráveis cominadas aos entes estatais no âmbito da Justiça Laboral, que, por vezes, permaneciam reconhecendo a ocorrência de solidariedade em relação ao empregador formal com fulcro no artigo 2º, § 2º, da CLT, o Governador do Distrito Federal, em 2007, propôs a ADC nº 16 perante o Supremo Tribunal Federal, com o fito de resolver a inconveniente celeuma.

Apreciada em 2011, a ação direta foi considerada procedente para, então, declarar a constitucionalidade do artigo 71, § 1º, da Lei Federal nº 8.666/1993. Proclamou-se, pois, a responsabilidade subsidiária estatal pelo pagamento de encargos trabalhistas, fiscais e comerciais, que não surgiria automaticamente em virtude do inadimplemento pela terceirizada de suas obrigações, consoante se extrai de sua ementa:

> RESPONSABILIDADE CONTRATUAL. Subsidiária. Contrato com a administração pública. Inadimplência negocial do outro contraente. Transferência consequente e automática dos seus encargos trabalhistas,

---

[721] BRASIL. Tribunal Superior do Trabalho. IUJ-RR-297751-31.1996.5.04.5555.
[722] BRASIL. Tribunal Superior do Trabalho. Súmula nº 331.
[723] ZOCKUN, Carolina, 2014, p. 79.
[724] JUSTEN FILHO, 2021, p. 1.338.

fiscais e comerciais, resultantes da execução do contrato, à administração. Impossibilidade jurídica. Consequência proibida pelo art. 71, § 1º, da Lei federal nº 8.666/93. Constitucionalidade reconhecida dessa norma. Ação direta de constitucionalidade julgada, nesse sentido, procedente. Voto vencido. É constitucional a norma inscrita no art. 71, § 1º, da Lei federal nº 8.666, de 26 de junho de 1993, com a redação dada pela Lei nº 9.032, de 1995.[725]

Não obstante a importância *per se* do resultado desse julgamento, é esclarecedora a compreensão desenvolvida pelo Supremo Tribunal Federal, notadamente no voto da Ministra Cármen Lúcia Antunes Rocha. De acordo com a Corte, o artigo 71, § 1º, da Lei Federal nº 8.666/1993 encerraria norma concernente à responsabilidade contratual do Estado, que, todavia, não se baralharia com aquela emanada do artigo 37, § 6º, da Constituição, que diria respeito à sua responsabilidade extracontratual.

Sob essa *ratio*, o STF assentou, de um lado, não haver óbice para que o legislador afastasse a possibilidade de a Administração Pública assumir a posição de responsável, em razão do ajuste firmado, pelo pagamento das verbas trabalhistas devidas e inadimplidas pela terceirizada. No entanto, restou afiançado que a ausência de responsabilidade contratual do Poder Público e, por conseguinte, a constitucionalidade do artigo 71, § 1º, da Lei Federal nº 8.666/1993 conviveriam com a sua responsabilidade extracontratual.

Nessa senda, a responsabilidade do Estado estaria principalmente atrelada à constatação de uma omissão passível de lhe ser atribuída, que, baseando-se nas lições de Celso Antônio Bandeira de Mello, pode consistir em uma abstenção total, em uma ação tardia ou, então, em uma conduta insuficiente no cumprimento de certo dever legal. Assim, decorreria de um ato ilícito e teria índole subjetiva, de modo que seria exigível da abstenção estatal a sua qualificação como culposa em sentido amplo; ou seja, a existência de culpa em sentido estrito, caso oriunda de negligência, imprudência ou imperícia, ou de dolo, se intencional.[726]

Por sua vez, assentou-se que essa conduta culposa teria especial origem no processo de seleção da terceirizada, por culpa *in eligendo*, ou na atividade de fiscalização do cumprimento de suas obrigações trabalhistas, por culpa *in vigilando*. Sem prejuízo, demandaria um dano concretamente verificado e a presença de nexo causal entre a omissão culposa e o suscitado dano.

---

[725] BRASIL. Supremo Tribunal Federal. ADC nº 16.
[726] MELLO, Celso, 2021, p. 957-958.

Como se nota, há diferenças substanciais entre a responsabilidade do terceiro nos trespasses efetivados na órbita privada e aquela reconhecida pelo Supremo Tribunal Federal ao Estado em razão das terceirizações por ele implementadas. Inicialmente, veem-se embasamentos jurídicos distintos: a primeira teria amparo na Súmula nº 331, inciso IV, do TST – corroborada, posteriormente, pelo STF no bojo do RE nº 958.252 e da ADPF nº 324 – e, desde o advento da Reforma Trabalhista, no artigo 5º-A, § 5º, da Lei Federal nº 6.019/1974; a segunda teria lastro no artigo 37, § 6º, da Constituição, conforme deliberado na ADC nº 16.

Ao mesmo tempo, as naturezas das respectivas responsabilidades seriam igualmente destoantes: a primeira teria cunho contratual e, assim, seria automática e simplesmente decorrente do inadimplemento das obrigações trabalhistas pela terceirizada, ao passo que a segunda teria caráter extracontratual, não seria automática e demandaria a comprovação de cada um dos pressupostos que lhe são inerentes.

Sob essa perspectiva, percebe-se que a responsabilidade conferida à tomadora da atividade na seara particular guardaria relação com a eficácia *ex lege* dos negócios jurídicos terceirizantes, ainda que inteiramente consonantes ao Direito. Já na responsabilidade extracontratual do Estado, seria cogente a prévia averiguação de um ato ilícito com efeitos indenizativos, que, praticado pelo Poder Público, poderia sequer referir-se ao próprio negócio terceirizante, mas a ato jurídico superveniente, como ocorre nos casos de culpa *in vigilando*.

Ao comentar a decisão proferida na ADC nº 16, José dos Santos Carvalho Filho manifesta-se na direção de que "o STF, acertadamente, repudiou essa esdrúxula responsabilidade e a tendência da Justiça trabalhista de aplicar irrestritamente a Súmula nº 331, IV, do TST, sem qualquer verificação da conduta do Estado-contratante".[727] Em outra via, Rita Tourinho vislumbra haver violação ao princípio da isonomia, sob o argumento de que "não se justifica o tratamento diferenciado conferido aos empregados em virtude, unicamente, da natureza do tomador do serviço".[728]

Independentemente da avaliação crítica que se faça, o Tribunal Superior do Trabalho modificou, mais uma vez, o teor da Súmula nº 331 para adequá-la à decisão proferida pelo Supremo Tribunal Federal

---

[727] CARVALHO FILHO, 2012, p. 59.
[728] TOURINHO, 2012, p. 96.

na ADC nº 16. Tornou, portanto, expresso que a responsabilidade da Administração Pública não nasce do mero inadimplemento das obrigações trabalhistas, exigindo-se, para tanto, a demonstração de sua omissão culposa, notadamente em relação ao cumprimento de suas obrigações legais. É essa nova redação que perdura até os dias atuais:

CONTRATO DE PRESTAÇÃO DE SERVIÇOS. LEGALIDADE.

[...]

IV – O inadimplemento das obrigações trabalhistas, por parte do empregador, implica a responsabilidade subsidiária do tomador dos serviços quanto àquelas obrigações, desde que haja participado da relação processual e conste também do título executivo judicial.

V – Os entes integrantes da Administração Pública direta e indireta respondem subsidiariamente, nas mesmas condições do item IV, caso evidenciada a sua conduta culposa no cumprimento das obrigações da Lei nº 8.666, de 21.06.1993, especialmente na fiscalização do cumprimento das obrigações contratuais e legais da prestadora de serviço como empregadora. A aludida responsabilidade não decorre de mero inadimplemento das obrigações trabalhistas assumidas pela empresa regularmente contratada.[729]

Ocorre que, a partir do julgamento da ADC nº 16 e da alteração da Súmula nº 331, algumas questões foram levantadas, sobretudo quanto à formação da culpa da Administração, seja sob a ótica da culpa *in eligendo* ou da culpa *in vigilando*. Sob o ângulo processual, o embate concentrou-se na repartição dos ônus probatórios. Constatam-se, inclusive, decisões judiciais lastreadas na ocorrência de culpa *in eligendo* e de culpa *in vigilando* sob o raciocínio de que, havendo inadimplemento de obrigações trabalhistas pela terceirizada, poderia ser presumida a omissão estatal culposa.

Tendo em vista a incerteza envolvendo o assunto, o Supremo Tribunal Federal foi novamente convidado a se manifestar sobre a compatibilidade do artigo 71, § 1º, da Lei Federal nº 8.666/1993 com o Texto Fundamental, o que se deu no âmbito do RE nº 760.931, submetido ao regime da repercussão geral (= Tema nº 246). Sem maiores novidades, reiteraram-se a constitucionalidade do dispositivo em comento e a impossibilidade de transferência automática da responsabilidade pelo pagamento de verbas trabalhistas inadimplidas pela organização terceirizada:

---

[729] BRASIL. Tribunal Superior do Trabalho. Súmula nº 331.

9. Recurso Extraordinário parcialmente conhecido e, na parte admitida, julgado procedente para fixar a seguinte tese para casos semelhantes: "O inadimplemento dos encargos trabalhistas dos empregados do contratado não transfere automaticamente ao Poder Público contratante a responsabilidade pelo seu pagamento, seja em caráter solidário ou subsidiário, nos termos do art. 71, § 1º, da Lei nº 8.666/93".[730]

Cabe sublinhar que, no curso do julgamento, houve importantes discussões a respeito da contenda relativa ao ônus da prova atinente à culpa da Administração Pública, em especial, sob o ângulo da culpa *in vigilando*. No entanto, a tese de repercussão geral não avançou nessa matéria, de modo que, ao final, apenas repisou os pontos delineados quando da apreciação da ADC nº 16.[731]

Ante a lacuna deixada pelo STF, o Tribunal Superior do Trabalho, em dezembro de 2019, veio a se posicionar sobre a questão. Mediante acórdão lavrado pela Subseção I da sua Seção Especializada em Direitos Individuais – SDI-1, entendeu-se por bem conferir à Administração Pública os referidos ônus probatórios.[732] Todavia, no fim de 2020, e com menção expressa a essa decisão do TST, a Suprema Corte reconheceu nova repercussão geral para tratar dessa controvérsia residual, o que se deu no bojo do RE nº 1.298.647 (= Tema nº 1.118).

De modo a completar o quadro erigido, pontue-se que o conteúdo do artigo 71, § 1º, da Lei Federal nº 8.666/1993, restou transladado para o artigo 77, § 1º, da Lei Federal nº 13.303/2016, que, dispondo sobre o estatuto jurídico das empresas estatais, expôs, também, que "a inadimplência do contratado quanto aos encargos trabalhistas [...] não transfere à empresa pública ou à sociedade de economia mista a responsabilidade por seu pagamento".[733] A essa normativa, a seu turno, costuma-se conferir a precisa interpretação oferecida pelo STF no julgamento da ADC nº 16 e do RE nº 760.931,[734] o que se pode sugerir, igualmente, à enunciação constante do artigo 42, inciso XX, da Lei Federal nº 13.019/2014, pertinente a parcerias celebradas com entidades do Terceiro Setor.

---

[730] BRASIL. Supremo Tribunal Federal. RE nº 760.931.
[731] Essa orientação vinculante do STF foi reafirmada quando da análise dos embargos de declaração posteriormente opostos. Nessa oportunidade, restou vencido o Ministro Luiz Fux ao propor a modificação da tese de repercussão geral para nela abarcar o entendimento de que não seria possível a transferência ao Poder Público dos ônus da comprovação da não perpetração de uma conduta culposa, haja vista que foi acompanhado por apenas outros três integrantes da Corte.
[732] BRASIL. Tribunal Superior do Trabalho. E-RR-925-07.2016.5.05.0281.
[733] BRASIL. Lei nº 13.303, de 30 de junho de 2016.
[734] PEREIRA JUNIOR; HEINEN; DOTTI; MAFFINI, 2020, p. 671.

Sem embargo da pendência da resolução de questões relativas aos ônus probatórios pelo STF e ainda de maneira preliminar ao exame dos efeitos jurídicos relativos às terceirizações lícitas e ilícitas implementadas pelo Poder Público, cumpre esboçar algumas considerações acerca das orientações emanadas da ADC nº 16 e do RE nº 760.931, bem como da nova Lei de Licitações e Contratos Administrativos.

Inicialmente, impende perfilhar a compreensão capitaneada por Rita Tourinho na linha de se avistar infringência ao princípio da isonomia na definição de contornos jurídicos diferenciados quanto à responsabilidade pelo pagamento de verbas trabalhistas em virtude da pessoa que figura no polo ativo da terceirização. Sem imiscuir-se na análise de qual normativa seria mais adequada, atenta contra qualquer senso de igualdade a instituição de proteções jurídicas díspares a diferentes trabalhadores pelo reles fato de a tarefa a ser desenvolvida em nome de seu empregador se dirigir a um ente estatal ou a um particular.

De todo modo, há de se atentar que, em consonância com as decisões do STF, a Administração Pública somente pode ser responsabilizada sob a perspectiva extracontratual. O seu dever de indenizar não deriva automaticamente do inadimplemento de obrigações trabalhistas pela terceirizada e exige, como regra, a comprovação dos pressupostos típicos da responsabilidade subjetiva: a existência de omissão culposa, a ocorrência de dano e a verificação do nexo causal. Já a conduta omissiva viciada deve ser analisada, principalmente, sob a ótica da culpa *in eligendo* e da culpa *in vigilando*.[735]

Em que pese costumem ser abordadas de forma unitária na inquirição da omissão culposa do Poder Público, ressalte-se que as culpas *in eligendo* e *in vigilando* contêm relevantes aspectos distintivos. Cuida-se de fatos jurídicos ilícitos diversos, que se situam no tempo em momentos diferentes. Enquanto a ilicitude inerente à culpa *in eligendo* se conecta, em geral, ao próprio negócio terceirizante, a constatação de culpa *in vigilando* liga-se a ato superveniente, que, aliás, independe da desconformidade do trespasse com o Direito.

---

[735] Embora o STF tenha tratado expressamente da responsabilidade do Estado por omissão em razão de culpa *in eligendo* e de culpa *in vigilando*, não se deve inferir a exclusão de possíveis outras situações aptas a ensejar a responsabilização estatal. Se um gestor público, por exemplo, decidir prejudicar certo trabalhador com quem tenha alguma desavença pessoal e impuser, mediante ameaças, à sua empregadora que o demita e que não arque com as suas obrigações trabalhistas, resta claro que a Administração pode responder, inclusive, objetivamente pelos danos porventura causados. O enfoque dado pelo STF à responsabilidade subjetiva inerente às hipóteses de culpa *in eligendo* e de culpa *in vigilando* não pode, assim, implicar uma leitura taxativa.

Nessa batida, a culpa *in eligendo* tem origem no descumprimento de imposição legal que, por negligência, imprudência, imperícia ou dolo, implica uma escolha equivocada daquele a quem se pretende terceirizar. Malgrado se vislumbrem alegações na linha de que a Administração Pública não teria efetiva possibilidade de selecionar a contratada em razão dos estreitos contornos da competição licitatória e, portanto, de incorrer em culpa *in eligendo*, essa aventada leitura não parece ser inteiramente adequada.

De um lado, deve-se rejeitar qualquer elucubração de que a comprovação da culpa *in eligendo* derivaria automaticamente da ideia de que, se a Administração promoveu certo processo de seleção que redundou na eleição de pessoa que, posteriormente, veio a inadimplir as suas obrigações trabalhistas, a escolha estaria presumidamente maculada. Por evidente, qualquer aferição quanto ao equívoco da escolha do terceiro deve ser feita considerando os elementos presentes no momento da seleção.

Por outro lado, não é correto dizer que inexista campo para a Administração rejeitar certo particular inapto à celebração do ajuste sob o argumento de que a escolha da terceirizada proviria de certame licitatório. Além das hipóteses de contratação direta, nada impede, por exemplo, que tenha havido falha na licitação ou na elaboração de seu edital, que o Poder Público não tenha apreciado adequadamente o preenchimento dos requisitos de habilitação ou que a proposta ofertada devesse ter sido rechaçada por sua inexequibilidade.[736]

Já no que diz respeito à culpa *in vigilando*, impõe-se verificar se o Poder Público bem atendeu os seus deveres de fiscalizar o cumprimento pela terceirizada de seus encargos trabalhistas. Dúvidas, porém, subsistem quanto aos contornos desses deveres. Há quem aponte ser necessária a fiscalização minuciosa e individualizada da atuação do terceiro, inclusive condicionando o seu pagamento à apresentação de recibos demonstrando o adimplemento de suas obrigações trabalhistas.[737] Aparentemente, foi essa a opção adotada pela legislação no artigo 8º, incisos III e V, do Decreto Federal nº 9.507/2018 e no artigo 121, § 3º, da Lei Federal nº 14.133/2021. Todavia, segundo alguns posicionamentos, o referido dever consistiria em mera obrigação de meio, para cuja observância bastaria uma fiscalização por amostragem. Foi precisamente essa a intelecção enunciada pelo Ministro Luís Roberto Barroso no julgamento do RE nº 760.931.[738]

---

[736] TOURINHO, 2012, p. 98-99.
[737] ZOCKUN, Carolina, 2014, p. 85.
[738] BRASIL. Supremo Tribunal Federal. RE nº 760.931.

Quanto aos ônus probatórios, Maurício Godinho Delgado prediz que a culpa *in vigilando* deveria ser presumida, deixando transparecer certa predileção por uma presunção de caráter absoluto. Pondera, porém, que, "mesmo que não se considere presumida essa culpa, teria o tomador de serviços estatal o ônus processual de comprovar seus plenos zelo e exação quanto ao adimplemento de seu dever fiscalizatório";[739] ou seja, opina pelo reconhecimento, ao menos, de uma presunção relativa da culpa estatal.

Sucede que a aventada presunção absoluta de culpa e, portanto, independente do lastro probatório equivaleria a asseverar uma responsabilidade objetiva por ato omissivo, o que não é adequado, tampouco aderente aos pronunciamentos tirados da ADC nº 16 e do RE nº 760.931. Em outra via, a atribuição do ônus da prova à Administração soa mais defensável, posto ser razoável suscitar que o Poder Público teria maior aptidão para demonstrar o cumprimento de seus deveres de fiscalização do que o trabalhador de comprovar um fato negativo.

Nessa toada, Carolina Zancaner Zockun sustenta que "há culpa presumida da Administração, que, para se exonerar da responsabilidade, deverá provar que exerceu correta e tempestivamente a fiscalização do contratado".[740] José Roberto Pimenta Oliveira, em corroboração, pondera que "deve-se adotar a inversão do ônus da prova contra a Administração Pública, porque esta é o sujeito que possui plena condição de levar ao Poder Judiciário Trabalhista as informações e documentos indispensáveis à apuração dos fatos".[741]

Esse entendimento pode, em tese, ser transportado para as questões envolvendo os ônus probatórios atinentes à culpa *in eligendo*. Não obstante, há uma diferença a ser destacada. Na indagação sobre a existência de culpa *in vigilando*, o próprio inadimplemento de encargos trabalhistas permite imaginar, sob o ponto de vista lógico, que a fiscalização não tenha se dado adequadamente, de modo que a presunção de legitimidade dos atos administrativos voltados à fiscalização do cumprimento das mesmas obrigações poderia restar atenuada, quiçá extinta. Já quanto ao exame da ocorrência de culpa *in eligendo*, o inadimplemento não autoriza supor, também sob o crivo lógico, ter havido falha na escolha do terceiro, não tendo, assim, o condão de afetar a presunção de legitimidade do ato ou do processo de seleção.

---

[739] DELGADO, 2020, p. 583.
[740] ZOCKUN, Carolina, 2014, p. 97.
[741] OLIVEIRA, José, 2014, p. 446.

Essas questões, porém, podem vir a ser esclarecidas pelo Supremo Tribunal Federal quando do julgamento do Tema nº 1.118, de repercussão geral.

Por sua vez, não há motivos para a concentração dos ônus probatórios no polo processual ocupado pela Administração no que toca aos demais pressupostos imanentes à responsabilidade extracontratual do Estado. Tudo recomenda caber ao trabalhador demonstrar o dano cuja reparação pretende, bem como o nexo de causalidade entre a conduta estatal e a lesão à sua esfera jurídica.

Em termos materiais, a ocorrência de um dano passível de indenização demanda, quanto a verbas trabalhistas, que tenha havido o prévio inadimplemento das correspondentes obrigações pelo efetivo empregador, o que encontra guarida na natureza subsidiária reconhecida pelo STF à responsabilidade do Poder Público. Já a averiguação do nexo de causalidade impõe a perscrutação do elo causal entre a atuação estatal e o aludido dano.

É evidente, por exemplo, que a comprovação da contratação de uma empresa apenada com declaração de inidoneidade nos últimos dias do prazo de vigência da sanção não tem aptidão para, por si só, demonstrar a existência de nexo de causalidade entre a culpa *in eligendo* e eventual inadimplemento de encargos trabalhistas pela terceirizada. Igualmente, a presença de culpa *in vigilando* não possibilita embutir de modo automático no âmbito da indenização a integralidade das verbas trabalhistas que porventura sejam devidas pela empregadora, devendo ser apreciada a relação causal entre a conduta estatal e cada um dos diferentes valores almejados pelo trabalhador.[742]

É possível, portanto, argumentar a impossibilidade da aplicação rasa e imponderada às condenações impostas à Administração Pública da orientação consubstanciada no inciso V da Súmula nº 331, segundo o qual "a responsabilidade subsidiária do tomador de serviços abrange todas as verbas decorrentes da condenação referentes ao período da prestação laboral".[743] Trata-se de enunciação apenas incidente de forma

---

[742] Por melhor que seja a atividade de fiscalização administrativa, "muitas vezes, não terá o Estado [...] a condição de analisar se houve justa causa ou se não houve justa causa, se a multa é devida ou se a multa não é devida", consoante alertado pelo Ministro Dias Toffoli no julgamento da RE nº 760.931 em relação à multa de 40% relativa aos depósitos realizados na conta vinculada do trabalhador no FGTS. Na mesma ocasião, o Ministro Marco Aurélio externou preocupação quanto ao conteúdo de certas decisões judiciais fundamentadas na ocorrência de culpa *in vigilando* pelo fato de que, "em relação a algumas parcelas, não se pode cogitar de vigilância [...]. Férias proporcionais, décimo terceiro proporcional, a multa do FGTS..." (BRASIL. Supremo Tribunal Federal. RE nº 760.931).

[743] BRASIL. Tribunal Superior do Trabalho. Súmula nº 331.

automática às hipóteses de responsabilidade contratual atinente às terceirizações realizadas na seara privada; jamais à responsabilidade extracontratual do Estado, em que se exige uma investigação meticulosa, sobretudo, do nexo de causalidade.

Após todo debate jurídico formado a partir de decisões pelo Tribunal Superior do Trabalho e pelo Supremo Tribunal Federal, recentemente sobreveio a Lei Federal nº 14.133/2021, que, mais uma vez, abordou a matéria expressamente, mediante o seu artigo 121, §§ 1º e 2º:

> Art. 121. Somente o contratado será responsável pelos encargos trabalhistas, previdenciários, fiscais e comerciais resultantes da execução do contrato.
> § 1º. A inadimplência do contratado em relação aos encargos trabalhistas, fiscais e comerciais não transferirá à Administração a responsabilidade pelo seu pagamento e não poderá onerar o objeto do contrato nem restringir a regularização e o uso das obras e das edificações, inclusive perante o registro de imóveis, ressalvada a hipótese prevista no § 2º deste artigo.
> § 2º. Exclusivamente nas contratações de serviços contínuos com regime de dedicação exclusiva de mão de obra, a Administração responderá solidariamente pelos encargos previdenciários e subsidiariamente pelos encargos trabalhistas se comprovada falha na fiscalização do cumprimento das obrigações do contratado.[744]

A despeito de haver percepções de que o referido dispositivo "representa a incorporação legislativa da tese consagrada no STF",[745] sugere-se um segundo olhar sobre o seu conteúdo. Isso porque a norma tratou especificamente da responsabilidade estatal por culpa *in vigilando* e concernentemente a contratações de serviços contínuos com regime de dedicação exclusiva de mão de obra. Assim, alguns questionamentos podem surgir quanto à adequada significação a ser declarada à nova legislação.

Ao que nos parece, o comando legal em tela não pretendeu modificar a natureza extracontratual da responsabilidade estatal, como pronunciada pela Suprema Corte. Outrossim, não se destinou a retificar a vedação de responsabilidade automática da Administração pelo simples inadimplemento das obrigações trabalhistas pela terceirizada. Nessa medida, aparenta ter havido o acolhimento pelo legislador da orientação traçada pelo Supremo Tribunal Federal.

---

[744] BRASIL. Lei nº 14.133, de 1º de abril de 2021.
[745] OLIVEIRA, Rafael, 2021, p. 307.

Por outro lado, tudo indica que, ao versar sobre a responsabilidade estatal advinda de culpa *in vigilando*, não excluiu a viabilidade de responsabilização da Administração Pública por culpa *in eligendo*. Aliás, considerando que a interpretação emanada da Suprema Corte teve como base o artigo 37, § 6º, do Texto Magno, seria bastante questionável um posicionamento em sentido contrário com fundamento infraconstitucional. Dessa forma, caso o Estado viole os seus deveres jurídicos na atividade de seleção do terceiro, mantém-se hígida a possibilidade de sua responsabilização, desde que satisfeitos todos os seus pressupostos.

Ademais, essa reflexão pode ser aplicada à responsabilidade estatal derivada de culpa *in vigilando*, referente à eventual inobservância dos deveres jurídico-administrativos de fiscalização do cumprimento das obrigações da terceirizada. Não poderia, pois, o legislador inibir a responsabilização do Estado em situações em que o descumprimento de imposições legais a ele dirigidas viessem a causar danos a terceiros. No entanto, não se impede, a princípio, que se suprima o próprio dever fiscalizatório que, até então, se lhe atribuía.

Aparentemente foi justamente essa a opção abraçada, ao menos parcialmente. Sob a regência da normativa recém-editada, apenas subsiste o dever de fiscalização do cumprimento pela terceirizada de suas obrigações trabalhistas em contratações de serviços com regime de dedicação exclusiva de mão de obra, nos termos definidos pelo artigo 6º, inciso XVI, da Lei Federal nº 14.133/2021. Não por outro motivo, o seu artigo 50 restringe às contratações de serviços com regime de dedicação exclusiva de mão de obra o dever de que a terceirizada apresente comprovantes do cumprimento de suas obrigações trabalhistas e com o FGTS quando solicitados pela Administração.

5.1.3 Responsabilidade estatal e o crivo da licitude

À luz dessas considerações, mostra-se oportuno avaliar a responsabilidade do Estado de maneira dividida, a partir da caracterização de suas práticas terceirizantes como lícitas ou ilícitas. Renove-se, porém, que, ao se afirmar a sua conformidade ou não com o Direito, está-se a referir, necessariamente, ao fato jurídico que transfere atribuições relativas ao desempenho de atividades a terceiros; jamais a ato diverso, sobretudo àqueles supervenientemente ocorridos no curso do vínculo que tenha sido, então, constituído, embora, por natural, possam eles também incorrer em ilicitudes.

Inicialmente, extrai-se dos entendimentos assentados na ADC nº 16 e no RE nº 760.931 que não há qualquer responsabilidade a ser conferida à Administração Pública pelo pagamento de verbas trabalhistas em decorrência de negócios terceirizantes que, por ela promovidos, sejam tidos como lícitos. O artigo 71, § 1º, da Lei Federal nº 8.666/1993, o artigo 42, inciso XX, da Lei Federal nº 13.019/2014, o artigo 77, § 1º, da Lei Federal nº 13.303/2016 e, agora, o artigo 121, §§ 1º e 2º, da Lei Federal nº 14.133/2021, sob a interpretação prenunciada pelo STF, impõem essa exata inferência.

No que tange à eficácia jurídica imanente às suas práticas terceirizantes ilícitas, Maurício Godinho Delgado noticia existirem três diferentes orientações.[746] Explicita, em um lado do debate, uma primeira corrente que defende ser impossível a formação de vínculo empregatício entre o trabalhador e os entes estatais ante a exigência constitucional do concurso. Como consequência, aponta não surtir nenhum efeito trabalhista que, teoricamente, poderia advir de um vínculo que fosse precedido da aprovação em certame público.[747]

Ademais, expõe haver uma visão alternativa que, diametralmente oposta, protesta pela superação do óbice proveniente do artigo 37, inciso II, da Constituição, de modo a emprestar tratamento igual às terceirizações ilícitas praticadas nos campos estatal e particular. Sob essa perspectiva, deveria ser assegurada a formação do vínculo laboral direto com o ente governamental, que passaria, então, a figurar como empregador efetivo. Assim, todos os direitos trabalhistas emanáveis dessa relação deveriam ser reconhecidos.

Por fim, revela uma corrente intermediária, a qual adere e que encontraria amparo na jurisprudência trabalhista, nos termos da Orientação Jurisprudencial nº 383, editada pela SDI-1 do TST.[748] Segundo ela, a certificação da relação jurídico-laboral direta entre o ente estatal e o empregado vinculado à terceirizada encontraria obstáculo na exigência do concurso público. Assim, seria impossível juridicamente qualquer retificação da CTPS. No entanto, aponta a necessidade de ser deferida alguma relevância ao princípio da isonomia, o que recomendaria que

---

[746] DELGADO, 2020, p. 580-582.

[747] Apresenta-se como partidário dessa corrente Sergio Pinto Martins (2018, p. 199).

[748] Orientação Jurisprudencial nº 383 da SDI-1 do TST: "A contratação irregular de trabalhador, mediante empresa interposta, não gera vínculo de emprego com ente da Administração Pública, não afastando, contudo, pelo princípio da isonomia, o direito dos empregados terceirizados às mesmas verbas trabalhistas legais e normativas asseguradas àqueles contratados pelo tomador dos serviços, desde que presente a igualdade de funções. Aplicação analógica do art. 12, "a", da Lei nº 6.019, de 03.01.1974".

lhe fossem concedidas as verbas remuneratórias a que faria jus caso desempenhasse o mesmo labor perante o ente estatal mediante a aprovação no certame. Pondera, ainda, que a empregadora formal seria a responsável principal pelo pagamento das diferenças, enquanto a Administração assumiria o lugar de responsável subsidiária.

De fato, revela-se inaceitável solapar a norma do artigo 37, inciso II, do Texto Fundamental e, ignorando a nulidade cominada pelo artigo 37, § 2º, admitir a constituição regular de uma relação direta entre o Poder Público e o trabalhador da terceirizada, apesar da inexistência de prévia aprovação em concurso público. Acertadamente, a própria Súmula nº 331, em seu inciso II, declara que "a contratação irregular de trabalhador, mediante empresa interposta, não gera vínculo de emprego com os órgãos da Administração Pública direta, indireta ou fundacional (art. 37, II, da CF/1988)".[749]

Noutro giro, a corrente considerada intermediária recebe fundadas críticas, consoante se extrai da doutrina de Sergio Pinto Martins.[750] Em que pese afirme ter como objetivo a compatibilização da norma concursal com o princípio da isonomia e com outros valores constitucionais, a realidade é que essa inteligência nega a instauração do vínculo trabalhista, mas, contraditoriamente, consente com a aquisição dos direitos pecuniários que derivariam do vínculo como se existisse licitamente.

Aliás, cuida-se de posição que, ao pregar um direito à isonomia entre trabalhadores formalmente ligados a pessoas jurídicas diferentes, contrapõe-se ao que foi pacificado pelo Supremo Tribunal Federal. Rememore-se que, quando da apreciação do RE nº 635.546 (= Tema nº 383), a Corte anotou que a ordem constitucional não comporta a outorga de direitos trabalhistas mediante uma equiparação salarial que considere a estrutura remuneratória de pessoal de certa organização que não seja a efetiva empregadora.

Sem embargo, a defesa da responsabilidade subsidiária automática da Administração Pública implica conferir efeitos indenizativos à terceirização ilícita adotada nessa seara, na contramão das decisões tomadas pelo STF no bojo da ADC nº 16 e do RE nº 760.931. Note-se que, nesses julgados, o STF proclamou que a responsabilidade estatal dependeria do preenchimento dos pressupostos inerentes à responsabilidade extracontratual do Estado, sendo inadequada a sua responsabilização pelo mero inadimplemento pelo terceiro.

---

[749] BRASIL. Tribunal Superior do Trabalho. Súmula nº 331.
[750] MARTINS, 2018, p. 199.

Todas essas considerações, todavia, não permitem acolher de maneira linear a compreensão de que a exigência constitucional do concurso público embaraçaria reconhecer ao trabalhador quaisquer direitos que, em tese, poderiam derivar de um elo com o ente estatal caso tivesse havido a prévia aprovação no certame. Em verdade, vislumbram-se algumas peculiaridades que recomendam não serem tratadas de forma indiscriminada todas as ilicitudes intrínsecas aos negócios terceirizantes e, com maior ênfase, aquelas outras ocorridas no curso da relação superveniente ao trespasse.

Nesse diapasão, as terceirizações ilícitas emanadas da Administração Pública devem ser didaticamente divididas em duas partes, do mesmo modo que se fez ao ser analisada a eficácia jurídica dos atos terceirizantes contrários ao Direito no campo privado. A primeira, que abarca a sua grande maioria, refere-se às terceirizações cuja ilicitude não advém de uma perpetração simulada, pois não se dedica a acobertar uma intermediação de mão de obra. Já a segunda diz respeito, justamente, a esses trespasses mascarados, que, vocacionados a fraudar as normas relativas à admissão de pessoal pelo Poder Público, precisa ser analisada em separado.

Situam-se, no primeiro grupo, aquelas terceirizações ilícitas cujo vício jurídico guarde relação com a escolha da terceirizada, bem como com quaisquer outras máculas inerentes ao próprio negócio terceirizante, desde que este não veicule um travestido fornecimento de mão de obra. Em todos esses casos, não há justificativas válidas para a formação de vínculo laboral direto entre o trabalhador e o ente estatal e, assim, da produção de seus efeitos trabalhistas, haja vista que não estão presentes os pressupostos ínsitos à relação empregatícia, notadamente, a pessoalidade e a subordinação. Cumpre renovar: é inaceitável, sem que a legislação indique uma presunção nesse sentido, que certo negócio terceirizante não seja tido como o que ele é para, então, ser considerado uma indevida intermediação de mão de obra, ainda que a isso ele não corresponda.

Sem prejuízo, tem perfeita aplicabilidade a orientação traçada pelo STF nos julgamentos da ADC nº 16 e do RE nº 760.931, podendo restar caracterizada a responsabilidade subsidiária do Poder Público sob a ótica extracontratual, caso preenchidos os seus pressupostos jurídicos; por exemplo, a depender do caso concreto, a culpa *in eligendo*. Sublinhe-se, porém, que, nesse caso, o dano relativo às verbas trabalhistas deve ter como parâmetro os termos do contrato de trabalho firmado com a empregadora formal. Afinal, se sequer estão presentes as condições para a formação de um vínculo de emprego com o Poder Público, não há sentido em se cogitar da atribuição de um direito à equiparação salarial mediante o espelhamento da estrutura remuneratória de pessoal do ente estatal, sob pena de desrespeito aos referidos julgados da Suprema Corte, a que se acresce a decisão tomada no âmbito do RE nº 635.546.

Ademais, em atendimento às orientações do STF, devem auferir idêntico tratamento os atos ilícitos ocorridos no curso da relação jurídica instaurada entre o Poder Público e o terceiro em razão do trespasse, esteja este de acordo ou em desacordo com o Direito. Verificando-se que o dever estatal de fiscalizar o cumprimento das obrigações trabalhistas pela terceirizada, sob os limites das imposições legais, foi descumprido ou que houve o cometimento pela Administração de algum outro ato contrário à ordem jurídica, a responsabilidade estatal tem natureza subsidiária, dependendo, em razão de seu caráter extracontratual, da satisfação de cada um de seus pressupostos. Dentre eles, ganha especial relevância a comprovação da culpa *in vigilando* nos casos de inobservância do retratado dever de fiscalização.

O segundo grupo de terceirizações ilícitas promovidas na órbita estatal diz com aquelas que tenham como efetivo intento a contratação de trabalhadores por interposta pessoa. Refere-se, assim, a um fornecimento de mão de obra formalmente constituído como terceirização, tendo, pois, a finalidade de desvirtuar, impedir ou fraudar as normas constitucionais pertinentes à admissão de pessoal pela Administração Pública. Impende, porém, repisar: é inadmissível a presunção do intuito fraudulento pelo puro fato de se revelar ilícito certo negócio terceirizante, visto que essas práticas contrárias ao Direito não podem ser discutidas em conjunto com aquelas do primeiro grupo.

Ao tratar dessa específica situação, José Roberto Pimenta Oliveira registra:

> É intolerável que o Estado utilize na obtenção de mão de obra a contratação de terceiros, via contratos de prestação de serviços, que a própria Constituição faz menção ao positivar o princípio da licitação pública, para *as obras, serviços, compras e alienações*, conforme art. 37, XXI.
>
> Constitui *desvio de finalidade* o uso de competência pública para atingir finalidade pública diversa daquela que a preside. A competência derivada da autorização da contratação de prestação de serviços de terceiros não abrange a intermediação de mão de obra, porque, para essa última finalidade, deverá processar-se pela via procedimental adequada, qual seja a criação regular de cargos, funções e empregos públicos e realização do competente concurso público.[751]

---

[751] OLIVEIRA, José, 2014, p. 422.

A despeito de sua aparência, o objeto real do concerto não condiz, nesse caso, com o desempenho de certa atividade por um terceiro, mas com a angariação de trabalhadores; ou seja, não corresponde materialmente a uma terceirização, mas, ao contrário, a forma inconstitucional de admissão de pessoal.[752] Por consequência, não está perfeitamente alcançada aos âmbitos normativos do artigo 71, § 1º, da Lei Federal nº 8.666/1993,[753] do artigo 42, inciso XX, da Lei Federal nº 13.019/2014, do artigo 77, § 1º, da Lei Federal nº 13.303/2016 e do artigo 121, §§ 1º e 2º, da Lei Federal nº 14.133/2021, tampouco pelos efeitos vinculantes emanados da ADC nº 16 e do RE nº 760.931.

Ocorre que, nesses casos de intermediação de mão de obra maquiada de terceirização, há de se reconhecer um primeiro aspecto, que está ligado à responsabilidade atinente ao pagamento das obrigações trabalhistas assumidas pela intermediadora. Malgrado haja entendimento em sentido diverso,[754] não se enxerga base para arguir uma solidariedade do ente estatal, vez que "a solidariedade não se presume; resulta da lei ou da vontade das partes",[755] nos termos do artigo 265 do Código Civil.

Dessa maneira, merece ser aplicado analogicamente o disposto no artigo 10, § 7º, da Lei Federal nº 6.019/1974, que assegura a existência de responsabilidade subsidiária automática do tomador, decorrente do mero inadimplemento dos encargos trabalhistas pela intermediadora, não sendo, porém, aceitável a formação de vínculo funcional direto com o ente estatal. Ademais, impõe-se a punição da autoridade responsável, em consonância com o artigo 37, § 2º, da Constituição, inclusive sob a ótica da improbidade administrativa.

No entanto, há um olhar paralelo a ser lançado sobre esses ajustes fraudulentos. Na realidade, não devem ser interrogados como se terceirizações fossem, ainda que ilícitas, pois consistem em caminho intencionalmente voltado à contratação de pessoal à margem do regime constitucional. Aliás, trata-se de clara violação à teleologia inerente à norma do concurso público. Cumpre, assim, abordá-los, ao menos sob a perspectiva do trabalhador, como qualquer outra admissão irregular de pessoal pela Administração que não observe o artigo 37, inciso II, do

---

[752] DI PIETRO, 2017, p. 272-273.
[753] OLIVEIRA, José, 2014, p. 444.
[754] Sustenta José dos Santos Carvalho Filho que haveria solidariedade das partes pelo cumprimento das obrigações trabalhistas e previdenciárias que surgirem ao longo do vínculo (CARVALHO FILHO, 2012, p. 62).
[755] BRASIL. Lei nº 10.406, de 10 de janeiro de 2002.

Texto Fundamental. Como pondera José Roberto Pimenta Oliveira, "é a mesma nulidade decorrente de contratação direta de trabalhadores sem o prévio concurso público".[756]

Veja-se que, em relação às contratações de agentes para ocupar cargo ou emprego perene sem o respeito à norma concursal, o STF proclamou, no bojo do RE nº 705.140 e sob a sistemática da repercussão geral (= Tema nº 308), que "essas contratações ilegítimas não geram quaisquer efeitos jurídicos válidos, a não ser o direito à percepção dos salários referentes ao período trabalhado e [...] ao levantamento dos depósitos efetuados no Fundo de Garantia por Tempo de Serviço – FGTS",[757] na linha consolidada na Súmula nº 363 do TST.

Há, entretanto, um elemento que diferencia a situação em debate desta enfrentada pelo STF e pelo TST. Nas contratações de pessoal sem concurso público feitas diretamente pela Administração, geralmente há um vínculo formal, embora irregular, estabelecido com o Poder Público em que há a explicitação da contraprestação a ser despendida ao trabalhador pelo Estado. Com a decretação da invalidade de sua admissão, não existem maiores dificuldades para se descobrirem as verbas pecuniárias devidas, em reverência ao que consignado no RE nº 705.140 e na Súmula nº 363 do TST.

Enquanto isso, no recrutamento de pessoal sem concurso público efetivado por interposta pessoa – justamente o caso sob exame –, não há vínculo explícito instituído entre o trabalhador e o ente estatal, pois a pactuação se dá por intermédio de uma fornecedora de mão de obra. Por conseguinte, a única remuneração expressamente concebida consiste naquela avençada com a empregadora formal. Subsiste, assim, a dúvida: o trabalhador faz jus apenas à retribuição estipulada com a intermediadora, que figura como terceirizada no ato simulado, ou a algum outro direito pecuniário que considere a relação jurídica formada com a Administração Pública, mesmo que não de caráter empregatício?

Em nossa compreensão, a matéria deve ser solucionada a partir das regras relativas à vedação do enriquecimento sem causa, consistente na fórmula subsidiária de ressarcimento inscrita no ordenamento, consoante o artigo 886 do Código Civil. Nada justifica, pois, que o Poder Público se enriqueça mediante o despendimento, sem causa jurídica lícita, de menores recursos do que aqueles previstos pelo respectivo plano de cargos e salários para o desempenho da correspondente tarefa.

---

[756] OLIVEIRA, José, 2014, p. 441.
[757] BRASIL. Supremo Tribunal Federal. RE nº 705.140.

Não obstante, requer-se a análise dos elementos inerentes ao instituto: o enriquecimento do ente estatal, o empobrecimento do trabalhador, a correlação entre o enriquecimento e o empobrecimento e a ausência de justa causa.[758]

Nesse sentido, a solução deve ser igual à oferecida àqueles casos em que se constata um desvio de função dentro dos quadros de pessoal do ente estatal. Em ambos, trata-se de labor exercido por indivíduo que não está prévia e licitamente investido no posto estatal ao qual se confere o seu regular desempenho. Muito embora não se deva conceder um direito ao provimento da unidade funcional, não é razoável permitir que a Administração Pública, sem justa causa, se locuplete à custa do indivíduo. Aplica-se, portanto, por analogia, a solução consubstanciada na Súmula nº 378 do STJ, segundo a qual, "reconhecido o desvio de função, o servidor faz jus às diferenças salariais decorrentes".[759]

Por derradeiro, devem ser trazidas as três outras hipóteses assemelhadas à terceirização ilícita a que foram referidas quando se abordou a eficácia jurídica dos trespasses promovidos pela iniciativa privada: a desnudada intermediação de mão de obra sem a sua conformação à sistemática do trabalho temporário da Lei Federal nº 6.019/1974; a obtenção de mão de obra temporária sob o regime da Lei Federal nº 6.019/1974; e a ocorrência de fato jurídico superveniente pelo qual, no curso da relação derivada do negócio terceirizante, certo trabalhador deixa de servir à sua empregadora formal e passa a atuar junto ao ente estatal como se houvesse vínculo funcional regular entre eles.

A primeira situação narrada corresponde ao negócio jurídico firmado pelo Poder Público que tenha como escopo, ou como cláusula acessória, o fornecimento de trabalhadores sem adequação à normativa prevista na Lei Federal nº 6.019/1974. A ilicitude, então, verificada no âmbito privado revela-se especialmente agravada no contexto estatal, ante a regra geral de ingresso aos quadros estatais pelo canal do concurso público e, nessa toada, a ocorrência de violação teleológica ao artigo 37, inciso II, da Constituição.

Em relação aos seus efeitos jurídicos, entende-se serem análogos aos apresentados à terceirização ilícita que, promovida pela Administração, é utilizada como simulacro de uma intermediação de mão de obra: há de se lhe conferir responsabilidade de caráter subsidiário, automática e derivada diretamente do inadimplemento das obrigações

---

[758] OZAI, 2013, p. 230-231.
[759] BRASIL. Superior Tribunal de Justiça. Súmula nº 378.

trabalhistas contraídas pela terceirizada mediante a aplicação, por analogia, do artigo 10, § 7º, da Lei Federal nº 6.019/1974. Assume natureza contratual, sendo impertinente a intelecção emanada da ADC nº 16 e do RE nº 760.931, eis que o substrato fático não condiz com uma terceirização. Ademais, o trabalhador pode vir a fazer jus a um direito pecuniário, nos limites do preenchimento dos requisitos concernentes à vedação de enriquecimento sem causa. Outrossim, o artigo 37, inciso II, da Constituição impede a formação de vínculo funcional direto entre o trabalhador e o ente estatal, sem prejuízo do necessário sancionamento dos indivíduos responsáveis.

Quanto à intermediação de mão de obra ajustada ao regime temporário da Lei Federal nº 6.019/1974, trata-se de negócio jurídico lícito, caso realizado por entes estatais de direito privado, que, por sua vez, respondem subsidiariamente pelas obrigações trabalhistas durante o período laboral, nos termos de seu artigo 10, § 7º. Cuida-se de responsabilidade contratual, subsidiária, automática e proveniente do inadimplemento das verbas trabalhistas pela intermediadora. De acordo com o artigo 10, *caput*, da Lei Federal nº 6.019/1974, "qualquer que seja o ramo da empresa tomadora de serviços, não existe vínculo de emprego entre ela e os trabalhadores contratados pelas empresas de trabalho temporário".[760]

Já se efetivado por entidades governamentais de direito público, consiste em prática contrária ao Direito, pois a contratação de servidores temporários nesse campo deve estrita observância ao artigo 37, inciso IX, da Constituição e nas legislações de cada pessoa federativa que versam sobre o assunto. Dando ensejo, também aqui, a uma ofensa teleológica ao reclamo concursal, insta reconhecer os mesmos quatro efeitos jurídicos expostos acima: deve ser atribuída à Administração uma responsabilidade contratual e subsidiária pelo pagamento das verbas trabalhistas porventura devidas, sendo automática e decorrente do inadimplemento pela terceirizada; subsiste ao trabalhador eventual direito pecuniário sob a ótica da vedação de enriquecimento sem causa; mantém-se inibida a constituição de relação funcional direta entre o trabalhador e o ente estatal; e exige-se punição da autoridade responsável pelo ilícito.

Por fim, pouco destoa a eficácia jurídica inerente a ato jurídico superveniente praticado pelo ente estatal que, independentemente de sua qualificação como lícita ou ilícita (desde que não fraudulenta),

---

[760] BRASIL. Lei nº 6.019, de 3 de janeiro de 1974.

distancia-se das normas pertinentes e passa a se utilizar de trabalhador vinculado formalmente à terceirizada como se compusesse os seus quadros de recursos humanos, dirigindo as suas ocupações.

Ao que tudo sugere, corresponde a forma ilícita de admissão de pessoal valer-se de negócios terceirizantes para esse desiderato, incorrendo, em semelhança às situações narradas anteriormente, em uma afronta teleológica ao artigo 37, inciso II, da Constituição. Já a sua eficácia jurídica deve ser avaliada dividindo-se a realidade fática em duas partes: a primeira, consistente ao período laboral regular feita sob a direção da terceirizada, no qual se produzem os efeitos típicos dos atos terceirizantes; a segunda, referente ao lapso temporal posterior à ocorrência do novo fato jurídico de caráter ilícito que, marcado pelo desvio de função, tem a capacidade de gerar os quatro efeitos imanentes às indevidas intermediações de mão de obra promovidas pela seara estatal, embora de maneira limitada ao período da prestação. Vale ressaltar que essa hipótese sugere especial acomodação ao teor da Súmula nº 378 do STJ.

Sob essa perspectiva, consiste em norma salutar aquela consignada atualmente no artigo 48 da Lei Federal nº 14.133/2021, que passou a vedar expressamente uma série de condutas na contratação de serviços pela Administração com o fito de "evitar a configuração dos requisitos típicos da relação empregatícia".[761] Em direção similar, dispôs o artigo 7º do Decreto Federal nº 9.507/2018 serem ilícitas eventuais cláusulas em contratos administrativos que permitam "II – a caracterização do objeto como fornecimento de mão de obra [...]; e IV – a pessoalidade e a subordinação direta dos empregados da contratada aos gestores da contratante".[762]

Em prosseguimento, destaque-se o artigo 118, também da Lei Federal nº 14.133/2021, que impõe a presença continuada de preposto da terceirizada para representá-la perante a Administração, embaraçando a criação de um cenário fático apto a engendrar um vínculo direto de emprego com o terceirizado. "Todas as ações dirigidas aos terceirizados deverão ser coordenadas e supervisionadas por esse preposto [...], devendo o fiscal/gestor de contratos [...] manter contato diariamente com este preposto sobre o acompanhamento do contrato".[763]

---

[761] JUSTEN FILHO, 2021, p. 625.
[762] BRASIL. Decreto nº 9.507, de 21 de setembro de 2018.
[763] VIEIRA; VIEIRA; FURTADO; FURTADO, 2013, p. 47.

5.2 Eficácia jurídica sob perspectivas diversas

Convém repisar não se ter, aqui, a pretensão de esmiuçar a integralidade dos efeitos que podem surtir das práticas terceirizantes realizadas no âmbito da Administração Pública. Aliás, fatalmente estaria fadada ao insucesso uma tentativa com esse desiderato, pois os seus contornos eficaciais prendem-se, de um lado, à vontade manifestada pelas partes do negócio jurídico e, de outro, ao que dispõe a legislação de regência, seja sob a ótica de eficácia *ex lege* que lhe é imanente, seja em virtude de sua constatada ilicitude.

Sem embargo, há alguns aspectos envolvendo a matéria que, ao lado dos efeitos intrínsecos à área juslaboral, adquirem inequívoca importância jurídica. Merecem, assim, ser destacados o sentido da responsabilidade do Poder Público pelo adimplemento de obrigações titularizadas pela terceirizada de caráter comercial, fiscal, previdenciária e civil perante terceiros, as implicações emanadas dos trespasses sobre os limites das despesas com pessoal, à luz da Lei de Responsabilidade Fiscal, e, por fim, a eficácia inerente à sua adoção dirigida ao desempenho de misteres alcançados por atribuições inerentes a cargo ou emprego efetivo quando houver certame que, destinado ao seu provimento, tenha sido previamente homologado e esteja ainda vigente.

5.2.1 Efeitos comerciais, fiscais e previdenciários

Como se viu, desde antes da Constituição de 1988, a legislação infraconstitucional protestava, no âmbito das contratações públicas, caber à terceirizada a responsabilidade pelos encargos comerciais, fiscais, previdenciários e trabalhistas que adviessem da execução do negócio jurídico. Ademais, impediam-se normativamente, além da extensão dessa responsabilidade ao Estado, a oneração do objeto do ajuste e qualquer limitação à regularização e ao uso das obras e edificações, inclusive perante o Registro de Imóveis.

Em 1993, essa inteligência constante do Decreto-Lei nº 2.300/1986 restou renovada pelo artigo 71 da Lei Federal nº 8.666/1993, havendo uma pequena modificação posterior para, então, ressalvar, em seu § 2º, que "a Administração Pública responde solidariamente com o contratado pelos encargos previdenciários resultantes da execução do contrato, nos termos do art. 31 da Lei nº 8.212, de 24 de julho de 1991".[764] Dessa forma, apenas os encargos dessa natureza, caso relativos

---

[764] BRASIL. Lei nº 8.666, de 21 de junho de 1993.

a serviços executados mediante cessão de mão de obra, excetuavam-se da responsabilidade exclusiva do terceiro, nos termos do artigo 31 da Lei Federal nº 8.212/1991.

Tendo esse regramento sido considerado constitucional pelo STF no bojo da ADC nº 16, sobreveio, agora, a Lei Federal nº 14.133/2021, que, mais uma vez, o revigorou, trazendo, todavia, nova alteração. Como se vê do seu artigo 121, § 2º, a responsabilidade solidária da Administração Pública pelos referidos encargos previdenciários passou a se adstringir àquelas contratações de serviços contínuos com regime de dedicação exclusiva de mão de obra.

Em verdade, "a nova legislação manteve, em grande medida, as regras de responsabilidade contratual previstas na Lei 8.666/1993",[765] haja vista que "somente o contratado será responsável pelos encargos trabalhistas, previdenciários, fiscais e comerciais resultantes da execução do contrato",[766] como explicita o *caput* do artigo 121.

Em primeiro lugar, não há de se falar de qualquer possibilidade de responsabilidade contratual dos entes estatais pelo adimplemento de obrigações comerciais ou fiscais contraídas pela terceirizada. Como expõe Marçal Justen Filho, "mesmo quando as dívidas se originarem de operação necessária à execução do contrato, o contratado permanecerá como único devedor perante terceiros".[767] Nada impede, porém, a nosso ver, a responsabilização extracontratual do Poder Público caso preenchidos os pressupostos que lhe são inerentes. Por hipótese, se a Administração coagir a terceirizada a inadimplir as suas obrigações com um fornecedor, responde objetivamente pelos danos que lhe forem causados.

Quanto às obrigações previdenciárias, o legislador estabeleceu como efeito jurídico *ex lege* do próprio negócio terceirizante o surgimento de obrigação à Administração Pública para que retenha e recolha na fonte, em nome da terceirizada, 11% do valor bruto da nota fiscal ou da fatura quando a prestação do serviço envolver cessão de mão de obra, nos termos do artigo 31 da Lei Federal nº 8.212/1991.[768]

Por outro lado, o artigo 121, § 2º, da Lei Federal nº 14.133/2021 anotou que, "exclusivamente nas contratações de serviços contínuos com regime de dedicação exclusiva de mão de obra, a Administração

---

[765] OLIVEIRA, Rafael, 2021, p. 306.
[766] BRASIL. Lei nº 14.133, de 1º de abril de 2021.
[767] JUSTEN FILHO, 2021, p. 1.337.
[768] BRASIL. Lei nº 14.133/2021, artigo 121, § 5º: "o recolhimento das contribuições previdenciárias observará o disposto no art. 31 da Lei nº 8.212, de 24 de julho de 1991".

responderá solidariamente pelos encargos previdenciários [...] se comprovada falha na fiscalização do cumprimento das obrigações do contratado".[769] Trata-se de previsão concernente a uma responsabilidade com feição solidária cuja caracterização depende da existência de culpa *in vigilando*;[770] ou seja, refere-se a uma eficácia derivada de ato ilícito que, perpetrado pelo Poder Público, sobrevém ao trespasse.

Nessa senda, Marçal Justen Filho pondera que "a responsabilização solidária da Administração pressupõe a violação às obrigações fiscais acessórias acima indicadas".[771] Por sua vez, como pontua Mônica Ellen Pinto Bezerra Antinarelli em trabalho coletivo, o simples fato de ter havido "a retenção e o recolhimento do percentual sobre a nota fiscal ou fatura, pela Administração, embora tenha o intuito de evitar o não recolhimento da contribuição previdenciária pelo contratado, não afasta a responsabilidade solidária".[772]

Note-se que a referida responsabilidade solidária não distingue as terceirizações lícitas daquelas ilícitas, estando abrigadas ambas as hipóteses pela normativa sob exame. Especificamente no que toca aos trespasses efetivados de maneira fraudulenta, visando à angariação de trabalhadores, e quanto às três situações assemelhadas à terceirização ilícita (conforme anteriormente enunciadas), a questão se revela de mais difícil solução.

É preciso perceber que, nessas hipóteses, o objeto se ajusta materialmente a um fornecimento de mão de obra e não a uma terceirização propriamente dita, o que redunda na sua imperfeita subsunção ao disposto na Lei Federal nº 14.133/2021. No entanto, aparenta ser adequado aplicar-lhes analogicamente o que prediz o artigo 121, § 2º, de modo a se reconhecer, se verificados os elementos indicados no dispositivo, a responsabilidade solidária do Poder Público pelo adimplemento dos encargos previdenciários pertinentes ao período da prestação.

Vale dizer que essas considerações acerca da responsabilidade pelo pagamento de encargos previdenciários guardam relação, a

---

[769] BRASIL. Lei nº 14.133, de 1º de abril de 2021.

[770] Conforme exposto, nada impede, a princípio, a responsabilização da Administração por outras situações além daquelas em que se verifique a ocorrência de culpa *in vigilando*. No entanto, como a solidariedade não pode ser presumida e apenas decorre da lei ou da vontade manifestada pelas partes, segundo o artigo 265 do Código Civil, eventual obrigação do Poder Público pelo pagamento de obrigações previdenciárias pela terceirizada que não diga respeito a contratações de serviços contínuos com regime de dedicação exclusiva de mão de obra ou que não deriva de culpa *in vigilando* não pode ser tida como solidária.

[771] JUSTEN FILHO, 2021, p. 1.345.

[772] ANTINARELLI, 2021, p. 1.196.

princípio, apenas com as terceirizações promovidas pela Administração sob a regência da Lei Federal nº 14.133/2021 ou, até então, da Lei Federal nº 8.666/1993, sob os contornos que lhe são próprios. No que diz respeito aos trespasses implementados por empresas estatais, não há regramento equivalente na Lei Federal nº 13.303/2016, pois foi vetada norma similar que constaria do seu artigo 77, § 2º. Ainda, aquelas práticas voltadas a entidades do Terceiro Setor sofrem a incidência do artigo 42, inciso XX, da Lei Federal nº 13.019/2014, que preconiza inexistir responsabilidade estatal quanto aos citados encargos, independentemente de eventual inadimplemento pela entidade.

5.2.2 Responsabilidade civil extracontratual

Em paralelo à eficácia dos negócios terceirizantes promovidos pela Administração Pública no que toca às obrigações comerciais, fiscais, previdenciárias e trabalhistas contraídas pela terceirizada, adquire posição de destaque a conformação jurídica concedida à responsabilidade civil extracontratual atinente a danos que tenham sido provocados a terceiros em virtude da execução do objeto do trespasse.

Como é sabido, o artigo 927 do Código Civil estabelece que "aquele que, por ato ilícito (arts. 186 e 187), causar dano a outrem, fica obrigado a repará-lo".[773] Por sua vez, rege o artigo 37, § 6º, da Constituição que "as pessoas jurídicas de direito público e as de direito privado prestadoras de serviços públicos responderão pelos danos que seus agentes, nessa qualidade, causarem a terceiros [...]".[774] Essas normas, por si só, já teriam o condão de embasar eventual responsabilidade da terceirizada por danos provocados à esfera jurídica de outrem, observados, naturalmente, os elementos estatuídos nos respectivos dispositivos.

Sem embargo e em alinhamento ao disposto na legislação que lhe antecedeu, o artigo 120 da Lei Federal nº 14.133/2021 assentou que "o contratado será responsável pelos danos causados diretamente à Administração ou a terceiros em razão da execução do contrato, e não excluirá nem reduzirá essa responsabilidade a fiscalização ou o acompanhamento pelo contratante".[775] Portanto, se alguma dúvida poderia subsistir quanto à viabilidade jurídica de responsabilização da terceirizada pelos danos gerados a outrem em razão da efetivação do

---

[773] BRASIL. Lei nº 10.406, de 10 de janeiro de 2002.
[774] BRASIL. Constituição da República Federativa do Brasil de 1988, de 5 de outubro de 1988.
[775] BRASIL. Lei nº 14.133, de 1º de abril de 2021.

objeto dos trespasses promovidos sob o regime geral das contratações públicas, tratou o legislador de extirpá-la cabalmente.

Vale observar que em nada destoa, neste particular, a Lei Federal nº 8.987/1995, que traz prescrição afim dedicada às concessões e permissões de serviços públicos. Consoante o seu artigo 25, cabe à delegatária "responder por todos os prejuízos causados ao poder concedente, aos usuários ou a terceiros, sem que a fiscalização exercida pelo órgão competente exclua ou atenue essa responsabilidade".[776]

Embora inexista norma explicitamente dirigida àquelas práticas promovidas junto a entidades do Terceiro Setor, entende-se plenamente aplicável a regra geral do artigo 927 do Código Civil e, quando diante da prestação de serviços públicos, o disposto no artigo 37, § 6º, da Constituição.[777] Dito em outros termos, a terceirizada é responsável, em todo caso, pelos danos por ela infligidos a outrem, inclusive quando o trespasse guardar pertinência com parcerias firmadas com entidades do Terceiro Setor.

Questão mais discutível liga-se à responsabilidade civil extracontratual do Estado pelos danos ocasionados pela terceirizada à esfera jurídica dos administrados em razão do exercício das atividades que tenham vínculo com o objeto do negócio jurídico. Sobre essa matéria, cumpre avaliar separadamente as três formas de terceirização mais frequentemente enfrentadas: a terceirização de atividade material; a terceirização mediante concessão e permissão de serviço público; e a terceirização mediante a celebração de parceria com o Terceiro Setor.

Na primeira hipótese, mostram-se comuns as decisões que conferem à Administração Pública uma responsabilidade solidária por danos causados a terceiros quando a atividade materialmente desempenhada pela terceirizada guarda relação com a prestação de serviços públicos. No entanto, parece-nos mais acertada a colocação de José dos Santos Carvalho Filho de que "a responsabilidade primária deve ser atribuída à pessoa jurídica a quem pertence o agente autor do dano",[778] de modo que o Poder Público deteria responsabilidade subsidiária em relação aos aventados danos e desde que haja um vínculo direto com a própria prestação da atividade pública.

Veja-se, por um lado, que a responsabilidade principal da contratada é patente, ante a previsão constante do artigo 120 da Lei Federal

---

[776] BRASIL. Lei nº 8.987, de 13 de fevereiro de 1995.
[777] Nesse sentido, Maria Sylvia Zanella Di Pietro (2017, p. 324) e Cristiana Fortini (2006, p. 09).
[778] CARVALHO FILHO, 2021, p. 584.

nº 14.133/2021. A seu turno, não há, a princípio, norma jurídica de que se depreenda uma solidariedade que possa atingir o Poder Público. Reitere-se que, à luz do artigo 265 do Código Civil, "a solidariedade não se presume; resulta da lei ou da vontade das partes".[779]

Já nos casos de concessão e permissão de serviços públicos, a responsabilidade estatal sob o viés subsidiário aufere maior aceitação na doutrina e na jurisprudência pátrias, tendo em vista que a terceirizada realiza o objeto da delegação por sua conta e risco. O artigo 25 da Lei Federal nº 8.987/1995, a que se acresce o artigo 265 do Código Civil, recomenda uma solução apriorística nesse sentido.

Repise-se, contudo, que a responsabilidade subsidiária estatal demanda o preenchimento do mesmo requisito antes suscitado. Valendo-se das lições de Celso Antônio Bandeira de Mello, a atividade ensejadora do dano precisa ter relação direta com a própria prestação do serviço público, pois "os prejuízos de terceiros oriundos de comportamentos do concessionário alheios à própria prestação do serviço – ainda que assumidos a fim de se instrumentar para a prestação dele – não são suportáveis pelo concedente".[780]

Por sua vez, nos casos de terceirização de serviços públicos mediante parcerias firmadas com entidades do Terceiro Setor, a percepção doutrinária prevalecente dirige-se, igualmente, à afirmação de uma responsabilidade subsidiária imputável à Administração.[781] Ademais, rejeita-se a existência de solidariedade com fundamento no artigo 265 do Código Civil, na medida em que não há disposição legal que ampare essa intelecção.[782]

Deve-se renovar que a ressalva anteriormente feita se aplica por inteiro a essas terceirizações: a responsabilidade estatal somente estará caracterizada se o dano aventado provir da execução de atividades

---

[779] BRASIL. Lei nº 10.406, de 10 de janeiro de 2002.
[780] MELLO, Celso, 2021, p. 729.
[781] Nessa linha, seguem as lições de Maria Sylvia Zanella Di Pietro (2017, p. 346-347). Já em sentido diverso, Sílvio Luís Ferreira da Rocha defende apenas restar caracterizada a responsabilidade estatal de maneira excepcional em duas situações: a primeira, de caráter solidário, quando o dano advier de ato praticado por agente público que tenha sido, anteriormente, objeto de cessão à entidade; e a segunda, de natureza subsidiária, quando houver falha no dever de fiscalização do cumprimento do objeto da parceria (ROCHA, Sílvio, 2006, p. 185-188).
[782] Nessa senda, Carolina Zancaner Zockun opina pela existência de responsabilidade estatal pelos danos causados pelas organizações sociais, conferindo-lhe natureza subsidiária, tendo em vista que, segundo o artigo 265 do Código Civil, não é possível a presunção de solidariedade, não havendo, por outro lado, legislação que a estabeleça (ZOCKUN, Carolina, 2009, p. 242-244).

inerentes à execução da atividade pública terceirizada, não havendo de se cogitar de uma responsabilidade universal da Administração por danos que não tenham relação com o objeto do trespasse.

Não obstante, a responsabilidade estatal subsidiária por danos provocados pelas terceirizadas no desempenho de atividades estatais consiste tão só na regra geral. Se verificada alguma conduta estatal comissiva ou omissiva culposa que tenha nexo de causalidade com o dano arguido e, assim, "se a ofensa tiver mais de um autor, todos responderão solidariamente pela reparação",[783] como especifica o artigo 942 do Código Civil.[784]

Essa responsabilidade estatal não é, no entanto, automática, tampouco decorre da mera produção de um dano por certa pessoa que detenha vínculo de terceirização com a Administração Pública. O simples agir do Estado ou a sua omissão principalmente no cumprimento do multicitado dever de fiscalizar a execução do ajuste não é suficiente para o reconhecimento da obrigação de indenizar ao Poder Público. Se, nos atos omissivos, a demonstração de negligência, imprudência, imperícia ou dolo revela-se essencial, a averiguação do nexo de causalidade entre o ato estatal e o alegado prejuízo deve assumir singular lugar de destaque, seja a conduta omissiva ou comissiva.

Infelizmente, contudo, são frequentes decisões judiciais que responsabilizam civilmente o Estado sob o fundamento genérico de que haveria um dever de fiscalização cuja falha, na prática, acaba por ser presumida pela constatação de um dano provocado a terceiro. Embora seja óbvia a resposta, impende questionar a título retórico: qual seria o tal defeito no cumprimento de um dever fiscalizatório estatal e, sobretudo, em que medida atuaria como causa de um dano que tenha sido gerado, por exemplo, por um erro médico proveniente de um serviço terceirizado ou por um acidente de trânsito provocado pela contratada no desempenho de atividades inerentes ao vínculo? Trata-se de gritante, porém, de comum equívoco que traveste as regras da responsabilidade objetiva com um raciocínio supostamente embasado na lógica da responsabilidade subjetiva, que deveria ter aplicação aos casos de omissão estatal.

---

[783] BRASIL. Lei nº 10.406, de 10 de janeiro de 2002.

[784] Tratando especificamente das concessões de serviços públicos, Maria Sylvia Zanella Di Pietro argumenta: "é inteiramente procedente, também, a tese defendida por Yussef Said Cahali (1995:150-151) no sentido de que a responsabilidade do Estado por ato do concessionário pode ser solidária e não meramente subsidiária, em determinadas circunstâncias em que se verifique a omissão do poder concedente no controle da prestação do serviço concedido ou falha na escolha do concessionário" (DI PIETRO, 2017, p. 110).

Sem prejuízo dessas considerações, vale dizer que, se houver o despendimento de quantia pela Administração Pública e caso, nos termos da legislação e do ajuste firmado, esse ônus financeiro deva ser assumido pela terceirizada, "a administração pode exigir da empresa prestadora o ressarcimento pelo prejuízo acarretado".[785] É possível, outrossim, requerer-se judicialmente o ingresso da terceirizada na demanda proposta pelo interessado mediante as modalidades processualmente instituídas de intervenção de terceiros, notadamente, o chamamento ao processo e a denunciação da lide, consonante o caso.

5.2.3 Efeitos sobre os limites das despesas com pessoal

Tendo em vista serem intrínsecas ao contexto do Estado a limitação dos recursos disponíveis e a constante variação no tempo das finalidades efetivamente perseguidas, uma conformação jurídica adequada ao exercício de sua atividade financeira apresenta-se cogente para que as decisões tomadas pelos governos atuais não comprometam os orçamentos futuros.

Munida dessa preocupação, a Constituição de 1988 definiu algumas balizas a serem observadas na gestão das finanças públicas. Dentre elas, estabeleceu, em seu artigo 169, a necessidade de se instituírem limites aos entes federativos para suas despesas com pessoal, certas providências a serem adotadas com olhos voltados ao seu cumprimento e, por fim, algumas consequências derivadas de sua eventual inobservância.

Com efeito, coube à Lei de Responsabilidade Fiscal detalhar as normas atinentes à matéria. Como tetos para as despesas com pessoal da União, dos Estados e dos Municípios, o seu artigo 19 propôs os valores, respectivamente, de 50%, 60% e 60% de suas receitas correntes líquidas. Ainda, o seu artigo 20 distribuiu esses percentuais entre os Poderes Executivo, Legislativo, Judiciário e o Ministério Público, fixando limites individuais.

Por outro lado, concebeu o legislador alguns efeitos atrelados ao caso de o Poder ou órgão vir a atingir 95% do seu teto individual, como se vê do artigo 22 da LRF. Para o caso de ser alcançado esse patamar, firmou-se, como regra geral, o óbice à concessão de incrementos remuneratórios, à criação de cargo, emprego ou função, à alteração de

---

[785] ZOCKUN; ANTINARELLI, 2021, p. 181.

estrutura de carreira com aumento de despesa, à admissão de pessoal e à contratação de horas extras.

A um só tempo, foram estipulados, no seu artigo 23, alguns efeitos particularmente mais severos para a hipótese de vir a ocorrer efetivo descumprimento dos limites individuais apontados, se não houver sua redução nos dois quadrimestres subsequentes ou se o excesso se der no último ano do mandato: a suspensão do recebimento de transferências voluntárias, a vedação de obtenção de garantia, direta ou indireta, de outro ente e o óbice da contratação de operações de crédito, ressalvadas pontuais exceções expressamente indicadas.

Como se verifica, o desrespeito às fronteiras previstas para as despesas com pessoal pode produzir consequências bastante malquistas para a Administração. Trata-se, entretanto, de regramento destinado a evitar realidades, infelizmente não incomuns, em que entes federativos "se endividam ou fazem política mesquinha de inchaço dos quadros públicos, na expectativa sórdida de fazer 'média' com os recursos públicos [...], dando margem ao surgimento do compadrio, do filhotismo e do nepotismo, o que arruína os cofres públicos".[786]

Ocorre que, quando da edição da Lei de Responsabilidade Fiscal, era recorrente a utilização de contratos administrativos com o objetivo de burlar a exigência do concurso e, em uma batida, os limites que se propunham estabelecer às despesas com pessoal.[787] Não só isso, mas, por vezes, observavam-se pactuações funcionando como veículos para uma inaceitável escolha pessoal de trabalhadores por gestores públicos, a ponto de se condicionar a alocação de profissionais ligados à terceirizada a prévia aprovação.

Ante esse cenário, a legislação complementar entendeu por bem qualificar como despesas com pessoal aqueles valores inerentes a "contratos de terceirização de mão de obra" – e essa foi a expressão utilizada – que servissem como instrumento para a substituição de servidores vinculados aos entes estatais submetidos à Lei de Responsabilidade Fiscal. Convém a reprodução do artigo 18, § 1º, da LRF:

> Art. 18. Para os efeitos desta Lei Complementar, entende-se como despesa total com pessoal: o somatório dos gastos do ente da Federação com os ativos, os inativos e os pensionistas, relativos a mandatos eletivos, cargos, funções ou empregos, civis, militares e de membros de Poder, com quaisquer espécies remuneratórias, tais como vencimentos

---

[786] OLIVEIRA, Regis, 2014, p. 433.
[787] DI PIETRO, 2022, p. 228.

e vantagens, fixas e variáveis, subsídios, proventos da aposentadoria, reformas e pensões, inclusive adicionais, gratificações, horas extras e vantagens pessoais de qualquer natureza, bem como encargos sociais e contribuições recolhidas pelo ente às entidades de previdência.

§ 1º. Os valores dos contratos de terceirização de mão-de-obra que se referem à substituição de servidores e empregados públicos serão contabilizados como "Outras Despesas de Pessoal".[788]

Note-se que o dispositivo contém redação bastante criticável. De início, a literalidade da locução "terceirização de mão de obra" não deixa claro se a norma pretende alcançar as soluções terceirizantes, aquelas tidas como intermediação de mão de obra ou ambas. Como se não bastasse, a menção a contratos que engendrem a substituição de pessoal abriu espaço para compreensões de que poderiam ser celebrados ajustes com esse desígnio.

O primeiro aspecto a ser realçado consiste, justamente, na inadequação dessa possível interpretação do texto. A obtenção de mão de obra mediante interposta pessoa corresponde a forma inconstitucional de admissão de pessoal pela Administração,[789] ressalvada, unicamente, a contratação temporária pelos entes governamentais de direito privado e desde que observado o regime trazido pela Lei Federal nº 6.019/1974, com as adaptações necessárias.

Nesse diapasão, a lógica inerente ao preceito, ao contrário de afirmar licitude a essas práticas, "visa a evitar que a terceirização de mão-de-obra venha a ser utilizada com o fim de ladear o limite de gasto com pessoal. Tem, ainda, o mérito de erguer um dique à contratação indiscriminada de prestadores de serviço, valorizando o servidor público e o concurso".[790] Foi isso o que assentou o STF ao avaliar o pedido de medida cautelar formulado no âmbito da ADI nº 2.238, renovado quando do julgamento do seu mérito.

Essa dicção foi perfilhada pelo legislador federal no bojo de inúmeras leis de diretrizes orçamentárias editadas desde a Lei de

---

[788] BRASIL. Lei Complementar nº 101, de 4 de maio de 2000.
[789] Sobre a questão, Maria Sylvia Zanella Di Pietro: "a redação foi extremamente infeliz e exige interpretação consentânea com outras disposições do ordenamento jurídico, em especial da Constituição. Sendo inadmissível o contrato de fornecimento de mão de obra, o dispositivo deve ser entendido de modo que, se celebrado, a despesa correspondente será levada em consideração para fins de cálculo das despesas com pessoal. O legislador não estava preocupado com a licitude ou ilicitude desse tipo de contrato diante de outros dispositivos legais e constitucionais, mas apenas e tão somente para os fins de Lei de Responsabilidade Fiscal" (DI PIETRO, 2017, p. 275).
[790] BRASIL. Supremo Tribunal Federal. ADI nº 2.238 MC.

Responsabilidade Fiscal. No corpo da Lei Federal nº 9.995/2000, por exemplo, assim como de leis de diretrizes orçamentárias posteriores, buscou-se "deixar claro que o dispositivo não está dizendo que o fornecimento de mão de obra é legal, mas apenas que, seja legal ou ilegal, ele entra no limite da despesa com pessoal".[791] Veja-se, exemplificativamente, o que constou do artigo 89 da Lei Federal nº 11.768/2008:

> Art. 89. O disposto no § 1º do art. 18 da Lei Complementar nº 101, de 2000, aplica-se exclusivamente para fins de cálculo do limite da despesa total com pessoal, independentemente da legalidade ou validade dos contratos.
> Parágrafo único. Não se considera como substituição de servidores e empregados públicos, para efeito do *caput* deste artigo, os contratos de serviços de terceiros relativos a atividades que, simultaneamente:
> I – sejam acessórias, instrumentais ou complementares às atribuições legais do órgão ou entidade, na forma prevista em regulamento;
> II – não sejam inerentes a categorias funcionais abrangidas pelo quadro de pessoal do órgão ou entidade, salvo expressa disposição legal em contrário, ou sejam relativas a cargo ou categoria extintos, total ou parcialmente;
> III – não caracterizem relação direta de emprego.[792]

Vale atentar que a referida norma não se limitou a afastar a argumentação de que seria condizente com o Direito a admissão de pessoal pela Administração mediante pessoa interposta. De acordo com o seu parágrafo único e com um fácil cotejo com o Decreto Federal nº 2.271/1997, vigente à época, é possível deduzir a adesão a um segundo entendimento de que "a terceirização praticada em conformidade com a legislação de regência (Dec. nº 2.271/1997) não teria seus gastos inseridos no limite das despesas com pessoal previsto na LRF".[793]

Trocando em miúdos, deixou-se transparente a ideia de que o parâmetro interpretativo então acolhido impunha solução que variava em função da licitude do fato jurídico examinado. Caso a tarefa versada devesse ser desempenhada diretamente pelos trabalhadores do quadro de pessoal, o negócio seria invariavelmente ilícito, atraindo a incidência do dispositivo. Também a recíproca poderia ser afirmada: não estando a atividade reservada à execução direta, não haveria razão para a aplicação do artigo 18, § 1º, da LRF.

---

[791] DI PIETRO, 2022, p. 242.
[792] BRASIL. Lei nº 11.768, de 14 de agosto de 2008.
[793] AMORIM, 2009, p. 132.

Embora reconheça ter havido o acolhimento dessa orientação pelo legislador orçamentário, Helder Santos Amorim a rechaça parcialmente sob o motivo de que dela surgiria um indevido incentivo à extinção de cargos e empregos para tornar possível a substituição de agentes públicos por trabalhadores terceirizados e, por conseguinte, para afastar o efeito colateral concebido pelo artigo 18, § 1º, da LRF. Defende, assim, ser necessário incluir na rubrica relativa às despesas com pessoal os gastos derivados de terceirizações destinadas a substituir, inclusive, postos laborais extintos.[794]

Perfilhando orientação semelhante, para Dora Maria de Oliveira Ramos não estariam alcançados pela rubrica os valores atinentes às terceirizações de tarefas que jamais tiverem sido albergadas por atribuições ínsitas às unidades funcionais. No entanto, aponta que "os contratos de terceirização firmados para suprir atividades que antes eram exercidas por servidores públicos, que tiveram seus cargos, empregos ou funções extintos para dar origem à contratação terceirizada, inquestionavelmente estão incluídos nesse limite de gastos".[795]

A nosso juízo, o parâmetro adicional proposto aparenta-se de baixa robustez, pois não soa razoável definir o enquadramento contábil de certa despesa sob o crivo do histórico legislativo pertinente ao ente federativo. Significaria dizer que as despesas atuais com a terceirização de certa atividade – por exemplo, de limpeza ou vigilância – poderia encontrar subsunção no artigo 18, § 1º, da LRF sob o frágil motivo de, em algum momento do passado, ter existido uma lei editada pelo ente federativo prevendo que a sua execução se daria, à época, por titulares de cargos ou empregos, ainda que tenha havido a sua extinção há bastante tempo. Enquanto isso, outro ente federativo que jamais tenha instituído postos de trabalho para a execução da mesma tarefa, teria maior espaço financeiro para contrair despesas com pessoal sem sofrer os efeitos da Lei de Responsabilidade Fiscal.

Para além de promover uma arbitrária discriminação entre entes federativos, identifica-se o curioso efeito de petrificar, sobre a ótica financeira, a opção política adotada em certo momento da história, embaraçando, tão só por esse fato, a implementação de uma orientação em sentido diverso por governos futuros. Não parece ser essa, contudo, a interpretação mais ajustada à Constituição.

---

[794] AMORIM, 2009, p. 132-133.
[795] RAMOS, 2001, p. 153-154.

Com efeito, concordamos quase por inteiro com Cristiana Fortini e Flávia Cristina Mendonça Faria de Pieve, ao afirmarem que o propósito do legislador "é desestimular a terceirização ilícita, isto é, aquela realizada com o objetivo de burlar a exigência do concurso público para provimento de cargos e os limites constitucionais e infraconstitucionais de gastos com pessoal".[796] A única ressalva a ser feita é que, a nosso ver, a LRF se dedica a coibir todas as terceirizações que sejam ilícitas pela específica razão de estar a atividade reservada aos agentes integrantes dos entes alcançados pela legislação em voga; portanto, não apenas quando houver ofensa ao artigo 37, inciso II, do Texto Fundamental.

Nessa esteira, deve-se garantir a incidência do preceito caso a ilicitude do trespasse provenha da constatação de que a atividade versada é exclusiva de Estado, ainda que a necessidade a ser atendida seja temporária (sob o crivo do elemento negativo), caso haja infringência à norma do concurso público (sob o crivo dos elementos temporal, funcional e político-organizacional), caso não se respeitem as decisões de autocontenção que, tomadas no âmbito de certa pessoa governamental, obste a terceirização de certo labor nessa seara (sob o crivo do elemento autolimitativo) e caso se possa dizer que o exercício da discricionariedade administrativa ao avaliar a melhor medida a ser implementada entre as alternativas "fazer ou comprar" gerou uma decisão eivada de ilegalidade (sob o crivo do elemento discricionário).[797]

Ademais, verifica-se consistir em norma que estipula efeitos jurídicos a práticas qualificáveis como ilícitos caducificantes, sem prejuízo de virem a produzir outros efeitos, em paralelo. A toda evidência, a prescrição em comento impõe ao ente federativo responsável pela perpetração do ato ilícito a perda de um direito de ordem financeira, na medida em que resta diminuída a margem residual para as demais despesas com pessoal. Pode, inclusive, vir a sofrer as sanções previstas nos artigos 22 e 23, da LRF, caso se ultrapassem os limites legais.

Em terceiro lugar, há de se reconhecer que o artigo 18, § 1º, da LRF não tem aplicabilidade linear a toda e qualquer terceirização promovida pela Administração Pública.[798] Em corroboração às lições de Dora Maria

---

[796] FORTINI; PIEVE, 2022, p. 267.

[797] Embora amparado no entendimento vigente à época de que o crivo principal para aferir a licitude das terceirizações consistia na dicotomia entre atividades-fim e atividades-meio, o TCE/MG assentou que, no caso de terceirizações lícitas, não há de se falar da inclusão dos correspondentes gastos na rubrica relativa às despesas com pessoal (MINAS GERAIS. Tribunal de Contas do Estado de Minas Gerais. Consulta nº 747.448).

[798] Nesse diapasão, o TCU já explicitou: "nem todo gasto com terceirização de mão de obra o legislador elegeu para fazer parte do cálculo do limite de despesa com pessoal" (BRASIL.

de Oliveira Ramos nesse ponto, "se o legislador quisesse incluir todos os contatos de terceirização no limite de gastos com pessoal bastaria ter dito [...]. Se preferiu incluir apenas os que assumem caráter de substituição, há que se interpretar a norma de forma a restringir sua abrangência".[799]

No que concerne à abrangência objetiva das práticas que estariam alcançadas pelo referido comando legal, vê-se posicionamento dissonante e de cunho restritivo que propugna que nenhuma prática materialmente agasalhada pelo conceito de "terceirização" deveria sofrer a sua incidência. Conforme observa Maria Sylvia Zanella Di Pietro, "as despesas com contatos de terceirização de empreitada ou locação de serviços não estão abrangidas pelo art. 18, § 1º, da lei, pois, nessas modalidades, o objeto é o resultado [...] ou atividade [...]".[800] E, em outra ocasião, complementa: "o que entra mesmo no limite é o fornecimento de mão de obra".[801]

Em que pese vislumbremos ser inadequado arguir a pertinência do artigo 18, § 1º, da LRF a todo e qualquer trespasse, parece-nos que a expressão "terceirização de mão de obra" deva ser vista de maneira a abarcar qualquer negócio jurídico que funcione como veículo para que empregados de uma interposta pessoa concretizem tarefas que deveriam ser efetivadas por servidores. Assim, a sua qualificação material como terceirização ou como intermediação de mão de obra sugere-se insuficiente para demarcar os liames da aplicabilidade do dispositivo.

Nessa linha, o artigo 18, § 1º, da LRF predispõe-se a abarcar quatro diferentes práticas: aquelas que, desveladamente, tenham como escopo, ou como cláusula acessória, o fornecimento de trabalhadores; as terceirizações fraudulentas cujo efetivo propósito condiga com uma intermediação de mão de obra; aqueles negócios terceirizantes lícitos ou ilícitos (mas não fraudulentos) que passam a conviver, no curso no vínculo formado, com um novo fato jurídico consistente em desvio de função do trabalhador que, embora ligado formalmente à terceirizada, tem o seu trabalho dirigido pela própria Administração; e as terceirizações ilícitas que visem à materialização de tarefas que deva se dar por ocupantes de postos integrantes do respectivo quadro

---

Tribunal de Contas da União. Acórdão nº 2.444/2016).
[799] RAMOS, 2001, p. 154.
[800] DI PIETRO, 2017, p. 275.
[801] DI PIETRO, 2022, p. 243.

funcional, seja sob as óticas do elemento negativo, dos elementos ínsitos à averiguação de ofensas reflexas à exigência do concurso público, do elemento autolimitativo ou, ainda, do elemento discricionário. A pergunta a ser respondida é se o fato jurídico examinado redunda concretamente na substituição de servidores ou empregados estatais. Aliás, a dicção do artigo 18, § 1º, da LRF é expressa nesse exato sentido.

5.2.4 Direitos de candidatos aprovados em concurso público

Há de ser realçada uma última perspectiva eficacial que, pertinente aos concursos públicos, pode decorrer da implementação de certas terceirizações ilícitas pela Administração. Exponha-se, porém, que os efeitos a serem aqui tratados não se adstringem a fatos jurídicos de cunho terceirizante. Abarcam, também, outros que possam dar ensejo ao desempenho por trabalhadores atrelados a uma pessoa interposta de atividades reservadas a ocupantes de postos laborais nos quadros estatais.

Com efeito, verifica-se que a adoção de terceirizações ilícitas destinadas à execução de tarefas que devam se circunscrever à atuação de servidores estatais pode interferir na discricionariedade administrativa relativa a diferentes aspectos relacionados aos concursos públicos. Como exemplo, o Tribunal de Contas da União determinou a realização de certame com vistas à admissão de agentes concursados para o exercício de tarefas alcançadas por terceirizações cuja ilicitude derivava, segundo a Corte, da violação ao reclamo concursal.[802] Ainda, é possível cogitar de eventual limitação quanto ao campo de avaliação da conveniência e da oportunidade atinentes à prorrogação do prazo originalmente apontado para certo certame, na medida em que a efetivação de negócio terceirizante pode ser enxergada como logicamente contraditória à desnecessidade da prorrogação.[803]

Não obstante essas e outras questões, assume destacada relevância a análise dos efeitos jurídicos que, emanados de soluções ofensivas à exigência do concurso público, podem ser produzidos sobre a esfera individual de candidatos aprovados em provas públicas, em especial, quanto ao surgimento de um direito subjetivo à sua nomeação.

---

[802] Nesse toar, vejam-se os Acórdãos nºs 1.823/2006 e 3.089/2010, do Plenário do TCU.
[803] Veja-se que, no bojo do RE nº 581.113, o STF afirmou inexistir possibilidade jurídica de não ser prorrogado certo concurso público em certa situação em que, antes do término do prazo previsto no edital, houve a criação de novos cargos e uma atuação administrativa logicamente incompatível com a sua não prorrogação.

Em rigor, José dos Santos Carvalho Filho define o ato de nomeação como "o ato administrativo que materializa o provimento originário",[804] ou seja, que promove o preenchimento de certo posto laboral e que dá início a uma nova relação jurídico-funcional. Por sua vez, leciona que a nomeação consiste na primeira etapa da chamada "investidura", que somente se completa com o subsequente ato de posse. Assim, após os atos de nomeação e de posse se tornaria possível, finalmente, o exercício das tarefas inerentes à correspondente unidade de atribuições.[805]

Há de se perceber que nunca houve maiores questionamentos de que o ato de posse gera ao candidato aprovado e nomeado um direito a exercer as atividades que lhe são ínsitas; evidentemente, nos termos da competente legislação. Em similar sentido, a Súmula nº 16 do STF oportunamente expôs a uniforme intelecção de que "funcionário nomeado por concurso tem direito à posse".[806] Todavia, a existência de um anterior direito à nomeação em virtude da prévia aprovação no certame sempre foi objeto de importantes discussões, tendo havido significativa alteração jurisprudencial com o passar do tempo.

Nessa linha, a jurisprudência clássica do Supremo Tribunal Federal propugnava que a Administração teria amplíssima discricionariedade para decidir sobre a nomeação dos candidatos aprovados em concurso público. Vigeu, pois, por longo período o posicionamento de que "a aprovação em concurso não gera direito absoluto à nomeação, constituindo mera expectativa de direito".[807] Como consequência, subsistiriam ao candidato aprovado no certame apenas os direitos à observância da ordem classificatória e à precedência de sua nomeação em relação àqueles que obtivessem êxito em certame posterior, desde que observado o prazo de vigência constante do edital.[808]

Ocorre que, a partir de 2011, a jurisprudência do STF sofreu modificação em razão do julgamento do RE nº 598.099, submetido à sistemática da repercussão geral (= Tema nº 161). A partir de então, estabeleceu-se, como regra geral, que os candidatos aprovados dentro do número de vagas anunciado no edital têm direito subjetivo à nomeação, embora a Administração Pública possa deliberar sobre o seu momento mais oportuno.[809] Essa decisão, por sua vez, foi complementada no

---

[804] CARVALHO FILHO, 2021, p. 636.
[805] CARVALHO FILHO, 2021, p. 637-638.
[806] BRASIL. Supremo Tribunal Federal. Súmula nº 16.
[807] BRASIL. Supremo Tribunal Federal. RE nº 116.044.
[808] BRASIL. Supremo Tribunal Federal. ADI nº 2.931.
[809] Estabeleceu-se, entretanto, que, excepcionalmente, pode a Administração recusar a

âmbito do RE nº 837.311 (= Tema nº 784), em que restou assentado atribuir-se um direito à nomeação a candidatos aprovados em provas públicas quando a sua colocação estiver alcançada pelo número de vagas, quando houver a sua preterição mediante a inobservância da ordem classificatória ou, caso haja vagas criadas ou se for aberto novo certame, quando houver preterição arbitrária e imotivada.[810]

Sob a nossa interpretação, a jurisprudência do STF permite traduzir essas três hipóteses de modo a reuni-las em uma causa geral ensejadora de um direito subjetivo à nomeação de candidato aprovado em concurso, qual seja, a caracterização, devidamente demonstrada, de uma necessidade efetiva de provimento do cargo ou emprego estatal. Afinal, se constatada, não é franqueado à Administração Pública ignorá-la ou deixar de atendê-la.

Não são raras as situações apreciadas pelo Supremo Tribunal Federal em que se reconhece um direito à nomeação a candidatos sob o fundamento de haver uma comprovada necessidade de provimento da unidade funcional. Perceba-se que o STF tem jurisprudência atual uniforme no sentido de que exsurge o referido direito se houver desistência ou eliminação de candidato mais bem colocado e se o número de vagas previsto alcançar a sua posição.[811] Há, também, decisões garantindo esse direito caso ocorra a contratação de servidores temporários sob a justificativa de que se estaria diante de uma indevida preterição, exigindo-se, em todo caso, a presença de cargo ou emprego vago a ser preenchido.[812]

A questão que mais nos interessa concerne à possibilidade de assegurar um direito à nomeação a candidatos aprovados fora do número de vagas indicadas no edital se, havendo cargo ou emprego passível de preenchimento e estando dentro do prazo de vigência do certame, for constatada uma terceirização ilícita que tenha por objeto atividades abrangidas pelas atribuições do cargo ou emprego ao qual se concorreu.

---

nomeação de candidatos aprovados dentro do número de vagas indicado no edital, caso, motivadamente, haja fato superveniente ao edital que, dotado de imprevisibilidade, seja grave suficiente a impor a não nomeação dos referidos candidatos, não existindo outros meios menos gravosos para contornar a situação excepcional e imprevisível (BRASIL. Supremo Tribunal Federal. RE nº 598.099).

[810] BRASIL. Supremo Tribunal Federal. RE nº 837.311.

[811] Veja-se, pois, o que decidido no ARE nº 675.202, no RE nº 643.674, no RE nº 1.313.668 e no ARE nº 865.055.

[812] Podem ser mencionadas as decisões proferidas no bojo do ARE nº 1.064.191, do RE nº 733.030, do ARE nº 661.070 e do ARE nº 659.921.

Sobre o tema, há deliberações do Supremo Tribunal Federal na linha de que "há preterição na ordem de nomeação de aprovados em concurso público vigente quando ficar comprovada a contratação precária de servidores mediante terceirização",[813] muito embora seja imprescindível a demonstração de que "as funções licitadas por terceirização são as mesmas oferecidas em concurso público".[814] Trata-se, na realidade, de entendimento consolidado na seara do STF, que encontra acolhimento nos âmbitos do STJ e do TCU.[815]

Em termos práticos, é possível extrair da jurisprudência dos referidos tribunais o reconhecimento de uma eficácia caducificante a essas terceirizações ilícitas promovidas pelo Poder Público. Caso a ilicitude derive da violação à exigência do concurso público e haja candidatos aprovados em certame anterior em curso para o provimento de cargo ou emprego cujas atribuições alberguem as tarefas terceirizadas, retira-se da Administração a possibilidade de aferir a conveniência e a oportunidade de nomear novos candidatos.

Ao que tudo indica, a orientação emanada do Supremo Tribunal Federal apresenta-se acertada, malgrado algumas ressalvas precisem ser feitas. Sendo implementada certa solução terceirizante, pode, sim, se declarar a candidatos aprovados em concurso público o seu direito à nomeação, ainda que fora do número de vagas originalmente anunciado pelo edital. Alguns pressupostos, contudo, devem estar preenchidos.

Primeiramente, cumpre haver cargo ou emprego público vago que tenha aderência ao objeto do certame. Em paralelo, o prazo do certame deve estar em curso. Ademais, deve-se verificar se o número de contratações precárias permite alcançar a colocação do candidato na lista de aprovados. Sem prejuízo, demanda-se que a tarefa terceirizada esteja abarcada pelas atribuições do respectivo cargo ou emprego.

---

[813] BRASIL. Supremo Tribunal Federal. SL nº 898 AgR.
[814] BRASIL. Supremo Tribunal Federal. MS nº 33.064 AgR.
[815] Como exemplo, veja-se o teor dos acórdãos proferidos pelo Supremo Tribunal Federal no âmbito do ARE nº 971.251, da SS 5.026, ARE nº 774.137, RMS nº 29.915, AI nº 777.644. Por sua vez, o Superior Tribunal de Justiça, no bojo do REsp nº 1.485.755, valeu-se do precedente formado no âmbito do RE nº 774.137 para manter acórdão do Tribunal de Justiça local prolatado na mesma direção. Já no âmbito do REsp nº 1.397.414, o mesmo STJ manteve condenação por improbidade administrativa de gestores de empresa estatal que promoveram a terceirização de atividade para cujo desempenho havia candidatos devidamente aprovados em concurso público aguardando nomeação. No campo do TCU, já se decidiu "determinar à Câmara dos Deputados que, quando da existência de candidatos aprovados em concursos públicos para provimento de cargos efetivos, não contratem terceirizados para o exercício das atividades inerentes a esses cargos" (BRASIL. Tribunal de Contas da União. Acórdão nº 97/2008).

Finalmente, requer-se que o fato jurídico seja considerado ilícito sob a específica razão de a atividade estar efetivamente reservada à atuação dos titulares do posto laboral a cujo provimento se destinaram as provas públicas.

Note-se que essa ponderação tem especial relevância no que toca a situações em que a necessidade a ser atendida é passageira e, naturalmente, em que a atividade versada não é exclusiva de Estado. De forma similar ao exposto quanto à contratação de servidores temporários, caso seja transitória a necessidade de desempenho de certa atividade, mesmo que esta seja permanente, não é admissível o provimento de um posto laboral perene. Entender de maneira diversa implicaria dizer que o ente estatal estaria obrigado ao desperdício.

Observados, portanto, os pressupostos acima elencados, um direito à nomeação de candidato pode ser reconhecido se diante de negócios jurídicos sob um dos seguintes perímetros: aqueles que tenham como explícito escopo, ou como cláusula acessória, a intermediação de trabalhadores; os trespasses fraudulentos dedicados à angariação de mão de obra; as terceirizações lícitas ou ilícitas (mas não fraudulentas) que, ao longo da relação formada, deem azo a um desvio de função do trabalhador terceirizado, cujo labor passa a ser diretamente dirigido pelo Poder Público; e as terceirizações ilícitas que objetivem concretizar tarefas que precisariam ser efetivadas por ocupantes de postos laborais a que concorreu o candidato, seja sob as óticas do elemento negativo, dos elementos inerentes ao exame de violações reflexas à exigência do concurso público, do elemento autolimitativo ou do elemento discricionário.

De modo análogo ao assentado quanto ao artigo 18, § 1º, da LRF, o questionamento a ser suscitado em qualquer situação é se, diante dos elementos fático-jurídico concretos, há a demonstração de uma necessidade que justifique o ingresso duradouro de servidor em posto laboral alcançado pela competição pública. Na realidade, qualquer violação frontal, teleológica ou reflexa à exigência do concurso público envolvendo atribuições inerentes à unidade funcional cujo provimento foi submetido à competição pública confere ao candidato preterido um direito à nomeação, desde que haja uma necessidade a amparar a admissão perene de um novo servidor.

CONCLUSÃO

O principal objetivo deste trabalho consistiu em propor uma nova leitura ao fenômeno da terceirização no âmbito da Administração Pública. Partindo de um conceito despido de elementos acidentais, procurou-se investigar os perímetros da licitude dos trespasses promovidos no campo do Estado, especialmente sobre o crivo da exigência do concurso público, sem prejuízo do exame de aspectos relacionados à sua eficácia jurídica.

Sob esse pano de fundo, viu-se, inicialmente, que a terceirização não é realidade recente, mas praticada desde quando o ser humano percebeu que poderia alcançar melhores resultados se repartisse um processo de produção entre pessoas especializadas em diferentes etapas. Tendo sido alçada a posição de prática estratégica de gestão após a Terceira Revolução Industrial, coube à globalização consolidá-la como tal diante de um mercado cada vez mais internacionalizado e competitivo.

A seu turno, a história demonstra que a terceirização tampouco é algo novo na órbita estatal. Se o Império Romano e a Era Moderna fornecem exemplos de organizações privadas que exerciam em nome do Estado atividades que lhe são típicas, a onda de reformas que acometeu o mundo a partir da década de 1980 teve como mote a implementação de medidas de retração do Poder Público. Uma delas consistiu, justamente, em limitar a ação estatal direta a atividades exclusivas do Estado, sugerindo a execução das demais pelo setor privado.

Nesse toar, o processo de reposicionamento da terceirização enquanto prática estratégica de gestão em ambas as searas acompanhou as transformações globais ocorridas contemporaneamente. Não apenas isso, mas foi conduzido pelos mesmos interesses que propuseram mudanças ao modelo de organização produtiva vigente e ao próprio Estado, sendo-lhe estendidas, em outra via, muitas das críticas usualmente feitas ao cenário imposto.

Sucede que as diferentes perspectivas existentes se refletiram no próprio conceito pronunciado à terceirização por variadas áreas da Ciência, inclusive por doutrinadores de distintos ramos do Direito. Sob influência de realidades peculiares aos respectivos objetos de estudo, constatou-se certa dissenção conceitual, que, ao que tudo indica, se originou da inserção de elementos que não compõem a sua essência constitutiva.

Buscando deixar de lado fatores meramente acidentais, definimos a terceirização como *a transferência de uma ou mais atribuições direta ou indiretamente vinculadas a certo processo produtivo por ato voluntário de seu titular a outrem sem a perda do interesse direto em sua consecução*. Excluiu-se, portanto, qualquer alusão à sua relevância para a produção, à formação de parcerias, a vínculos de trabalho que venham a ser gerados e a ingredientes jurídicos concernentes ao tema.

À luz dessa enunciação vestibular, foi possível afirmar que a natureza jurídica da terceirização condiz com um fato jurídico voluntário passível de enquadramento na categoria dos negócios jurídicos. Consiste, assim, em ato jurídico voluntário cujos efeitos jurídicos provêm, em parte, da vontade inafastável da lei e, em outra, da vontade manifestada pelo agente, sendo desimportantes, nesse contexto, considerações a respeito de sua conformidade com o Direito ou de seus efeitos jurídicos.

Sob esses pressupostos, mostrou-se recomendável a adoção de uma acepção ampla do termo na órbita estatal, de modo a agasalhar toda e qualquer transferência voluntariamente promovida pelo Estado a um terceiro de uma ou mais atribuições ligadas direta ou indiretamente ao desempenho de alguma função estatal, desde que, com isso, não haja a perda da correspondente competência pelo ente governamental que detenha a sua titularidade. Restaram, pois, abarcados os trespasses envolvendo a mera execução material da atividade – aderente a uma usual acepção restrita do vocábulo – e, outrossim, aqueles que alcancem a gestão operacional e a gestão estratégica do serviço, ainda que venha a se pregar a sua ilicitude.

Nessa esteira, constatou-se que a terceirização no campo público pode emanar de diferentes espécies de negócios jurídicos, não se atendo aos contratos, em seu sentido mais estrito. Os convênios e algumas figuras correlatas, como os instrumentos de parceria com o Terceiro Setor, são frequentes veículos de fatos jurídicos terceirizantes, o que pode se dizer, igualmente, quanto às concessões, permissões e autorizações de serviços públicos.

Para além desses aspectos prefaciais, a primeira questão enfrentada sobre a licitude desses trespasses consistiu no obstáculo historicamente infligido às terceirizações de atividades-fim, que, no âmbito estatal, encontrava três diferentes sustentáculos: a Súmula nº 331, que decorreria de imperativo constitucional contrário a essa parcela do fenômeno; o artigo 37, inciso II, do Texto Fundamental, que estabelece a exigência do concurso público para a investidura de cargos e empregos públicos, e o artigo 1º do Decreto Federal nº 2.271/1997, que foi revogado, mas cuja dicção foi reintroduzida no recente artigo 48 da Lei Federal nº 14.133/2021.

Com aplicabilidade também ao setor privado, o óbice vestibular restou acertadamente afastado pela Reforma Trabalhista de 2017 e por decisões provenientes do Supremo Tribunal Federal que declararam inexistir embasamento constitucional para a divisão das terceirizações sob a dicotomia "atividades-fim" e "atividades-meio" com a intenção de aferir-lhes a licitude.

A realidade é que, no julgamento do RE nº 958.252, da ADPF nº 324 e, em seguida, da ADI nº 5.685 e de outras ações relevantes sobre o assunto, a Suprema Corte desfez o conto criado pelo Tribunal Superior do Trabalho de que a ordem jurídica superior seria contrária a essa metade do fenômeno. Além de não oferecer qualquer suporte normativo a essa cominação, a Constituição conduz a uma inteligência diametralmente oposta. Ao permitir a concessão, a permissão e a autorização de serviços públicos e, em seu artigo 197, que serviços públicos de saúde sejam executados por intermédio de terceiros, indiscutivelmente franqueou a terceirização de atividades-fim, inclusive, na esfera do Estado.

Por sua vez, o impedimento a esses trespasses com fulcro no artigo 37, inciso II, do Texto Maior encontra ainda maior dificuldade de ser perfilhado. De um lado, não existe em sua literalidade qualquer menção, mesmo que indireta ou implícita, às terceirizações de atividades-fim, quanto mais à sua vedação. De outro, a suscitação da norma somente fazia sentido sob uma lógica reflexa ao acolhimento da orientação trazida pela Súmula nº 331. Afinal, obstruída a segunda das alternativas "fazer ou comprar", restava apenas a primeira a ser seguida, o que, no caso do Estado, atraía a incidência da regra geral de recrutamento de pessoal, que é a via do concurso público, preconizada pela aludida norma. Tendo, contudo, sido afirmada a viabilidade das terceirizações das atividades-fim, restou desconstruída a premissa inicial, tornando insubsistente a consequente conclusão.

Finalmente, não se sustenta o terceiro empecilho originário da interpretação concedida à época ao disposto no artigo 1º do revogado Decreto Federal nº 2.271/1997, cuja redação foi incorporada ao artigo 48 da Lei Federal nº 14.133/2021. Isso porque não é adequado extrair da oração "poderão ser objeto de execução por terceiros as atividades materiais acessórias, instrumentais ou complementares aos assuntos que constituam área de competência legal do órgão ou da entidade"[816] uma anuência jurídica adstrita às terceirizações de atividades-meio, tampouco a ilicitude dos trespasses envolvendo atividades-fim.

Uma interpretação nessa linha poderia até ser razoável se os dispositivos só se referissem a atividades materiais acessórias. No entanto, a expressa afirmação da licitude de terceirizações de tarefas que sirvam de instrumentos ou de complementos à consecução das competências do órgão ou entidade desnuda a legitimidade de ambas as parcelas do fenômeno à luz do diploma revogado e, agora, da Lei Federal nº 14.133/2021. A única limitação que se impôs é que, sob a égide de seus regimes jurídicos, a execução por terceiros deve circunscrever-se a atividades meramente materiais; portanto, sem jamais implicar a transferência da gestão operacional ou da gestão estratégica do serviço.

Essas compreensões não significam defender que o artigo 37, inciso II, da Constituição não possa funcionar como baliza para medir a licitude das terceirizações realizadas pelos entes estatais. Todavia, uma possível infringência à norma concursal em decorrência de fatos terceirizantes precisa se pautar em elementos aderentes ao seu âmbito normativo.

Como ponto de partida, rememore-se que cargos, empregos e funções consistem em unidades de atribuições presentes nos quadros funcionais dos entes governamentais de direito público e, salvo os cargos, também nos quadros dos entes estatais de direito privado. Em todo o caso, há de se reconhecer que a letra do artigo 37, inciso II, do Texto Fundamental apenas abordou as figuras dos cargos e empregos, havendo, ainda, exceções expressas ao reclamo do prévio êxito em certame público para a ocupação dos postos laborais referidos.

Sem embargo, foi clara a intenção do Constituinte de 1988 de alterar a obscena realidade pregressa, de modo a instituir o caminho das provas públicas como a regra geral de ingresso nos quadros governamentais. Implica afirmar que, mesmo que o cotejo com a fria literalidade do enunciado não inspire essa conclusão, é possível haver ofensa à norma sob olhares mais acurados.

Considerando que a reivindicação concursal se volta textualmente ao provimento de cargos e empregos pertinentes ao Estado, pontuou-se ensejar uma violação *frontal* ao artigo 37, inciso II, da Constituição

---

[816] BRASIL. Lei nº 14.133, de 1º de abril de 2021.

todo fato jurídico que abstratamente autorize ou efetivamente consista em uma investidura que, não precedida de êxito em certame público, se refira a cargo ou emprego estatal cujo provimento não tenha sido excepcionado da norma constitucional ou, caso sediada em alguma cláusula de ressalva, não satisfaça todos os respectivos pressupostos.

De outra parte, afirmou-se tratar de uma violação *teleológica* todo fato jurídico que, sem visar ao provimento de cargo ou emprego estatal, profane o desígnio constitucional de tornar o concurso público a via geral de recrutamento de indivíduos para compor os quadros de pessoal do Estado. Não é admissível, pois, a criação de rotas alternativas que, desprezando o intento do Constituinte de 1988, ressuscitem parte do cenário anterior em que a porta de entrada para o serviço público era aberta conforme os interesses daquele que detinha as suas chaves.

Já uma violação *reflexa* foi acenada a todo fato jurídico terceirizante que verse sobre atividade reservada ao desempenho de servidores cujos postos laborais se submetam ao crivo concursal, independentemente de ser exclusiva de Estado. Daí o seu caráter reflexo: preliminarmente à proclamação da infração ao artigo 37, inciso II, do Texto Fundamental, é preciso assentar que, sob o olhar constitucional, certa tarefa deve ser executada por servidores estatais devidamente aprovados em concurso público e que, por esse motivo, a terceirização se apresenta ilícita.

Não obstante a controvérsia instalada sob a lupa de, ao menos, nove diferentes linhas de pensamento, defendeu-se o acolhimento da orientação temporal-funcional em sua feição relativa. De acordo com ela, aos agentes titulares de unidades funcionais de provimento perene a Constituição separou a realização dos afazeres que, alcançados pelos respectivos feixes de atribuições, visem a satisfazer necessidades permanentes dos entes estatais. Assim, deve ser considerada ilícita, a princípio, as terceirizações de atividades dedicadas a atender as demandas continuadas do Estado se existirem atribuições correlatas que tenham sido concedidas a cargos ou empregos efetivos.

Já a feição relativa sugerida reside na possibilidade de ser mitigada a barreira oriunda dessa avaliação preliminar e, em particular, do conflito material verificado entre o objeto do trespasse e o mencionado feixe de atribuições. Para tanto, impõe-se a prática de ato extintivo, total ou parcial, dirigido a desfazer o embate material em questão com a retirada da tarefa a ser externalizada do rol de competências das unidades de trabalho envolvidas.

A lógica é de todo simples: se o concurso público é etapa preambular não somente à ocupação formal dos cargos e empregos efetivos, mas ao próprio desempenho de suas atuais atribuições, a redução do conteúdo funcional de certo posto laboral reduz, por conseguinte, o âmbito de pertinência da exigência do concurso público, de maneira que, em relação à parcela suprimida, torna-se impossível a ocorrência de infração à norma.

Nesse contexto, a inovação advinda da EC nº 32/2001 deve auferir especial registro. Segundo a redação conferida ao artigo 84, inciso VI, alínea *b*, da Constituição, esse ato extintivo pode derivar de deliberação autônoma de autoridade superior da Administração Pública, ou a quem se tenha delegado essa competência, desde que a unidade funcional esteja vaga. Mais do que isso, viabilizou a instauração, por ato distanciado do Parlamento, de um processo de extinção de cargos, empregos e funções à medida que se derem as suas vacâncias, de modo a substituir paulatinamente a execução direta de certo mister pela sua realização terceirizada. Nesse caso, exige-se adicionalmente apenas que se tenha como horizonte o desaparecimento da desavença material antes identificada.

Com fundamento nessa compreensão imanente à norma concursal, foram elencados diferentes e sucessivos campos de análise para ser aferida a ilicitude dos trespasses implementados por entes estatais, iniciando-se, porém, de um singelo passo atrás. Pelo elemento positivo, cumpre ver, inicialmente, se há mandamento constitucional que obrigue a terceirização de certo labor. Já pelo elemento negativo, deve-se avaliar se a tarefa é exclusiva de Estado e, sob essa perspectiva, se o trespasse está aprioristicamente proibido.

Ultrapassadas essas fronteiras iniciais, impõe-se a apreciação dos elementos inerentes ao exame das violações reflexas à exigência do concurso público. Pelo elemento temporal, deve-se identificar o caráter transitório ou permanente da necessidade a ser atendida. Pelo elemento funcional, há de ser pesquisada eventual correspondência material entre o objeto da cogitada terceirização e as atribuições de cargos ou empregos efetivos existentes no respectivo ente estatal. Caso isso se constate, o elemento político-organizacional entra em cena, recomendando investigar se há um ato extinto, total ou parcial, que tenha se dedicado a eliminar o embate material erguido sob o parâmetro funcional.

Caso se mantenha viável o trespasse, encontra espaço a averiguação imanente aos elementos autolimitativo, discricionário e conformativo. Pelo primeiro, impende desvendar decisões da própria Administração Pública que tenham estabelecido autocontenções direcionadas à terceirização de certas atividades. Pelo segundo, deve-se ver se o trespasse é a melhor alternativa a ser adotada diante das particularidades concretas. Finalmente, sempre que se concluir, à luz das análises precedentes, pela licitude da exteriorização da tarefa, os contornos jurídico-formais previstos pela legislação aos variados instrumentos terceirizantes concebidos para a órbita estatal devem, ainda, ser observados.

Parametrizado esse didático roteiro, foi possível julgar a adequação jurídica dos artigos 3º e 4º do Decreto Federal nº 9.507/2018 em face da Constituição Federal, notadamente para além da pertinente crítica quanto à indevida intromissão do Chefe do Poder Executivo da União em matéria da mais íntima gestão de entes administrativos federais dotados de autonomia.

No que tange ao artigo 3º do Decreto Federal nº 9.507/2018, percebeu-se a necessidade de conceder-lhe interpretação conforme a Constituição em relação a quatro aspectos. Inicialmente, o elenco de atividades exclusivas de Estado indicado no inciso III, cuja terceirização é tida como ilícita, deve ser enxergado como meramente exemplificativo. No tocante ao inciso IV, o ato extintivo apto a autorizar a mitigação do óbice derivado do conflito material entre o objeto do trespasse e o rol de atribuição de certos postos funcionais deve imperiosamente visar à eliminação, mesmo que paulatina, desse embate material. Ademais, a expressão "exceto disposição legal em contrário"[817] somente pode ser entendida como um ato extintivo provindo do Parlamento que, respeitadas as regras de iniciativa legislativa, tenha como horizonte abolir a desavença material. Finalmente, no campo residual deixado para o inciso II, a sua prescrição deve ser considerada como simples ordem preferencial em desfavor do trespasse em face de outras opções concretas.

De forma semelhante, o artigo 4º do Decreto Federal nº 9.507/2018 demanda alguns ajustes. Primeiramente, se as empresas estatais estiverem incumbidas de tarefas exclusivas de Estado, há de se reconhecer a presença de um obstáculo à terceirização, nos moldes apontados para o artigo 3º. Por outro lado, em caso de demandas permanentes cuja atividade se confunda com atribuições de empregos perenes, as situações descritas nos incisos III e IV apenas podem dar azo a trespasses lícitos se tiver havido a prática anterior de um ato supressivo, total ou parcial, que tenha se voltado a eliminar o conflito material entre as referidas atribuições e a tarefa a ser exteriorizada.

Se a localização de respostas à indagação atinente aos perímetros de licitude das terceirizações na órbita estatal requereu cuidados quanto a nuances pertinentes a uma área pouco explorada pela doutrina, a

---

[817] BRASIL. Decreto nº 9.507, de 21 de setembro de 2018.

elucidação de aspectos próprios à sua eficácia jurídica postulou atenção a minúcias tratadas de maneiras diferentes por variadas visões já plenamente estabelecidas.

Sob a perspectiva laboral, firmou-se que, de acordo com a orientação vinculante emanada do Supremo Tribunal Federal em razão do julgamento da ADC nº 16 e do RE nº 760.931, a Administração Pública não tem responsabilidade contratual por obrigações trabalhistas inadimplidas pela terceirizada. Postula nessa direção a declaração de constitucionalidade do artigo 71, § 1º, da Lei Federal nº 8.666/1993, cuja intelecção deve ser estendida às demais legislações supervenientes que versaram sobre o tema no mesmo sentido.

Nada obsta, entretanto, que os entes estatais sejam responsabilizados sob a ótica extracontratual com fundamento no artigo 37, § 6º, da Constituição, caso preenchidos os seus pressupostos. Mormente quando diante de condutas omissivas culposas ocorridas durante a seleção do terceiro (culpa *in eligendo*) ou quanto ao cumprimento do dever de fiscalização do adimplemento pelo terceiro de suas obrigações trabalhistas (culpa *in vigilando*), viu-se ser possível a responsabilização do ente estatal por danos suportados pelo trabalhador, desde que haja nexo de causalidade entre cada dano indicado e a aventada abstenção estatal. Cuida-se de responsabilidade de feição subsidiária, em conformidade com o Supremo Tribunal Federal.

A Lei Federal nº 14.133/2021 trouxe discreta, porém relevante, modificação em relação ao regime previsto na Lei Federal nº 8.666/1993. Ao que tudo indica, o seu artigo 121, § 2º, reduziu o campo em que se conferia ao Estado o referido dever de fiscalização, pois, agora, ele guarda pertinência tão só com as "contratações de serviços contínuos com regime de dedicação exclusiva de mão de obra".[818] Por conseguinte, não há mais de se cogitar, nos demais casos, de culpa *in vigilando* pelo simples fato de que não subsiste um dever de fiscalização que, portanto, seja passível de ser descumprido pelo Poder Público.

Ainda na seara juslaboral, viu-se ser impossível reconhecer ao trabalhador terceirizado a existência de vínculo empregatício com a Administração Pública, mesmo que a terceirização seja ilícita ou que tenha servido de simulacro a uma intermediação de mão de obra. É dizer que a formação de relação de emprego diretamente com o Poder Público não tem lugar no plano da eficácia jurídica dos negócios terceirizantes – lícitos, ilícitos ou fraudulentos – perpetrados pelos

---

[818] BRASIL. Lei nº 14.133, de 1º de abril de 2021.

entes estatais. Em verdade, o disposto no artigo 37, inciso II, e § 2º da Constituição rechaça qualquer cogitação em caminho contrário.

Sem embargo, se caracterizada uma terceirização fraudulenta que tenha servido de veículo para uma intermediação de mão de obra, deve ser reconhecido ao trabalhador o direito à percepção dos valores pecuniários a que faria jus em qualquer hipótese de admissão irregular de servidor pelo Estado, nos termos assentados pelo STF no julgamento paradigma do RE nº 705.140 e pelo TST em sua Súmula nº 363. Essa mesma dicção deve ser infligida a casos de desvio de função de trabalhadores terceirizados que passem a exercer o seu labor com subordinação e pessoalidade em relação à Administração Pública, aplicando-se, também a essas situações, a jurisprudência consolidada na Súmula nº 378 do STJ.

Quanto às demais perspectivas eficaciais destacadas, constatou-se que os entes estatais não detêm responsabilidade de cunho contratual pelo adimplemento de obrigações comerciais e fiscais assumidas pela terceirizada. Já no que toca às obrigações previdenciárias, exige-se do Poder Público a retenção na fonte de 11% do valor bruto da nota fiscal ou da fatura quando a prestação do serviço envolver cessão de mão de obra. Sem prejuízo, responde solidariamente se houver falha na fiscalização do cumprimento pela terceirizada de suas obrigações previdenciárias, ao menos sob a égide do novo artigo 121, § 2º, da Lei Federal nº 14.133/2021. Verifica-se, porém, que igual regramento não foi estabelecido no bojo das Leis Federais nºs 13.019/2014 e 13.303/2016.

Ao mesmo tempo, é certo que a terceirizada é responsável pelos danos que venha a provocar a terceiros. Já a Administração Pública somente responde por esses danos se houver vínculo direto com a prestação da atividade pública. A natureza dessa responsabilidade deve ser tida, em regra, como meramente subsidiária, salvo se, com fulcro no artigo 942 do Código Civil, houver algum ato estatal que justifique a concomitante alocação do Estado no lugar de autor direto do dano.

Ademais, foi destacada a eficácia jurídica das terceirizações sob a ótica financeira, ante o disposto no artigo 18, § 1º, da LRF. Considerando a sua redação e a sua finalidade intrínseca, entendeu-se ser cogente considerar como "despesas com pessoal" todos os gastos decorrentes de negócios jurídicos, inclusive os de natureza terceirizante, que funcionem como canal para que empregados de terceiros concretizem tarefas que deveriam ser efetivadas por servidores.

Ao final, salientou-se que os fatos terceirizantes ilícitos produzem, ainda, um relevante efeito pertinente a candidatos aprovados em concurso público que, posicionados fora do número de vagas previsto no edital, não tenham sido nomeados. Caso haja uma terceirização da qual se depreenda a existência de uma necessidade que justifique o ingresso permanente de um novo servidor e se a atividade correlata estiver abrangida pelas atribuições do posto laboral indicado para a competição pública, passa o candidato a ter direito à nomeação. Nessa medida, concede-se inequívoca importância à demonstração da violação reflexa à exigência concursal, especialmente sob o crivo dos elementos temporal e funcional.

A realidade é que, como qualquer outro fato jurídico, a conformidade ou a desconformidade dos negócios terceirizantes implementados na órbita do Estado com o Direito depende fundamentalmente do que prediz o ordenamento. Aliás, em nada diferem os vários aspectos atinentes à sua eficácia jurídica. Seja considerando-os lícitos ou ilícitos, os efeitos deles surtidos provêm do que estipula o Direito e, ao menos em parte, do que dispõe a legislação.

Infelizmente, boa parte das reflexões jurídicas apresentadas nas últimas décadas se concentrou em parcela bastante reduzida dessas questões, seja quanto ao campo da licitude dos trespasses promovidos pelo Estado, seja para construir soluções que, voltadas ao plano da eficácia jurídica, mais adequadamente dialoguem com os interesses dos diferentes atores sociais e, sobretudo, com os múltiplos valores preconizados pela Constituição. Espera-se que, em alguma medida, tenhamos conseguido estimular esses debates.

REFERÊNCIAS

ABDALA, Vantuil. Terceirização: normatização – questionamentos. *Revista do Tribunal Superior do Trabalho*, Brasília, v. 74, n. 4, p. 17-25, out./dez. 2008. Disponível em: https://juslaboris.tst.jus.br/handle/20.500.12178/5381. Acesso em: 18 nov. 2023.

ALBAN, Marcus. A reconfiguração automotiva e seus impactos espaciais: uma análise do caso brasileiro. *Organizações & Sociedade*, Salvador, v. 9, n. 24, p. 103-114, maio/ago. 2002. Disponível em: https://www.scielo.br/j/osoc/a/rH9SjDsbhL4bc6zsYMvnWnQ/?lang=pt. Acesso em: 18 nov. 2023.

ALBAN, Marcus. Automação flexível: o ocaso do taylorismo fordismo e a supremacia do toyotismo. *Organizações & Sociedade*, Salvador, v. 6, n. 15, p. 71-82, maio/ago. 1999. Disponível em: https://www.scielo.br/j/osoc/a/tz7T77mXv5Cbx44gSK3PjrF/?lang=pt. Acesso em: 18 nov. 2023.

ALEXY, Robert. *Teoria de los derechos fundamentales*. Madrid: Centro de Estúdios Constitucionales, 1997.

AMORIM, Helder Santos. A inconstitucionalidade da terceirização sem limites. *In*: FIGUEIREDO, Bruno Reis de; HAZAN, Ellen Mara Ferraz (coord.). *Alguns aspectos sobre terceirização*. Belo Horizonte: RTM, 2014. p. 101-118.

AMORIM, Helder Santos. A terceirização na reforma trabalhista. *Revista do Tribunal Superior do Trabalho*, São Paulo, v. 83, n. 4, p. 156-183, out./dez. 2017. Disponível em: https://juslaboris.tst.jus.br/handle/20.500.12178/127870. Acesso em: 18 nov. 2023.

AMORIM, Helder Santos. *Terceirização no serviço público*: uma análise à luz da nova hermenêutica constitucional. São Paulo: LTr, 2009.

ANAMATRA. Enunciado nº 75. 2ª Jornada de Direito Material e Processual do Trabalho (2017). *XIX Congresso Nacional dos Magistrados da Justiça do Trabalho* (Conamat 2018). Brasília, DF. Disponível em: https://www.anamatra.org.br/attachments/article/27175/livreto_RT_Jornada_19_Conamat_site.pdf. Acesso em: 18 nov. 2023.

ANASTASIA, Antônio Augusto Junho. *Regime jurídico único do servidor público*. Belo Horizonte: Del Rey, 1990.

ANDRADE, Daniel Pereira. O que é o neoliberalismo? A renovação do debate nas ciências sociais. *Revista Sociedade e Estado*, v. 34, n. 1, p. 211-239, jan./abr. 2019. Disponível em: https://www.scielo.br/j/se/a/RyfDLystcfKXNSPTLpsCnZp/?lang=pt. Acesso em: 18 nov. 2023.

ANTINARELLI, Mônica Ellen Pinto Bezerra. *In*: SARAI, Leandro (org.). *Tratado da Nova Lei de Licitações e Contratos Administrativos*: Lei 14.133/21 comentada por advogados públicos. São Paulo: JusPodivm, 2021. p. 1.190-1.196.

ANTUNES, Ricardo. *Adeus ao trabalho?* Ensaio sobre as metamorfoses e a centralidade do mundo do trabalho. 11. ed. São Paulo: Cortez; Campinas: Universidade Estadual de Campinas, 2006.

ARABI, Abhner Youssif Mota; ARAÚJO, Valter Shuenquener de. *Terceirização*: uma leitura constitucional e administrativa. Belo Horizonte: Fórum, 2018.

AUGUSTO JUNIOR, Fausto; SILVA, Liliane Maria Barbosa da; ALMEIDA, Max Leno de; SILVA, Patrícia Pereira da. Terceirização no setor público brasileiro. *In*: DAU, Denise Motta; RODRIGUES, Iram Jácome; CONCEIÇÃO, Jefferson José da (org.). *Terceirização no Brasil*: do discurso da inovação à precarização do trabalho (atualização do debate e perspectivas). São Paulo: Annablume, CUT, 2009. p. 107-126.

ÁVILA, Humberto. *Teoria dos princípios*: da definição à aplicação dos princípios jurídicos. 20. ed. São Paulo: Malheiros, 2021.

BACELLAR FILHO, Romeu Felipe. O concurso público e o processo administrativo. *In*: MOTTA, Fabrício (coord.). *Concurso público e Constituição*. Belo Horizonte: Fórum, 2007. p. 73-89.

BARROS, Alice Monteiro de. *Curso de direito do trabalho*. 8. ed. São Paulo: LTr, 2012.

BASSO, Guilherme Mastrichi. Terceirização e mundo globalizado: o encadeamento produtivo e a complementaridade de serviços como potencializadores da formalização de contratos. *Revista do Tribunal Superior do Trabalho*, Brasília, v. 74, n. 4, p. 89-116, out./dez. 2008. Disponível em: https://juslaboris.tst.jus.br/handle/20.500.12178/5381. Acesso em: 18 nov. 2023.

BATISTA JÚNIOR, Onofre Alves. *O outro Leviatã e a corrida ao fundo do poço*. São Paulo: Almedina, 2015.

BATISTA, Erika. Fordismo, taylorismo e toyotismo: apontamentos sobre suas rupturas e continuidades. *In*: SIMPÓSIO LUTAS SOCIAIS NA AMÉRICA LATINA, III. Anais... Disponível em: http://www.uel.br/grupo-pesquisa/gepal/terceirosimposio/erika_batista. pdf. Acesso em: 18 nov. 2023.

BERTONCINI, Mateus; SIMÃO, Isabella Calabrese. A terceirização no âmbito da administração pública federal: o Decreto 9.507/2018 é constitucional? *Revista Brasileira de Direito*, Passo Fundo, v. 15, n. 2, p. 173-196, maio/ago. 2019. Disponível em: https://seer.atitus.edu.br/index.php/revistadedireito/issue/view/170. Acesso em: 18 nov. 2023.

BICALHO, Alécia Paolucci Nogueira. *Desestatizações*: privatizações, delegações, desinvestimentos e parcerias. Belo Horizonte: Fórum, 2019.

BOBBIO, Norberto. *Estado, governo, sociedade*: para uma teoria geral da política. Tradução de Marco Aurélio Nogueira. Rio de Janeiro: Paz e Terra, 1987.

BOBBIO, Norberto. *Teoria do ordenamento jurídico*. Tradução de Ari Marcelo Solon. 2. ed. São Paulo: Edipro, 2014.

BONAVIDES, Paulo. *Do estado liberal ao estado social*. 11. ed. São Paulo: Malheiros, 2014.

BRANDÃO, Paulo de Tarso. *A tutela judicial dos "novos" direitos*: em busca de uma efetividade para os direitos típicos da cidadania. 2000. Tese (Doutorado em Direito) – Universidade Federal de Santa Catarina, Florianópolis, 2000. Disponível em: https://repositorio.ufsc.br/handle/123456789/79158. Acesso em: 18 nov. 2023.

BRASIL. Plano Diretor da Reforma do Aparelho do Estado. Brasília: Presidência da República, Câmara da Reforma do Estado, Ministério da Administração Federal e Reforma do Estado, 1995. Disponível em: http://www.biblioteca.presidencia.gov.br/publicacoes-oficiais/catalogo/fhc/plano-diretor-da-reforma-do-aparelho-do-estado-1995. pdf. Acesso em: 18 nov. 2023.

BRASIL. Constituição da República dos Estados Unidos do Brasil, de 16 de junho de 1934. Disponível em: http://www.planalto.gov.br/ccivil_03/constituicao/constituicao34. htm. Acesso em: 18 nov. 2023.

BRASIL. Constituição da República Federativa do Brasil de 1988, de 5 de outubro de 1988. Disponível em: http://www.planalto.gov.br/ccivil_03/constituicao/constituicao. htm. Acesso em: 18 nov. 2023.

BRASIL. Constituição dos Estados Unidos do Brasil, de 18 de setembro de 1946. Disponível em: http://www.planalto.gov.br/ccivil_03/constituicao/constituicao46.htm. Acesso em: 18 nov. 2023.

BRASIL. Decreto nº 2.271, de 7 de julho de 1997. Disponível em: http://www.planalto. gov.br/ccivil_03/decreto/d2271.htm. Acesso em: 18 nov. 2023.

BRASIL. Decreto nº 9.507, de 21 de setembro de 2018. Disponível em: http://www.planalto. gov.br/ccivil_03/_ato2015-2018/2018/decreto/D9507.htm. Acesso em: 18 nov. 2023.

BRASIL. Decreto nº 74.448, de 22 de agosto de 1974. Disponível em: http://www.planalto. gov.br/ccivil_03/Atos/decretos/1974/D74448.html. Acesso em: 18 nov. 2023.

BRASIL. Decreto nº 86.215, de 15 de julho de 1981. Disponível em: https://www2.camara. leg.br/legin/fed/decret/1980-1987/decreto-86215-15-julho-1981-435410-publicacaooriginal-1-pe.html. Acesso em: 18 nov. 2023.

BRASIL. Decreto-Lei nº 200, de 25 de fevereiro de 1967. Disponível em: http://www. planalto.gov.br/ccivil_03/decreto-lei/del0200.htm. Acesso em: 18 nov. 2023.

BRASIL. Decreto-Lei nº 2.300, de 21 de novembro de 1986. Disponível em: http://www. planalto.gov.br/ccivil_03/decreto-lei/Del2300-86.htm. Acesso em: 18 nov. 2023.

BRASIL. Decreto-Lei nº 5.452, de 1º de maio de 1943. Disponível em: http://www.planalto. gov.br/ccivil_03/decreto-lei/del5452.htm. Acesso em: 18 nov. 2023.

BRASIL. Emenda Constituição nº 01, de 17 de outubro de 1969. Disponível em: http:// www.planalto.gov.br/ccivil_03/constituicao/emendas/emc_anterior1988/emc01-69.htm. Acesso em: 18 nov. 2023.

BRASIL. Lei Complementar nº 101, de 4 de maio de 2000. Disponível em: http://www. planalto.gov.br/ccivil_03/leis/lcp/lcp101.htm. Acesso em: 18 nov. 2023.

BRASIL. Lei nº 5.645, de 10 de dezembro de 1970. Disponível em: http://www.planalto. gov.br/ccivil_03/leis/L5645.htm. Acesso em: 18 nov. 2023.

BRASIL. Lei nº 5.764, de 16 de dezembro de 1971. Disponível em: http://www.planalto. gov.br/ccivil_03/leis/l5764.htm. Acesso em: 18 nov. 2023.

BRASIL. Lei nº 5.878, de 11 de maio de 1973. Disponível em: http://www.planalto.gov. br/ccivil_03/leis/l5878.htm. Acesso em: 18 nov. 2023.

BRASIL. Lei nº 6.019, de 3 de janeiro de 1974. Disponível em: http://www.planalto.gov. br/ccivil_03/leis/l6019.htm. Acesso em: 18 nov. 2023.

BRASIL. Lei nº 6.185, de 11 de dezembro de 1974. Disponível em: http://www.planalto. gov.br/ccivil_03/leis/1970-1979/l6185.htm. Acesso em: 18 nov. 2023.

BRASIL. Lei nº 8.031, de 12 de abril de 1990. Disponível em: http://www.planalto.gov. br/ccivil_03/leis/L8031.htm. Acesso em: 18 nov. 2023.

BRASIL. Lei nº 8.666, de 21 de junho de 1993. Disponível em: http://www.planalto.gov. br/ccivil_03/leis/l8666cons.htm. Acesso em: 18 nov. 2023.

BRASIL. Lei nº 8.987, de 13 de fevereiro de 1995. Disponível em: http://www.planalto. gov.br/ccivil_03/leis/l8987cons.htm. Acesso em: 18 nov. 2023.

BRASIL. Lei nº 9.868, de 10 de novembro de 1999. Disponível em: http://www.planalto. gov.br/ccivil_03/leis/l9868.htm. Acesso em: 18 nov. 2023.

BRASIL. Lei nº 10.406, de 10 de janeiro de 2002. Disponível em: http://www.planalto.gov. br/ccivil_03/leis/2002/l10406compilada.htm. Acesso em: 18 nov. 2023.

BRASIL. Lei nº 11.107, de 6 de abril de 2005. Disponível em: http://www.planalto.gov. br/ccivil_03/_ato2004-2006/2005/lei/l11107.htm. Acesso em: 18 nov. 2023.

BRASIL. Lei nº 11.350, de 5 de outubro de 2006. Disponível em: http://www.planalto.gov. br/ccivil_03/_ato2004-2006/2006/lei/l11350.htm. Acesso em: 18 nov. 2023.

BRASIL. Lei nº 11.442, de 5 de janeiro de 2007. Disponível em: http://www.planalto.gov. br/ccivil_03/_ato2007-2010/2007/lei/l11442.htm. Acesso em: 18 nov. 2023.

BRASIL. Lei nº 11.768, de 14 de agosto de 2008. Disponível em: http://www.planalto.gov. br/ccivil_03/_ato2007-2010/2008/lei/l11768.htm. Acesso em: 18 nov. 2023.

BRASIL. Lei nº 13.303, de 30 de junho de 2016. Disponível em: http://www.planalto.gov. br/ccivil_03/_ato2015-2018/2016/lei/l13303.htm. Acesso em: 18 nov. 2023.

BRASIL. Lei nº 14.133, de 1º de abril de 2021. Disponível em: http://www.planalto.gov. br/ccivil_03/_ato2019-2022/2021/lei/L14133.htm. Acesso em: 18 nov. 2023.

BRASIL. Superior Tribunal de Justiça. Súmula nº 378. Brasília, DF. Disponível em: https://www.stj.jus.br/sites/portalp/Inicio. Acesso em: 18 nov. 2023.

BRASIL. Supremo Tribunal Federal. ADC 16, Rel. Cezar Peluso, Tribunal Pleno, j. 24-11-2010, DJe-173, Divulg 08-09-2011, Public 09-09-2011. Brasília, DF. Disponível em: http://portal.stf.jus.br/. Acesso em: 18 nov. 2023.

BRASIL. Supremo Tribunal Federal. ADC 26, Rel. Edson Fachin, Tribunal Pleno, j. 23-08-2018, Processo Eletrônico, DJe-195, Divulg 06-09-2019, Public 09-09-2019. Brasília, DF. Disponível em: http://portal.stf.jus.br/. Acesso em: 18 nov. 2023.

BRASIL. Supremo Tribunal Federal. ADI 2.238 MC, Rel. Ilmar Galvão, Tribunal Pleno, j. 09-08-2007, DJe-172, Divulg 11-09-2008, Public 12-09-2008. Brasília, DF. Disponível em: http://portal.stf.jus.br/. Acesso em: 18 nov. 2023.

BRASIL. Supremo Tribunal Federal. ADI 2.931, Rel. Carlos Britto, Tribunal Pleno, j. 24-02-2005, DJ 29-09-2006. Brasília, DF. Disponível em: http://portal.stf.jus.br/. Acesso em: 18 nov. 2023.

BRASIL. Supremo Tribunal Federal. ADI 2.987, Rel. Sepúlveda Pertence, Tribunal Pleno, j. 19-02-2004, DJ 02-04-2004. Brasília, DF. Disponível em: http://portal.stf.jus.br/. Acesso em: 18 nov. 2023.

BRASIL. Supremo Tribunal Federal. ADI 3.210, Rel. Carlos Velloso, Tribunal Pleno, j. 11-11-2004, DJ 03-12-2004. Brasília, DF. Disponível em: http://portal.stf.jus.br/. Acesso em: 18 nov. 2023.

BRASIL. Supremo Tribunal Federal. ADI 3.247, Rel. Cármen Lúcia, Tribunal Pleno, j. 26-03-2014, Acórdão Eletrônico, DJe-158, Divulg 15-08-2014, Public 18-08-2014. Brasília, DF. Disponível em: http://portal.stf.jus.br/. Acesso em: 18 nov. 2023.

BRASIL. Supremo Tribunal Federal. ADI 3.386, Rel. Cármen Lúcia, Tribunal Pleno, j. 14-04-2011, DJe-162, Divulg 23-08-2011, Public 24-08-2011. Brasília, DF. Disponível em: http://portal.stf.jus.br/. Acesso em: 18 nov. 2023.

BRASIL. Supremo Tribunal Federal. ADI 4.968, Rel. Rosa Weber, Tribunal Pleno, j. 21-02-2022, Processo Eletrônico, DJe-042, Divulg 04-03-2022, Public 07-03-2022. Brasília, DF. Disponível em: http://portal.stf.jus.br/. Acesso em: 18 nov. 2023.

BRASIL. Supremo Tribunal Federal. ADI 5.367, Rel. Cármen Lúcia, Rel. p/ Acórdão: Alexandre de Moraes, Tribunal Pleno, j. 08-09-2020, Processo Eletrônico, DJe-272, Divulg 13-11-2020, Public 16-11-2020. Brasília, DF. Disponível em: http://portal.stf.jus.br/. Acesso em: 18 nov. 2023.

BRASIL. Supremo Tribunal Federal. ADI 5.615, Rel. Alexandre de Moraes, Tribunal Pleno, j. 29-05-2020, Processo Eletrônico, DJe-169, Divulg 03-07-2020, Public 06-07-2020. Brasília, DF. Disponível em: http://portal.stf.jus.br/. Acesso em: 18 nov. 2023.

BRASIL. Supremo Tribunal Federal. ADI 5.685, Rel. Gilmar Mendes, Tribunal Pleno, j. 16-06-2020, Processo Eletrônico, DJe-208, Divulg 20-08-2020, Public 21-08-2020. Brasília, DF. Disponível em: http://portal.stf.jus.br/. Acesso em: 18 nov. 2023.

BRASIL. Supremo Tribunal Federal. ADPF 324, Rel. Roberto Barroso, Tribunal Pleno, j. 30-08-2018, Processo Eletrônico, DJe-194, Divulg 05-09-2019, Public 06-09-2019. Brasília, DF. Disponível em: http://portal.stf.jus.br/. Acesso em: 18 nov. 2023.

BRASIL. Supremo Tribunal Federal. AI 721.230, Rel. Roberto Barroso, Decisão Monocrática, j. 13-11-2018, Public 05-12-2018. Brasília, DF. Disponível em: http://portal.stf.jus.br/. Acesso em: 18 nov. 2023.

BRASIL. Supremo Tribunal Federal. MS 21.322, Rel. Paulo Brossard, Tribunal Pleno, j. 03-12-1992, DJ 23-04-1993. Brasília, DF. Disponível em: http://portal.stf.jus.br/. Acesso em: 18 nov. 2023.

BRASIL. Supremo Tribunal Federal. MS 22.357, Rel. Gilmar Mendes, Tribunal Pleno, j. 27-05-2004, DJ 05-11-2004. Brasília, DF. Disponível em: http://portal.stf.jus.br/. Acesso em: 18 nov. 2023.

BRASIL. Supremo Tribunal Federal. MS 33.064 AgR, Rel. Luiz Fux, Tribunal Pleno, j. 15-09-2017, Processo Eletrônico, DJe-232, Divulg 09-10-2017, Public 10-10-2017. Brasília, DF. Disponível em: http://portal.stf.jus.br/. Acesso em: 18 nov. 2023.

BRASIL. Supremo Tribunal Federal. RE 116.044, Rel. Djaci Falcão, Segunda Turma, j. 08-11-1988, DJ 09-12-1988. Brasília, DF. Disponível em: http://portal.stf.jus.br/. Acesso em: 18 nov. 2023.

BRASIL. Supremo Tribunal Federal. RE 167.635, Rel. Maurício Corrêa, Segunda Turma, j. 17-09-1996, DJ 07-02-1997. Brasília, DF. Disponível em: http://portal.stf.jus.br/. Acesso em: 18 nov. 2023.

BRASIL. Supremo Tribunal Federal. RE 356.612 AgR, Rel. Joaquim Barbosa, Segunda Turma, j. 31-08-2010, DJe-218, Divulg 12-11-2010, Public 16-11-2010. Brasília, DF. Disponível em: http://portal.stf.jus.br/. Acesso em: 18 nov. 2023.

BRASIL. Supremo Tribunal Federal. RE 598.099, Rel. Gilmar Mendes, Tribunal Pleno, j. 10-08-2011, Repercussão Geral – Mérito, DJe-189, Divulg 30-09-2011, Public 03-10-2011. Brasília, DF. Disponível em: http://portal.stf.jus.br/. Acesso em: 18 nov. 2023.

BRASIL. Supremo Tribunal Federal. RE 705.140, Rel. Teori Zavascki, Tribunal Pleno, j. 28-08-2014, Acórdão Eletrônico. Repercussão Geral – Mérito, DJe-217, Divulg 04-11-2014, Public 05-11-2014, RTJ VOL-00230-01, PP-00646. Brasília, DF. Disponível em: http://portal.stf.jus.br/. Acesso em: 18 nov. 2023.

BRASIL. Supremo Tribunal Federal. RE 760.931, Rel. Rosa Weber, Rel. p/ Acórdão: Luiz Fux, Tribunal Pleno, j. 26-04-2017. Processo Eletrônico, Repercussão Geral – Mérito, DJe-206, Divulg 11-09-2017, Public 12-09-2017. Brasília, DF. Disponível em: http://portal.stf.jus.br/. Acesso em: 18 nov. 2023.

BRASIL. Supremo Tribunal Federal. RE 837.311, Rel. Luiz Fux, Tribunal Pleno, j. 09-12-2015, Processo Eletrônico, Repercussão Geral – Mérito. DJe-072, Divulg 15-04-2016, Public 18-04-2016. Brasília, DF. Disponível em: http://portal.stf.jus.br/. Acesso em: 18 nov. 2023.

BRASIL. Supremo Tribunal Federal. RE 958.252, Rel. Luiz Fux, Tribunal Pleno, j. 30-08-2018, Processo Eletrônico, Repercussão Geral – Mérito, DJe-199, Divulg 12-09-2019, Public 13-09-2019. Brasília, DF. Disponível em: http://portal.stf.jus.br/. Acesso em: 18 nov. 2023.

BRASIL. Supremo Tribunal Federal. RE 1.041.210 RG, Rel. Dias Toffoli, Tribunal Pleno, j. 27-09-2018, Processo Eletrônico, Repercussão Geral – Mérito, DJe-107, Divulg 21-05-2019, Public 22-05-2019. Brasília, DF. Disponível em: http://portal.stf.jus.br/. Acesso em: 18 nov. 2023.

BRASIL. Supremo Tribunal Federal. SL 1.215 AgR, Rel. Dias Toffoli (Presidente), Tribunal Pleno, j. 08-09-2020, Processo Eletrônico, DJe-254, Divulg 20-10-2020, Public 21-10-2020. Brasília, DF. Disponível em: http://portal.stf.jus.br/. Acesso em: 18 nov. 2023.

BRASIL. Supremo Tribunal Federal. SL 898 AgR, Rel. Dias Toffoli (Presidente), Tribunal Pleno, j. 29-04-2019, Processo Eletrônico, DJe-102, Divulg 15-05-2019, Public 16-05-2019. Brasília, DF. Disponível em: http://portal.stf.jus.br/. Acesso em: 18 nov. 2023.

BRASIL. Supremo Tribunal Federal. Súmula nº 16. Disponível em: http://portal.stf.jus.br/. Acesso em: 18 nov. 2023.

BRASIL. Supremo Tribunal Federal. Súmula Vinculante nº 43. Brasília, DF. Disponível em: http://portal.stf.jus.br/. Acesso em: 18 nov. 2023.

BRASIL. Tribunal de Contas da União. Acórdão nº 16/2003, Rel. Benjamin Zymler, Segunda Câmara. Data da Sessão: 23-01-2003. Brasília, DF. Disponível em: https://portal.tcu.gov.br/inicio/. Acesso em: 18 nov. 2023.

BRASIL. Tribunal de Contas da União. Acórdão nº 97/2008, Rel. Benjamin Zymler, Plenário. Data da Sessão: 30-01-2008. Brasília, DF. Disponível em: https://portal.tcu.gov.br/inicio/. Acesso em: 18 nov. 2023.

BRASIL. Tribunal de Contas da União. Acórdão nº 99/2001, Rel. Adylson Motta, Plenário. Data da Sessão: 09-05-2001. Brasília, DF. Disponível em: https://portal.tcu.gov.br/inicio/. Acesso em: 18 nov. 2023.

BRASIL. Tribunal de Contas da União. Acórdão nº 352/2016, Rel. Marcos Bemquerer, Plenário. Data da Sessão: 24-02-2016. Brasília, DF. Disponível em: https://portal.tcu.gov.br/inicio/. Acesso em: 18 nov. 2023.

BRASIL. Tribunal de Contas da União. Acórdão nº 418/2012, Rel. Raimundo Carreiro, Plenário. Data da Sessão: 29-02-2012. Brasília, DF. Disponível em: https://portal.tcu.gov.br/inicio/. Acesso em: 18 nov. 2023.

BRASIL. Tribunal de Contas da União. Acórdão nº 1.249/2012, Rel. Marcos Bemquerer, Plenário. Data da Sessão: 23-05-2012. Brasília, DF. Disponível em: https://portal.tcu.gov.br/inicio/. Acesso em: 18 nov. 2023.

BRASIL. Tribunal de Contas da União. Acórdão nº 1.515/2009, Rel. Walton Alencar Rodrigues, Segunda Câmara. Data da Sessão: 31-03-2009. Brasília, DF. Disponível em: https://portal.tcu.gov.br/inicio/. Acesso em: 18 nov. 2023.

BRASIL. Tribunal de Contas da União. Acórdão nº 1.557/2005, Rel. Ubiratan Aguiar, Plenário. Data da Sessão: 05-10-2005. Brasília, DF. Disponível em: https://portal.tcu.gov.br/inicio/. Acesso em: 18 nov. 2023.

BRASIL. Tribunal de Contas da União. Acórdão nº 1.573/2008, Rel. Aroldo Cedraz, Plenário. Data da Sessão: 06-08-2008. Brasília, DF. Disponível em: https://portal.tcu.gov.br/inicio/. Acesso em: 18 nov. 2023.

BRASIL. Tribunal de Contas da União. Acórdão nº 2.085/2007, Rel. Marcos Vinicios Vilaça, Plenário. Data da Sessão: 30-11-2005. Brasília, DF. Disponível em: https://portal.tcu.gov.br/inicio/. Acesso em: 18 nov. 2023.

BRASIL. Tribunal de Contas da União. Acórdão nº 2.132/2010, Rel. Augusto Nardes, Plenário. Data da Sessão: 25-08-2010. Brasília, DF. Disponível em: https://portal.tcu.gov.br/inicio/. Acesso em: 18 nov. 2023.

BRASIL. Tribunal de Contas da União. Acórdão nº 2.444/2016, Rel. Bruno Dantas, Plenário. Data da Sessão: 21-09-2016. Brasília, DF. Disponível em: https://portal.tcu.gov.br/inicio/. Acesso em: 18 nov. 2023.

BRASIL. Tribunal de Contas da União. Acórdão nº 2.448/2007, Rel. Aroldo Cedraz, Segunda Câmara. Data da Sessão: 11-09-2007. Brasília, DF. Disponível em: https://portal.tcu.gov.br/inicio/. Acesso em: 18 nov. 2023.

BRASIL. Tribunal de Contas da União. Acórdão nº 2.977/2018, Rel. Augusto Nardes, Plenário. Data da Sessão: 12-12-2018. Brasília, DF. Disponível em: https://portal.tcu.gov.br/inicio/. Acesso em: 18 nov. 2023.

BRASIL. Tribunal de Contas da União. Acórdão nº 3.566/2008, Rel. Raimundo Carreiro, Segunda Câmara. Data da Sessão: 16-09-2008. Brasília, DF. Disponível em: https://portal.tcu.gov.br/inicio/. Acesso em: 18 nov. 2023.

BRASIL. Tribunal de Contas da União. Acórdão nº 3.888/2011, Rel. Aroldo Cedraz, Segunda Câmara. Data da Sessão: 07-06-2011. Brasília, DF. Disponível em: https://portal.tcu.gov.br/inicio/. Acesso em: 18 nov. 2023.

BRASIL. Tribunal de Contas da União. Boletim de Jurisprudência nº 310/2020. Brasília, DF. Disponível em: https://portal.tcu.gov.br/inicio/. Acesso em: 18 nov. 2023.

BRASIL. Tribunal de Contas da União. Decisão nº 1.248/2002, Rel. Ubiratan Aguiar, Plenário. Data da Sessão: 25-09-2002. Brasília, DF. Disponível em: https://portal.tcu.gov.br/inicio/. Acesso em: 18 nov. 2023.

BRASIL. Tribunal de Contas da União. Súmula nº 97. Brasília, DF. Disponível em: https://portal.tcu.gov.br/inicio/. Acesso em: 18 nov. 2023.

BRASIL. Tribunal de Contas da União. Súmula nº 231. Brasília, DF. Disponível em: https://portal.tcu.gov.br/inicio/. Acesso em: 18 nov. 2023.

BRASIL. Tribunal Superior do Trabalho. E-ED-RR-117400-47.2005.5.14.0001, Rel. Cláudio Brandão, Tribunal Pleno, j. 30-05-2016, Public 19-12-2016. Brasília, DF. Disponível em: https://www.tst.jus.br. Acesso em: 18 nov. 2023.

BRASIL. Tribunal Superior do Trabalho. E-RR-925-07.2016.5.05.0281, Rel. Cláudio Brandão, Subseção I Especializada em Dissídios Individuais, j. 12-12-2019, Public 22-05-2020. Brasília, DF. Disponível em: https://www.tst.jus.br. Acesso em: 18 nov. 2023.

BRASIL. Tribunal Superior do Trabalho. IUJ-RR-297751-31.1996.5.04.5555, Rel. Milton de Moura Franca, Tribunal Pleno, j. 11-09-2000, Public 20-10-2000. Brasília, DF. Disponível em: https://www.tst.jus.br. Acesso em: 18 nov. 2023.

BRASIL. Tribunal Superior do Trabalho. Orientação Jurisprudencial nº 383, da SDI-1. Brasília, DF. Disponível em: https://www.tst.jus.br. Acesso em: 18 nov. 2023.

BRASIL. Tribunal Superior do Trabalho. Súmula nº 256. Brasília, DF. Disponível em: https://www.tst.jus.br. Acesso em: 18 nov. 2023.

BRASIL. Tribunal Superior do Trabalho. Súmula nº 331. Brasília, DF. Disponível em: https://www.tst.jus.br. Acesso em: 18 nov. 2023.

BRESSER-PEREIRA, Luiz Carlos. A decisão de investir, os lucros e os juros. *Apostila EAESP/FGV, EC-MACRO-L-066 (E-516)*, 1970. Disponível em: https://www.bresserpereira.org.br/index.php/economics/investiment-and-the-rate-of-profit/7434-651. Acesso em: 18 nov. 2023.

BRESSER-PEREIRA, Luiz Carlos. A reforma do estado dos anos 90 – lógica e mecanismos de controle. *Lua Nova*: Revista de Cultura e Política, São Paulo, n. 34, p. 49-95, 1998a. Disponível em: https://www.scielo.br/j/ln/a/xQZRPfMdrHyH3vjKLqtmMWd/abstract/?lang=pt. Acesso em: 18 nov. 2023.

BRESSER-PEREIRA, Luiz Carlos. As duas fases da história e as fases do capitalismo. *Crítica e Sociedade, Revista de Cultura Política*, v. 1, n. 1, p. 168-189, 2011a. Disponível em: http://www.seer.ufu.br/index.php/criticasociedade/article/view/13505. Acesso em: 18 nov. 2023.

BRESSER-PEREIRA, Luiz Carlos. *Construindo o Estado republicano*: democracia e reforma da gestão pública. Rio de Janeiro: FGV, 2009.

BRESSER-PEREIRA, Luiz Carlos. É o Estado capaz de se autorreformar? *Desigualdade & Diversidade*: Revista de Ciências Sociais da PUC-Rio, Rio de Janeiro, Edição Especial, p. 11-20, dez. 2011b. Disponível em: http://desigualdadediversidade.soc.puc-rio.br/cgi/cgilua.exe/sys/start.htm?infoid=141&sid=17. Acesso em: 18 nov. 2023.

BRESSER-PEREIRA, Luiz Carlos. *Formação do estado-nação e revolução capitalista*. São Paulo, Escola de Economia de São Paulo da Fundação Getulio Vargas, 2020. Disponível em: https://www.bresserpereira.org.br/index.php/social-theory-and-capitalism/nation-and-nationalism/11496-8005. Acesso em: 18 nov. 2023.

BRESSER-PEREIRA, Luiz Carlos. *Globalização e competição*: por que alguns países emergentes têm sucesso e outros não. Rio de Janeiro: Alta Books, 2018.

BRESSER-PEREIRA, Luiz Carlos. *Reforma do Estado para a cidadania*: a reforma gerencial brasileira na perspectiva internacional. São Paulo: Ed. 34; Brasília: ENAP, 1998b.

BRESSER-PEREIRA, Luiz Carlos. Uma nova gestão para um novo Estado: liberal, social e republicano. *Revista de Gestão Pública*, Brasília, v. 52, n. 1, p. 05-24, jan./mar. 2001. Disponível em: https://repositorio.enap.gov.br/handle/1/1827. Acesso em: 18 nov. 2023.

CAMARGO JUNIOR, João Batista de; PIRES, Silvio Roberto Ignácio. Sistematização da implementação de *outsourcing* logístico por meio de práticas de gestão de projetos. *Gestão & Produção*, São Carlos, v. 24, n. 2, p. 310-323, 2017. Disponível em: https://www.scielo.br/j/gp/a/XvFzVwdYsJpwj4WFHnLZyHR/?lang=pt. Acesso em: 18 nov. 2023.

CAMMAROSANO, Márcio. Ainda há sentido em se falar em regime jurídico administrativo? *In*: MOTTA, Fabrício; GABARDO, Emerson (coord.). *Crise e reformas legislativas na agenda do Direito Administrativo*: XXXI Congresso Brasileiro de Direito Administrativo. Belo Horizonte: Fórum, 2018, p. 141-151.

CAMMAROSANO, Márcio. *Provimento de cargos públicos no direito brasileiro*. São Paulo: RT, 1984.

CARNEIRO, Alaim de Almeida. Os funcionários públicos e a Constituição. *Revista de Direito Administrativo*, v. 11, p. 394-398, 1948. Disponível em: https://periodicos.fgv.br/rda/article/view/10485. Acesso em: 18 nov. 2023.

CARRIÓ, Genaro Rubén. *Notas sobre el derecho y lenguaje.* Buenos Aires: Abeledo-Perrot, 1973.

CARRIÓ, Genaro Rubén. *Principios juridicos y positivismo juridico.* Buenos Aires: Abeledo-Perrot, 1970.

CARVALHO FILHO, José dos Santos. *Manual de direito administrativo.* 35. ed. Barueri [SP]: Atlas, 2021.

CARVALHO FILHO, José dos Santos. Terceirização no setor público: encontros e desencontros. *In:* FORTINI, Cristiana; PAIM, Flaviana Vieira (coord.). *Terceirização na Administração Pública*: boas práticas e atualização à luz da Nova Lei de Licitações. Belo Horizonte: Fórum, 2022. p. 47-70.

CARVALHO FILHO, José dos Santos. Terceirização no setor público: encontros e desencontros. *In:* FORTINI, Cristiana (coord.). *Terceirização na Administração*: estudos em homenagem ao Professor Pedro Paulo de Almeida Dutra. 2. ed. Belo Horizonte: Fórum, 2012. p. 47-70.

CARVALHO, Aurora Tomazini de. *Curso de teoria geral do direito*: o constructivismo lógico-semântico. 6. ed. São Paulo: Noeses, 2019.

CARVALHO, Fábio Lins de Lessa. *Acceso igualitario a la función pública*: consideraciones sobre el modelo español de selección de los funcionarios. 2. ed. Curitiba: Juruá, 2016.

CARVALHO, Paulo de Barros. *Direito Tributário*: fundamentos jurídicos da incidência. 9. ed. São Paulo: Saraiva, 2012.

CARVALHO, Vanessa Cerqueira Reis de. O princípio do concurso público e a contratação por prazo determinado. *Revista de Direito da Procuradoria Geral*, Rio de Janeiro, p. 112-136, v. 55, 2002. Disponível em: https://pge.rj.gov.br/revista-de-direito/2002-volume-55. Acesso em: 18 nov. 2023.

CASARTELLI, Mônica de Oliveira; COSTA, Eder Dion de Paula. Terceirização na administração pública: precarização e inaplicabilidade da Lei 13.429/2017. *Revista Brasileira de Direito Social*, v. 1, n. 2, p. 16-28, nov. 2018. Disponível em: https://rbds.ieprev.com.br/rbds/article/view/41. Acesso em: 18 nov. 2023.

CASTOR, Belmiro Valverde Jobim. Fundamentos para um novo modelo do setor público no Brasil. *Revista de Administração Pública*, Rio de Janeiro, v. 28, n. 3, p. 155-161, 1994. Disponível em: https://periodicos.fgv.br/rap/article/view/8599. Acesso em: 18 nov. 2023.

CASTRO, Estefany Amorim Viana de; BARBATO, Luis Fernando Tosta. A logística militar na Grécia Antiga: um estudo da obra de Tucídides. *Revista Eletrônica Discente História.com*, Cachoeira, v. 6, n. 11, p. 03-23, 2019. Disponível em: https://www3.ufrb.edu.br/seer/index.php/historiacom/article/view/948. Acesso em: 18 nov. 2023.

CAVALCANTE FILHO, João Trindade. *Terceirização na Administração Pública e Princípio Constitucional do Concurso Público*: considerações sobre o PL nº 4.330, de 2004. Brasília: Núcleo de Estudos e Pesquisas/CONLEG/Senado, abr. 2015 (Texto para Discussão nº 173). Disponível em: https://www2.senado.leg.br/bdsf/handle/id/508637. Acesso em: 18 nov. 2023.

CLARKE, Simon. Crise do fordismo ou crise da social-democracia? Tradução de Isa Mara Lando. *Lua Nova*: Revista de Cultura Política, São Paulo, n. 24, p. 117-150, set. 1991. Disponível em: https://www.scielo.br/j/ln/a/NQGgCHRgSX9ZJ3yZ3wtP85H/?lang=pt. Acesso em: 18 nov. 2023.

COGGIOLA, Osvaldo. Novamente, a revolução francesa. *Projeto História*: Revista do Programa de Estudos Pós-Graduados de História, São Paulo, v. 47, p. 281-322, ago. 2013. Disponível em: https://revistas.pucsp.br/revph/article/view/17137. Acesso em: 18 nov. 2023.

CONCEIÇÃO, Jefferson José da; LIMA, Claudia Rejane de. Empresários e trabalhadores diante da regulamentação da terceirização: é possível um acordo mínimo? *In*: DAU, Denise Motta; RODRIGUES, Iram Jácome; CONCEIÇÃO, Jefferson José da (org.). *Terceirização no Brasil*: do discurso da inovação à precarização do trabalho (atualização do debate e perspectivas). São Paulo: Annablume, CUT, 2009. p. 187-213.

CORRÊA, Alexandre Augusto de Castro. Existiu, em Roma, Direito Comercial? *Revista da Faculdade de Direito*, Universidade de São Paulo, v. 65, p. 67-103, 1970. Disponível em: https://www.revistas.usp.br/rfdusp/article/view/66604. Acesso em: 18 nov. 2023.

CORRÊA, Alexandre Augusto de Castro. Notas sôbre a história dos impostos em Direito Romano. *Revista da Faculdade de Direito*, Universidade de São Paulo, v. 66, p. 97-104, 1971. Disponível em: https://www.revistas.usp.br/rfdusp/article/view/66622. Acesso em: 18 nov. 2023.

COSTA, Rafael Brasil Ferro. *Considerações sobre a terceirização da logística e uma metodologia de classificação para os Party Logistics*. 2007. Dissertação (Mestrado em Engenharia) – Pontifícia Universidade Católica do Rio de Janeiro, Rio de Janeiro, 2007. Disponível em: https://www.maxwell.vrac.puc-rio.br/colecao.php?strSecao=resultado&nrSeq=10022@1. Acesso em: 18 nov. 2023.

CYSNEIROS, Pedro Augusto. Administração Pública e Administração de Pessoal. *Revista do Serviço Público*, v. 1, n. 2, p. 139-145, fev. 1952. Disponível em: https://revista.enap.gov.br/index.php/RSP/article/view/6288. Acesso em: 18 nov. 2023.

DAHLBERG, Ingetraut. Teoria do conceito. *Ciência da Informação*, Rio de Janeiro, v. 7, n. 2, p. 101-107, 1978. Disponível em: http://revista.ibict.br/ciinf/article/view/115/115. Acesso em: 18 nov. 2023.

DALLARI, Adilson Abreu. *Regime constitucional dos servidores públicos*. 2. ed. São Paulo: Revista dos Tribunais, 1990.

DALLARI, Dalmo de Abreu. *Elementos de teoria geral do Estado*. 22. ed. São Paulo: Saraiva, 2001.

DATHEIN, Ricardo. Inovação e Revoluções Industriais: uma apresentação das mudanças tecnológicas determinantes nos séculos XVIII e XIX. *Publicações DECON Textos Didáticos 02/2003*. DECON/UFRGS, Porto Alegre, 2003. Disponível em: https://www.ufrgs.br/napead/projetos/descobrindo-historia-arquitetura/docs/revolucao.pdf. Acesso em: 18 nov. 2023.

DAVIS, Frank Stephen. *Terceirização e multifuncionalidade*: idéias práticas para a melhoria da produtividade e competitividade da empresa. São Paulo: STS, 1992.

DEBBASCH, Charles. *Science administrative*: administration publique. 4. ed. Paris: Précis Dalloz, 1980.

DELGADO, Gabriela Neves; AMORIM, Helder Santos. *Os limites constitucionais da terceirização*. São Paulo: LTr, 2014.

DELGADO, Gabriela Neves; DUTRA, Renata Queiroz. Terceirização sem limites: a crônica de uma tragédia social anunciada. *In*: SOUTO MAIOR, Jorge Luiz; SEVERO, Valdete Souto (coord.). *Resistência 3*: o direito do trabalho diz não à terceirização. São Paulo: Expressão Popular, 2019. p. 89-94.

DELGADO, Maurício Godinho. *Curso de direito do trabalho*. 19. ed. São Paulo: LTr, 2020.

DI PIETRO, Maria Sylvia Zanella. *Direito administrativo*. 34. ed. Rio de Janeiro: Forense, 2021.

DI PIETRO, Maria Sylvia Zanella. O futuro do concurso público. *In*: MOTTA, Fabrício; GABARDO, Emerson (coord.). *Crise e reformas legislativas na agenda do Direito Administrativo*: XXXI Congresso Brasileiro de Direito Administrativo. Belo Horizonte: Fórum, 2018. p. 153-164.

DI PIETRO, Maria Sylvia Zanella. *Parcerias na administração pública*. 11. ed. Rio de Janeiro: Forense, 2017.

DI PIETRO, Maria Sylvia Zanella. Terceirização municipal em face da Lei de Responsabilidade Fiscal. *In*: FORTINI, Cristiana; PAIM, Flaviana Vieira (coord.). *Terceirização na Administração Pública*: boas práticas e atualização à luz da Nova Lei de Licitações. Belo Horizonte: Fórum, 2022, p. 227-243.

DI PIETRO, Maria Sylvia Zanella; MOTTA, Fabrício. *Tratado de direito administrativo*. São Paulo: Thomson Reuters Brasil, 2019. v. 2: administração pública e servidores públicos.

DIDIER JUNIOR, Fredie. *Curso de direito processual civil*: introdução ao direito processual civil, parte geral e processo de conhecimento. 18. ed. Salvador: JusPodivm, 2016.

DINIZ, Maria Helena. *Dicionário jurídico*. São Paulo: Saraiva, 1998. v. 3.

DRUCK, Maria da Graça. *Terceirização*: (des)fordizando a fábrica. Um estudo do complexo petroquímico. Salvador: EDUFBA; São Paulo: Boitempo, 1999.

DUTRA, Renata Queiroz; FILGUEIRAS, Vitor Araújo. A polêmica sobre o conceito de terceirização e sua regulação. *Revista Jurídica Trabalho e Desenvolvimento Humano*, Campinas, v. 4, p. 01-31, 2021. Disponível em: http://revistatdh.org/index.php/Revista-TDH/article/view/93. Acesso em: 18 nov. 2023.

DWORKIN, Ronald. *Taking rights seriously*. Cambridge: Harvard University Press, 1978.

FAORO, Raymundo. *Os donos do poder*: formação do patronato político brasileiro. 5. ed. São Paulo: Globo, 2012.

FARIA, Edimur Ferreira de. *Curso de direito administrativo positivo*. 8. ed. Belo Horizonte: Fórum, 2015.

FEITOSA, Rogério Augusto Boger. A fazenda pública no ordenamento jurídico brasileiro. *In*: ROSSATO, Luciano Alves (org.). *Temas atuais da advocacia pública*. Salvador: JusPodivm, 2015. p. 21-38.

FEITOSA, Rogério Augusto Boger. O problema das nulidades nos contratos administrativos e a nova lei de licitações. *Boletim Conteúdo Jurídico n. 1.004*, de 06 mar. 2021 (ano XIII) Brasília-DF, p. 259-282. Disponível em: http://conteudojuridico.com.br/consulta/boletim%20conte%C3%BAdo%20jur%C3%ADdico%20-%20issn%20-%20 1984-0454/56227/boletim-contedo-jurdico-n-1004-de-06-03-2021-ano-xiii-issn-1984-0454. Acesso em: 18 nov. 2023.

FERRAZ, Luciano. Concurso público e direito à nomeação. *In*: MOTTA, Fabrício (coord.). *Concurso público e Constituição*. Belo Horizonte: Fórum, 2007. p. 245-255.

FERREIRA FILHO, Manoel Gonçalves. *Curso de Direito Constitucional*. 41. ed. Rio de Janeiro: Forense, 2020.

FERREIRA, Sérgio de Andréa. Empresa estatal – funções de confiança – Constituição Federal – art. 37, n. II. *Revista de Direito Administrativo*, Rio de Janeiro, v. 227, p. 397-413, jan./mar. 2002. Disponível em: https://periodicos.fgv.br/rda/article/view/47007. Acesso em: 18 nov. 2023.

FERRO, José Roberto. Aprendendo com o "Ohnoísmo" (produção flexível em massa): lições para o Brasil. *RAE-Revista de Administração de Empresas*, São Paulo, v. 30, n. 3, p. 57-68, set. 1990. Disponível em: https://www.scielo.br/j/rae/a/w79L5FhWM93JhTnp-4jFtP9D/?lang=pt. Acesso em: 18 nov. 2023.

FONTANELLA, Denise; TAVARES, Eveline; LEIRIA, Jerônimo Souto. *O lado (des) humano da terceirização*: o impacto da terceirização nas empresas, nas pessoas e como administrá-lo. Salvador: Casa da Qualidade, 1995.

FOOGOOA, Ravi. IS outsourcing – a strategic perspective. *Business Process Management Journal*, v. 14, n. 6, p. 858-864, 2008. Disponível em: https://www.deepdyve.com/lp/emerald-publishing/is-outsourcing-a-strategic-perspective-xWReYqe445. Acesso em: 18 nov. 2023.

FORTINI, Cristiana. Organizações sociais: natureza jurídica da responsabilidade civil das organizações sociais em face dos danos causados a terceiros. *Revista Eletrônica sobre a Reforma do Estado*, Salvador, n. 6, jun.-jul./ago. 2006. Disponível em: http://www.direitodoestado.com.br/codrevista.asp?cod=119. Acesso em: 18 nov. 2023.

FORTINI, Cristiana; PIEVE, Flávia Cristina Mendonça Faria de. As terceirizações e as contratações temporárias realizadas pela Administração Pública – distinções entre as duas figuras e o impacto na LRF. *In*: FORTINI, Cristiana; PAIM, Flaviana Vieira (coord.). *Terceirização na Administração Pública*: boas práticas e atualização à luz da Nova Lei de Licitações. Belo Horizonte: Fórum, 2022. p. 245-270.

FORTINI, Cristiana; VIEIRA, Virginia Kirchmeyer. A terceirização pela Administração Pública no Direito Administrativo: considerações sobre o decreto nº 2.271/1997, a instrução normativa nº 2/08 e suas alterações. *In*: FORTINI, Cristiana (coord.). *Terceirização na Administração*: estudos em homenagem ao Professor Pedro Paulo de Almeida Dutra. 2. ed. Belo Horizonte: Fórum, 2012. p. 31-46.

FRANÇA, Vladimir da Rocha. Princípio do concurso público e invalidação do provimento originário de cargos públicos efetivos. *In*: MOTTA, Fabrício; GABARDO, Emerson (coord.). *Crise e reformas legislativas na agenda do Direito Administrativo*: XXXI Congresso Brasileiro de Direito Administrativo. Belo Horizonte: Fórum, 2018. p. 243-259.

FURTADO, Lucas Rocha. *Curso de direito administrativo*. 5. ed. Belo Horizonte: Fórum, 2016.

GALVÃO, Ilmar. Os empregos de confiança nas empresas estatais. *In*: BRASIL. *Superior Tribunal de Justiça*. Doutrina: edição comemorativa, 20 anos. Brasília: STJ, 2009, p. 497-512. Disponível em: https://www.stj.jus.br/publicacaoinstitucional/index.php/dout20anos/issue/archive. Acesso em: 18 nov. 2023.

GARCIA, Flávio Amaral. A relatividade da distinção atividade-fim e atividade-meio na terceirização aplicada à Administração Pública. *Revista de Direito da Procuradoria Geral*, Rio de Janeiro, v. 65, p. 95-114, 2010. Disponível em: https://pge.rj.gov.br/revista-de-direito/2010-volume-65. Acesso em: 18 nov. 2023.

GARCIA, Flávio Amaral. *Licitações e contratos administrativos*: casos e polêmicas. 5. ed. São Paulo: Malheiros, 2018.

GARCIA, Gustavo Filipe Barbosa. *Terceirização*: trabalho temporário, cooperativas de trabalho. 6. ed. Salvador: JusPodivm, 2021.

GASPARINI, Diogenes. Concurso público: imposição constitucional e operacionalização. *In*: MOTTA, Fabrício (coord.). *Concurso público e Constituição*. Belo Horizonte: Fórum, 2007. p. 13-72.

GASPARINI, Diogenes. *Direito administrativo*. 17. ed. São Paulo: Saraiva, 2012.

GIÃO, Paulo Roberto; OLIVEIRA JÚNIOR, Moacir de Miranda. Offshoring of call center services: a comparison of brazilian, indian and south african options. *REGE Revista de Gestão USP*, São Paulo, v. 16, n. 2, p. 17-32, abr./jun. 2009. Disponível em: https://www.revistas.usp.br/rege/article/view/36667. Acesso em: 18 nov. 2023.

GIOSA, Lívio Antônio. *Terceirização*: uma abordagem estratégica. 10. ed. São Paulo: Mecca, 2017.

GÓES, Winnicius Pereira de. *A terceirização de serviços no âmbito da administração pública*. Porto Alegre: Núria Fabris, 2013.

GOMES, Maria José Marques; GUEDES, Cristina Vitória de Miranda. Antoine Lavoisier – contributos para o conhecimento do metabolismo energético. *História da Ciência e Ensino: Construindo Interfaces*, v. 20 especial, p. 202-212, 2019. Disponível em: https://revistas.pucsp.br/index.php/hcensino/article/view/44811. Acesso em: 18 nov. 2023.

GORENDER, Jacob. Globalização, tecnologia e relações de trabalho. *Estudos avançados*, São Paulo, v. 11, n. 29, p. 311-361, 1997. Disponível em: https://www.scielo.br/j/ea/a/8TW9fXgDfpK3n37KyjDnpQb/?lang=pt. Acesso em: 18 nov. 2023.

GOUNET, Thomas. *Fordismo e toyotismo na civilização do automóvel*. São Paulo: Boitempo, 1999.

GRAU, Eros Roberto. *A ordem econômica na Constituição de 1988*: interpretação e crítica. 8. ed. São Paulo: Malheiros, 2003.

GROTTI, Dinorá Adelaide Musetti. Parcerias na Administração Pública. *In*: FIGUEIREDO, Marcelo; PONTES FILHO, Valdir (org.). *Estudos de Direito Público em homenagem a Celso Antônio Bandeira de Mello*. São Paulo: Malheiros, 2006. p. 233-307.

GUIMARÃES, Fernando Vernalha. As parcerias público-privadas e a teoria das atividades estatais indelegáveis. *In*: MELLO, Celso Antônio Bandeira de; FERRAZ, Sérgio; ROCHA, Sílvio Luís Ferreira da; SAAD, Amauri Feres (coord.). *Direito Administrativo e liberdade*: estudos em homenagem a Lúcia Valle Figueiredo. São Paulo: Malheiros, 2014. p. 375-406.

HACHEM, Daniel Wunder. *Princípio constitucional da supremacia do interesse público*. Belo Horizonte: Fórum, 2011. Disponível em: https://www.danielwunderhachem.com.br/livros.php?tipo=1. Acesso em: 18 nov. 2023.

HAZAN, Ellen Mara Ferraz. Terceirização: um fenômeno ofensivo, danoso e ilegal. *In*: FIGUEIREDO, Bruno Reis de; HAZAN, Ellen Mara Ferraz (coord.). *Alguns aspectos sobre terceirização*. Belo Horizonte: RTM, 2014. p. 17-76.

HITT, Michael A.; IRELAND, R. Duane; HOSKISSON, Robert E. *Administração estratégica*: competitividade e globalização: conceitos. Tradução da 12. ed. norte-americana Priscilla Rodrigues da Silva e Lopes. São Paulo: Cengage, 2019.

HUTCHESON, Francis. *A system of moral philosophy, in three books*, v. I, London: Glasgow, 1755. Disponível em: http://archive.org/details/systemmoralphilo01hutc/page/288/mode/2up. Acesso em: 18 nov. 2023.

JUSTEN FILHO, Marçal. *Comentários à Lei de Licitações e Contratações Administrativas: Lei 14.133/2021*. São Paulo: Thomson Reuters Brasil, 2021.

LATHAM JR., William C. Não é minha função: terceirização e profissionalismo no Exército dos EUA. *Military Review*, Kansas, p. 31-42, jul./ago. 2009. Disponível em: https://www.armyupress.army.mil/Journals/Edicao-Brasileira/Arquivos/Arquivos-da-2009/. Acesso em: 18 nov. 2023.

LEIRIA, Jerônimo Souto. *Terceirização*: uma alternativa de flexibilidade empresarial. Porto Alegre: Ortiz, 1991.

LEIRIA, Jerônimo Souto; SARATT, Newton Dorneles. *Terceirização*: uma alternativa de flexibilidade empresarial. São Paulo: Gente, 1995.

LIPIETZ, Alain; LEBORGNE, Danièle. O pós-fordismo e seu espaço. Tradução de Regina Silvia Pacheco. *Espaços e Debates*. Revista de Estudos Regionais e Urbanos, São Paulo, v. 8, n. 25, p. 12-29, 1988. Disponível em: http://lipietz.net/ALPC/REG/REG_1987h-po.pdf. Acesso em: 18 nov. 2023.

LORA, Ilse Marcelina Bernardi. Direitos fundamentais e responsabilidade da Administração Pública na terceirização de serviços – inconstitucionalidade do §1º do art. 71 da Lei 8.666/93. *Revista do Tribunal Regional do Trabalho da 9ª Região*, Curitiba, ano 33, n. 60, p. 01-48, jan./jun. 2008. Disponível em: http://trt9.jus.br/portal/pagina.xhtml?secao=31&pagina=Revista_60_n_1_2008. Acesso em: 18 nov. 2023.

MACHADO, Sidnei. A regulação da terceirização no Brasil. *In:* SERAU JUNIOR, Marco Aurélio (coord.). *Terceirização*: conceito, crítica, reflexos trabalhistas e previdenciários. São Paulo: LTr, 2018. p. 116-123.

MARCELINO, Paula. Afinal, o que é terceirização? Em busca de ferramentas de análise e de ação política. *Revista Pegada Eletrônica*: Revista da Geografia do Trabalho, v. 8, n. 2, p. 55-71, dez. 2007. Disponível em: https://revista.fct.unesp.br/index.php/pegada/article/view/1640. Acesso em: 18 nov. 2023.

MARCELINO, Paula; CAVALCANTI, Sávio. Por uma definição de terceirização. *Caderno CRH*, Salvador, v. 25, n. 65, p. 331-346, maio/ago. 2012. Disponível em: https://www.scielo.br/j/ccrh/a/fhfJskqTQhv5T5Zd8PRwT3D/?lang=pt. Acesso em: 18 nov. 2023.

MARIOTTO, Fábio Luiz. O conceito de competitividade da empresa: uma análise crítica. *RAE-Revista de Administração de Empresas*, São Paulo, v. 31, n. 2, p. 37-52, abr./jun. 1991. Disponível em: https://periodicos.fgv.br/rae/article/view/38584. Acesso em: 18 nov. 2023.

MARTINS JUNIOR, Wallace Paiva. Cargos de provimento em comissão. *Revista Justitia*, São Paulo, v. 68-69, n. 202-203, p. 133-157, jan./dez. 2011-2012. Disponível em: http://www.mpsp.mp.br/portal/page/portal/documentacao_e_divulgacao/doc_publicacao_divulgacao/edicoes_anteriores. Acesso em: 18 nov. 2023.

MARTINS, Sergio Pinto. *A terceirização e o direito do trabalho*. 6. ed. São Paulo: Atlas, 2003.

MARTINS, Sergio Pinto. *Terceirização no direito do trabalho*. 15. ed. São Paulo: Saraiva Educação, 2018.

MASAGÃO, Mario. Concessão de serviço público – regime contratual – energia elétrica – fixação de tarifas. *Revista de Direito Administrativo*, v. 68, p. 354-360, 1962. Disponível em: https://periodicos.fgv.br/rda/article/view/23091. Acesso em: 18 nov. 2023.

MAXIMILIANO, Carlos. *Hermenêutica e aplicação do direito*. 22. ed. Rio de Janeiro: Forense, 2020.

MEIRELLES, Hely Lopes. *Direito administrativo brasileiro*. 38. ed. atual. até a Emenda Constitucional 68, de 21-12-2011. São Paulo: Malheiros, 2012.

MELLO, Celso Antônio Bandeira de. Concurso público e perfil profissiográfico. In: MELLO, Celso Antônio Bandeira de; FERRAZ, Sérgio; ROCHA, Sílvio Luís Ferreira da; SAAD, Amauri Feres (coord.). *Direito administrativo e liberdade*: estudos em homenagem a Lúcia Valle Figueiredo. São Paulo: Malheiros, 2014. p. 192-198.

MELLO, Celso Antônio Bandeira de. *O conteúdo jurídico do princípio da igualdade*. 3. ed. São Paulo: Malheiros, 2010.

MELLO, Celso Antônio Bandeira de. *Curso de Direito Administrativo*. 35. ed. atual. até a Emenda Constitucional 109, de 13.3.2021 e a Lei 14.133, de 1.4.2021 (Lei de Licitações e Contratos Administrativos). São Paulo: Malheiros, 2021.

MELLO, Celso Antônio Bandeira de. *Regime dos servidores da Administração direta e indireta*: direitos e deveres. 3. ed. São Paulo: Malheiros, 1995.

MELLO, Marcos Bernardes de. *Teoria do fato jurídico*: plano da validade. 15. ed. São Paulo: Saraiva Educação, 2019a.

MELLO, Marcos Bernardes de. *Teoria do fato jurídico*: plano da existência. 22. ed. São Paulo: Saraiva Educação, 2019b.

MENDES, Norma Musco. Império e romanização: "estratégias", dominação e colapso. *Revista Brathair*, v. 7, n. 1, p. 25-48, 2007. Disponível em: https://ppg.revistas.uema.br/index.php/brathair/article/view/549. Acesso em: 18 nov. 2023.

MINAS GERAIS. Tribunal de Contas do Estado de Minas Gerais. Consulta n. 747.448. Rel. Adriene Andrade. Data da Sessão: 17-10-2012. Belo Horizonte, MG. Disponível em: https://www.tce.mg.gov.br/. Acesso em: 18 nov. 2023.

MINAS GERAIS. Tribunal Regional do Trabalho da 3ª Região. ROT-0011517-48.2017.5.03.0179, Rel. Luiz Otávio Linhares Renault, Primeira Turma, j. 10-12-2018, Public 13-12-2018. Belo Horizonte, MG. Disponível em: https://portal.trt3.jus.br/escola/institucional/revista/revista-99. Acesso em: 18 nov. 2023.

MODESTO, Paulo. Os Regulamentos de Organização no Direito Brasileiro e os Decretos Autônomos de Extinção de Cargos Públicos Vagos: uma Distinção Necessária. *Revista Eletrônica de Direito Administrativo Econômico – REDAE*, Salvador, n. 22, maio/jun./jul. 2010. Disponível em: http://www.direitodoestado.com.br/codrevista.asp?cod=480. Acesso em: 18 nov. 2023.

MORAES, Alexandre de. *Direito constitucional administrativo*. São Paulo: Atlas, 2002.

MORAES, Ricardo Quartim de. A evolução histórica do Estado Liberal ao Estado Democrático de Direito e sua relação com o constitucionalismo dirigente. *Revista de Informação Legislativa*, v. 51, n. 204, p. 269-285, out./dez. 2014. Disponível em: http://www2.senado.leg.br/bdsf/handle/id/509938. Acesso em: 18 nov. 2023.

MORAIS, Juliana Ferreira de. *Lei geral de terceirização e reestruturação sindical*. Belo Horizonte: Dialética, 2020.

MOSHER, William Eugene; KINGSLEY, John Donald. *Public personnel administration*. New York: Harper & Brothers, 1941.

MOTTA, Carlos Pinto Coelho. *Eficácia nas concessões, permissões e parcerias*. 2. ed. Belo Horizonte: Del Rey, 2011.

MUKAI, Toshio. A empresa pública na nova Constituição. *Revista de Direito Administrativo*, v. 176, p. 21-28, 1989a. Disponível em: https://periodicos.fgv.br/rda/article/view/46086. Acesso em: 18 nov. 2023.

MUKAI, Toshio. *Administração pública na Constituição de 1988*. 2. ed. São Paulo: Saraiva, 1989b.

NEIVA, Rogerio. *Direito e processo do trabalho aplicados à administração pública e fazenda pública*. Rio de Janeiro: Forense; São Paulo: Método, 2012.

NELSON, Rocco Antônio Rangel Rosso; TEIXEIRA, Walkyria de Oliveira Rocha; BRAGA, Cristina Alves da Silva. Análise da dimensão normativa da terceirização em face da e jurisprudência do STF. *Revista do Tribunal Superior do Trabalho*, São Paulo, v. 85, n. 2, p. 207-240, abr./jun. 2019. Disponível em: https://juslaboris.tst.jus.br/handle/20.500.12178/161451. Acesso em: 18 nov. 2023.

OLIVEIRA, Ariana Bazzano de. A guerra terceirizada: as empresas privadas de segurança e a "Guerra ao Terror". *Carta Internacional*, v. 5, n. 1, p. 64-77, mar. 2010. Disponível em: https://cartainternacional.abri.org.br/Carta/article/view/530. Acesso em: 18 nov. 2023.

OLIVEIRA, Carlos Roberto de. *Contratos de concessão e terceirização*: tensões entre o público e o privado. Rio de Janeiro: Lumen Juris, 2020.

OLIVEIRA, José Roberto Pimenta. Terceirização na Administração Pública: possibilidades e limites. *In*: MELLO, Celso Antônio Bandeira de; FERRAZ, Sérgio; ROCHA, Sílvio Luís Ferreira da; SAAD, Amauri Feres (coord.). *Direito Administrativo e liberdade*: estudos em homenagem a Lúcia Valle Figueiredo. São Paulo: Malheiros, 2014. p. 407-464.

OLIVEIRA, Rafael Carvalho Rezende. *Administração pública, concessões e terceiro setor*. 3. ed. Rio de Janeiro: Forense; São Paulo: Método, 2015.

OLIVEIRA, Rafael Carvalho Rezende. *Nova lei de licitações e contratos administrativos*: comparada e comentada. Rio de Janeiro: Forense, 2021.

OLIVEIRA, Regis Fernandes de. *Curso de direito financeiro*. 6. ed. São Paulo: Revista dos Tribunais, 2014.

OLIVEIRA, Regis Fernandes de. *Servidores públicos*. 3. ed. São Paulo: Malheiros, 2015.

OLIVEIRA, Susan Elizabeth Martins Cesar de. *Cadeias globais de valor e os novos padrões de comércio internacional*: estratégias de inserção de Brasil e Canadá. Brasília: FUNAG, 2015. Disponível em: https://funag.gov.br/biblioteca-nova/produto/1-155-cadeias_globais_de_valor_e_os_novos_padroes_de_comercio_internacional_estrategias_de_insercao_de_brasil_e_canada. Acesso em: 18 nov. 2023.

OLIVIERI, Cecília. Os controles políticos sobre a burocracia. *Revista de Administração Pública*, Rio de Janeiro, v. 45, n. 5, p. 1.395-1.424, set./out. 2011. Disponível em: https://www.scielo.br/j/rap/a/Gq9bdrHzFwqX3q6vrjTnqBJ/?lang=pt. Acesso em: 18 nov. 2023.

OZAI, Ivan Ozawa. Dever estatal de indenizar nos contratos administrativos inválidos por ausência de licitação: boa-fé objetiva, consequencialismo e segurança jurídica. *In*: CORRÊA, André Rodrigues; PINTO JÚNIOR, Mario Engler (org.). *Cumprimento de contratos e razão de estado*: Prêmio Mendes Júnior de monografias jurídicas. São Paulo: Saraiva, 2013. p. 219-287. Disponível em: https://papers.ssrn.com/sol3/papers.cfm?abstract_id=3262024. Acesso em: 18 nov. 2023.

PEIXOTO NETTO, Felipe Braga. *Teoria dos ilícitos civis*. 2. ed. Salvador: JusPodivm, 2014.

PEREIRA JUNIOR, Jessé Torres; HEINEN, Juliano; DOTTI, Marinês Restelatto; MAFFINI, Rafael. *Comentários à lei das empresas estatais*: Lei nº 13.303/16. 2. ed. Belo Horizonte: Fórum, 2020.

PEREIRA, Caio Mário da Silva. *Instituições de Direito Civil*: introdução ao direito civil – teoria geral do direito civil. rev. e atual. por Maria Celina Bodin de Moraes. 33. ed. Rio de Janeiro: Forense, 2020. v. I.

PINHEIRO, Iuri; MIZIARA, Raphael. *A regulamentação da terceirização e novo regime do trabalho temporário*: comentários analíticos à Lei 6.019/1974. São Paulo: LTr, 2017.

PINHEIRO, Iuri; MIZIARA, Raphael. *Manual da terceirização*: teoria e prática. 2. ed. Salvador: JusPodivm, 2020.

PINTO, Geraldo Augusto. *A organização do trabalho no século XX*: taylorismo, fordismo e toyotismo. 3. ed. São Paulo: Expressão Popular, 2013.

QUEIROZ, Carlos Alberto Ramos Soares de. *Manual de terceirização*: onde podemos errar no desenvolvimento e na implantação dos projetos e quais são os caminhos do sucesso. 9. ed. São Paulo: STS, 1998.

RAMOS, Dora Maria de Oliveira. *Terceirização na administração pública*. São Paulo: LTr, 2001.

REIS, João Arthur da Silva. *Da industrialização à digitalização da guerra*: a economia política da mudança de estrutura das forças armadas estadunidenses. 2018. Dissertação (Mestrado em Economia Política Internacional) – Universidade Federal do Rio de Janeiro, Rio de Janeiro, 2018. Disponível em: https://www.ie.ufrj.br/images/IE/PEPI/disserta%C3%A7%C3%B5es/2018/JO%C3%83O%20ARTHUR%20DA%20SILVA%20REIS.pdf. Acesso em: 18 nov. 2023.

REZENDE, Renato Monteiro de. Concurso público: avanços e retrocessos. *In*: DANTAS, Bruno; CRUXÊN, Eliane; SANTOS, Fernando; LAGO, Gustavo Ponce de Leon (org.). *Constituição de 1988*: o Brasil 20 anos depois. Brasília: Senado Federal, Instituto Legislativo Brasileiro, 2008, p. 268-328. v. II: o exercício da política.

REZENDE, Wilson. Terceirização: a integração acabou? *RAE-Revista de Administração de empresas*. São Paulo, v. 37, n. 4, p. 06-15, out./dez. 1997. Disponível em: https://www.scielo.br/j/rae/a/QVRDtbdQtwpsgzB7NpqRGQC/?lang=pt. Acesso em: 18 nov. 2023.

RIBEIRO, Andressa de Freitas. Taylorismo, fordismo e toyotismo. *Lutas Sociais*, São Paulo, v. 19, n. 35, p. 65-79, jul./dez. 2015. Disponível em: https://revistas.pucsp.br/ls/article/view/26678. Acesso em: 18 nov. 2023.

RIGOLIN, Ivan Barbosa. *O servidor público na Constituição de 1988*. São Paulo: Saraiva, 1989.

ROCHA, Cármen Lúcia Antunes. *Estudo sobre concessão e permissão de serviço público no Direito brasileiro*. São Paulo: Saraiva, 1996.

ROCHA, Cármen Lúcia Antunes. *Princípios constitucionais dos servidores públicos*. São Paulo: Saraiva, 1999.

ROCHA, Sílvio Luís Ferreira da. *Terceiro setor*. 2. ed. São Paulo: Malheiros, 2006.

RODRIGUES, Ricardo Crisafulli. Alexandre, "o Grande" e a informação para o planejamento estratégico. *Informação & Sociedade*: Estudos, João Pessoa, v. 17, n. 2, p. 63-71, maio/ago. 2007. Disponível em: https://periodicos.ufpb.br/ojs/index.php/ies/article/view/668. Acesso em: 18 nov. 2023.

ROESLER, Átila da Rold. A terceirização que o Direito "não vê". *In*: SOUTO MAIOR, Jorge Luiz; SEVERO, Valdete Souto (coord.). *Resistência 3*: o direito do trabalho diz não à terceirização. São Paulo: Expressão Popular, 2019. p. 161-163.

SAAD, Alfredo Carlos. *Terceirização de serviços de tecnologia da informação*. Rio de Janeiro: Brasport, 2006.

SAMPAIO, Alice. Charme inglês: franceses descobrem que, graças a impostos camaradas, é bom negócio viver na Inglaterra. *Veja*, São Paulo, edição 1.544, ano 31, n. 17, 29 abr. 1998.

SANTOS, Daiana Monteiro. Terceirização e o direito fundamental ao concurso público. *In:* SOUTO MAIOR, Jorge Luiz; SEVERO, Valdete Souto (coord.). *Resistência 3*: o direito do trabalho diz não à terceirização. São Paulo: Expressão Popular, 2019. p. 261-271.

SANTOS, Diogo Palau Flores dos. *Terceirização de serviços pela Administração Pública*: estudo da responsabilidade subsidiária. 2. ed. São Paulo: Saraiva, 2014.

SANTOS, José Manuel Melo dos. *Manual de direito do servidor público*. Salvador: JusPodivm, 2020.

SÃO PAULO (Estado). Tribunal de Contas do Estado de São Paulo. TC nº 876/010/13. Rel. Edgard Camargo Rodrigues. Data da Sessão: 20-08-2019. São Paulo, SP. Disponível em: https://www.tce.sp.gov.br/. Acesso em: 18 nov. 2023.

SÃO PAULO (Município). Decreto nº 44.279, de 24 de dezembro de 2003. Disponível em: http://legislacao.prefeitura.sp.gov.br/leis/decreto-44279-de-24-de-dezembro-de-2003. Acesso em: 18 nov. 2023.

SÃO PAULO (Município). Lei nº 17.433, de 29 de julho de 2020. Disponível em: https://legislacao.prefeitura.sp.gov.br/leis/lei-17433-de-29-de-julho-de-2020. Acesso em: 18 nov. 2023.

SCHMITZ, Eduardo. *Lobby das empresas militares privadas nos processos decisório de política externa dos Estados Unidos*. 2018. Monografia (Graduação em Relações Internacionais) – Universidade do Vale do Taquari – Univates, Lajeado, 2018. Disponível em: https://www.univates.br/bdu/handle/10737/2099. Acesso em: 18 nov. 2023.

SERVA, Maurício. Análise de empresas privatizadas: o desafio da multidimensionalidade. *Civitas*: Revista de Ciências Sociais, v. 3, n. 2, p. 349-373, jul./dez. 2003. Disponível em: https://revistaseletronicas.pucrs.br/ojs/index.php/civitas/article/view/125. Acesso em: 18 nov. 2023.

SIDOU, José Maria Othon. Os tributos no curso da história. *Revista n. 18*, Academia Brasileira de Letras Jurídicas, Rio de Janeiro, p. 133-152, 2000. Disponível em: http://www.ablj.org.br/revistas/revista18.asp. Acesso em: 18 nov. 2023.

SILVA, Benedicto. *Taylor e Fayol*. Rio de Janeiro: FGV, 1960. Disponível em: http://bibliotecadigital.fgv.br/dspace/handle/10438/11988. Acesso em: 18 nov. 2023.

SILVA, Ciro Pereira da. *Terceirização responsável*: modernidade e modismo. São Paulo: LTr, 1997.

SILVA, De Plácido e. *Vocabulário jurídico*. 29. ed. Rio de Janeiro: Forense, 2012.

SILVA, José Afonso da. *Curso de direito constitucional positivo*. 24. ed. atual. nos termos da Reforma Constitucional (até a Emenda Constitucional nº 45, de 8.12.2004, publicada em 31.12.2004). São Paulo: Malheiros, 2005.

SILVA, Ricardo Gonçalves da. *Do welfare ao workfare, ou, da política social keynesiana/fordista à política social schumpeteriana/pós-fordista*. 2011. Tese (Doutorado em Política Social) – Universidade de Brasília, Brasília, 2011. Disponível em: http://www.realp.unb.br/jspui/bitstream/10482/8419/1/2011_RicardoGon%C3%A7alvesdaSilva.pdf. Acesso em: 18 nov. 2023.

SILVA, Viviane Zerlotini da. As relações de gênero na produção capitalista do espaço de trabalho. *Cadernos Pagu*, Campinas, n. 55, e195521, 2019. Disponível em: https://periodicos.sbu.unicamp.br/ojs/index.php/cadpagu/article/view/8656413. Acesso em: 18 nov. 2023.

SMITH, Adam. *A riqueza das nações*: uma investigação sobre a natureza e as causas da riqueza das nações. Tradução de Getúlio Schanoski Jr. São Paulo: Madras, 2020.

SOBRINHO, Zéu Palmeira. *Terceirização e reestruturação produtiva*. São Paulo: LTr, 2008.

SOUTO, Marcos Juruena Villela. *Desestatização*: privatização, concessões e terceirizações e regulação. 4. ed. Rio de Janeiro: Lumen Juris, 2001.

SOUTO MAIOR, Jorge Luiz. "Reforma" trabalhista não atinge o fim da terceirização da atividade-fim. *In*: SOUTO MAIOR, Jorge Luiz; SEVERO, Valdete Souto (coord.). *Resistência 3*: o direito do trabalho diz não à terceirização. São Paulo: Expressão Popular, 2019. p. 29-39.

SOUTO MAIOR, Jorge Luiz. Terceirização na Administração Pública: uma prática inconstitucional. *Boletim Científico da Escola Superior do Ministério Público da União*. Brasília: ESMPU, v. 4, n. 17, p. 87-117, out./dez. 2005. Disponível em: http://boletimcientifico. escola.mpu.mp.br/boletins/boletim-cientifico-n.-17-2013-outubro-dezembro-de-2005. Acesso em: 18 nov. 2023.

STRATHERN, Paul. *O sonho de Mendeleiev*: a verdadeira história da química. Tradução de Maria Luiza X. de A. Borges. Rio de Janeiro: Zahar, 2002.

STRECK, Lenio Luiz; MORAIS, José Luis Bolzan de. *Ciência política e teoria do estado*. 8. ed. Porto Alegre: Livraria do Advogado, 2019.

SUNDFELD, Carlos Ari; SOUZA, Rodrigo Pagani de. As empresas estatais, o concurso público e os cargos em comissão. *Revista de Direito Administrativo*, v. 243, p. 29-40, jan. 2006. Disponível em: https://periodicos.fgv.br/rda/article/view/42539. Acesso em: 18 nov. 2023.

TAVARES, Ernesto Alessandro. A (in)compatibilidade da regra constitucional do concurso público com a nova Lei de Terceirização. *Revista Digital de Direito Administrativo*, v. 5, n. 2, p. 69-96, 2018. Disponível em: https://www.revistas.usp.br/rdda/article/view/144295. Acesso em: 18 nov. 2023.

TENÓRIO, Fernando Guilherme. A unidade dos contrários: fordismo e pós-fordismo. *Revista de Administração Pública*, Rio de Janeiro, v. 45, n. 4, p. 1.141-1.172, jul./ago. 2011. Disponível em: http://bibliotecadigital.fgv.br/dspace/handle/10438/21582. Acesso em: 18 nov. 2023.

THIRY-CHERQUES, Hermano Roberto. *Conceitos & definições*: o significado em pesquisa aplicada nas ciências humanas e sociais. Rio de Janeiro: FGV, 2012.

TOURINHO, Rita. A responsabilidade subsidiária da Administração Pública por débitos trabalhistas do contratado: a legalidade frente ao ideal de justiça. *In*: FORTINI, Cristiana (coord.). *Terceirização na Administração*: estudos em homenagem ao Professor Pedro Paulo de Almeida Dutra. 2. ed. Belo Horizonte: Fórum, 2012. p. 89-109.

TUCÍDIDES. *História da Guerra do Peloponeso*. Tradução de Mário da Gama Kury. 4. ed. Brasília: Universidade de Brasília. Instituto de Pesquisa de Relações Internacionais. São Paulo: Imprensa Oficial do Estado de São Paulo, 2001. Disponível em: http://funag.gov. br/biblioteca-nova/produto/1-827-historia_da_guerra_do_peloponeso. Acesso em: 18 nov. 2023.

TUPINAMBÁ, Carolina. *A fazenda pública e o processo do trabalho*. Rio de Janeiro: Forense, 2007.

VALENTE, Mônica. A terceirização nos serviços públicos: trabalho decente e serviço público de qualidade. *In*: DAU, Denise Motta; RODRIGUES, Iram Jácome; CONCEIÇÃO, Jefferson José da (org.). *Terceirização no Brasil*: do discurso da inovação à precarização do trabalho (atualização do debate e perspectivas). São Paulo: Annablume, CUT, 2009. p. 103-106.

VIANA, Márcio Túlio. Poluições no ar: o clima que nos afeta e a terceirização. *In:* SOUTO MAIOR, Jorge Luiz; SEVERO, Valdete Souto (coord.). *Resistência 3*: o direito do trabalho diz não à terceirização. São Paulo: Expressão Popular, 2019. p. 63-68.

VIEIRA, Antonieta Pereira; VIEIRA Henrique Pereira; FURTADO, Madeline Rocha; FURTADO, Monique Rafaella Rocha. *Gestão de contratos de terceirização na Administração Pública*: teoria e prática. 5. ed. Belo Horizonte: Fórum, 2013.

VIOLIN, Tarso Cabral. Estado, ordem social e privatização: as terceirizações ilícitas da Administração Pública por meio das Organizações Sociais, OSCIPs e demais entidades do "Terceiro Setor". *In:* FORTINI, Cristiana (coord.). *Terceirização na Administração*: estudos em homenagem ao Professor Pedro Paulo de Almeida Dutra. 2. ed. Belo Horizonte: Fórum, 2012. p. 111-124.

WOOD JR., Thomaz. Fordismo, toyotismo e volvismo: os caminhos da indústria em busca do tempo perdido. *RAE-Revista de Administração de Empresas*, São Paulo, v. 32, n. 4, p. 06-18, set./out. 1992. Disponível em: https://www.scielo.br/j/rae/a/nYfcsD8bM6x-QtCMFztp9ZDz/?lang=pt. Acesso em: 18 nov. 2023.

ZAGAGLIA, Waldir. Terceirização e responsabilidade do Estado. *Revista de Direito da Procuradoria Geral*, Rio de Janeiro, v. 67, p. 262-278, 2013. Disponível em: https://pge.rj.gov.br/revista-de-direito/2013-volume-67. Acesso em: 18 nov. 2023.

ZAGNI, Rodrigo Medina. Armas e jogos. A política dos Estados Unidos para o comércio interamericano de armas no início da Segunda Guerra Mundial. *Revista Eletrônica da ANPHLAC*, n. 7, p. 83-109, 2013. Disponível em: https://anphlac.emnuvens.com.br/anphlac/article/view/1382. Acesso em: 18 nov. 2023.

ZOCKUN, Carolina Zancaner. *Da intervenção do Estado no domínio social*. São Paulo: Malheiros, 2009.

ZOCKUN, Carolina Zancaner. *Da terceirização na Administração Pública*. São Paulo: Malheiros, 2014.

ZOCKUN, Carolina Zancaner; ANTINARELLI, Mônica Ellen Pinto Bezerra. Limites da terceirização na administração pública. *In:* MENDONÇA, André Luiz de Almeida; BATISTA JÚNIOR, Onofre Alves; RIBEIRO, Rodrigo Araújo; CASTRO, Sérgio Pessoa de Paula (org.). *O novo papel da advocacia pública consultiva no século XXI*. Belo Horizonte; São Paulo: D'Plácido, 2021. p. 161-191.

ZOCKUN, Maurício. *Regime constitucional da atividade notarial e de registro*. São Paulo: Malheiros, 2018.

ZYMLER, Benjamim. A evolução legislativa e os antecedentes jurisprudenciais que levaram à edição da IN SEGES/MP nº 5/2017. *In:* FERNANDES, Jorge Ulisses Jacoby; FERNANDES, Murilo Jacoby (coord.). *Terceirização*: legislação, doutrina e jurisprudência. 2. ed. Belo Horizonte: Fórum, 2018. p. 15-39.

Esta obra foi composta em fonte Palatino Linotype, corpo 10
e impressa em papel Chambril Avena 70g (miolo) e Supremo 250g (capa)
pela Gráfica Star7.